S.F.

V.

Willi Graf
Briefe und Aufzeichnungen

Herausgegeben von
Anneliese Knoop-Graf
und Inge Jens

Einleitender Essay von
Walter Jens

S. Fischer

Umschlaggestaltung: Buchholz/Hinsch/Walch
unter Verwendung eines Photos von Karl Bisa
Akten von Prozeß und Strafvollzug:
Institut für Marxismus-Leninismus beim
Zentral Komitee der SED –
Zentrales Parteiarchiv, Berlin (DDR)
Fotos: Privatbesitz
Satz und Druck: Wagner GmbH, Nördlingen
Einband: G. Lachenmaier, Reutlingen
Printed in Germany 1988
ISBN 3-10-027202-1

Inhalt

7 Walter Jens: ». . . weitertragen, was wir begonnen haben.«

27 Vorbemerkung zum Tagebuch

35 Tagebuch: 13. 6. 1942–15. 2. 1943

109 Vorbemerkung zu den Briefen

111 Briefe: 2. 5. 1940–12. 10. 1943

203 Dokumente

247 Lebenstafel
251 Danksagung
253 Literaturverzeichnis
263 Anmerkungen
263 Tagebuch
329 Briefe
339 Register

Walter Jens
». . . weitertragen, was wir begonnen haben.«

Zur Erinnerung an Willi Graf

»Angelegenheit wird 12. Oktober 17 Uhr erledigt.« Sieben Worte benötigte, im Herbst 1943, der Oberstaatsanwalt in München, um dem Volksgerichtshof (»Zu Händen von Oberlandesgerichtsrat Bischof oder Vertreter«) mitzuteilen, daß ein fünfundzwanzigjähriger Student hingerichtet werden sollte. »Die Angelegenheit«: das war eine Exekution durch die Guillotine, die Tötung des Graf, Wilhelm (wie es in den Akten heißt) auf dem Schragen. Das Telegramm, aufgegeben am 6. Oktober 1943, vier Uhr nachmittags in München, wurde sechs Tage später durch eine zweite Depesche ergänzt: Der Ankündigung der Ermordung folgte die Vollzugsmeldung. »Angelegenheit heute ohne Zwischenfall erledigt.« *Ohne Zwischenfall* hieß: Die Exekution verlief planmäßig; der Delinquent wehrte sich nicht; die Fallbeilmaschinerie arbeitete, wie zu erwarten war, präzise; der Vorgang ging rasch und reibungslos über die Bühne.

»Die Vollstreckung des Todesurteils«, ließ der Oberstaatsanwalt München I wissen (»gezeichnet Kummer, beglaubigt Tiefenbacher, Justizangestellte«), »gegen den Nebengenannten Graf Wilhelm hat am 12. Oktober 1943 im Strafgefängnis München Stadelheim stattgefunden. Der Hinrichtungsvorgang dauerte vom Verlassen der Zelle an gerechnet 1 Minute 11 Sekunden, von der Übergabe an den Scharfrichter bis zum Fall des Beiles 11 Sekunden. Zwischenfälle oder sonstige Vorkommnisse von Bedeutung sind nicht zu berichten.«

Willi Graf, geboren am 2. Januar 1918 in Kuchenheim bei Euskirchen, herangewachsen im bürgerlich-katholischen Milieu, Absolvent des Staatlichen Ludwigsgymnasiums zu Saarbrücken, Mitglied des katholischen Schülerbundes ›Neudeutschland‹ und der Gemeinschaft ›Grauer Orden‹, verhaftet im Jahr 1938 und, dank einer Amnestie nach dem »Anschluß« Österreichs, aus der Untersuchungshaft entlassen, Sanitäts-Soldat und Medizinstudent: abkommandiert nach Rußland, heimgekehrt nach München – dieser Willi Graf starb einen einsamen, lang erwarteten Tod. Acht Monate, zweihundertfünfzig Tage lang Kampf gegen die Angst, geheime Hoffnung, Gebet und Vertrauen auf Gott: »Die Liebe Gottes hält uns umfaßt und wir vertrauen Seiner Gnade, möge Er uns ein gütiger Richter sein«, heißt es im Abschiedsbrief an die Eltern und die beiden Schwestern, München, den 12. Oktober 1943, »an diesem Tag werde ich aus dem Leben scheiden und in die Ewigkeit gehen.«

Ein einsamer Tod, fern von den Freunden, den Mitverschwörern der studentischen Widerstandsgruppe ›Weiße Rose‹: Sophie Scholl, Hans Scholl und Christoph Probst wurden, vier Tage nach ihrer Festnahme, am 22. Februar 1943 hingerichtet, Professor Kurt Huber und Alexander Schmorell starben am 13. Juli, während Willi Graf, der, gemeinsam mit Huber und Schmorell, am 19. April verurteilt worden war, seine Gefährten überlebte. Durfte er hoffen? Ließ das Gericht Milde walten? Keineswegs. Der Mann, dessen Angehörige mit jedem Tag ein wenig mehr darauf vertrauten, der Gefangene werde am Ende doch überleben ... dieser Mann wurde allein deshalb geschont, weil man von ihm Auskünfte über das Umfeld der ›Weißen Rose‹ erhoffte.

»Die Staatspolizeileitstelle München«, so der Oberstaatsanwalt in München an den Oberreichsanwalt in Berlin, 8. Juli 1943 (»Sofort! Einschreiben! Durch Eilbrief!«), »hat mir auf Anfrage mitgeteilt, daß bei dem verurteilten Graf noch Gegenüberstellungen notwendig seien, so daß er noch einige Zeit benötigt werde. Ich habe daher die Vollstreckung gegen Graf bis auf weitere Weisung aufgeschoben.«

Nicht aus Barmherzigkeit also, gewiß nicht, sondern im Gegenteil aus kalter Berechnung, nicht als armes Opfer, sondern als Delinquent, von dem man glaubte, er werde eines Tages seine Freunde ans Messer liefern, die Kameraden aus ›Neudeutschland‹ und ›Grauer Orden‹-Zeiten: als einer, den man kirre machen wollte, wurde Willi Graf dem Henker erst so spät ausgeliefert.

Vergebliche Hoffnung. Das Gnadengesuch war längst abgelehnt worden. (»München, den 21. Mai 1943: Hochverrat ist das größte und gemeinste Verbrechen, das ein Deutscher überhaupt begehen kann. Etwaige frühere Verdienste haben hier unberücksichtigt zu bleiben. Ich lehne deshalb auf Anordnung des Gauleiters jeden Gnadenerweis ab. Heil Hitler! Gaustabsamt/Hauptstelle ›Gnadensachen‹, gez. Jaeckle.«)

Ein halbes Jahr lang, nach der Verurteilung, Warten auf das letzte Sich-Öffnen der Zelle, das Auftauchen des Vollstreckungs-Beamten, den Eintritt des Priesters. Acht Monate lang Übung in der *ars moriendi*, beim Rundgang im Sonderhof für die Todeskandidaten, in den langen Nächten, beim Essen (der Delinquent sollte frisch und gesund sein, in guter Verfassung und bei klarem Sinn, wenn es zur Richtbank ging); sechs Monate Einsamkeit – und, danach, was für ein Tod! Die Angehörigen – nicht einmal benachrichtigt. Die Familie: durch einen zurückgeschickten, mit der Aufschrift † 12. 10. 43 versehenen Brief vom Tod des Sohns und Bruders in Kenntnis gesetzt. Eltern und Schwestern: von Schimpf und Schande bedroht, so daß sie es nicht wagen konnten, die Totenmesse zu lesen und schwarze Kleider zu tragen.
Der Tote selbst – Objekt einer von Zynismus strotzenden Schauerballade, in der von Ämterstreit und Feilschen am Grab gehandelt wird: »Die Bemerkung der Gestapo München in ihrer Zuleitung vom 20. XI. 1944 wegen des Verfügungsrechts über die Leiche beruht auf einem Irrtum. Die Gestapo hatte vor der Hinrichtung von Graf fernmündlich erklärt, daß die Leiche nicht freigegeben, sondern formell übernommen werde, jedoch gleichzeitig erklärt, daß wegen der Beisetzung der Leiche *in ihrem Auftrag* von der Staatsanwaltschaft aus das Erforderliche beim städtischen Bestattungsamt veranlaßt werde. Dementsprechend wurde von hier aus das Bestattungsamt um die Abholung der Leiche ersucht, das sodann die Leiche im Beisein eines Gestapobeamten, der sie formell übernahm, abholte.«
Geschrieben am 1. Dezember 1944; einige Tage später erlaubt der Volksgerichtshof, dem Vater des Hingerichteten Mitteilung über den Ort der Grabstätte zu machen. Haß, Brutalität und Menschenverachtung über den Tod hinaus; ein Schreiber trug das Wort »Enthauptung« in die Spalte des Gefängnis-Protokolls ein, die für Abgang oder Entlassung vorgesehen war. Hier die bürokratische Unbarmherzigkeit, dort, auf der Seite der Alleingelassenen, eine Trauer, die sich nur auf kleinen Totenzetteln äußern durfte: Zeugnisse eines doppelt elenden Todes. Aber, damit konfrontiert, wieviel Frömmigkeit, Humanität und Demut beim Betroffenen selbst; wieviel Sorge, nicht um das eigene, sondern das Ergehen der anderen: »Trost und Stärke findet Ihr bei Gott, darum werde ich bis zum letzten Atemzug beten, denn ich weiß, daß es für Euch schwerer sein wird als für mich. Ich

bitte Euch, Vater und Mutter, von Herzen, mir zu verzeihen, was ich Euch an Leid und Enttäuschung zugefügt habe ... Behaltet mich in gutem Angedenken ... Wie sehr ich Euch geliebt habe, konnte ich Euch im Leben nicht sagen, nun aber, in den letzten Stunden sage ich Euch, leider nur auf diesem nüchternen Blatt Papier, daß ich Euch alle von Herzen liebe und Euch verehrt habe ... Schließt Euch zusammen und stehet in Liebe und Vertrauen zueinander!«

Ein einzelner aufrechter Mann im Gespräch mit den engsten Vertrauten, deren Zuneigung er bedarf und denen er, in einem niemals endenden Dialog, Verläßlichkeit vorlebt: So zeigt sich Willi Graf dem Leser seiner Aufzeichnungen und Briefe inmitten der kleinen Gruppe des Bundes ›Neudeutschland‹, im Orden der katholischen Hitler-Gegner und Verächter einer kompromißlerisch mit ihren Todfeinden paktierenden Amtskirche; so gewinnt er Profil inmitten der wenigen, die sich weigerten, draußen die Hand zum Nazi-Gruß zu erheben und drinnen im Schutz der Sakristei niederzuknien; so ist er vorstellbar, von Romano Guardini belehrt, unter den Aufrechten, den Bibellesern, die Gottesdienste nach mönchisch-strengen Vorbildern feiern, ritterliche Liturgie-Formen entwickeln, Grals-Rituale in einer Zeit, wo Spießer, Landsknechte und devote Pfaffen das Sagen haben, so sehen wir ihn vor uns: das Herrenmahl in beiderlei Gestalt feiernd und über die Schriften *seiner* Heiligen, der Dichter-Denker Hölderlin, Pascal und Dostojewski gebeugt.

Da kommen klösterliche Muster ins Spiel, aristokratische Verhaltensweisen der wenigen, die sich als Vorhut verstehen: Mund der Unmündigen, Anwalt der Schweigenden. Willi Graf im Zirkel der nächsten Vertrauten, der Ordensgesellen, der Meister und Lehrlinge aus dem Kreis der Jugendbewegung, der Freunde im Umfeld der ›Weißen Rose‹ und erst recht der Rebellen des innersten Kerns – so hat man sich ihn, und ähnlich auch die anderen bürgerlichen Frondeure gegen den Nationalsozialismus, vorzustellen, Beck und seine Generalstäbler, Stauffenberg im George-Kreis, Hans Scholl und Alexander Schmorell in ihren Bünden.

In jedem Fall paart sich der Glaube an Auserwähltsein und Verpflichtung zu stellvertretender Zeugnis-Ablegung einerseits mit Verachtung der Anpasser, Kompromißler und Leisetreter im kirchlichen so gut wie im säkularen Bereich, andererseits mit großer Demut und, trotz aller Lebensfreude und Lust an einer weltzugewandten Existenzform, mit der Entschlossenheit, den Stationenweg zum Kreuz, mußte er denn einmal gegangen sein, gewiß nicht ohne Angst (das wäre unmenschlich gewesen), aber doch ohne Verzagtheit und Glaubens-Verwirrung zu gehen.

Je älter – älter: gerade fünfundzwanzig! – Willi Graf wurde, desto couragierter, in deutlicher Absage an die sich mit »innerer Emigration« begnügenden Bundes-Führer und Bundes-Gefährten von der Münchner »Siegfriedstraße«, ging er seinen Weg – gemeinsam mit Hans Scholl, ihm vor allen anderen, der sein Mentor wurde, sein Partner auf literarischem und theologischem Feld (Guardini, Haekker und Muth, auch Kurt Huber: man hatte dieselben Erzieher), sein Weggefährte auf der Bahn von der Reflexion zu entschiedenem Handeln und, dies vor allem, sein bewunderter Altersgenosse. Noch die wohlüberlegte »Preisgabe« Hans Scholls, in einem Augenblick, da Willi Graf den anderen der Anstiftung bezichtigte: wohl wissend, daß er ihm nun nicht mehr schaden konnte (Hans Scholl war hingerichtet worden) . . . noch die Preisgabe des Toten um des Schutzes der lebenden Freunde aus dem Umkreis der ›Weißen Rose‹ willen, der Gebrüder Bollinger voran, zeigt insgeheim die Wahrheit: Ein Zweiter verneigt sich vor einem Ersten, zugleich aber bietet, verschlüsselt, doch anspielungsreich, ein Gerader, Stiller und Behutsamer dem gefährdeten Genie und rasch improvisierenden Künstler, dem Behenderen mit dem Charme des jungen Herrn von Welt Paroli.

Während Hans Scholl den Primpart spielt, bleibt Willi Graf im Hintergrund: als stiller Zuhörer und schweigend-nachdenklicher Partner geschildert, mühsamer formulierend, unberedt, aber auch ungeschwätzig – ohne Falsch und Tadel, immer geradeaus, und dabei kein Bruder Biedersinn, sondern ein sensibler, auf religiöse Meditation und künstlerisches Sich-Umtun bedachter Mann. (Lieblingsfächer in der Schule: Deutsch und Musik, Griechisch und Religion.)

Wie er gedacht und gelebt hat, Willi Graf, das zeigt sein Tagebuch, das Diarium des letzten Lebensjahres, geschrieben an der Ostfront und in München, unter Soldaten und unter den Freunden . . . unmittelbar vor der Verteilung der Flugblätter, der halsbrecherischen Reise nach Bonn, Saarbrücken, Freiburg und Ulm (die hochverräterischen Papiere in der Tasche, eine Vervielfältigungsmaschine im Gepäck und in der Brieftasche gefälschte Urlaubsscheine), und unmittelbar vor der Verhaftung, dem Urteil und dem langlangen War-

ten auf einen ihm fremden, weil einsamen, aber gleichwohl gefaßt und beinahe behutsam hingenommenen Tod.
Das Tagebuch (und später dann die Briefe aus dem Gefängnis): Da wird Willi Graf zum ersten Mal in jener Dialektik von *solitaire* und *solidaire* erkennbar, die sein Leben bestimmte. Er hört zu und handelt hernach mit den Freunden, er steht im Schatten und weiß sich gleichwohl der Gemeinschaft der wahrhaft Frommen, wahrhaft Demütigen verbunden; er lebt, weder der einen noch der anderen Seite ganz zugehörig, zwischen den Fronten: zu patriotisch, um zum Feind übertreten, und zu skrupulös im Moralischen, um gemeinsame Sache mit den Eigenen, den Okkupanten, machen zu können, die das Hakenkreuz auf der Brust tragen.
Ein Deutscher, der mit den Russen leidet. Ein Christ, dem Gott sehr nah ist und viele seiner Priester, die Sachwalter der Sakristeifrömmigkeit, die Beelzebub ungerührt in der Welt da draußen herrschen lassen, sehr fremd und sehr fern sind.
Ein Mann, der, so hat Solon gesagt, wie ein Grenzstein (freilich nicht der einzige) auf umpflügtem Feld stand – und dabei kein Heros oder Moralist von Geblüt, kein Ästhet mit sauberen Händen, sondern einer, der mittendrin stand, umgeben von Alltäglichkeit, Langeweile, Landserelend, Kriegsnot, Dreck und Leiden der Kreatur.
Ein Romantiker, gewiß, dieser Willi Graf mit seinen Rußland-Träumen aus der Zeit der großen Fahrten durch Europa und Deutschland, mit seinen Liedern aus dem Gesangbuch der Jugendbewegung, mit seiner unsichtbaren grauen Kordel, seiner Sehnsucht nach dem Heiligen Gral in unheiliger Zeit, mit seiner Vorliebe für die Balalaika und seiner Vision von einer Gemeinschaft der Kleinen und Reinen, die sich abends beim Feuer versammeln . . . ein Romantiker, nochmals, der die Gebote der kleinen Schar nahezu idealtypisch lebte, aber kein Schwärmer, sondern, im Gegenteil, ein Realist, der sehr genau wußte, daß die Welt, um transzendiert werden zu können, zunächst einmal konkret erfahren, durchlebt und durchlitten sein will.
Eine Selbstverständlichkeit, so gesehen, daß im Zentrum der Grafschen Notizen und Briefe der soldatische und studentische Alltag steht: die Öde des Kasernenlebens und der Etappen-Stumpfsinn mit Besäufnis und Skatspiel, der Lazarett-Schrecken, Gammelei, Pferdefleisch und Kartoffelpuffer, der Chef, der widerwärtig, und der

Spieß, der akzeptabel ist, der lächerliche Kommißbetrieb mit Appell und Ausgangserlaubnis.
Und dann das Leben in München, die gespenstische Friedenswelt mitten im Krieg, Besuche in der Siegfriedstraße, ein wenig peinlich: Der mehr und mehr im Konspirations-Zirkel der ›Weißen Rose‹ Beheimatete findet das feinsinnige Meditieren der Zimmerherrn aus dem Kreis der Jugendbewegung eher befremdlich, da der zu entschiedener Aktion drängende Frontheimkehrer sich mit einer quietistischen Lehre von Reinbleiben und Sich-Behaupten konfrontiert sieht, die längst die seine nicht mehr ist. Schön sehen sie aus, die Meßbecher für die Sachwalter der Guardinischen Neuen Liturgik – *zu* schön für einen Mann, der anfängt, aufrührerische Pamphlete zu Hunderten auf Postämtern, später auch auf Plätzen und in Telefonzellen zu deponieren; *zu* schön für einen Akteur, der, im Februar 1943, dabei ist, als Parolen auf Pflaster und Wände gemalt werden: FREIHEIT und NIEDER MIT HITLER und HITLER IST EIN MASSENMÖRDER; *zu* schön schließlich für einen, der mit Freuden lebte und eben deshalb bereit war, das Martyrium auf sich zu nehmen – um der anderen, der Überlebenden und deren Seelenheil willen.
Willi Graf, das war ein Mann, der sich selbst nie genug war, sondern immer das Gespräch mit Freunden und Gleichgesinnten, mit den Opfern, die die Zeche zu bezahlen hatten, und den Preisgegebenen suchte; das Gespräch auch, wenn er allein war, in den russischen Nächten (»froh bin ich, wenn es wieder dunkel wird«) oder in der Todeszelle mit Autoren, Hölderlin, Rilke und Dostojewski voran, die er zum Gespräch, zur Unterweisung und Rechtfertigung einzuladen versuchte.
Strenge Spiritualität, asketischer Dienst am Text um der erhofften Kommunikation willen paarte sich mit Romantik, ein Schuß von Sentimentalität war schon dabei, wenn sich der Ordensritter mit dem falschen Kreuz auf der Uniform im Angesicht der singenden Russen den alten Jugendträumen hingab: »Am Abend hören wir russische Lieder bei einer Frau, die im Lager arbeitet. Wir sitzen im Freien, hinter den Bäumen geht der Mond auf, die Strahlen fallen in die Zwischenräume der Baumreihen. Es wird kühl, die Mädchen singen zur Gitarre, wir versuchen die Bässe zu summen. Es ist schön, man spürt Rußlands Herz, das wir lieben.«

Da hält, beim Lagerfeuer erträumt, der legendäre Admiral Koltschak noch einmal Einzug mit seinen Leuten, und Dostojewskij beschwört Mütterchen Rußlands halb glückseliges, halb dämonisches Wehsein.
Ein deutscher Soldat, einer, der in Koten geschlafen und, bei Balalaikaklängen, nach Ostland geritten war, im Vortraum des Fähnleins ›Neudeutschland‹, deren Führer er gewesen war – ein deutscher Soldat erlebt, beim Raubkrieg der Hitler-Divisionen gegen die Sowjetunion, russische Wirklichkeit – und formt sie, dies ist der erste Eindruck, nach den vorgängigen Impressionen aus den Tagen der Jugendbewegung: »Am Abend setzen wir uns zu den Russen in ihre Baracke und hören die Lieder ihrer Heimat. Ihre Gesichter entspannen sich, und der Blick ist wie verloren nach der Weite. Da singt einer vor, und der Chor der anderen fällt mit ein, es ist ungeheuer.«
Aber dann auf einmal – der zweite, den ersten korrigierende Eindruck – werden aus den folkloristisch ausgemalten Schemen wirkliche Menschen, Gestalten aus Fleisch und Blut: hungernde Gefangene, denen die drei Freunde, Scholl, Schmorell und Graf, Zigaretten schenken – in einer Welt, wo die mutigen Drei eiserne Rationen an Polen verteilen, wo das Elend des Kriegs ins Blickfeld rückt, unbarmherzig und brutal (»es ist eigentlich unvorstellbar, daß es dies gibt«), und wo die Räumung eines russischen Dorfs ausschließlich aus der Perspektive der Betroffenen (und nicht der Sicht des Okkupanten, der seine Befehle ausführt) dargestellt wird: »Tränen überall.« »Daß mir immer in meinen Gedanken das Schicksal dieser Menschen liegt.« »Ob ich sie noch einmal sehen werde, die mir wie im Märchen ... vorkam? Daß sich ein solches Wesen in dieser Umgebung fand? Möge sie gut über diesen Krieg hinwegkommen. Auf Wiedersehen, Katja!«
Und damit konfrontiert – wie ein Traumland wahrgenommen, irreal, aber verführerisch – die heile Welt der Noch-Sieger, die Farben des Englischen Gartens in München oder Berlin im Frühling: »Festlich mutet das Bild an, hübsche Menschen, nirgendwo Zeichen des Krieges. Ich laufe ... durch die Stadt, wir essen, trinken und ich nehme das Bild in mich auf, ich kann es kaum fassen. Ich denke an die Kameraden in Rußland und an alles, was dort ist und bleibt. Diese ungeheuren Gegensätze, warum müssen sie sein?«

Diese ungeheuren Gegensätze, warum müssen sie sein? Ein Satz, an dem Willi Grafs Gedanken, weit über den Anlaß hinaus, sich festmachen lassen. Müssen sie wirklich sein, die Antithesen, hier hell und dort dunkel, hier Licht, dort Finsternis, hier Gott, dort der Teufel? Und wenn sie nicht sein müssen, sondern, im Gegenteil, zu überwinden wären – wie so etwas bewerkstelligen? Wie von Gedanken-Einsicht zur Aktion gelangen? Wie das Lügengewebe zerschlagen, das Volk, die Intellektuellen voran, aufklären, wie Zeichen setzen – ein Fanal, ein deutlich sichtbares Mal: *Metanoeite,* kehrt um, verweigert Hitler die Gefolgschaft, rettet die Juden, sie vor allem, und damit Euch selbst?

Es ist bewegend zu sehen, wie Grafs konspirative Tätigkeit in der ›Weißen Rose‹ nicht aktionistisch, nicht hochgemut-spontan beginnt, sondern nüchterne Reflexionen, Überlegungen des Planers, Schachspielers, Fechtkünstlers Willi Graf voraussetzt: die Meditationen eines Mannes, dessen Treffpunkte mehr und mehr Fechtböden und Versammlungsplätze, Konzertsäle und Kellerräume werden, erst in zweiter Linie die Zimmer der Siegfriedstraße, die für Willi Graf eher als romantischer *locus amoenus*, vorbei, vorbei, denn als Konspirationszentrum erscheint. Ein Platz von gestern, an den er nur noch halben Herzens gehört.

Der Aufständische beginnt seine eigene, zugleich nüchterne und chiffrierte Sprache zu finden: »Wir sprechen über Freiburger Verhältnisse, dann verstehen wir uns aber rasch, sind uns ganz einig.« (Gemeint ist: die Ausweitung der ›Weißen Rose‹, über München hinaus, nach Freiburg und ins Saarland.) »Ein Besuch bei Mauers, auch dort ist das Ergebnis das gleiche, es wird sich schon etwas erreichen lassen.« »Am frühen Nachmittag mache ich einen wichtigen Besuch, sehr rasch finde ich Widerhall und grundsätzlich sind wir uns einig.« »Am Mittag Bonn. Mit Hein zusammen, ein Gang am Rhein vorbei. Es ist hier doch schwieriger.« Hoffnungen und Enttäuschungen beim Knüpfen eines Netzes, zwischen Rhein und Saar; Kontaktaufnahmen mit Freunden aus der Jugendbewegung: hier erfolgreich, dort deprimierend. Verbindungen, geheime Beziehungen zu den Engländern, zu Berliner Polizeikreisen, zu Professoren und Künstlern werden, ohne daß viele Namen fallen, ins Spiel gebracht. Aber die Reaktion darauf ist offenbar skeptisch; Willi Graf, der zweimal, in den Weihnachtsferien 1942 und im Januar 1943, die Netze auszuwerfen versucht, wird gewarnt, der Einsatz sei zu hoch, die Chance des Gelingens viel zu gering.

Aber der Rubikon ist längst überschritten; die Aktion läuft; die Gebrüder Bollinger, der eine in Saarbrücken, der andere in Ulm, werden eingeweiht; die Mitglieder der ›Weißen Rose‹ entwerfen gemeinsam mit Professor Kurt Huber die beiden letzten Flugblätter. In der ersten Februarhälfte sind die Malkolonnen unterwegs: Graf, Scholl und Schmorell; die Situation spitzt sich zu, Stalingrad fällt, und in München kommt es am 14. Januar, im Verlauf einer beleidigenden Rede des Gauleiters Giesler, zum großen Eklat. (Nach dem Satz, die Studentinnen sollten, statt sich im Hörsaal herumzutreiben, lieber dem Führer ein Kind schenken, verlassen aufgebrachte Studierende, Frontsoldaten meist, drohend und Türen schlagend den Saal und verlangen, in offener Auseinandersetzung mit Polizei und SS, die Rehabilitierung der angegriffenen Frauen.)

Die Entscheidung, so schien es, reifte heran; das Dritte Reich, glaubten die Freunde in München, lag in den letzten Zügen. Willi Graf notierte die beiden zentralen Ereignisse, das Debakel an der Wolga und, davor, die Konfrontation zwischen den Studenten und der Partei nach der Gieslerschen Provokation: »Ich erkenne Anneliese kaum wieder, da sie am Abend aus der Studentenkundgebung im Deutschen Museum wiederkommt.« (14. Januar 1943) »In Deutschland wird bekannt, daß Stalingrad von den Russen genommen sei. Eine Nachricht von großer Bedeutung. Das empfinden wohl alle.« (3. Februar 1943)

Jetzt, in den Tagen der scheinbar ganz nah gerückten politischen Wende, wurden im Kreis der ›Weißen Rose‹, untereinander und in Gesprächen mit Falk Harnack (dem die Rolle eines Verbindungsmanns zu den Résistance-Gruppen in Berlin zugedacht war), die Modalitäten des demokratischen Neubeginns analysiert: Demokratie und Sozialismus, Parteiwesen, Überwindung des Gegensatzes zwischen preußischer Autoritätsfixierung und bajuwarischer Liberalität. »Gespräche über den Aufbau«, heißt es im Tagebuch bereits am 2. Dezember 1942, »manche Gedanken sind mir neu«; zwei Monate später wird Willi Graf, schweigend und lernend, an der großen Debatte über die Neugestaltung des politischen Lebens in Deutschland teilnehmen, dem Gespräch zwischen Harnack und Mitgliedern der ›Weißen Rose‹ in München: Vorne, in leidenschaftlichen, höchst

kontroversen Diskussionen über Markt- und Planwirtschaft, Führerstaat und Demokratie, Harnack, Huber und Scholl, im Hintergrund ein »20–25 Jahre alter Mann«, so die Aussage Harnacks vor der Gestapo am 8. März 1943, »der die Heeresuniform eines Wachtmeisters trug. Ich hatte den Eindruck, daß derselbe ein Kamerad des Scholl gewesen sein könne. Mir wurde dieser Mann zwar vorgestellt, kann mich aber an den Namen nicht mehr erinnern.« (Später dann: »Mir wird ein Lichtbild vorgezeigt, das jenen Mann darstellt, der seinerzeit, als ich das erste Mal in der Wohnung des Scholl gewesen bin, in Uniform erschienen ist. [Zusatz des Protokollanten: Es handelt sich um Wilhelm Graf.] Dieser Mann war es auch, der bei meinem zweiten Besuch in der Wohnung des Scholl abschließend an unserer Unterredung teilgenommen hat.«)
Willi Graf, das zeigen die Notizen des letzten Vierteljahrs in seinem Leben, hatte sich entschieden; die Würfel waren gefallen: »Besuch bei Hans«, Eintrag vom 13. Januar, »der Stein kommt ins Rollen.«
Die vier Männer – Christoph Probst will nicht vergessen sein, der ebenfalls am Entwurf der Flugblätter mitarbeitete: an einer »Stellungnahme«, so die Anklageschrift, »zu den politischen Tagesereignissen« ... die vier Männer arbeiteten, gemeinsam mit Sophie Scholl und Kurt Huber, an der Vorbereitung einer, wie sie hofften, allgemeinen Erhebung, bereiteten den Aufstand vor – und lebten trotzdem weiter wie bisher, studierten, fochten, sangen, gingen ins Konzert und liefen Ski. Willi Graf hört Händels ›Messias‹ (»welcher Glaube und welche Frömmigkeit steht hinter diesem Werk«), debattiert im Atelier des Architekten Eickemeyer und in der Siegfriedstraße, geht ins Kolleg (zu Kurt Huber und dem Psychiater Bumke: »Er redet in einer grausigen Art über Homosexualität, es wird mir übel davon« – ein Zentral-Aspekt der Männerbünde: ekelhaft dargestellt!), liest Stifter, Reinhold Schneider und, immer wieder, Guardini, genießt Schneetage in Pfronten und Gaißbach (»Gegen Mittag mit den Brettern zum Hang, der Schnee ist dünn und stumpf. Nach dem Essen schlafen wir sogar«: hundert Stunden vor dem Entscheidungstag!), plant, gleichsam nebenbei, die Aktion vor, richtet seine Gedanken auf das eine große Ziel und hat zu gleicher Zeit Skrupel, Ängste und Zweifel: »Seltsam müde bin ich in manchen Stunden«, Notat vom 14. Januar, »dann gelingt es mir nicht einmal, einen Ge-

danken zu fassen und zu überlegen. Es ist wieder diese Unruhe in mir, wie sie mich manchmal überkommt, ohne daß ich aber die letzte Ursache dafür wüßte. Viel Zeit geht damit vorbei, daß ich mich mit dem Plan beschäftige. Ob das der richtige Weg ist? Manchmal glaube ich es sicher, manchmal zweifle ich daran. Aber trotzdem nehme ich es auf mich, wenn es auch noch so beschwerlich ist.«
Man sieht, mochte der Rubikon überschritten, der Würfel gefallen sein: Die Skrupel blieben, und das gewohnte Einerlei besänftigte, für Augenblicke jedenfalls, die Angst vor den Operationen am Rande des Blocks mit dem Blick auf das Fallbeil. Nicht zufällig gewannen in den letzten Wochen und Tagen alte Fragen nach Abendmahl- und Liturgie-Reform neues Gewicht: Wie halte ich stand in der Sekunde des Opfers? Wie bereite ich mich, in deutscher Liturgie, auf die allerheiligste Stunde, die Kommunion, die Preisgabe, den Tod vor? Fragen Guardinis und der Genossenschaft in der Siegfriedstraße, von dem einen, Richtern und Henker bald schon überantworteten Mann mit tödlichem Ernst, in der Nachfolge Christi, bedacht.
Und dann der 18. Februar, die Flugblätter im Lichthof der Münchner Universität, die Verhaftung der Geschwister Scholl, das Überführen Christoph Probsts (bei Hans Scholl hatte man einen handschriftlichen Entwurf gefunden: die Spuren wiesen unmittelbar zu Probst), schließlich, am Abend dieses sehr bald schon vielfachen Tod bringenden Tages, die Festnahme der Geschwister Graf in der Mandlstraße 1/I. »Irgendwelche Schriftstücke staatsfeindlichen Inhaltes«, Geheime Staatspolizei, Leitstelle München, am 19. Februar 1943, »konnten nicht vorgefunden werden. Beschlagnahmt wurden eine größere Anzahl Briefe, die an Graf Wilhelm gerichtet waren sowie eine Anzahl Bogen Schreibpapier von weißer und gelber Farbe. Graf Wilhelm und Graf Anneliese befanden sich zu dieser Zeit nicht in der Wohnung. Sie kamen beide erst gegen 24 Uhr nach Hause, wurden festgenommen, mittels Kraftwagen zur hiesigen Stapoleitstelle verbracht und im Hausgefängnis inhaftiert.«
Schon wenige Stunden später begannen dann die Verhöre, die, über Monate hinweg, vom Beschuldigten standhaft, solidarisch und intelligent mit jener logistischen Perfektion ertragen wurden, die wiederum einen Planer, Vorausberechner und Denkspieler am Werk zeigen: Rette die Lebenden, hieß die Devise, schütze die Freunde und decke sie, wo immer es geht; gewinne, zunächst einmal, Zeit, die

es dir möglich macht, die gegebene Situation und die Strategie des Gegners zu durchschauen. Streite also, bevor du weißt, was die Gefährten ausgesagt haben, zunächst einmal rundweg ab, was man dir vorwirft.

Natürlich, so Willi Graf, sei er mit Hans Scholl befreundet, seinem Kriegskameraden, den er im Sommer 1942 an der Ostfront kennengelernt habe und mit dem er seit dem November des vergangenen Jahres in München studiere. Auch Sophie, die mit Hans die Wohnung teile, sei ihm gut bekannt; man spreche, zu dritt, über Fragen der Kunst: »Wir haben uns bei Besuchen und auch sonst mehr mit Literatur befaßt als über sonstige Dinge gesprochen.« (»Sonstige Dinge«: der Logistiker sucht von Anfang an die eindeutige Festlegung, wenn irgend möglich, zu umgehen.) »Soweit ich Hans Scholl kenne, zählt er zu jenen Männern, die sich für den deutschen Sieg einsetzen. Ich bin übrigens erstaunt, daß eine solche Frage jetzt im Krieg noch gestellt werden kann.«

Vorwärtsverteidigung also, Attacke aus der Defensive heraus. Über Kunst habe man geredet – und über Religion, da Scholl ein besonderes Interesse am Katholizismus an den Tag gelegt habe: »Ich muß aber betonen, daß er seine religiöse Einstellung nicht bis zur Gehässigkeit auf den Führer gesteigert hat.«

Die Flugblätter? Aufrufe der ›Weißen Rose‹? Davon wisse er nichts, sei sogar höchst erstaunt, »daß sich Scholl mit derartigen Dingen überhaupt befassen konnte«. Die Gegenattacke von seiten der Geheimen Staatspolizei: »Wie kommt es, daß Scholl entgegen Ihren bisherigen Angaben behauptet, Sie hätten ihm Briefumschläge besorgt, die zur Versendung von Flugblättern verwendet wurden?«

Der Freund, muß Willi Graf am Mittag des 19. Februar erkannt haben, wurde offensichtlich zu Aussagen gezwungen, die ihn, Hans Scholl selbst, und danach auch die Gruppe belasteten. Folglich galt es, so die Überlegung, einen Schritt zurückzuweichen. Natürlich habe er, Willi Graf, Briefumschläge und Papier besorgt. Sei das etwa strafbar? Frage des Untersuchungsbeamten: »Hätten Sie dem Scholl auch dann Briefpapier und Umschläge besorgt, wenn Sie den Verwendungszweck erkannt hätten?« Antwort des Angeklagten: »Wenn ich davon eine Ahnung gehabt hätte, würde ich zunächst versucht haben, den Scholl zu warnen oder ihm das überhaupt auszureden. Weil ich aber von der strafbaren Handlungsweise des Scholl, wie ge-

sagt, keine Ahnung (hatte), habe ich ihm seinen Wunsch erfüllt. Ich bin also unbewußt ein Opfer des Scholl geworden und kann mein Erstaunen gar nicht genug herausstellen.«
Empörung als Unschulds-Beweis – und, am Schluß des Verhörs, der Gegenangriff, vorgetragen, um zu erkennen, was der Freund *tatsächlich* zugegeben habe und was nicht: »Ich würde es begrüßen, wenn mir Scholl gegenübergestellt wird, weil ich gewiß bin, daß ich von ihm nicht belastet werden kann.« Nach vorn gegangen, immer nach vorn, Angriff als die beste Verteidigung! »Da ich in keinem Zusammenhang mit der Angelegenheit Scholl stehe«, heißt es in einem Gesuch an den »Herrn Sachbearbeiter«, »bitte ich um meine baldmöglichste Entlassung, um meinen militärischen Pflichten in der Studenten-Kompanie und meinen Studienarbeiten nachgehen zu können.«
Zwei Tage später jedoch, am 26. Februar, nach den Angaben zur Person und zur Sache, bricht das mit Mut und Verve Errichtete plötzlich zusammen. Die Geschwister Scholl und Christoph Probst leben nicht mehr; es steht zu vermuten, daß Willi Graf dies gewußt hat – und er weiß vor allem auch, daß Alexander Schmorell entdeckt und inhaftiert worden ist. Die Freunde sind einander gegenübergestellt worden. (Was mögen sie gesagt, was mag der eine vom anderen gedacht haben, bei dieser Konfrontation vor der Gestapo?)
Die Inquisitoren kosten ihren Triumph aus: »Wann haben Sie erstmals von der Absicht gehört, die auf die Herstellung bzw. Verbreitung von Flugblättern der sogenannten ›Widerstandsbewegung‹ in Deutschland und später mit der Überschrift ›Kommilitoninnen! Kommilitonen!‹ beziehungsweise ›Studentinnen! Studenten!‹ gerichtet war? Wollen Sie, nachdem ich Ihnen die Angaben besonders des Schmorell vorgehalten und ich Sie diesem gegenübergestellt habe, nicht auch die Wahrheit sagen, zumal Sie durch ein längeres Leugnen Ihre Lage ... keineswegs verbessern?« Ein Beinahe-schon-Sieg der Ankläger, aber Willi Graf reagiert blitzschnell. Nachdem ein konsequentes Leugnen absurd geworden ist, hilft, um die noch nicht Inhaftierten zu schützen, nur das Geständnis, überzeugend und scheinbar total: »Ich will mich nun uneingeschränkt zur Wahrheit bekennen.«
Jawohl, er sei am 28. Januar Hans Scholl beim Herstellen von Flugblättern behilflich gewesen, habe den Vervielfältigungsapparat bedient und das Gebiet südlich und südöstlich des Sendlingertorplatzes mit den hektographierten Blättern bedeckt. »Ungefähr um 1 Uhr

hatte ich alle Flugblätter ausgestreut und begab mich anschließend zur Wohnung Scholl, wo ich etwa um halb zwei Uhr ankam. Scholl und Schmorell waren um diese Zeit schon dort anwesend. Wir unterhielten uns noch kurz, worauf ich meine Wohnung, Mandlstraße 1, aufsuchte.« Dies alles, erklärte Willi Graf, gebe er zu; es stimme auch, daß er am 15. Februar beim Zukleben sogenannter Postwurfsendungen (mit dem Flugblatt »Kommilitoninnen! Kommilitonen!«) mitgewirkt habe. »Es waren nach meiner Schätzung 800 bis 1000 Studenten, die auf dem Postwege mit dem erwähnten Flugblatt versehen wurden. Die Adressen wurden einem Studentenverzeichnis entnommen, das ich bei Scholl liegen sah ... Als wir die Wohnung verließen, war es zwischen 23 und 23½ Uhr. Ich selbst trug zwei Aktenmappen mit Flugblättern, während Scholl oder Schmorell das Köfferchen mit gleichem Inhalt trug und einer derselben außerdem die Schablone, Farbe und Pinsel. Wir begaben uns zuerst zum Postamt Ecke Kaulbach-Veterinärstraße, wo wir ... ungefähr ein Viertel der Briefe einwarfen ... (Dann) begaben wir uns zum Hauptpostamt, wo wir ... die Hälfte der noch in unserem Besitz verbliebenen Briefe in den Kasten gesteckt haben. Den Rest haben wir beim Telegraphenamt am Hauptbahnhof aufgegeben. Von hier begaben wir uns über den Stachus ... zur Buchhandlung Hugendubel, wo Scholl und Schmorell verschiedene Anschriften anschmierten, während ich auf der Straße auf und ab ging ... Nach dem Versand der Propagandabriefe an die Studenten waren noch eine Menge von Flugblättern übrig, die in der Wohnung Scholl in einem Koffer verwahrt wurden. Wieviel Flugblätter es noch waren, weiß ich nicht. Bekannt ist mir dagegen, daß Scholl die Absicht äußerte, diese Flugblätter innerhalb des Universitätsgebäudes auszustreuen beziehungsweise zur Verteilung zu bringen. Er beabsichtigte, die Flugblätter während der Vorlesungen vor den Hörsälen, auf den Gängen etc. abzulegen.«

Was weiter geschehen sei, am kommenden Tag? Da habe er, Willi Graf, die Vorlesung Professor Hubers besucht, sie um zehn Uhr vierzig verlassen, weil er um 11 Uhr c. t. in der Nervenklinik, Nußbaumstraße, sein mußte. Am Nachmittag, ungefähr Viertel nach drei, habe Schmorell angerufen: man möge sich in Schwabing treffen, bei der Ursulakirche. Dorthin sei er dann auch gegangen, nichtsahnend wohlgemerkt, und habe von Schmorell erfahren, daß in der Universität zwei Leute verhaftet worden seien, beim Flugblattverteilen, wahrscheinlich die Scholls. Jedenfalls melde sich niemand in deren Wohnung. »Schmorell war der Meinung, wir sollten uns erst einmal versteckt halten ... (aber) ich entgegnete ihm, dies sei unmöglich, denn im Falle einer Flucht käme bei uns als Soldaten der Wehrmacht nur Fahnenflucht in Betracht ... Nach diesem Zusammentreffen mit Schmorell fuhr ich nach Pasing, wo ich bei einer verwandten Familie zum Abendessen eingeladen war. Als ich kurz nach 24 Uhr nach Hause kam, wurde ich von bereits anwesenden Kriminalbeamten verhaftet.«

Das Geständnis erschien glaubwürdig, das Verhör konnte als beendet gelten – und fing in Wahrheit für die Gestapo erst an. Jetzt sollte er auspacken, der Angeklagte, reinen Tisch machen und die Freunde dem Henker überliefern in seiner Angst und der Hoffnung, durch umfassende Denunziation die eigene Haut retten zu können. Aber der Angeklagte tat den Untersuchungsrichtern den Gefallen nicht. Christoph Probst zwar belastete er (»Die politische Einstellung des Probst hat sich von der des Scholl kaum unterschieden ... Ob er über die von uns durchgeführte Flugblatt- und Schmieraktion unterrichtet war, weiß ich nicht, halte dies jedoch für möglich«); aber Probst war tot; da konnte eine Bezichtigung, so zynisch das klingen mochte, nicht mehr viel schaden. Professor Muth hingegen: den kenne er nur dem Namen nach – als Leser. Wichtig für ihn, Graf Wilhelm, sei vor allem *einer* gewesen (wiederum die Benennung des Toten!): »Hans Scholl war mir, das gebe ich ohne weiteres zu, geistig in jeder Hinsicht überlegen. ... Bevor ich mit ihm bekannt wurde, habe ich mich nie mit wirtschaftlichen oder politischen Problemen ... beschäftigt. Erst durch mein Zusammenkommen und meine Unterhaltungen mit Scholl wurde ich von diesem auf dem Umweg über ... Literatur und religiöse Fragen mit politischen Problemen bekannt gemacht. (Heute) bin ich mir darüber im klaren, allerdings erst jetzt, daß ihm – Scholl – phantastische Pläne vorschwebten, die in ihrer Zielsetzung jeder praktischen Durchführbarkeit entbehrten ... Abschließend möchte ich bemerken, daß ich ... im Laufe der Zeit in ein gewisses Abhängigkeitsverhältnis zu (Hans Scholl) kam und meine eigene Meinung eine untergeordnete Rolle dabei gespielt hat.«

Hans Scholl: das Genie. Der Phantast. Der »Capitano«. Der Verführer, der glaubwürdig versichert habe, er sei mit Persönlichkeiten in einflußreichen Stellen in Berlin bekannt. Hans Scholl, der Willi Graf

am empfindlichsten Punkt, seinem religiös bestimmten Gewissen, getroffen habe: »Ich kann nur wiederholen, daß ich nicht aus eigenem Antrieb, sondern durch die Überredung und Beeinflussung seitens des Scholl und nicht zuletzt aus Gutmütigkeit, beziehungsweise aus einem Dankbarkeitsgefühl . . . in die Sache hereinkam. Ich sehe heute ein, daß ich unter dem Einfluß und der Überredungskunst eines geistig höherstehenden Menschen einen Fehler begangen habe, den ich nicht leicht wieder gut machen kann.«
Kein Zweifel, da verbindet sich Wahrheit mit Imagination, der Wunsch, Schuld abzuladen, mit Bewunderung für den – vermeintlich – Preisgegebenen. Da wird, wie in vielen anderen Verhörsprotokollen, die Sonderstellung des *Einen*, des verführerisch Redenden, blitzenden Argumentierers und unwiderstehlich Voranstürmenden sichtbar. Faszination mit einem Gran von Verbittertsein, einem *echten* Gran, das durch die situativ verständliche Beschuldigungs- und Entschuldigungsrede hindurchscheint – wobei nie vergessen sein will, daß die Bezichtigung des Altersgefährten und Mentors nicht zuletzt dazu dienen sollte, Glaubwürdigkeit vorzuspiegeln, auf die zurückgegriffen werden mußte, wenn es ans Eigentliche ging – die Verdächtigung der alten Freunde aus der Jugendbewegung im Saarland, die überzeugend widerlegt werden wollte.
Preisgabe hier, Abwiegelung dort. Professor Huber? Nur flüchtig bekannt. Die Bewohner der Siegfriedstraße? Mit Hans Scholl, seiner Schwester und Alexander Schmorell in keiner Verbindung. Zum zweiten Mal: Professor Huber. Habe man sich nicht in dessen Wohnung getroffen, um über die Zweckmäßigkeit der Erstellung von Flugblättern zu sprechen? Ja, das sei richtig; doch habe sich Huber, zunächst jedenfalls (die Sache bedürfe der Überlegung), gegen eine Flugblattaktion ausgesprochen. Dies Mittel sei ungeeignet, um an die breite Masse heranzukommen, außerdem werde die Sache schon rein technisch zu schwierig, da keine Druckerei zur Verfügung stünde.
Der Angeklagte gebe also zu, daß Huber zum engeren Zirkel gehöre – vielleicht auch Falk Harnack? Nein, der sei nur für ein paar Tage zu Gesprächen in München gewesen. Wann? Zwischen dem 9. und 11. Februar. Er, Graf, dabei? Das erste Mal nur kurze Zeit. Und das zweite Mal? Das war an einem Donnerstag, kurz nach 11. Wo? In der Schollschen Wohnung; anwesend: Harnack, Huber, Scholl, Schmorell und er selbst. (Die Frauen waren, mit Ausnahme von Sophie, bei

den entscheidenden Gesprächen und Aktionen nicht mit von der Partie. Wenn die Entscheidungen fielen, blieben die Männerbündler unter sich.)

Donnerstag, der 11. Februar also; was geschah im einzelnen, und wie verlief das Gespräch? »Nach dem Erscheinen des Huber wurde dieser durch Scholl vorgestellt, der (H. S.) anschließend ohne jede Überleitung bzw. Einleitung erklärte, Harnack möge in diesem Kreis seine Gedanken und Pläne hinsichtlich der ihm vorschwebenden Staatsform entwickeln. Harnack führte ungefähr dem Sinne nach aus, daß die künftigen Staaten Europas autoritäre Staatsformen erhalten müßten, in welchen die Industrie und Wirtschaft, besonders die Schwerindustrie, sozialisiert sein solle, denn dies sei die einzige Möglichkeit, in den Staaten Ansehen und Wohlstand wieder herzustellen. Als Beispiel hat er verschiedentlich auf Rußland und die Verstaatlichung von Reichsbahn und Reichspost hingewiesen. Huber widersprach dieser Auffassung und vertrat die Meinung, daß diese Entwicklung in letzter Konsequenz die Zerstörung des Mittelstandes und die Aufhebung des Privateigentums mit sich bringe ... Trotz des Widerspruchs ließ sich Harnack nicht von seinen Plänen abbringen. Er brachte weiter vor, zu Gunsten einer zentral geführten und verwalteten Wirtschaft müsse man eben auf den Mittelstand und das Privateigentum verzichten. Huber gab darauf zur Antwort: ›Ja, wenn das so käme, dann hätten wir Verhältnisse wie im bolschewistischen Rußland, das wäre ja furchtbar ...‹ Ich habe dieser Unterredung etwa eine Stunde lang beigewohnt und mich entfernt noch bevor sie beendet war. Ich war bei dieser Aussprache mehr Zuhörer (und) bin dabei kaum zu Worte gekommen.«

In diesem Augenblick nun endlich, gegen Ende des Verhörs vom 1. März, war für die Vernehmenden ein Punkt erreicht, an dem der Angeklagte Graf, den Hauptgegenstand, die Aufhellung der Münchner Verschwörung betreffend, seine Schuldigkeit getan hatte. Wahrscheinlich wurde die Befragung eher lässig geführt, da mit Schmorell, Harnack und Huber Tatzeugen genug verfügbar waren. Über das Netz-Ausspannen hingegen, die mögliche Erweiterung der konspirativen Gruppen im Westen des Reichs: Darüber konnte niemand Verbindliches aussagen – außer dem einen, dem Kronzeugen Graf, von dessen Geschick und Mut im erreichten Verhandlungsstadium das Leben vieler Freunde abhing.

Man stelle sich noch einmal vor: Da waren enge Kontakte geknüpft worden, hatte eine Vervielfältigungsmaschine den Besitzer gewechselt, waren Militärfahrscheine gefälscht, Offiziers- und Maschinen-Pistolen »organisiert«, Flugblätter gelesen und verteilt worden – und was kam heraus, von alledem? So gut wie nichts.
Heinz Bollinger? Ein Ausbund von staatstreuer Unschuld! »Ohne mich richtig zu Wort kommen zu lassen, erklärte (er) mir, daß er grundsätzlich mit einer solchen Sache nichts zu tun haben wolle. Dadurch kam ich überhaupt nicht dazu, ihm eine nähere Begründung für unser Vorhaben zu erklären.«
Die »Bedenken, meine Bonner Freunde könnten die jetzigen Verhältnisse mit anderen Augen sehen und seien deshalb für meine Pläne nicht zugänglich«: nur allzu berechtigt! Die Beurteilung der politischen und militärischen Lage: vom Freundeskreis aus positiv! Die Schwierigkeiten nach Stalingrad: vorübergehender Natur! Die Rückschläge an allen Fronten: passagere Erscheinungen, deren die Heeresleitung bald Herr werden würde.
Und was noch? Bliebe als Wichtigstes die – von Willi Graf lange Zeit verschwiegene und erst ganz am Ende zugegebene – Verbindung mit dem am schwersten zu belastenden Wilhelm Bollinger: »Um ihn näher zu informieren, übergab ich ihm ein Flugblatt mit der Überschrift ›Flugblatt der Widerstandsbewegung in Deutschland‹, Untertitel ›Aufruf an alle Deutsche‹, mit der Aufforderung, dieses einmal durchzulesen. Als er es gelesen hatte, machte er die Bemerkung ›das ist ziemlich stark.‹ ... Im weiteren Verlauf unserer Unterredung habe ich erzählt, das Flugblatt solle nicht nur in München, sondern ... gleichzeitig in mehreren Städten Süddeutschlands verbreitet werden, weshalb man Leute benötigen würde, die sich bereitfänden, die Flugblätter außerhalb Münchens zu verteilen. Hierauf gab mir Bollinger zu verstehen, daß er sich mit einer solchen Art von Propaganda gegen den heutigen Staat nicht einverstanden erklären könne, außerdem sei es ihm aus praktischen Gründen nicht möglich, sich an einer solchen Sache zu beteiligen, weshalb er es ablehne, irgendwie an der Verbreitung solcher Flugblätter mitzuwirken ... Als ich schließlich einsehen mußte, daß Bollinger nicht zur Mitarbeit zu gewinnen war, habe ich mich wieder entfernt.«
Eine Selbstbezichtigung ohne Beispiel; ein Schuldspruch gegen sich selbst um der Rettung anderer willen: Willi Graf, der einen Toten

belastet hatte, Hans Scholl, um frei und überzeugend plädieren zu können, setzte, in einem zweiten Schritt, sein eigenes Leben aufs Spiel, um die Freunde zu schützen – und zwar mit Erfolg. Die Brüder Bollinger kamen mit Gefängnisstrafen davon und schlüpften dank Grafs Selbst-Opfer durch die Maschen des Freislerschen Netzes. Die Strategie Nurmis (wie Graf im Kreis der katholischen Jugend-Bewegung hieß) war erfolgreich gewesen. Die Selbstverleugnung eines Mannes, der in den Verhören den Einsichtigen spielte: den Reuigen, der erst *post festum* das Ausmaß seiner Verfehlungen realisiert habe, hatte sich ausgezahlt – aber, ein letztes Mal, um welchen Preis!
Hier hatte einer lügen, das Vorbild und den Freund schuldig sprechen, sich selbst demütigen und Rücksichten in einem Verfahren nehmen müssen, das er so viel lieber offen, ohne Winkelzüge, ohne Rücksichtnahmen aus taktischen Gründen und ohne den Aufbau falscher Fronten als ein *miles Christianus*, einer aus der Schar der Reinen und Wahrhaftigen nicht nur vor Gott, sondern auch vor der Welt, hätte ausfechten mögen: bei großer Ausfahrt und im Schummerlicht des Kirchenraums als Liturg, im Zeltlager unter den Freunden und bei gemeinsamer Lektüre theologischer und literarischer Schriften.
Einer Lektüre, die von jener Besinnung und Versenkungskraft geprägt wäre, wie sie der einsame Mann in der Todeszelle aufbrachte, als er Hölderlin las und vor Gott, seiner Familie und den Freunden endlich wieder so unverstellt wie früher in den Jahren des Friedens reden durfte: »Ich gehe meinen Weg bis zum Ende und wünsche mir nur, daß ich ein starkes Herz bewahre.« Im reinen mit sich selbst, im Aufblick zu Gott, aber auch in Furcht und Bängnis um seine Familie, der gegenüber er sich, glaubte er, wider Willen schuldig gemacht hatte, ging Willi Graf am 12. Oktober 1943 auf die Richtbank. Kurz zuvor hatte er dem Geistlichen einen letzten Brief an seine Schwester Anneliese diktiert, der zugleich sein Testament für jene Freunde enthielt, die sein Leben geprägt hatten, die Gefährten aus der Jugendbewegung, denen er selbst kein Zeichen mehr hinterlassen konnte: »Sie sollen weitertragen, was wir begonnen haben.«
Angelegenheit heute ohne Zwischenfall erledigt. Die Oberstaatsanwaltschaft in München hat sich geirrt. Der Fall Willi Graf ist nicht zu den Akten gelegt: wie wenig, das zeigen seine Briefe, Notate und Dokumente.

Vorbemerkung zum Tagebuch

Um Mitternacht des 18. Februar 1943 wurde mein Bruder Willi Graf – nach Rückkehr von einem Verwandtenbesuch – in unserer Münchener Wohnung, Mandlstraße 1, I, von der Gestapo erwartet. Am selben Tag mittags waren Hans und Sophie Scholl verhaftet worden. Meinem Bruder gelang es, für einen Augenblick unbeobachtet in sein Zimmer zu gehen mit der Begründung, seine Uniform anziehen zu wollen. Es ist denkbar, daß er die kurze Zeit, da die Gestapo zögerte, ehe sie sich entschloß, ihn lieber als Zivilisten denn als einen der Wehrmachtsgerichtsbarkeit Unterstehenden festzunehmen, genutzt hat, um sein Tagebuch, dessen Entdeckung ihn und seine Freunde sofort überführt hätte, zu verstecken.
Auch bei der vorangegangenen, am 18. 2. »gegen 22.00 Uhr« durchgeführten »Haussuchung«, über die ein exaktes Protokoll vorliegt, hat die Gestapo das Diarium nicht gefunden. Sicher trug mein Bruder es bei sich, denn die ›Eß-Karte‹ für Februar 1943, die in dem Tagebuch lag, ist bis einschließlich Abendmahlzeit 18. 2. 1943 entwertet.
Das kleine Buch im Format 11 × 8 × 1,5 cm ist in dunkelgrünes Leder gebunden. Es stammt aus dem Jahre 1942 und enthält im Anhang Anschriften von Freunden und Bekannten. Ich fand es später in seinem Zimmer zwischen Büchern verborgen.
Zur Veröffentlichung dieser Aufzeichnungen fühle ich mich durch Willis Abschiedsbrief berechtigt, in dem er mir schrieb: »Alle meine Bücher und Schriften in München, in Saarbrücken und Bonn hinterlasse ich Dir. Du sollst nach Deinem Gutdünken damit umgehen.«
Mein Bruder hat von Jugend an seine Gedanken und Erlebnisse kleinen Notizbüchern anvertraut, von denen die Diarien der Jahre 1933, 1941 und 1942 erhalten geblieben sind. Die auf den folgenden Seiten veröffentlichten Teile der Aufzeichnungen aus dem Jahre 1942/43 umfassen die entscheidenden Monate des Widerstandskampfs der ›Weißen Rose‹. Sie sind Quellen, die nicht nur über Willi Grafs Le-

ben Aufschluß geben, sondern darüber hinaus – als einziges authentisches Zeugnis – Aktivitäten der Gruppe dokumentieren.
Die vorliegende Publikation des Tagebuchs beginnt mit der Wiedergabe des Eintrags vom 13. 6. 1942, den Aufzeichnungen jenes Tages, an dem mein Bruder zum ersten Mal eine Begegnung mit Hans Scholl erwähnt.
Vorausgehende Notizen enthalten in erster Linie Schilderungen von Erlebnissen an der Ostfront, die ihn auch in den ersten Wochen seines Studienurlaubs in München – ab Anfang April 1942 – nicht loslassen. Die Diskrepanz zwischen dem Leben an der Front und der äußerlich fast friedensmäßigen Situation in München macht ihm zu schaffen; erst allmählich findet er sich zurecht. Lesen und Schreiben, Studieren, Fechten und Chorsingen bringen nur vorübergehende Erfüllung. »Der Monat ist zu Ende«, heißt es am 31. 5. 1942, »ich spüre die Einsamkeit und sehne mich nach Mitteilung. Rasch vergehen die Tage, es gibt viel zu tun. Aber es scheint mir, als fehle die Farbigkeit und das Leben.« 14 Tage später dann der Vermerk: »Gespräch mit Hans Scholl« und der unvermittelt geäußerte Wunsch: »hoffentlich komme ich öfter mit ihm zusammen.«
Die letzten Notizen stammen vom Montagmittag, dem 15. 2. 1943. Nicht mehr festgehalten sind die aus den Prozeßakten hervorgehenden Aktionen: Fertigstellung und Versand des 6. Flugblattes am Spätnachmittag des 15. 2. 1943 sowie das Anbringen von Freiheitsparolen an öffentlichen Gebäuden des Universitätsviertels in der Nacht vom 15. auf den 16. 2. 1943.
Offenbar hat mein Bruder kein Tagebuch im strengeren Sinne geführt, sondern manche Ereignisse erst einige Tage später nachgetragen. Er hat aber jeden Tag entweder durch stichwortartige Notizen oder näher ausgeführte Passagen festgehalten. Vermerke zuweilen auch belangloser Begebenheiten wechseln mit Naturschilderungen, kurzen Notaten über Lese- und Konzerteindrücke, Reflexionen theologischer Probleme, Betrachtungen über Begegnungen mit Menschen sowie skizzenhaften Versuchen, Stimmungen und Empfindungen aufzuzeichnen. Außerdem sind Buchtitel notiert, die über die Lektüre der zurückliegenden Tage Aufschluß geben. In einem Zeitraum von acht Monaten werden 40 Bücher genannt, deren Titel zum Teil auch in den Niederschriften anderer Mitglieder der ›Weißen Rose‹ zu finden sind.

Alle Notizen sind mit Tinte und in jener Kleinschrift geschrieben, die das Erbe der Jugendbewegung sowie den Einfluß des ›Bauhauses‹ und Stefan Georges verrät. Anklänge an Rilke, Carossa, Wiechert, Bergengruen, Reinhold Schneider und Romano Guardini sind unverkennbar.

Die Aufzeichnungen über die konspirativen Tätigkeiten unterscheiden sich im Stil nicht von anderen Einträgen. Die Verschlüsselung »hochverräterischer Aktivitäten« geschieht durch die bruchlose Einpassung in den üblichen Duktus. Erst vom Ende her – besonders im Zusammenhang mit den später bekanntgewordenen Dokumenten – zeigen bestimmte Termini wie »Arbeit« oder »Plan« ihre Bedeutung als Code-Wörter und enthüllen das Koordinatensystem, innerhalb dessen sich eine zeitliche und räumliche Bestimmung der Ereignisse, soweit mein Bruder daran beteiligt war, rekonstruieren läßt. Ein Vergleich zwischen den Verhörs-Aussagen und den Tagebuch-Notizen läßt allerdings darauf schließen, daß mein Bruder nicht jede im Hinblick auf die Widerstandstätigkeit wichtige Begebenheit vermerkt hat.

Die erste Eintragung, die sich mit Sicherheit auf die Aktivitäten der ›Weißen Rose‹ bezieht, stammt vom 2. 12. 1942: »Gespräche über den Aufbau, manche Gedanken sind mir neu.« Vorausgegangen sein muß Willi Grafs grundsätzliche Bereitschaft, sich dem Vorhaben anzuschließen. Über den genauen Zeitpunkt dieses Entschlusses gibt es keine eindeutige Aussage. Möglich ist, daß mein Bruder am 10. 7. 1942 – nach einer Lesung von Theodor Haecker aus ›Der Christ und die Geschichte‹ – in den engsten Kreis miteinbezogen wurde. Die Notiz »Noch lange sind wir zusammen. Hans und Alex.« läßt diese Deutung zu. Es findet sich jedoch keine Bestätigung dafür, daß Willi Graf, bevor er zusammen mit Hans Scholl und Alexander Schmorell zur Famulatur im Osten abkommandiert wurde, von den vier ersten Flugblättern gewußt hat. Auch die Frage, ob während des gemeinsamen Rußlandaufenthaltes (23. 7. 1942–5. 11. 1942) über Ziele und Inhalte vergangener und künftiger Aktionen diskutiert wurde, läßt sich anhand des Tagebuchs nicht mit Sicherheit beantworten. Die Bemerkung vom 25. 8. 1942: »Ich finde, daß ich ihnen [den Freunden] fernerücke, obwohl mir an dem Zusammensein viel liegt«, läßt Zweifel zu. Andere Andeutungen hingegen sprechen für häufige und intensive Grundsatzdebatten: »Was sollen wir tun? Bis in die Nacht hinein«

(22. 7. 1942), »Vieles kommt auf mich zu, aber ich werde damit nicht fertig« (26. 8. 1942), »Wichtig ist jedenfalls [. . .], daß ich mit den drei Leuten zusammen bin [. . .] Dies wird für die nächste Zeit seine Bedeutung haben« (31. 8. 1942), »Bis spät in die Nacht unterhalten wir uns sehr anregend und mit interessantem Ergebnis« (23. 10. 1942).
Eines aber geht aus dem Tagebuch eindeutig hervor: Die Entscheidung zum Widerstand wurde durch die Eindrücke im Osten verstärkt. Das gilt – ex negativo – für die direkten Erfahrungen der Grausamkeiten und Leiden des Krieges und die brutale Behandlung der Zivilbevölkerung, die Willi Graf schon bei seinem ersten Einsatz an der Ostfront (28. 5. 1941–2. 4. 1942) zutiefst erschüttert hatten, wie auch – ad positivum – für die unmittelbaren Begegnungen mit den russischen Menschen, ihrer Kultur und Religiosität. Durch die Vermittlung von Alexander Schmorell, dessen Mutter Russin war und der fließend Russisch sprach, wurde es meinem Bruder möglich, in den Menschen der UdSSR nicht die bolschewistischen Gegner, sondern den mitleidenden Bruder und Freund zu sehen: »Am Abend setzen wir uns zu den Russen. Wir hören die Lieder ihrer Heimat. Ihre Gesichter entspannen sich und der Blick ist wie verloren nach der Weite. Da singt einer vor und der Chor der andern stimmt mit ein. Es ist ungeheuer.« (4. 10. 1942). Begegnungen mit den russischen Menschen gewinnen ihre volle Kontur erst auf dem Hintergrund der NS-Order, die »Verbrüderung mit dem Gegner« strikt untersagte und mit hohen Strafen belegte. Eine bereits durch die Jugendbewegung geweckte Russophilie wird sichtbar, die offenbar Gemeingut des Freundeskreises war.
Was Wunder, daß die gemeinsame Zeit in Rußland vor allem einen Vorsatz wachsen ließ: Alles zu tun, damit dieser sinnlose Krieg, der Menschen über jedes Maß hinaus leiden ließ, so schnell wie möglich ein Ende finde. Mit diesem festen Ziel vor Augen kehrten die Freunde aus Rußland zurück und gingen dann nach einem dreiwöchigen Heimaturlaub Ende November daran, an seiner Verwirklichung zu arbeiten.
Fünf Tage nach der Ankunft in München – am 2. 12. 1942 – notierte Willi Graf jenen oben zitierten Satz in sein Tagebuch, in dem wir den ersten sicheren Anhaltspunkt für die nun beginnenden Aktivitäten der ›Weißen Rose‹ besitzen. Von nun an häufen sich die Aufzeichnungen von Erörterungen über das weitere Vorgehen: »Wir reden

und planen« (10. 12. und 20. 12. 1942), »Bei Scholls: Sehr interessantes Gespräch mit Huber« (17. 12. 1942), »Am Nachmittag mit Hans zu Besuch in Gräfelfing [bei Kurt Huber]. Das Gespräch ist lebendig und grundsätzlich« (9. 1. 1943), »Am Abend sind wir wiederum Gäste im Atelier [. . .] Wir reden viel und mancher gute Gedanke wird geboren« (11. 1. 1943), »Der Stein kommt ins Rollen« (13. 1. 1943), »Heute arbeiten wir einige Stunden angestrengt« (28. 1. 1943), »Die Arbeit« (8. 2. 1943), »Bei Hans zu einem recht interessanten Gespräch« (11. 2. 1943). Dazwischen wiederholen sich Eintragungen, die selbst während dieser arbeitsreichen – nur durch die Weihnachtsferien unterbrochenen – Phase intensiver Konspiration von Willi Grafs anderen, meist zeitraubenden Tätigkeiten Zeugnis geben: Er läuft Ski, er geht nach wie vor zum Fechten, singt im Bach-Chor; er besucht Konzerte, Diskussionsabende, Vorlesungen, Seminare; er versieht seinen Dienst in der Kaserne, liest, schreibt Briefe und verbringt manche Abende mit mir im Gespräch über Glaubensfragen, in denen sich »für uns ja alles entscheidet«. (11. 2. 1943)
Die Beschäftigung mit Religion, Philosophie, Dichtung, Kunst und Musik war – wie aus dem Tagebuch immer wieder ersichtlich wird – für meinen Bruder von großer Wichtigkeit. Sie war Ausdruck einer Geisteshaltung, die durch den ›Grauen Orden‹, einer 1934 durch die Initiative von Günther Schmich und Fritz Leist entstandenen Gemeinschaft südwest- und westdeutscher Bündischer, stark geprägt worden war, und Willi Graf tat alles, um sich diese geistige und kulturelle Welt gemeinsam mit seinen Freunden zu erhalten.
Obwohl er in München oft mit seinen »Bekannten« – so bezeichnet er häufig auch ihm sehr nahestehende Menschen – zusammentraf, blieb er immer auf der Suche nach Dialog und Mitmenschlichkeit, wo er Schutz vor einer oft schmerzlich empfundenen Einsamkeit suchte – eine Entfremdung, die ihn namentlich nach seiner ersten Rückkehr von der Ostfront (April 1942) bedrückte: »Das Alleinsein kommt mir schwer« (23. 4. 1942), »Ein Sonntag zeigt mir immer besonders eindringlich, wie allein ich bin. Es scheint mir oft, als sei es nicht zum Aushalten« (10. 5. 1942), »Ganz allein. Ich bin trostlos, aber was kann ich machen« (24. 5. 1942), »So vergehen die Tage, immer bin ich allein. [. . .] Junger Mann sucht Anschluß« (2. 6. 1942), »Nur immer allein, allein« (7. 6. 1942). Der tiefste Grund für diese Klagen, die sich auch nach den Kontakten mit Hans Scholl und dem Freun-

deskreis der ›Weißen Rose‹ fortsetzen, ist aus dem Tagebuch nicht ohne weiteres zu ersehen. Er ist nur durch verborgene, lediglich dem Eingeweihten verständliche, Andeutungen und spätere Aussagen damaliger Freunde zu erschließen. Einige von Willis nächsten Vertrauten, meist Studenten der Theologie und Philosophie, wohnten ständig, oder wann immer sie sich in München aufhielten, in der Siegfriedstraße 18/III, einem Domizil, das als Anlaufadresse für Freunde aus der Bündischen Jugend diente und in dem auch mein Bruder während seiner »Zimmersuche« im April und November 1942 einige Tage verbrachte. In diesem Kreis fand er sich auch später regelmäßig ein zu Gesprächen über Literatur, theologische Fragen, Bibelexegese und Liturgievorbereitungen. Es fällt auf, daß er diese Besuche sehr genau und oft auch mit dem Ausdruck der Enttäuschung registriert hat: »Zur Siegfriedstraße, wo ich bald wieder verschwinde« (19. 5. 1942), »Ich fühle mich in der Siegfriedstraße so überflüssig. Was soll ich da noch. Trotzdem zieht es mich nur dorthin« (10. 5. 1942), »Fast meine ich, dort zu stören« (17. 5. 1942), eine Enttäuschung, die um so schwerer wog, als Willi Graf sich den ›Siegfriedstraße‹-Freunden am meisten verbunden fühlte: »Es ist dort für mich trotz allem der liebste Platz.« (27. 6. 1942)
Sieht man diese Aussage mit späteren zusammen und ergänzt sie durch Berichte von Zeitzeugen, so wird deutlich, daß die Realität den durch die Fronterlebnisse gesteigerten Erwartungen meines Bruders nicht mehr standhielt. Die persönlich-emotionalen Beziehungen, die ihn mit der ›Siegfriedstraße‹ verbanden, hatten ihre ehemalige Tragfähigkeit für ihn verloren. Er fühlte sich dort – wie ein Mitbewohner rückblickend urteilt – in der »Situation des fünften Rads am Wagen«. Zum einen hatte sich der Kreis um Fritz Leist inzwischen so eng aneinander geschlossen, daß es Willi Graf kaum gelang, die Vertrautheit, die sich während der 30er Jahre entwickelt hatte, wieder zu gewinnen. Zum anderen fehlten den beiden maßgeblichen Männern dieses Kreises, Hermann Krings und Fritz Leist, bestimmte existentielle Voraussetzungen für eine Identifikation mit Willi Grafs gegenwärtigen Problemen; sie wurden zwar auch zum Militärdienst eingezogen, kamen jedoch nicht zum Einsatz an der Front. Willi Graf hat sicher mit seinen Berichten aus dem Osten auch den ›Siegfriedstraße‹-Freunden die Augen geöffnet für eine Wirklichkeit, die der Bevölkerung weitgehend verheimlicht wurde. Aber während sich für

ihn aus diesem Wissen die Konsequenz ergab, dem Regime aktiv entgegenzutreten, waren seine Freunde zwar von der Richtigkeit dieser Folgerung überzeugt, doch über die dazu notwendigen Schritte nicht einer Meinung mit ihm. Das hieß konkret, daß vor allem Fritz Leist, der als Führer des ›Grauen Ordens‹ von jeher Anziehungskraft und Einfluß auf Willi Graf ausgeübt hatte und 1938 mit ihm gemeinsam wegen seiner Zugehörigkeit zu verbotenen Jugendorganisationen vor dem Sondergericht Mannheim angeklagt war, sich zu Widerstandsaktionen nicht bereit fand. Leist hielt den »inneren Widerstand« zu diesem Zeitpunkt für wichtiger und politisch sinnvoller als illegale Arbeit und beschwor meinen Bruder, gefährliche Aktionen zu vermeiden. Seiner Argumentation, angesichts des als gering einzuschätzenden Erfolges der Flugblätter sei das Risiko zu hoch, folgten die anderen Freunde dieses Kreises. Da mein Bruder jedoch an eine aufrüttelnde Wirkung der Aktionen glaubte, ließ er den Einwand der ›Siegfriedstraße‹ nicht gelten. So mußte er allein den Weg zur ›Weißen Rose‹ gehen, zu der die »anderen«, wie Willi Graf seinen alten Freundeskreis am 16. 1. 1943 bezeichnete, keine nähere Verbindung anstrebten.
Um falschen Interpretationen des Tagebuchs vorzubeugen, muß betont werden, daß die Äußerungen über das distanziert-kühle Verhältnis zur ›Siegfriedstraße‹ zunächst Krisen innerhalb der persönlichen Freundesbeziehung betreffen. Die Enttäuschung über das Scheitern der in Fritz Leist und seinen Kreis gesetzten politischen Hoffnung ist dem deutlich nachgeordnet.
Mein Bruder versuchte nun, aus der Bündischen Jugend andere Freunde als Mitstreiter für die ›Weiße Rose‹ zu gewinnen, um außerhalb Münchens ein möglichst weit verzweigtes Netz von örtlichen Widerstandsgruppen zu knüpfen. Dies war – wie aus Tagebuch-Notizen vom 2. und 5. 12. 1942 hervorgeht – im Kreis der ›Weißen Rose‹ diskutiert und abgesprochen worden. Den Auftrag führte mein Bruder während des Weihnachtsurlaubs 1942 in Saarbrücken aus, wo er die Stimmung unter den alten Freunden sondierte: »Wir [. . .] tasten uns ab« (30. 12. 1942). Auf einer zweiten Reise – zwischen dem 21. und 25. 1. 1943 – unternahm er es, diesmal mit einem Vervielfältigungsgerät und einigen Exemplaren des fünften Flugblatts ausgerüstet, in Köln, Bonn, Saarbrücken, Freiburg und Ulm aktive Helfer zu suchen. Das Tagebuch enthält deutliche Hinweise auf Willi Grafs Hoff-

nungen, seine Erfolge, aber auch seine Enttäuschungen: »Rasch sind wir uns einig« (22.12.1942), »Es ist hier doch schwieriger« (21.1. 1943); ein langes Gespräch, »das aber zu keinem Ergebnis führt«. (22.1.1943)

Zur aktiven Teilnahme erklärten sich nur vier Freunde bereit: Die Saarländer Heinz und Willi Bollinger, Helmut Bauer und Rudi Alt. Andere billigten zwar Willi Grafs Handeln, konnten sich aber selber nicht dazu entschließen; noch andere lehnten die Aktivitäten der ›Weißen Rose‹ entweder grundsätzlich oder zu diesem Zeitpunkt ab. Alle Angesprochenen zeigten sich aber insofern mit meinem Bruder solidarisch, als sie den staatlichen bzw. den Parteiorganen »keine Meldung« erstatteten, obwohl sie sich dadurch im Sinne der damals herrschenden Gesetze wegen »Nichtanzeige eines hochverräterischen Unternehmens« schuldig machten und empfindlichen Strafen aussetzten.

Es ist anzunehmen, daß die Skepsis seiner Freunde mit dazu beigetragen hat, in Willi Graf Zweifel an Sinn und Angemessenheit der geplanten Aktionen aufkommen zu lassen. Dafür spricht sowohl das am 5.12.1942 notierte Bedenken, »ob man es verantworten könne, solange nicht ganz klar sei, was später komme« als auch die Aufzeichnung vom 14.1.1943: »Viel Zeit geht damit vorbei, daß ich mich mit dem Plan beschäftige. Ob das der richtige Weg ist? Manchmal glaube ich es sicher, manchmal zweifle ich daran.«

Dieselbe Notiz zeigt aber auch, daß seine Entscheidung Mitte Januar 1943 unwiderruflich feststand: »Trotzdem nehme ich es auf mich, wenn es auch noch so beschwerlich ist.«

Dieser Entschluß beendete Willi Grafs einsames Ringen mit sich und seiner Verantwortung; er hinderte ihn aber nicht, die Verbindung mit den Freunden aus der ›Siegfriedstraße‹ aufrechtzuerhalten, die, wenngleich sie seinen politischen Weg nicht mitgehen konnten, doch die unverzichtbare Stütze für seine religiöse Existenz blieben: Liturgie und Bibelarbeit gehörten zu Willi Grafs Leben, so wie der Glaube an ein Weiterleben zu seinem Tod gehörte.

Anneliese Knoop-Graf

Tagebuch

13. 6. 1942–15. 2. 1943

13. 6. 1942
Gespräch mit Hans Scholl. Hoffentlich komme ich öfter mit ihm zusammen.
Dann zur Siegfriedstraße, tippe die Sonette von R. Schneider. Am Abend: Violinkonzert von Schneiderhan: Sonate von Mozart, Beethoven und Brahms. Vor allem ist es Beethoven, der mir Freude macht.

14. 6. 1942
Nach der Messe schreibe ich Briefe.
Mittags etwas geschlafen. »Kaffee« in der Siegfriedstraße.

15. 6. 1942
Sigi ist da, kurz gehe ich nachher noch mit ihm spazieren. Ein Aufsatz von Guardini. Am späten Abend in die Kaserne.

16. 6. 1942
Es regnet fast den ganzen Tag. Dazu ist es kühl. Eben ein ungemütliches Wetter.
Am Mittag kommt Sigi, wir machen einen Streifzug durch Münchner Buchläden. Das alles im strömenden Regen. Eine Stunde fechten – Bach-Verein. Kirschen aus Bonn.

17. 6. 1942
Das ungemütliche Wetter bleibt. Am Nachmittag sitze ich daheim, lese und schreibe.

18. 6. 1942
Immer wieder eifrig Vorlesungen, dabei gibt es Viertelstunden, wo ich fast einschlafe. Früher ist mir das doch nur selten passiert. Ich lese etwas. Abends dann der Film »Zwischen Himmel und Erde«.

19. 6. 1942
Ich erwarte am Abend Hans Scholl. Doch er bleibt aus, es ist schade. Rasch gehe ich zu Hannes, sitze eine Stunde bei seiner Frau. Der Tag begann mit der Anregung des Besuches, zerbrach aber nun an dem Ausbleiben von Hans. Immer bin ich allein, ganz allein.

Walter Bauer: Die zweite Mutter

20. 6. 1942
[. . .]
Gang durch die Stadt. Der U. v. D. fällt aus, ganz unverhofft. Besuch bei Hans Friedmann. Adalbert leiht mir sein Rad, ich kann mich bewegen. Eine Stunde Fahrt durch den Engl. Garten. Am Abend Briefe.

21. 6. 1942
Ich schlafe lange, gehe erst zum Hochamt. Es ist zwar klares Wetter, aber immer windig.
Mit dem Rad nach Pasing. Kaffee. Spazieren nach Obermenzing. Gegen 10.00 Uhr dann wieder heim. An diesem Sonntag bin ich ein klein wenig zufrieden, ich weiß nicht worüber.

22. 6. 1942
Mit dem Rad früh zur Bergmannschule. Der Tag bringt ein ausgezeichnetes Wetter. Mittags schlafe ich etwas. Lesen. Zum Fechten. Bei Hannes vorbei, wir fahren zu Huber in Schwabing. Man spricht bei guten Tropfen über die vergangenen Tage. Spät wird es.

23. 6. 1942
Am Morgen bei der Zahnärztin. Nach der Mittagsvorlesung kurz in der Siegfriedstraße. Daheim habe ich zu nichts rechte Lust. Besuch bei Familie Asal, endlich habe ich die Fotos.
Das Wetter war ganz prima, in der Stadt aber doch so blöde.

24. 6. 1942
Mein Gesicht beginnt wieder zu schwellen, die Beschwerden sind aber noch mäßig. Unheimlich müde bin ich, nach dem Appell lege ich mich hin. Dann nur noch fechten. Abendbrot und Briefe schreiben, es ist ein harmloser Tag. (Die Appelle liegen nun günstiger, ein neuer Spieß).

Eichendorff: Erlebtes
Eichendorff: Ahnung und Gegenwart

25. 6. 1942
Es wird wieder toll mit der Geschwulst. Zur Vorlesung gehe ich nicht. Müde und abgespannt. Lange geschlafen aber ohne Entspannung.

Zu Josef Gieles, ein kurzer Besuch. In der Siegfriedstraße. Die Suche nach dem verlorengegangenen Bücherpaket. Etwas lesen, ein dürftiger Brief. Aus, ein Tag, der gewiß trostlos ist.

26. 6. 1942
Morgens gleich zur Zahnklinik: Der Abszeß wird inzidiert, und ich bin für einige Stunden erschöpft, lege mich zu Bett, zum Mittagessen in die Kaserne.
Etwas gelesen, am Abend der Film »Kleine Residenz«.

27. 6. 1942
In der Zahnklinik. Schon früh ist Appell. Besuch bei Hans Friedmann. Ich liege im Garten in der Sonne.
Dann zur Siegfriedstraße, es ist dort trotz allem für mich der liebste Platz. Abends lese und schreibe ich.

28. 6. 1942
Der Sonntag bringt schlechtes Wetter, am Spätnachmittag regnet es sogar. Lesen. Am Mittag in den Zirkus. Am Abend »Die Regensburger Domspatzen«. So harmlos vergeht die Zeit. Seltsam finde ich es, daß so wenig Post kommt.

29. 6. 1942
Um 7.30 Uhr ist Appell. Vorlesungen. Am Mittag schlafe ich wieder, gehe dann zum Fechten. Abends im Bachchor, es ist letzter Abend vor den Ferien. Eine Freude macht dieses Singen. Spät noch lese ich.

30. 6. 1942
Es ist sehr heiß. Ich lese nur wenig, gehe dann ins Kino, ein wirklich blöder Film. So ist ein halbes Jahr wieder zu Ende, und ich bin schon 3 Monate in München.

Shakespeare: Wie es euch gefällt
Shakespeare: Was ihr wollt

Ich fühle mich allein und bin unzufrieden mit mir und meinem Tun. Nun stehen die kommenden Wochen vor mir, auf die ich neugierig bin.

1. 7. 1942
Mittags ist Sport von 15.00–17.00 Uhr, aber man tut nicht viel. Etwas fechten. Zum Konzert der Wiener Sängerknaben. Anschließend ein Gespräch mit Bertel, wenigstens begonnen. Ich finde, daß ich sehr unklar bin.
Es kommt die Meldung, daß im mittleren und südlichen Abschnitt die Truppen marschieren. Sewastopol ist genommen.

2. 7. 1942
Robert war bei mir auf dem Zimmer, doch ich habe ihn nicht getroffen. Erst um ½5 komme ich heim. Kurz in der Siegfriedstraße.
Besuch bei Schlögel, sonst lese ich noch etwas.

3. 7. 1942
Es regnet, dabei ist es so schwül. Seltsam müde bin ich heute wieder. Etwas gelesen. Im Residenztheater »Minna von Barnhelm«. Die Suche nach dem Zimmer macht mir Sorge, ich muß mir alle Mühe geben.

4. 7. 1942
Ein Zahn wird gezogen, immerhin ein Ereignis für mich, aber das war wohl noch nicht der letzte. Ich schlafe am Mittag, laufe dann für kurze Zeit durch Schwabing, in der Siegfriedstraße ist niemand.
Abends schreibe ich lange, lese etwas. Immer ist das gleiche, daß ich mich am Wochenende so einsam fühle. Aber es fehlt mir auch die Freude am intensiven Arbeiten. Ich müßte Menschen um mich haben, oder nicht? Schon lange hörte ich nichts mehr von daheim.
Shakespeare: Viel Lärm um nichts
Rhaban Liertz: Psychoneurosen

5. 7. 1942
Früh an diesem Sonntag fahre ich nach Pasing. Ein herrliches Wetter. Spiel mit den Kindern. Am Wasser. Aber es gefällt mir.
Nach dem Essen in der Kühle gelegen. Zum Schwimmen. Sonnenbaden.
Ruhiger Sonntagnachmittag, ohne Ereignisse. Die Kühle der Abendstunden wirkt belebend.

6.7.1942
Der ganze Nachmittag ist frei, doch ich tue nichts rechtes. Zimmersuche, ohne Erfolg. Abendessen. Brief an Anneliese, dann gelesen.

7.7.1942
Untersuchung auf Tropentauglichkeit. Ich lese. Abends das Konzert des collegium musicum von Köln: »Das gute Leben« von Pepping neben anderen Liedern und Chören. Auch spät lese ich wieder.

8.7.1942
Am Morgen schon ein Gewitter. Eine Stunde fechten, in der Schwüle des Mittags. Besuch in der Siegfriedstraße. Wiederum lesen. So gehen die Tage rasch dahin, das Semesterende kommt näher. Wenn ich nur ein Zimmer für den Winter finde.

9.7.1942
Es kommt eine ganze Menge Post, die mich überrascht. Kirschen und Kuchen. Ich lese, gehe noch zur Siegfriedstraße. Am Abend Briefe.

10.7.1942
Es ist sehr schwül, doch erst am Nachmittag kommt das erwartete Gewitter. Geschlafen.
Zum Nachmittag: Häcker liest uns »Der Christ und die Geschichte«.
Noch lange sind wir zusammen: Hans und Alex.
Am Abend regnet es dann.
F. Jammes: Der Roman der drei Mädchen
Shakespeare: Die lustigen Weiber von Windsor

11.7.1942
Wieder wird ein Zahn gezogen, der am Nachmittag und Abend einige Beschwerden macht.
Weil der Appell früh liegt, komme ich schon früh heim. Ich beginne mit Briefen, lese etwas, mache einige Besorgungen. Es gibt Regen.
Am Abend dann in den Kammerspielen: »Der Thron zwischen Erdteilen«.

12. 7. 1942
Nach der Messe Briefe schreiben. Am Mittag schlafe ich, dann zur Siegfriedstraße. Gespräch über psychologische Dinge, das anregend ist. So ist der Tag sehr ruhig vergangen, ich tue nicht viel. Es ist verhältnismäßig kühl. Am Abend lese ich noch.

13. 7. 1942
Bis zum Mittag bin ich immer noch in den Vorlesungen. Ich lese etwas. Am Nachmittag ein Besuch bei Frau Thurmair, der aber nur kurz ist. Am Abend gehe ich in den Film, der ziemlich dumm ist.

14. 7. 1942
Es regnet ab und zu, das Wetter ist unbeständig. Etwas lese ich. Zu Hannes Schlögel – wir gehen dann zu Berberich, weil Alois Schreiner im Land ist, doch wir treffen niemand. Bis spät in die Nacht schreibe ich den Brief an M.

15. 7. 1942
Schon Regen beim Aufwachen. Nur noch teilweise gehe ich zu Vorlesungen.
Es wird zur Tatsache, daß wir im Osten famulieren, und das ist schließlich ein Schlag.
Zum Fechten, kurz in der Siegfriedstraße. Lesen. Immer noch habe ich kein Zimmer gefunden, die Frage wird entscheidend. Was soll ich mit meinen Sachen? Vor allem, wenn ich von hier aus gleich nach dem Osten fahre. Ich muß mir noch Mühe geben.

16. 7. 1942
Ich gehe noch in einige Vorlesungen, auch mittags zum Perkussionskurs. Am Abend treffen wir uns dann, lesen aus Claudels »Seidenschuh«, reden lange in die Nacht hinein. Ich spüre wieder einmal, daß ich doch solchen Dingen noch sehr entwöhnt bin, es wird wieder lange dauern, bis ich mich darin völlig zurecht finde.

17. 7. 1942
Lange überlege ich mir, ob ich noch nach Hause fahren soll, ich möchte es ja zu gerne, ehe es wieder nach dem Osten geht.

Es regnet oft am Tag, aus Verzweiflung, so kann man schon sagen, gehe ich ins Kino: »Anuschka«. Es ist aber wieder eine Enttäuschung.

18. 7. 1942
In Erwartung des Anrufs von Gerd Oberhoffer, der mir schrieb, aber es geschieht nichts. Nun soll es bereits am Mittwoch losgehen, und an diesem Tag heiratet Mathilde. Kurz bin ich in der Siegfriedstraße. Gang durch die Stadt, zum Bahnhof. Ich schreibe Briefe, dann packe ich. Um 23.03 Uhr nach Saarbrücken gefahren.

19. 7. 1942
Die Überraschung ist groß, den ganzen Tag bin ich daheim, lerne Ossy kennen, der sehr nett ist, spreche mit den Eltern und Mathilde. Bedauerlich ist es ja doch, daß ich nicht länger bleiben kann. Rasch vergehen die Stunden. Es regnet oft an diesem Tag, ein seltsames Sommerwetter. Abschied. Mit Mathilde und Ossy zur Bahn. Fertig, ich fahre wieder los, ins Ungewisse.
R. Benz: Lösung und Bindung

20. 7. 1942
Am Morgen bin ich in München, es fällt mir schwer, trotz der kurzen Abwesenheit, mich zurechtzufinden. Nun sitze ich hier und daheim wäre ich gut und wichtig.
Es regnet. Zur Kaserne, nun fahren wir erst Donnerstag. Am Mittag fasse ich die notwendigen Sachen, es ist wie in Anfangszeiten, es dauert sehr lange, nur widerwillig mache ich das alles mit.
Am Abend bei Adalbert, seine Mutter ist da, wir sprechen von allem, was uns bewegt, es wird spät.

21. 7. 1942
Abbruch in meiner Wohnung. Es geht langsam dem Ende zu. Am Mittag schlafe ich, dann bringe ich die Bücher in Adalberts Bude. Kurz zu Hannes.
Am Abend in der Siegfriedstraße. Wir sprechen viel. Der Abschied fällt mir sehr schwer. Ich glaube einfach nicht an die 3 Monate Feldfamulatur.

22. 7. 1942
So ist der Hochzeitstag von Mathilde vergangen. Ich laufe hier herum, kann nicht dort sein. Ob sie glücklich wird? Appell, essen, packen. Die Zeit vergeht rasch.
Am Abend im Atelier, was sollen wir tun? Bis in die Nacht hinein.
So gehe ich von München weg, wo ich mich einsam fühlte.

23. 7. 1942
Schon um 7.00 Uhr am Ostbahnhof. Verladen. Abfahrt erst um 11 Uhr. Unser Abteil ist gut. Ich fühle mich wohl, wir haben Platz und können reden. Das ist schon viel wert.
Über Regensburg, die Donau. Es ist ein schöner Nachmittag.

24. 7. 1942
In der Oberpfalz. Mittags in Zwickau, Dresden, am Abend in Görlitz.

25. 7. 1942
Weiter östlich: Lissa und dann nach Polen hinein. Wieder umfängt mich die Weite östlichen Landes.

26. 7. 1942
Mittags in Warschau. Es ist sehr heiß. Während der letzten beiden Tage fuhren wir mit Italienern.
Am Spätnachmittag gehen wir in die Stadt. Das Elend sieht uns an. Wir wenden uns ab.
Tief und fest schlafen wir.

27. 7. 1942
Ich suche Sigi, der aber versetzt wurde, gerade kurz vorher. Ein wenig geschrieben, um ein Zeichen zu schicken. Dann gehen wir wieder zur Stadt, laufen umher, essen, sitzen dann in der »Blauen Ente«. Unser ganzes Geld geht zu Ende. Wir trinken Wodka in kleinen Schlücken.
Hoffentlich sehe ich Warschau nicht mehr unter diesen Vorzeichen und Bedingungen.

28. 7. 1942
Nachts warten wir auf den Lazarettzug, eine Enttäuschung, denn er ist überfüllt. Langes Warten. Endlich kommen wir noch unter, schlafen im Gang vor der Tür des Generals.
Die Reise führt uns auf große Umwege: Ostpreußen – Dtsch. Eylau – am Mittag Allenstein bei strömendem Regen. In der Nacht Insterburg.

29. 7. 1942
So überschreiten wir nachts die Grenze nach Litauen, erst als ich aufwache, merke ich es, wir sind aber schon über Kowno hinaus. Das Land ist schön und voller Ordnung, erinnert an Finnland. Am Mittag viele Stunden in Wilna, ich liege im Gras in der Sonne. Gegen Abend fahren wir weiter, Dünaburg-Lettland.
Während dieser Tage lebt man in den Tag; man tut nicht viel: Essen, schlafen, etwas lesen und Schach.
Wilder: Die Brücke von St. Luis Rey

30. 7. 1942
Kurz vor Mittag fahren wir weiter, fahren bald über die Grenze nach Rußland, die Weite nimmt uns auf.
Es ist in diesen Tagen oft kühl, oft gibt es Regen. Fliegenplage im Abteil. Man spricht viel von Partisanen, sieht überall die Folgen ihrer Arbeit, doch es rührt sich nichts in unserer Nähe. Gegen 11 Uhr in Polozk, wo wir bis zum Morgengrauen warten.

31. 7. 1942
Mittags sind wir in Witebsk, eine zerschossene Stadt. Es geht doch rasch vorwärts. Am Abend sind wir in Polozk, fassen Marschverpflegung, bleiben dann im Bahnhof stehen und schlafen.
Der Monat ist zu Ende, ungewissem Erleben trägt uns der Zug entgegen.
Am Morgen stehen wir noch im Bahnhof, fahren dann aber los. Es geht Smolensk entgegen, wo man am späten Abend eintrifft. Wieder bleiben wir im Südbahnhof stehen. Es regnet leicht.

1. 8. 1942
Am Vormittag geht die Fahrt los, obwohl man davon redet, daß überall alles verstopft sei. Den Tag über fahren wir, das Land ist voller

Abwechslung, Hügel wechselt mit Hügel. Dazwischen wieder die weite Ebene. Rasch vergeht der Tag, am Nachmittag Wjasma. Elender weiter Marsch zur Frontsammelstelle, erste Verteilung, Unterbringung im Quartier. Wir schlendern zu fünft durch die Stadt, Schmutz, Elend, deutsche Marschmusik. Auf dem Hügel inmitten der Häuser und Trümmer die Kirche.
In leichtem Regen sitzen wir noch auf der Bank vor der Unterkunft und lassen die Bilder nochmals vorbeiziehen. Ich versuchte übrigens, Ede Blau aufzusuchen, der aber nicht mehr da ist.

2. 8. 1942
Am Sonntag Morgen gehen wir zur russischen Kirche. Ich stehe mitten unter diesen hartgeschlagenen Menschen. Zunächst ist die Matutin sehr einförmig, der Gesang zur Messe aber ist wundervoll, und so bleiben wir 2 Stunden in dem Gottesdienst. Einteilung: Wir bleiben zusammen und kommen zur 252. Div., das sind alte Bekannte. Am Nachmittag sind wir kurze Zeit auf dem russischen Markt, wo seltsame Dinge feilgeboten werden, das Elend ist schon selten so kraß hervorgetreten. Brot bricht alle Grenzen und wird von allen gesucht. Um 17.20 Uhr sollen wir abfahren nach Gshatsk, es wird etwas später. Die Reise ist voller Abwechslung, selten bot sich das Land in solcher Schönheit. Der Mond geht genau über den Gleisen auf in blutrotem Glanz.
Bei Dunkelheit sieht man das Mündungsfeuer der Front. Leuchtfallschirme.
Gegen 10.00 Uhr in Gshatsk. Wieder ein endloser Gang durch die Stadt mit allem Gepäck. Gespenstisch ragen die Ruinen der hohlen Häuser in der Beleuchtung des Mondes. Russische Artillerie schießt in die Stadt, Flucht in die Häuserwinkel. Es gibt doch einige Aufregung. Doch schlafen wir gut mitten im Dreck.

3. 8. 1942
Ich erfuhr schon in Wjasma, daß die Abteilung Stellungswechsel gemacht hat. Ich hoffte schon, die Bekannten wiederzusehen. Wir laufen zum Div. Arzt hinaus, der in einem wundervollen Dorf wohnt. Auch der Gang über Land ist voller Reize. Wir bleiben zusammen, sind bei der bespannten San. Komp. 252, die in Gshatsk liegt, im Waldlager, ganz in der Nähe vom Flughafen, wo ich damals wegflog.

Eine Enttäuschung ist dieses Bild schon: Abgeschlossen im Wald liegt der HV-Platz. Ein wenig Niedergeschlagenheit. Aber was ist sonst zu tun. Auch die anderen werden ähnlich gelandet sein.

4. 8. 1942
Einweisung: Wir werden verteilt, ich komme mit Hans auf die Seuchenabteilung. Behelfsmäßiges Einrichten, obwohl man sich nicht wohl fühlt. Ich kenne ja auch diesen Verein schon von früher, wenigstens die Fleckfieberstation. Wie werden die kommenden Monate vergehen? Vielleicht rührt sich noch was in diesem Abschnitt. Nachts viel Lärm des Krieges.

5. 8. 1942
Visiten, sonst wenig Arbeit. Man merkt, daß man überflüssig ist. Zu nichts habe ich Lust, weder zum Lesen, Schreiben, Arbeiten, Schlafen. Man läßt den Tag eben vergehen. Am Abend sitzen wir bei Kerzenlicht und schreiben etwas. Ich versuchte 740 anzurufen, erhielt aber keine Verbindung. Das ist eigentlich bedauerlich, denn da ich nun einmal in die alte Gegend kam, hätte ich den Verein gern getroffen.

6. 8. 1942
Die Tage haben schon ihren Gleichklang. Am Morgen sind wir bei der Visite, tuen eigentlich nichts. Umzug in den Bunker in der Nähe der Küche, es ist dumpf und feucht in ihm. Am Abend schreibe ich einige Briefe und Karten.

7. 8. 1942
Es regnet in der Nacht, auch die russische Fliegertätigkeit bleibt.
Essen im Kasino, so wird es nun auch bleiben.
Ich treffe Ali, der mit seiner Battr. vorbeizieht. Am Abend sind wir lange zusammen, sprechen über uns und die Kameraden, das Schicksal, welches uns gegeben wurde. Diese Begegnung ist erfreulich, obwohl es nur in manchen Augenblicken möglich wird, den Alltag abzustreifen und uns ohne Verhüllung zu sehen. Die Flieger stören uns immer wieder. Wir gehen auseinander und wissen nicht, wann wir uns wiedersehen, schon früh am nächsten Morgen zieht Ali weiter.

8. 8. 1942
Es regnet schon am Morgen, naß ist der Boden und voller Schlamm. Dauernd steht man draußen im Dreck. Der Regen läßt nicht nach, und auch der Himmel bleibt dicht verhangen. Es ist trostlos in diesem Laden. Man lebt in den Tag ohne richtige Arbeit.
Nachrichten über die Bombardierung Saarbrückens. Es soll wirklich schlimm sein. Ich habe große Sorge um die Eltern, von denen ich doch keine Nachricht bekommen kann. In dieser Nacht Dienst, Wache, Vergattern und Kontrollieren. Ich denke an daheim.

9. 8. 1942
Der Sonntag unterscheidet sich nicht von den übrigen. Ein wenig auf der Station. Das Wetter wird klarer, die Sonne scheint. Mittags lese ich eine Stunde im »Nachsommer«. Am Abend mit Hans nach Gshatsk, um dessen Bruder zu besuchen. Der Gang im Abend ist schön.

10. 8. 1942
In diesen Tagen gibt es viel Arbeit, Verwundete und Kranke aus Rheschewh. Das Wetter war und ist gut, hoffentlich bleibt es einige Zeit. Immer etwas gelesen. So vergeht die Zeit, aber ich habe zu nichts Lust, voller Gedanken an daheim. Wie wird es sein? Ich schicke ein Telegramm nach Hause. Hoffentlich höre ich bald etwas Gutes.

11. 8. 1942
Das Wetter bleibt schön und warm. Ich habe mich auf der Station zurechtgefunden und tue einige der vorkommenden Dinge, es ist nicht viel. Um die Mittagszeit lese ich immer wieder Stifter.

12. 8. 1942
Nachts träume ich immer und oft von daheim, von der Zerstörung und dem Befinden, tagsüber denke ich sehr häufig an die Stadt und ihr Schicksal, von den Eltern habe ich immer noch keine Nachricht. Ein Mann aus Saarbrücken besucht mich, der Post und Nachricht vom 3. 8. hat. Es muß schauerlich daheim sein.
Ich aber sitze hier und tue nichts, kann nur daran denken.

13. 8. 1942
Mittags bauen wir am Waldrand einen Platz zum Sitzen und Schreiben. Es berührt mich seltsam, dabei an alle Zerstörung daheim zu denken.
Allmählich kleine Prüfungen auf der Station, die schon lehrreich sind, aber häßlich in ihrer Art.
Schnell fällt die Dunkelheit herein, ein prachtvoller Sternenhimmel steht über uns. Wir machen einen kleinen Gang in den Abend, der wie eine Wohltat ist.

14. 8. 1942
Rasch vergeht die Zeit, ich wünsche mir, daß ich die ganze Zeit hierbleiben kann und nicht zur Truppe versetzt werde. Lange lese ich im Nachsommer und bin von seinem Hauch und Atem gefangen. Eigentlich wäre Zeit genügend, um gründlich zu arbeiten, aber es fehlt die rechte Lust, die Umgebung, die hier so ermüdend, fast lähmend wirkt. Regen droht schon, doch hält sich das Wetter noch.
Auch am Abend lese ich wieder, die einzige Freude.

15. 8. 1942
Am Morgen sitzen wir in der Sonne, lesen etwas. Mittags beginnt es dann zu regnen, und das wird wohl anhalten. Telegramm bringt mir: »Es geht uns gut«. Aber was heißt das? Ich bin voller Unruhe. So ist diese Woche der Trostlosigkeit zu Ende. Es geht ziemlich mit der Zeit. Gott sei Dank. Unruhig schlafe ich, es regnet die ganze Nacht.

16. 8. 1942
Ein Sonntag mit ständigem Regen, der Wald ist ein Sumpf. Man kann hier verzweifeln. Tätigkeit ist mäßig.
Ich schreibe ein wenig, nach Hause und an M. Früh schon ist es dunkel, wir sitzen im Bunker, trinken, es werden Sprüche gemacht, zum Zeitvertreib. Lange lese ich dann noch.

17. 8. 1942
Gleicher Regen, der nur auf Stunden unterbrochen wird. Ich fühle mich so verlassen, obwohl wir doch zusammen sind. In den freien Stunden lese ich. Oft denke ich an daheim, wie es dort wohl aussehen wird.

18. 8. 1942
Klarer Himmel schon am Morgen, ich freue mich, alles sieht so anders aus. Natürlich läuft man noch tief im Schmutz. Nach dem Essen sitze ich für Stunden in der Sonne und lese den Nachsommer zu Ende. Es ist dies ein schöner Nachmittag. Ich bin im Banne von Stifter, so kann man es fast sagen. Herrlich sind diese Menschen, die vor mir stehen in der Einfachheit und ihren Bemühungen.
Ein Brief von Mutter, der eigentlich nicht so stark den Eindruck der Zerstörung und des Elends wiedergibt. Für sie ist eben die Familie das Nächstliegende, sie will mich aber auch nicht beunruhigen. Ich bin froh, daß ich solche Nachrichten bekam.

19. 8. 1942
Das schöne Wetter hält an, langsam wird es trocken, dafür aber belästigen uns die Schnaken. Vor allem am Abend sind sie recht unverschämt.
Es bleibt sich alles gleich, die Chirurgen haben allerdings viel zu tun.

20. 8. 1942
Nun bin ich allein auf Station, weil Hans auch mit zum OP muß. Aber es ist hier ja nicht viel zu tun.
Ich versuche ab und zu in den medizinischen Büchern zu lesen, setze mich bis zur Visite hin in die Sonne. So tue ich doch wenigstens etwas, wenn es auch keine ausgefüllte Beschäftigung ist.
Stifter: Der Nachsommer

21. 8. 1942
Bisher kommt noch keine weitere Post, obwohl ich stark damit rechne. Einige Male schreibe ich in den Mittagsstunden. An den Abenden heißt es gewöhnlich, die Abgänge des folgenden Tages zu erledigen, das ist eine Menge geistloser Arbeit. Es gibt viel Rotwein, dem ich stark zuspreche.

22. 8. 1942
In den frühen Morgenstunden ist es draußen wundervoll. Schade, daß wir im Walde liegen, wo man nicht zum Horizont sehen kann. Die Bäume ringsum beengen den Blick.

Am Abend hören wir russische Lieder bei einer Frau, die im Lager arbeitet. Wir sitzen im Freien, hinter den Bäumen geht der Mond auf, die Strahlen fallen in die Zwischenräume der Baumreihen. Es wird kühl, die Mädchen singen zur Gitarre, wir versuchen die Bässe zu summen. Es ist schön so, man spürt Rußlands Herz, das wir lieben.

23. 8. 1942
Wieder ein Sonntag. Ich gehe zur Messe irgendwo in einem Bunker, die Feier ist stillos, vielleicht zu unbewußt für die Teilnehmer. Was könnte man trotz allem in dieser Umgebung machen, wenn man das Herz dazu hätte!
Ruhig ist der Mittag. Und so wird auch die Woche vergehen. Ab und zu lese ich etwas, habe auch eine Menge zu tun.

24. 8. 1942
Die Abende sind schön, bald ist Vollmond, und so ist es hell in den Nächten. Hoffentlich bleibt es dabei.
Immer warte ich auf Post, aber es ist vergebens, denn ich gehe leer aus.

25. 8. 1942
Was wäre zu sagen über jeden Tag, der doch so viel Ähnlichkeit mit dem vergangenen hat. Ich sollte oft schreiben, aber es fehlt mir alles, was eigentlich dazu gehört. So verschiebe ich es von einem zum andern Tag und werfe mir das doch immer wieder vor.
Der Tag selbst hat kein besonderes Gesicht.
Weil die anderen im OP arbeiten, bin ich selten länger mit ihnen zusammen. Ich finde, daß ich ihnen ferne rücke, obwohl mir doch an dem Zusammensein viel liegt. Es geht mir eigentlich immer so im Zusammenleben mit mir lieben Menschen. Was bin ich für ein Mensch?

26. 8. 1942
Ich lese etwas Hölderlin, doch eigentlich ohne Hingabe. Vieles kommt auf mich zu, aber ich werde damit nicht fertig.
An Mathilde schreibe ich als Antwort einen kurzen Brief. Heute ist Vollmond, aber der Himmel ist am Abend voller Wolken. In der Nacht regnet es leicht.

27. 8. 1942
Der Tag aber wird wieder klar. Der Wald dampft um Mittag. In den Nächten schlafe ich oft sehr schlecht, ich weiß gar nicht, woran das liegen mag.
Meine Gedanken gehen in die Weite und finden nirgendwo einen Halt. Immer dieses Gefühl der Einsamkeit.

28. 8. 1942
Es ist so ruhig am Morgen um uns und unser Leben. Wir stehen spät auf und nehmen uns Zeit zu allen Dingen. Von Mutter und Mathilde Post, nichtssagende Worte nur. Ich will am Abend etwas schreiben, vielleicht gelingt ein Brief, ich weiß es noch nicht.
An Anneliese denke ich oft, was mag sie tun?
Klaus Erich Boerner: Gefährtin meines Sommers

29. 8. 1942
Ein Tag wie alle anderen. Was könnte man auch sagen, wenn man den ganzen Tag im Waldlager hausen muß. Hans und Alex sind während des ganzen Tages zum Fischen weg mit einem alten Fischer.

30. 8. 1942
Der Sonntag ohne Unterschied. Ich habe zu gar nichts Lust, aber ein wenig tue ich eben, weil ich es nicht fertigbringe, die Dinge liegen zu lassen. Das ist der Unterschied zu den andern, die alles liegen lassen.
Mittags spielen die Russen auf ihren Instrumenten Gitarre und Balalaika, es ist wirklich schön. Am Abend sitzen wir bei der Vera, die auch aus den Liedern die Klänge wiedergibt, welche mich mit diesem Land verbinden.
Ich bin unruhig, ganz besonders unruhig an diesem Tag, ich weiß nicht, weshalb. Am Abend laufen wir auf der Straße, am späten Abend.

31. 8. 1942
Plötzlich ist es hier kühl geworden, aber zum Mittag scheint doch die Sonne. Ich habe eine Menge zu tun, doch ich tue es ohne Freude. Mittags wieder die Ohrensprechstunde, die drei Mal in der Woche ist

und mir allmählich langweilig wird. So verging dieser Monat rasch, ohne Sensationen. Wichtig daran ist jedenfalls, für diese Zeit, daß ich mit den drei Leuten zusammen bin. Ich stelle mir vor, daß dies für die nächste Zeit seine Bedeutung hat. Der Sommer ist nun wohl zu Ende, rasch wird der Herbst kommen. Was bringen die nächsten Wochen?

1.9.1942
Am Morgen überrascht uns die Nachricht, daß wir ausgetauscht werden: Hubert und ich kommen zu I. R. 461, Hans und Alex bleiben noch. Es eilt uns aber gar nicht mit dem Wegkommen. Wir bereiten uns auf den Abschied vor. Auf Station arbeite ich jedenfalls nichts mehr. Wir packen. Doch an diesem Tag geht es nicht weg. Für den Abend verabreden wir uns mit den Russen, unverhofft wird Alex krank, der also nicht dabei sein kann. Der Abend ist schön: Wir haben Schnaps, wir singen und tanzen noch, wir alle. Es geht bis 12 Uhr, wir werden daran denken.

2.9.1942
Auch heute fahren wir noch nicht los. Alex scheint Diphtherie zu haben. Ich schreibe heute morgen einen Brief an Adalbert. Wir sind mittags abmarschbereit, aber es verzögert sich wieder, unsere Ablösung ist schon da.
Mittags im Gshatsk. Beim Fischer und der Blume des Ostens interessantes Gespräch.
Ein schöner Tag. Warme Sonne. Eine Menge Post kommt. Müde gehen wir zu Bett. Letzter Abend im Lager.

3.9.1942
Nun bereiten wir uns aber wirklich auf den Abmarsch vor. Abschied. Mit dem Krankenwagen, bespannt geht es nach Staroje, dicht an Baryschewo vorbei. Dann laufen wir quer weiter zum ersten Batl. wo wir den Regimentsarzt treffen: Einteilung, Hubert kommt zum 3., ich zum 1. Btl. Rascher Abschied. Überall sind die Leute nett und freundlich. Mit der Dräsine geht es weiter vor, durch den Wald zum Gefechtsstand. Begrüßung. Mächtiges Schießen in der Gegend. Im Sanitätsbunker.

4. 9. 1942
Erst am frühen Morgen wurde es lebhaft, Einschläge. Mit dem Ass. Arzt zur 3. Komp. Es geht lebhaft zu. Komp. Führer verwundet. Schnaps, Lärm. Eine Menge Verwundete. Post kommt schon zu mir. Ich lese etwas. Wir liegen leider mitten im Wald. So bin ich im neuen Leben, hoffentlich nur für einen Monat. Das wird ja rasch vergehen.

5. 9. 1942
Die Tage ziehen sich dahin, ohne daß etwas getan wird. Zu den einzelnen Kompanien komme ich nicht mehr. Ohne Spannung vergeht die Zeit, und zu nichts habe ich Lust. Immer lese ich ein wenig in »Schuld und Sühne«.
Das Essen ist eigentlich mäßig, aber das macht ja nichts. Zum Schreiben habe ich wenig Lust, tue es auch nicht. Früh liegt man zum Schlafen.

6. 9. 1942
Der Sonntag, trübe, gegen Mittag regnet es leicht. Ich hole mein Gepäck in Kolesniki, wo ich Hubert treffe. Wir sind kurz zusammen. Ich tue gar nichts, selten mal ein Schachspiel. Diese Umgebung wirkt so ermüdend und erschlaffend. Ich stelle mir vor, wenn ich längere Zeit hier sein sollte. Es ist nicht auszudenken.

7. 9. 1942
Herrliches Wetter. Mittags kommt Hubert herüber. Ich begleite ihn, wir reden von allem möglichen.
Erwartung von Post, die noch nicht kommt.

8. 9. 1942
An dem engen Stück Himmel sieht man, daß dichte Wolken in der Höhe sind. Hoffentlich kommt kein Landregen.
Mittags beginnt es nun doch zu schütten. Gleich steht alles unter Wasser, auch im Bunker regnet es.
Man ist also an die vier Wände gebunden.

1936, Montenegro, aufgenommen von Günther Schmich

9. 9. 1942
Gegen Mittag hellt sich der Himmel auf, die Sonne scheint. Ich mache tagsüber Holz, wenigstens eine kleine körperliche Beschäftigung. Sonst eben lesen, am Abend schreibe ich.

10. 9. 1942
Es hat sich eine gewisse Tagesordnung eingefunden: Rasch vergeht der Vormittag. In den Mittagsstunden lese ich, mache Holz. Wenn es dann langsam Abend wird, gegen 18 Uhr nach dem Essen, sitzen alle ruhig zum Schreiben und Lesen. Leise Radiomusik. Dies sind die schönsten Stunden des langsam verrinnenden Tages. Es ist ruhig, auch draußen. Vielleicht kann ich noch manches in solchen Stunden tun.

11. 9. 1942
Es bleibt sich gleich. Telefonisches Gespräch mit Hubert. Post trifft immer noch nicht ein. Man sitzt und liest oder schreibt. Wenig tut sich.

12. 9. 1942
Der Himmel ist klar, leichte Wolken sind am Himmel – ich mache ein wenig Holz. Am Nachmittag kommt Hubert, dies ist ein kleiner Festtag. Wir gehen mit dem Assi zum Baden. Dann sitzen wir und berichten ein wenig, unsere Tätigkeit, was wir gelesen. Er findet ebenfalls, daß man mit diesen Menschen nur schwer Kontakt findet. Gut ist es, daß man alles ringsum als Gast sieht, der in einiger Zeit nicht mehr dabei ist. Ich begleite ihn zurück. Da merke ich erst richtig, wie bunt die Blätter geworden sind. Bei einem heftigen Wind fällt einem ein farbiger Wirbel vor die Füße. Ich liege bereits zum Schlafen, um ½12 werde ich zu den Offizieren eingeladen. Übler Schnaps, Gitarre mit Wiener Liedern, leichte Trunkenheit, Schießen. Ich sitze eigentlich unbeteiligt dabei, trinke und rauche. Es dauert bis drei Uhr.

13. 9. 1942
Strahlender Sonntagmorgen, leichte Müdigkeit. Gegen Mittag ziehen Wolken auf. Es ist kühl geworden. Wir arbeiten im Holz, sägen und spalten. Am Abend lese ich nur, irgendeinen Blödsinn. Trotz der

Müdigkeit schlafe ich schlecht. Es war eine seltsame Unruhe in mir an diesem Tag, ich weiß nicht, wo sie herrührt. Post wurde mir angekündigt.

Schuld und Sühne

14. 9. 1942
Kühle, Herbst zeigt sich überall. Gegen Spätnachmittag regnet es. Ich freue mich über die empfangene Post, ein Brief von M. ist dabei.
Abends schreibe ich heim, Mutter ist unzufrieden, weil ich nicht oft schreibe. Ich will ihr die Freude machen.

15. 9. 1942
Zum Glück aber hält sich das Wetter, und wieder gibt es wundervolle herbstliche Stunden. Ich tue nicht viel, schaue hier und dort.
Abends ist im Kasino ein festlicher Betrieb. Zivilisten eines Varietés sind eingeladen. Ich fühle mich nicht wohl, es kommt mir alles so fremd vor. Ich sitze eigentlich am ganzen Abend allein. Mächtig wird getrunken. Doch froh bin ich, als um zwei Uhr ein Ende ist.

16. 9. 1942
Die Kühle wird spürbar. Abends schreibe ich einige Briefe, in Gedanken schreibe ich an dem Schrieb für M. Der Mond wird sichtbar, aber er hat einen Nebelkranz.

17. 9. 1942
Es regnet. Dieser Tag ist voller Elend und rührt nahe an der Verzweiflung. Man sitzt tagsüber im Bunker, tut nichts. Schon halten wir die ganze Zeit Feuer an, weil es so kühl ist. Trotzdem bin ich so müde und ohne Spannung. Wenn ich mir vorstelle: Noch einige Zeit in dieser Form. Es ist fürchterlich!

18. 9. 1942
Der Regen hält an. Doch gelingt es mir heute, in der ruhigen Mittagsstunde, bei Guardini zu lesen. Dann beginne ich mit den russischen Sprachübungen. Etwas muß ich an anstrengenden Dingen tun. Seltsam, daß am späten Abend immer klarer Himmel mit vielen Sternen sichtbar wird. Hoffentlich hält der Regen nicht an.

19. 9. 1942
Wenigstens einige Stunden scheint die Sonne, und dann kann man etwas arbeiten: Holzmachen.
Am Abend der Brief an M.

20. 9. 1942
Sonntag mit ständigem Regen. Die Leute sind ein wenig gereizt. Man sitzt im finsteren Bunker. Ich lerne Russisch. Am Abend kommt etwas Post von daheim.
Lesen und schreiben. Ich denke an andere Sonntage, was man an ihnen treiben könnte. Ein Tag wie dieser ist erschütternd. Erst am Abend, wenn die Lichter brennen, ist es gemütlich. Man kann etwas tun.

21. 9. 1942
Die Woche – wenigstens an den ersten Tagen – hat wundervolles Herbstwetter, die Sonne scheint auf die bunten Kronen der Bäume. Herbststürme rauschen mit großer Gewalt. In den Nächten friert es schon. Wir bauen einen Vorbau zum Bunker, es wird Holz geschlagen. Und alle mühen sich ordentlich. Post trifft bei mir ein.

22. 9. 1942
Der Vertreter für den Ass-Arzt trifft ein. Das Verhältnis zu ihm ist zum Glück ganz ordentlich. An den Abenden schreibe ich nach Möglichkeit, dann etwas russische Sprachlehre.

23. 9. 1942
So vergehen diese Tage auch sehr rasch. Arbeit im Walde, wenig ärztliche Tätigkeit, körperlich bin ich abends immer recht müde. Hubert ruft mich an. Ich erfahre, daß das Semester erst im Dezember beginnt. Wie wird sich das auf unseren Aufenthalt auswirken? Doch ich will mir nicht zuviel Gedanken machen. Was mag zum 1. 10. mit uns werden?

24. 9. 1942
Es begann zu regnen, es ist naß und feucht. Doch am Mittag wird es wieder klar. Seltsam schwül ist es, die Mücken peinigen einem scheußlich. .

Einige Partien Schach mit dem Unterarzt, die ich verliere, jedenfalls ist es interessant.

25. 9. 1942
Das Ende der Woche bringt wundervolles Herbstwetter. Die Baumkronen zeigen einen wirklich fantastischen Schmuck. Das gelbe Laub vor dem klarblauen Himmel, von hellster Sonne beschienen!
Etwas Schach, Spaziergang zum vorderen Graben, nur schade, daß es so naß bleibt.
Ungemütlichkeit im abendlichen Bunker, weil die zahlreichen Fliegen lästig werden. Ich tue nicht viel.

26. 9. 1942
Mittags ist das Baden ein Genuß. Der Nachmittag ist langweilig, ich habe zu nichts Lust. Am Abend etwas lesen, sonst nichts. Ein Gruß von Hans, immerhin.

27. 9. 1942
Ich schaue am Morgen immer wieder in die Bäume, die voller Schönheit sind. Ein leiser Wind spielt mit den Blättern, es schillert und glänzt an den Zweigen. Die Sonne hat eine unerhörte Kraft.
Da bei der 1. Komp. ein Kranker ist, gehe ich hinüber. Es ist ein schöner Spaziergang. Der Weg führt aus dem Wald heraus, ein weites Feld liegt vor mir. Ganz drüben wird wohl der Stacheldraht verlaufen. Auf der Anhöhe am Rande liegen die Reste eines Dorfes: Afanassjewka. Das Bild mutet so friedlich an, doch bald merkt man die Abgestorbenheit und Zerstörung. Durch den Laufgraben, er ist an vielen Stellen voller Wasser. Ein Blick hinüber zur anderen Seite, dort im Walde liegen die Russen, Artillerieeinschläge und Staubwolken drüben. Es liegt eine Beklemmung, eine Starre über der Landschaft, obwohl doch ein wundervoller Herbsttag ist. Der Kranke wird von uns weggebracht, kraftlos hängt er in unseren Armen. So laufen wir über das freie Feld.
Auch der Rückweg ist für mich voller Eindrücke. So müßte man oft losziehen können. Mittags sitze ich im Bunker, habe zu nichts mehr Lust, ich denke an alle Bilder, die ich gesehen. Am Abend wenige Briefe. Post kam leider immer noch nicht.

28. 9. 1942
Nun ist das Wetter wieder herbstlich, wie umgewandelt, auch die Landschaft sieht verändert aus. Es ist kühl und frisch. Ich lese etwas. Mittags kommt Hubert vorbei, wir sitzen etwas zusammen, Hubert erzählt von seinem Besuch beim H. V. Pl. Wir gehen zusammen zur Bahnlinie.
Ein wenig Post kam für mich, ich schreibe.

29. 9. 1942
Die Sonne scheint wieder. Kurzer Besuch in Kolesniki, ich sitze und langweile mich.
Die Fahrt ist erfrischend, weil der Blick wieder freier wird. Abends höre ich dann, daß ich versetzt bin, zusammen mit Hubert, es gibt also wieder eine Umstellung, aber ich bin doch froh.
Am Abend spielen wir hier in der Bude einen Skat – leider.

30. 9. 1942
Ich glaube fast, daß dies der letzte Tag in dieser Stellung sei, ich verabschiede mich langsam. Ich tue kaum etwas. Gang zur 2. Komp., eine Reihe Verwundeter erwarten uns bei der Rückkehr. Der Tag, vor allem der Abend ist seltsam, ich fühle mich schon nicht mehr heimisch. Bald werden Hubert und ich wieder marschieren und reisen. So ist dieser Monat bei der Infanterie zu Ende. Was war mit den vergangenen Wochen? Eigentlich bin ich unzufrieden, denn es scheint so, als sei die Zeit völlig unnütz vertan. Nun bin ich ein wenig eingewöhnt, da geht es auch schon wieder an einen anderen Platz. Nirgendwo fühlt man sich wohl und heimisch. Wie froh bin ich, wenn diese ganze Episode herum ist. Wenn ich dann nur mit Anneliese zusammen sein könnte, das Semester machte mir mehr Freude. Überhaupt Semester und Studium. Es gibt fast wichtigere Dinge als solche zusammengesuchten Semester in der Studentenkompanie. Ich werde versuchen, etwas zu arbeiten, was mir notwendig erscheint und zwar mit allem Eifer. Die Umstände sollen mich nicht so sehr beeindrucken, denn sie sind immer vorhanden und müssen in Kauf genommen werden.
Die Sonnentage mitten im Walde waren schön und wirklich voller Pracht wie selten einmal. Man konnte dann für einige Augenblicke den Krieg vergessen.

Zusammen mit den mir begegnenden Menschen gab es wenig glückliche Stunden. Ich fand kein Verhältnis zu ihnen, vor allem im Gefechtsstand fühlte ich mich nicht wohl. So habe ich den Eindruck, daß dies von den Leuten dort falsch ausgelegt wird. Aber dies ist mir gleichgültig. Vielleicht verstand ich auch nicht richtig, mich dort aufzuführen. Aber das werde ich schon sehen.

1. 10. 1942
Ich bleibe auch heute noch und vertreibe mir die Zeit. Mittags rufe ich Hubert an. Morgen werden wir nun losmarschieren. Am Nachmittag verabschiede ich mich. Es gab noch einige Verwundete, die den Unterarzt und mich vom Spaziergang bei der 2. zurückrufen. Es ist ein schöner Herbsttag, und so sehe ich das Land in seinem Glanz.
Am Abend sitzen wir noch etwas zusammen, die Beförderung von Granert wird begossen. Wir sind lange zusammen, reden irgendwelchen Blödsinn.

2. 10. 1942
Früh breche ich auf, laufe nach Kolesniki, wo ich mich verabschiede. Überall, auch gestern, sind die Leute sehr nett und freundlich. Ich verlade mein Gepäck auf dem Postwagen und gehe zum Regiment hinüber. Hubert ist schon dort. Mit vielen guten Schnäpsen nehmen wir Abschied von Dr. Schnitzler, gute Wünsche werden ausgetauscht.
Um 13 Uhr sind wir dann unterwegs und wandern zum H.V.Pl. Der Gang ist schön. Immer wieder begegnen uns neue Bilder des Herbstes, wir kommen durch Petrezowo, gehen durch einen Birkenwald und sind unverhofft im Lager. Leider ist Hans schon weg zu seiner Truppe. Alex begegnet uns, auch im alten Bunker sind einige freundliche Menschen. Wir leben gut und bleiben, denn es eilt uns gar nicht, hier wegzukommen. Begrüßung. Am Abend ist sogar ein Kilo-Päckchen für mich da.

3. 10. 1942
Mit heftigem Waschen und ausführlichem Frühstück. Man spricht mit den Leuten. Vor allem fällt Clemens auf, der alte Tippelbruder.

Am Mittag mit Alex zur Stadt. Wir besuchen die Bekannten, die »Ohme«, Natascha, unsern »Milchmann«, der drei nette Kinder hat. Wir werden zum Milchtrinken eingeladen, sollen sogar über Nacht bei ihnen bleiben. Viel verstehe ich von den Gesprächen nicht, denn Alex ist nicht abzulenken. Die Zeit vergeht zu rasch. Am Abend singen wir im Bunker, nach einigem Alkohol. Bis spät in die Nacht, alte Lieder klingen auf, Erzählungen von der Straße. Nicht gerne trenne ich mich zum Schlafen.

4. 10. 1942
Auch heute bleiben wir noch. Nichtstun ist schön. Am Mittag ein Spaziergang, Werner Scholl kam auch zu Besuch. Wir gehen über den Feldflughafen, immer am Waldrand vorbei, es ist schön. Der Sonnenuntergang ist voller Pracht.
Am Abend setzen wir uns zu den Russen in ihre Baracke und hören die Lieder ihrer Heimat. Ihre Gesichter entspannen sich, und der Blick ist wie verloren nach der Weite. Da singt einer vor, und der Chor der anderen fällt mit ein, es ist ungeheuer. Die Stunde vergeht zu schnell. Abschied von den Bekannten.

5. 10. 1942
Gegen 7 Uhr fahren wir auf Pferdewägen los zum Feldlazarett. Es ist kühl und frisch, denn die Sonne steht hinter Wolkenschleiern. Wenn es zu kalt wird, laufe ich ein Stück. Ich fühle mich so wohl auf der Landstraße, denn der Blick kann über die Weite gleiten und immer wieder etwas besonderes anschauen, für kurze Zeit kommt auch die Sonne heraus. Ein starker Herbstwind geht.
Gegen 15 Uhr kommen wir in Ssossnowka an. Der erste Eindruck ist gut, auf einer kleinen Anhöhe liegen die Häuser, weit ausgestreckt. Es gibt wenigstens Zivilbevölkerung hier. Freundlich nehmen uns die anderen Mediziner auf. Es sind drei Mann, die schon einige Zeit hier sind. In einem netten Häuschen wohnen wir, richten uns ein. Müde lege ich mich bald nach dem Essen nieder, schlafe aber schlecht.

6. 10. 1942
Früh am Morgen stellen wir uns beim Chef vor, er ist sehr freundlich, ich bin auf der chirurgischen Abteilung. Spaziergang durch das Dorf, gleichzeitig Visite. Es ist nicht viel zu tun, und das gefällt mir. Richti-

ges Herbstwetter, dazu ein heftiger Wind. Man sieht wenigstens einen weiten Himmel über sich, auf allen Höhen liegen Dörfer, von heller Sonne beschienen. Mittags schreibe ich Briefe, später ein Spaziergang durch das Dorf. Post kommt, die Todesanzeige von Hans Lieverscheidt, ich kann es nicht begreifen.
Auch am Abend schreibe ich. An Anneliese. Ob sie wohl nach Genf gehen wird?
Am Abend regnet es leicht.

7. 10. 1942
Tief hängen die Wolken am Himmel, rasch treiben sie dahin, mittags aber wird es klar. Kühl ist es geworden, der Wind weht stark, es hört sich an wie ein Brausen. Immer möchte ich hinaus und in der Gegend herumlaufen. Ich lese etwas von Balzac. Abends reden wir lange hin und her bei vielen gedrehten Zigaretten.

8. 10. 1942
Dunkle Wolken hängen an dem weiten, übergroßen Himmel. Ich lese ein wenig. Dann überfällt uns der Skat-Fimmel, bis in die Nacht hinein fallen die Karten.

9. 10. 1942
Auch heute Mittag sind die Skat-Karten zwischen uns. Ein Spaziergang querfeldein. Ein Besuch bei Sina, einem Mädel, die wenigstens etwas Deutsch versteht. Das ist ja das Übel hier, weil wir nur schwer zu den Menschen hier finden. Doch versuchen werden wir es.
Gestern Abend kamen die Jungens und Mädels zusammen, um zu tanzen. Ich denke mit Freude an die Einzeltänze der beiden Mädels, die sich gegenseitig herausforderten und sangen und tanzten. Die Sina werden wir noch oft aufsuchen.

Balzac: Das unbekannte Meisterwerk

10. 10. 1942
Der Himmel bleibt bewölkt, sieht nach Winter aus, vielleicht kommt schon bald der Schnee. Tiefhängende Wolken jagen am Himmel. Richtig hell wird es in diesen Tagen nicht.
Kurz vor dem Dunkelwerden laufen wir ins Freie hinaus, es geht ein starker Wind, die Weite ist großartig.

11. 10. 1942
Der erste Sonntag hier im Feldlazarett, in einem Lagerschupppen feiert ein Priester die Messe.
Ins Ambulatorium kommt ein russischer Bauer mit silberweißen Haaren, der zwischen Unterkiefer und Hals ein Karzinom hat, dagegen gibt es mit den zur Verfügung stehenden Mitteln keine Abhilfe. So wird er seinem Tode rasch entgegensehen müssen. Was soll man diesem Mann sagen? Ich muß oft an sein Geschick denken. Man kann ihm nur gut sein und doch nicht helfen. Mittags schlafe ich, bin aber danach nicht ausgeruht. Ein kurzer Gang in den Abend und die Dunkelheit.
Die Jugend tanzt wieder, doch mit noch weniger Leben wie neulich. Eine Zeitlang schaue ich zu.
Briefe und Lesen am Abend bis in die Nacht.

12. 10. 1942
Der Regen beginnt, dunkle Wolken hängen tief am Himmel. So wird wohl die Schlammperiode kommen mit viel Nässe.
Man spielt Skat bis tief in die Nacht hinein, nur kurz unterbrochen von Nachmittagsvisite und Abendessen. Ich verliere zwar immer, aber gerade Hubert spielt mit toller Begeisterung, wie ich mir das nicht vorgestellt hätte.

Björnson: Arne
Stifter: Der Hochwald

13. 10. 1942
So bin ich heute etwas müde und erschlagen. Die Gänge durchs Dorf zeigen viel Schlamm. Manchmal aber zerstieben die Wolken, schmale Sonnenstrahlen fallen auf die Weite. Klar und nah stehen Häuser und Bäume vor meinem Blick. Dies Bild ist herrlich. [. . .]

14. 10. 1942
Für kurze Zeit ist der Regen verschwunden. Man macht die harmlose »hilfsärztliche« Tätigkeit.
Im Dorf, dicht bei dem unseren, tanzt die Jugend. Als es schon dunkel ist, laufe ich hinüber und komme in ein Bauernhaus, als einziger Deutscher zu den Russen. Zuerst etwas Beklemmung und Überraschung, dann aber sitze ich mitten unter den Menschen. Einer spielt

unermüdlich seine Harmonika, und dicht gedrängt tanzen die Paare. Zunächst fühle ich mich nicht wohl, kann mich ja auch gar nicht verständigen und bin unbeachtet. Einige wenige Tänze sind gut. Ein kleines Mädchen tanzt allein mit schönen Bewegungen, auch Sina fällt besonders auf. Es ist ja schon so, daß diese heranwachsende Generation die alten Tänze nicht mehr kennt. Am liebsten tanzen sie Walzer. Gut gefällt mir, wie die Jugend zusammenhält: Denn es ist eigentlich verboten, sich noch am Abend zu treffen, außerhalb des eigenen Hauses. Alle, die ich am andern Tag treffe, leugnen natürlich, dabei gewesen zu sein. Prima.

15. 10. 1942
Der Himmel ist blau und schön. Weit sieht man über die Hügel, nahegerückt sind die Dörfer und die Kirchen. Wir machen mittags einen Kaffee, ein kleines Fest. Am Abend mal wieder Skat, lange. Ich verliere ordentlich.

16. 10. 1942
Heute aber regnet es wieder, ich hätte mich auf einen Spaziergang gefreut. So sitzt man in der Bude, hackt Holz, macht Sprüche.
Die Aussicht, vor Semesterbeginn noch einen Urlaub zu bekommen. Das ist günstig. Hoffentlich wird etwas daraus. Am Abend lesen und Briefe.

17. 10. 1942
Die Tage gleichen sich, immer wieder die gleiche Beschäftigung. Rasch vergeht der Vormittag, man beginnt ja auch erst um 9 Uhr. Nach dem Essen ist gewöhnlich die Pause. Erst gegen 4 Uhr schaut jeder in seinem zugewiesenen Hause nach dem Rechten. Vorbereitungen zum Abendessen, das dauert gewöhnlich sehr lange. Eine Zigarette, dann schreiben, lesen.
Heute spielen wir bis spät in die Nacht einen Skat, ich muß bluten.
Hubert ist ein wenig krank, liegt zu Bett.

18. 10. 1942
Wieder ein Sonntag im Regen, alles ist feucht und naß. Ungemütlich ist es draußen. Mittags kommt die Sonne ein wenig heraus. Kino im Dorf »Opernball«. Auch die Jugend des Dorfes kommt dazu. Ich

verstehe das ja nicht ganz. Nachher rede ich mit einem Jungen, der am liebsten den Krieg sieht. Warum das wohl? Darüber bin ich traurig, aber wenn ich es genau überlege, so sahen diese Menschen in ihrem Leben nichts anderes und sind eben noch davon begeistert. Gerne möchte ich auch einmal mit den Mädels darüber reden, was sie dazu meinen.
Ich schreibe ein wenig.

19. 10. 1942
Beim Erwachen höre ich bereits, daß es regnet, sogar ein wenig schneit. Von der Decke tropft der Regen. In der Bude ist es kalt. Ungemütlich beginnt dieser Tag. Ein heftiger Wind pfeift. Man ist nur ungern im Freien. Hubert ist übel dran. Kalt und unfreundlich ist es im Haus. So verging noch kein Tag. Man steht unnütz herum. Einige schlafen, kommen so über diese Stunden. Am Abend ist es etwas besser. Ein Punsch erfrischt. Müde und früh lege ich mich nieder.

20. 10. 1942
Es regnet nun nicht mehr, aber frisch bleibt es immer noch. Wir machen Holz, und es ist gemütlich im Haus.
Am Nachmittag besuche ich das Haus, in dem Sina wohnt. Eigentlich kam ich, um nach Eiern zu fragen. Auf einem Schallplattenapparat höre ich russische Musik, Lieder. So kommen wir ins Gespräch, erzählen von den Alltäglichkeiten. Ich staune, wie groß die Wut über die Deutschen ist, eine richtige Abneigung. Man erzählt von Moskau, die Stadt soll schön sein. Mit großer Liebe hängen die Menschen an dieser Stadt. Leicht findet man eigentlich den Weg zu den Russen, wenn man sich um sie müht. Ich fühle mich wohl unter ihnen. Viel erfährt man ja nur durch Äußerungen und Bewegungen.
Abends schreiben, etwas lesen.
Raabe: Der Hungerpastor

21. 10. 1942
Zusammenstoß mit dem Oberarzt wegen einer Rumflasche. Das ist lächerlich. Hubert ist immer noch der Kranke, um den man sich sorgen kann. Am Mittag laufe ich durch die Gegend, obwohl alles naß

ist. Tief hängen die Wolken am Himmel, dunkel und schwer, aber doch ist es in der Ferne hell und klar. Lange schaue ich über die weiten Felder und die brach liegenden Äcker, ein Fohlen springt weg, als ich mich ihm nähere. Still und ruhig ist es rundum, drückend ist die Dunkelheit über allem, nur ganz weit steht die Helle und wirft ihren Glanz herein zu mir.
Heute erfahren wir, daß es am 30. 10. nach Wjasma und dann heimgehen soll. Langsam muß ich mit dem Abschied beginnen. Mir gefällt es in diesem Land, an dessen Geschick ich großen Anteil nehme, und an seinen Menschen. So gerne möchte ich mich verständigen können . . .
Rasch vergehen die Tage, die Abende sind lang. Ich mache einen Rundgang durch das Dorf. Briefe – lesen.

22. 10. 1942
Man tut nicht viel. Der Spaziergang durchs Dorf. Hubert bessert sich langsam, es zieht sich viele Zeit hin. Am Mittag schlafe ich.
Die erwarteten Mediziner treffen zum Kurs ein. Hans ist da. Man redet von den allgemeinen Dingen. Die andern wohnen in einem Haus am Rande des Dorfes. Abends schreibe ich ein wenig. Wir singen unsere Kanons und Lieder, sind eigentlich jetzt ein starker Chor.

23. 10. 1942
Ein herrlicher schöner Tag beginnt. Kurz nach Mittag machen Hans und ich einen Gang über das Land zu den umgebenden Dörfern. Auf dem Rückweg besuchen wir kurz Sina. Wir besprechen einen gemeinsamen Unterricht.
Am späten Nachmittag bei Sina, in der Heimlichkeit eines russischen Hauses. Wir lernen einige Wörter, Hans und ich, Sina gibt sich viel Mühe.
Bis spät in die Nacht unterhalten wir uns sehr anregend und mit interessantem Ergebnis.

24. 10. 1942
Gegen Mittag wieder Unterricht, so bleibt das wohl an den nächsten Tagen.
Das schöne Wetter ist umgeschlagen, in der Nacht schon viel Schnee.

Naß und kalt ist es. Heftig wird Holz gemacht, und wir strengen uns an, um die Kälte nicht zu spüren.
Unterricht bei Sina. Ich glaube, sie ist etwas enttäuscht, da wir doch wieder viel vergessen haben.
Besuch in unserem Haus. Wir singen und kommen dann langsam zu interessanten Gesprächen. So sind diese letzten Tage in dieser Umgebung mit Medizinern sehr anregend. Müde lege ich mich nieder.

25. 10. 1942
Vielleicht der letzte Sonntag unseres Aufenthaltes. Blöder Unterricht beim Chef. Ich schlafe recht lange. Erst gegen vier Uhr ein Spaziergang mit Heini das Tal des Baches hinauf. Der Himmel wird klar, niedrige Wolken fliegen am Himmel. Rasch sinkt die Dunkelheit nieder und dichte Wolken ziehen sich zusammen. Durch hohen Schlamm kommen wir zurück. Abends wiederum Besuch, singen.
Spät schreibe ich noch nach Haus.

26. 10. 1942
Dichter Nebel liegt über dem Dorf, erst am Mittag wird es ein wenig klarer. Es ist wieder Unterricht. Mit Hans laufe ich für kurze Zeit über die Felder nach Polkino.
Beim Apotheker zum Unterricht. Ein kurzer Spaziergang am späten Nachmittag. Knapper Unterricht bei Sina.
Ein Brief an M. Zwischendurch etwas lesen.
Spät gehe ich zu Bett.

27. 10. 1942
Es ist eigentlich gar nicht kalt, wenn es auch heute nicht recht klar wird. Ich bade, wohl zum letzten Male hier. Lesen. Unterricht, der heute wirklich interessant ist.
So vergehen die letzten Tage, langsam muß ich mich verabschieden.

28. 10. 1942
Wundervoll klares Wetter, die Ferne ist hell und voller Sonne. Wir laufen über Felder und Wiesen, sehen die ganze Schönheit. Unterricht beim Apotheker, wo man viel Schnaps auffährt. Es kommt diese gelöste Stimmung auf, wie sie ein Rausch bringt, ein wenig Krach.

Abends gibt es Räuberdatschi, dazu erscheinen der Oberarzt und Zahnarzt. Unverhofft, sodaß wir enttäuscht sind. Einige unterhalten sich, während wir zu schweigen versuchen. Früh ist es zu Ende, wir haben gut gegessen.

29. 10. 1942
Zum letzten Mal eine Visite, der Himmel ist noch klar. Mittags machen wir einen weiten Spaziergang zur Kirchenruine, die auf der Höhe steht und von heller Sonne beschienen ist. Ein Fest ist dieser Nachmittag, wir können nur schauen und einatmen. Abends sind wir im anderen Haus bei etwas Schnaps und einigen guten Sprüchen. Pistolenschüsse, Lärm. Singen hat keinen Sinn mehr.
Lange Gespräche am Abend noch zwischen Hubert und Heini. So wäre die Zeit auch in diesem Dorf zu Ende.
Horst Wolfram Geissler: Der liebe Augustin

30. 10. 1942
Der letzte Morgen. Vorbereitungen. Abschied, von Sina, den Kindern. Es fällt mir schwer.
Essen. Um ½1 fahren wir zusammen los in einem Autobus. Lange dauert es, bis wir auf der Autobahn sind. 2 Uhr Frontsammelstelle Wjasma. Wir treffen den ganzen Medizinerhaufen. Der Divisionsarzt verabschiedet sich.
Nun sind wir wieder zusammen: Hans, Alex, Hubert und Hans G. Wir laufen durch die Stadt, berichten von den letzten Wochen, setzen uns irgendwo in die Sonne.
In der Frontsammelstelle ist viel Betrieb, wir essen, singen. Alex ist durch den Abschied sehr mitgenommen, er legt sich früh zum Schlafen.

31. 10. 1942
Wir machen einen Spaziergang durch die Stadt, zum Kloster und zur Begräbniskirche. Es ist ein heller und leuchtender Tag, ich sehe weit ins Land hinein und nehme diesen Anblick mit Freude in mich auf.
Mittags marschieren wir zur Entlausung, es wird aber doch zu langweilig, und so verschwinden wir. Der Samowar wird gekauft, wir aber wollen dafür hungern.

Zufällig treffe ich Bem auf der Hauptstraße von Wjasma, unser Erstaunen ist groß. So erzählen wir von den Freunden und Bekannten. Am Abend sorgt er für ein ordentliches Essen. Wir gehen zusammen hin. Bem ist sichtlich froh, unter guten Menschen zu sein. Der Abend ist viel zu rasch beendet.
Vorher traf ich noch Stocker von 1/740, der auf dem Weg zur Abteilung ist. Letzte Nacht in Wjasma.
Damit sind auch diese Monate vorbei. Schwer trenne ich mich von Rußland, auch die Menschen, die Kameraden, mit denen ich zusammen war, werden auseinander laufen. Was bringen die nächsten Monate dieses Jahres? Ich bin sehr neugierig.
Zunächst aber liegt noch die Rückreise vor uns, sie soll morgen beginnen.

1. 11. 1942
Früh, beim Morgendämmern gehen wir zum Bahnhof. Einteilen und verladen in die Viehwägen. Es ist kühl und frisch, wir sitzen fröstelnd irgendwo in einer Ecke.
Sonntag, Allerheiligen. Der Samowar ist uns ein guter Freund, immer wieder gibt es herrlichen, schwarzen Tee.
Dicht gedrängt fahren wir im Wagen, der Platz ist gering. Aber es sind zum Glück viele einwandfreie Menschen bei uns.
Fahrt nach Smolensk, doch davon selbst sehen wir nichts. In den Nächten ist es eng und warm. Mit Phanodorm versuche ich mich in Schlaf zu bringen. Es gelingt mir nicht, dazu habe ich ja auch noch dieses Furunkel im Nacken.

2. 11. 1942
Der Ofen mitten im Wagen spendet Wärme, er geht uns nicht aus. Köstlicher Tee. Mittags kommen wir nach Orscha. Mittagessen. Lange steht unser Zug immer wieder, man sieht kein Wegkommen. Wenn es in diesem Stil weitergeht, können wir noch lange unterwegs sein.
Abends singen wir oft, und ein großer Teil des Wagens stimmt ein. Eine gute Atmosphäre ist dann zu spüren. Weil einige »gute Menschen« um uns sind. Selten spielt Alex auf seiner Balalaika, es ist gut so.

3. 11. 1942
Zögernd geht die Fahrt. Irgendwann kommen wir nach Baranowitsche, bleiben lange stehen. Die Fahrt durch Rußland ist schön. Manche Stunde schaue ich aus dem Wagen hinaus. Man wird unglaublich schmutzig, dafür waschen wir uns auch seit Tagen nicht mehr. Trotzdem fühlt man sich wohl.
Ab und zu kommt es zu einem vernünftigen Gespräch.

4. 11. 1942
In der Frühe sind wir in Brest. Bleiben wieder lange stehen. Fast hätte es Krach gegeben, weil wir den russ. Gefangenen Zigaretten schenkten. Es ist fast eine Auseinandersetzung. Mittags geht es weiter, über den Bug. Abends sind wir in Warschau, bleiben auf irgendeinem Bahnhof stehen. Die Nacht ist wieder sehr anstrengend. Ich schlafe wenig.

5. 11. 1942
Verschieben nach Warschau–Praga. Zwangsrasur. Lange stehen wir, es beginnt zu regnen. Dann Rückfahrt zum Ostbahnhof. Wir steigen aus, sollen mit dem Urlauberzug weiterfahren.
Für kurze Zeit in die Stadt. »Blaue Ente«. Wir trinken Wodka für viel Geld, guter Kuchen. Alle sind wir leicht beschwingt, singen als letzte Gäste im Lokal.
Als wir zum Ostbahnhof zurückkommen, beginnt der Aufbruch. Gegen 21 Uhr steigen, nein zwängen wir uns einzeln in den vollen Urlauberzug. Auf einem Tornister sitzend verbringe ich die Nacht, sie geht eigentlich rasch vorbei.

6. 11. 1942
Um 10 Uhr kommen wir in Berlin an. Umsteigen.
11 Uhr Weiterfahrt vom Anhalter Bahnhof. Wir haben ein Abteil für uns, schlafend, essend, rauchend vergeht der Tag. Draußen regnet es manchmal.
Am Abend 22.30 Uhr in München. Mit Hans G. schlafe ich in der Pension Tirol. Zunächst eine gründliche Wäsche, das ist eine Wohltat, auch das Bett ist pfundig.

Von links nach rechts: Ernst Müller, Heinz Ernst, Fritz Leist, Günther Schmich, Willi Frank, Helmut Braun, Willi Graf, Hans Eckert, Sepp Frey. 1936, Montenegro, aufgenommen von Sepp Frey

7. 11. 1942
Die Kriminalpolizei besichtigt uns, aber ich schlafe nachher doch weiter.
Um 9 Uhr stehen wir auf, im Schottenhaml frühstücken wir großartig und großzügig.

Gogol: Die Nase

Hans fährt heim, ich gehe zur Siegfriedstraße. Werde freundlich aufgenommen, aber leider ist keiner da. Erstes Fühlen nach einem Zimmer: Bei Schlögel, mittags bei Berberich. Alles umsonst. Vorläufig wohne ich eben hier in der Siegfriedstraße. Bei Adalbert verbringe ich den Abend, er kommt erst spät von der Oper heim. Vielleicht hat er eine Bude für mich, er ist zuversichtlich. Wir reden und erzählen lange bei gutem Rotwein und viel Tabak.

8. 11. 1942
Am Morgen schon regnet es. Sonntag in München, ich habe einen ordentlichen Schnupfen. Um 10 Uhr zur Messe. Mittags schlafe ich, lese Stifter, schreibe ein wenig. So ist dies ein ruhiger Tag. Ich bin für mich, werde von niemand gestört. Essen spielt kaum eine Rolle, ich komme fast ohne aus.
So beginnt also die neue Woche.

9. 11. 1942
Ich schlafe eigentlich ziemlich lange, dann mache ich mich auf den Weg zum Appell. Es ist der gleiche Betrieb, der neue Kp.-Führer hält eine höchst blöde Rede. Die beiden Hanse und ich gehen großfürstlich zum Essen bei Humplmayr. Kurze Zeit in der neuen Bude von Hans. Dann bei Adalbert, wir plaudern, und so vergeht die Zeit. Ganz kurz in der Mand[e]lstr. 1, ich sehe die Bude.
Symphoniekonzert: Sibelius Finlandia, Cello-Konzert von Höller, Beethovens Dritte. Im Anschluß bin ich mit Hubert, Josef, Leygraf und Regine zusammen.
Spät noch auf Huberts Bude mit ihm und Josef, ein guter Beaujolais.

10. 11. 1942
Zu Hubert zum Frühstück, Regine hat nett an uns gedacht. Wieder zur Schule. Es rührt sich nichts. Der Tag vergeht, erst abends habe

ich meinen Urlaubsschein. Ich bringe einige Sachen in meine neue Wohnung, rede mit der Wirtin. Erst nach acht Uhr komme ich zur Siegfriedstraße, packe den Koffer und räume auf. Abends fahre ich dann noch nach Haus. Um 22.52 Uhr.

11. 11. 1942
Es gelang mir, ein wenig zu schlafen. Bei diesigem Wetter geht es nach Saarbrücken, ich schaue mich überall um und sehe die Verwüstungen, die schon nach Möglichkeit aufgeräumt sind. Zu Fuß laufe ich durch die Stadt und komme gegen ½10 nach Haus. Wie üblich die Begrüßung, alle sind recht herzlich. Der Vormittag vergeht mit Reinigung und Einräumen. Natürlich muß ich erzählen und höre auch von den Dingen daheim. Rasch vergeht die Zeit.
Am Nachmittag ein kleiner Gang durch die Stadt, ich fühle mich wohl in den eigenen Kleidern. Spät am Abend kommt Anneliese von ihrer Bonner Reise zurück. Beim Erzählen verbringen wir den Abend bis spät.
Es sind die gleichen Spannungen und Verhältnisse in der Familie, und ich stehe nun noch körperlich mitten drin. Wie werden die Tage wohl vergehen.

12. 11. 1942
Am Morgen treffe ich zufällig Jean Düro, der auf dem Wege vom Lazarett nach Hause ist. Wir verbringen gemeinsam den Vormittag, erzählen von den Bekannten.
Ich kaufe mir einen Hut für kommende Kälte. Darin fühle, vielmehr darunter, ich mich nicht recht wohl.
Am Abend wieder gleiche Umgebung der Familie, leichter Streit wegen grundsätzlicher Dinge, in denen wir doch nicht gleiche Meinung haben.
Übrigens, Anneliese will nun doch mit nach München gehen, das eröffnet neue Aussichten. Es ist ja wohl wichtig, daß Anneliese einmal mit anderen Menschen zusammenkommt, auch darauf bin ich gespannt, wie sich das noch entwickeln wird. Noch lasse ich alles offen.

13. 11. 1942
Zunächst am Morgen besuche ich Frau Schwarz, um zu hören, ob Karl mal nach Saarbrücken kommt. Unter anderem erzählt sie, daß

Karl sich darum bewirbt, trotz seiner Verwundung, die ihn noch nicht freigibt, wieder an die Front zu kommen. So etwas verstehe ich ja nicht. Hoffentlich treffe ich Karl. Dann gehe ich bei Familie Mauer vorbei, Ali liegt irgendwo im Lazarett. Kurzes Gespräch mit Franz. Am Mittag räume ich mit Anneliese die Bücher im Keller ein. So sind sie doch in einer gewissen Ordnung, vielleicht auch Sicherheit.
Am Abend werde ich zu Vater ins Büro eingeladen, Architekt Weiß trinkt mit mir einen sehr guten Rotwein. Ein sehr dürftiges Gespräch über Beziehungen des Arztes und Künstlers, vor allem des Sängers zu den Menschen. Bei Wein und Zigarren spricht man vielleicht viel.

14. 11. 1942
Früh ruft Rudi Alt an, daß er schon zu Mittag käme. Ich hole ihn am Bahnhof ab, er sieht gut aus, auch seine Verfassung ist erfreulich. Wir essen zusammen, und ich fahre dann mit nach Merzig, wo eigentlich Fritz erwartet wird. Hier bei uns zu Hause entwickelt sich ein vernünftiges Gespräch, aber ich habe den Eindruck, daß Rudi gut und gerne Soldat ist und auch immer noch von dort eine Möglichkeit sieht. Der Spätnachmittag und Abend ist belanglos, weil noch einige Bekannte in Merzig sind, leider kommt Fritz nicht mehr. Wir trinken einen guten Wein. Gegen 23 Uhr fahre ich wieder zurück.
Die Nachricht, daß Willi Schwarz gefallen ist.
Von Rudi erhalte ich Jüngers »Gärten und Straßen«, das ich schon lange suche. Auf der Fahrt lese ich darin.
Spät gehe ich wieder zu Bett.

15. 11. 1942
Ich lese weiter am Vormittag, überhaupt habe ich an diesem Sonntag nichts besonderes vor, weil ich mich unbedingt der Familie anpassen möchte.
Nachmittags gehen wir zusammen ein wenig spazieren, im Anschluß nimmt mich Vater mit in sein Büro, und bei einem Schnaps sprechen wir recht vernünftig über Vermögensverhältnisse und Erbschaft. Ich habe den Eindruck, daß ich mich mit Vater noch einmal ganz ordentlich verstehe.
Am Abend die übliche Familie, bis spät.

16. 11. 1942
Morgens um 7 Uhr fahre ich nach Bonn. Die Reise durch die Eifel gefällt mir, und ich schaue lange auf Hügel und Täler in ihrem herbstlichen Grün.
Schon sehr bald treffe ich Hein in der Stadt. Am Mittag gehen wir ein wenig spazieren.
Begrüßung am Botanischen Garten. Es ist eigentümlich, wie rasch Hein und ich uns wieder verstehen. Er sagte sogar einmal, daß es ihm vorkomme, als ob wir uns vor 8 Tagen verabschiedet hätten. Besuch bei Marita.
Am Abend bin ich mit Onkel und Tante zusammen, ich muß ein wenig erzählen. Aber ich bin recht müde und gehe ins Bett.

17. 11. 1942
In manchen Augenblicken kann ich glauben, die alte Bonner Zeit sei unverändert geblieben, und ich bewegte mich wie früher hier. Ich gehe zu Kabi, wir reden einfach von den zurückliegenden Dingen. Gegen Mittag bin ich bei Gypkens und sage meinen Gruß.
Am frühen Nachmittag bringe ich die Ikone zu Marita. Wir beschauen uns diese schöne Darstellung, und Marita ist darüber sehr erfreut. Gang durch die Stadt mit Marita und Hein, wir vergleichen Jünger und Guardini, wie sie die Welt ringsum aufnehmen und reflektieren. Der Rhein ist grau und voller Nebel, golden geht der Mond auf und wirft einen glänzenden Pfad auf die Oberfläche des Wassers. Auch am Abend sind wir zusammen auf Maritas Zimmer. Lange laufe ich mit Hein spazieren, es ist seltsam, wie nah wir uns geblieben sind in diesem vergangenen Jahr. Sinn der Ehe taucht immer wieder auf.

18. 11. 1942
Zunächst gehe ich wieder zu Kabi, verabreden uns für den Abend. Oben in der Clemens-August-Straße, Freude mit den Kindern, Karlheinz. Zum Mittagessen bei Gypkens, man ist nett und freundlich, sehr zuvorkommend.
Eigentlich wollten Marita, Hein und ich nach Köln fahren, aber ich versäume die Bahn und gehe langsam heim, ich schmökere in meinen Büchern. Besuch bei Familie Oberhoffer. Zu Kabi, wir beschauen uns gute Fotos. Heute erhielt ich Nachricht von M., ich rufe einmal

an, und wir verabreden uns für den nächsten Tag, Bewegung beim Hören ihrer Stimme im Telefon. Am Abend dann bei Kabi, wozu auch noch ein Mädchen eingeladen ist. Es ist wieder Betrieb wie immer schon. Gitarre, gute und schlechte Schallplatten, Texte, die ordentlich sind. Es dauert an diesem Abend recht lange, trotzdem aber gehe ich mit Kabi lange spazieren. [...]

19. 11. 1942
Obwohl ich nur wenig geschlafen habe, fühle ich mich heute Morgen sehr wohl. Wirklich mit großen Erwartungen beginne ich den Tag, aber ich schreibe ja erst, nachdem ich weiß. Es scheint mir, daß Tante und Onkel an diesem Tag besonders freundlich, richtig freundlich seien, besonders fällt mir das am Abend auf.
Ich fahre ½11 nach Köln, langsam weiter nach Ehrenfeld, wo M. arbeitet. Unterwegs lese ich in Gogols liturgischen Betrachtungen, die mir wertvoll erscheinen.
Der Eindruck beim Wiedersehen ist unermeßlich. Irgendwo essen wir, nachher dann gehen wir durch den Grüngürtel. Ich will zu Anfang schon klare Worte sagen, damit wir beide wissen, woran wir sind. Unsagbar schön vermag sie zuzuhören. Das Wort, es könne nicht mehr als diese Freundschaft daraus werden. Ich dränge weiter, und so höre ich, daß M. gebunden ist. Es ist mir, als verspüre ich körperlich einen Schlag, ich werde fast überwältigt.
Wir gehen zurück, denn sie muß mit der Arbeit beginnen.
Am Bahnhof treffe ich Marita und Hein, ich habe den Eindruck, daß sie mir anmerken, was los ist. Wir trinken Kaffee, gehen durch Buchhandlungen, wo überall so schlechte Luft ist ohne Bücher zu finden. Ruinen der Stadt, ich bin allerdings nicht ganz bei mir selbst. Am Abend fährt auch M. mit nach Bonn. Auf dem Heimweg scheint es mir, als ob es ihr schwer fiele, sich nochmals mit mir zu treffen. Wir verabreden uns. Abends gehen Marita, Hein und ich zu Adolf Lossen, der uns gastlich empfängt.
Gute Musik auf Schallplatten wird uns geboten, Mozart A-Dur Konzert. Ob es wohl ein Trost sein kann. Später laufe ich mit Hein lange und weit durch die Nacht. Ich versuche ihm zu erzählen. Die Frage, ob nicht die Trauer erst fruchtbar mache, im Augenblick ist es wohl schwer, einen Sinn zu sehen. Tauchte nicht vielmehr der Gedanke auf von verpaßten Gelegenheiten? Bei diesem Gespräch fühlen wir,

wie nahe wir uns sind. Es fällt uns schwer, uns zu trennen, schon dämmert der Morgen.

20. 11. 1942
Früh werde ich wieder wach und stehe auf. Wie im Taumel bewege ich mich, so manches kann ich nicht begreifen. Bewußt ist mir die Beziehung zu Hein, der ja in einer ernsten Überlegung steht. Ich besuche Kabi, eine kleine Erinnerung an unsere toten Kameraden. Gegen Mittag ordne ich meine Habseligkeiten, lese Briefe von früher. Besuch bei Marita, die ich von der Arbeit aufscheuche. Hein kommt dazu, ich erzähle von Rußland, wie es dort zugeht. Gang in die dunkelnde Stadt, Buchhandlungen. Um 19 Uhr Abendessen bei Gypkens, welches sich mit Wein und Zigarren fortsetzt. Man spricht das übliche Zeug, sieht die Gefahren, muß nun aber aushalten. Es wird so ½24 Uhr, ehe ich mich verabschiede. Zu Kabi, der noch mit seiner Mutter und diesem einen Mädchen. Musik und Wein und wieder wird es 2 Uhr in der Nacht, es regnet stark.

21. 11. 1942
Die Müdigkeit macht sich ein wenig breit, und ich schlafe heute ein bißchen länger. Gleich aber ist mir alles wieder im Bewußtsein.
Gang zur Stadt, Besuch bei Tante Elisabeth, bei Gypkens und den kleinen Jungen. Ich packe meine Sachen und um ½3 verabschiede ich mich bei Göldens. Aber es ist wie verhext. Mein Gepäck bringe ich zu Kabi, dann zu Marita und Hein, für eine gute Stunde. Ich war schon froh, da am Morgen schönes Wetter ist, mittags jedoch regnet es schon. Gegen 5 Uhr treffe ich M., trotz des ungewissen Wetters machen wir einen Spaziergang zum Rhein. Es ist zunächst so wie sonst. Ich erzähle davon, was mir der Aufenthalt in Rußland bedeutet hat, und sie hört in ihrer schönen Art zu. Doch dann kommt das Gespräch zu der Tatsache unserer Beziehung, zu der sie sich wenig äußert. Nur wünscht sie, daß es bliebe wie früher. Ob das aber möglich ist? Das ist für mich wohl die schwerste Entscheidung meines bisherigen Lebens. Wir sind uns in manchen Augenblicken sehr nahe. Ich verstehe nicht, wie sie dies kann. Der Abschied ist schwer und fast unerträglich, vielleicht sehen wir uns nicht mehr.
Der Abend bei Marita und Hein, ganz kurz bei Göldens vorbei, denen ich sage, daß ich erst morgen fahren werde. Gegen Mitternacht

machen wir einen Gang zum Rhein, es ist mondhelle Nacht, Frost steigt auf. Bei Kabi, ich gehe unruhig im Zimmer umher, doch gehen wir bald zu Bett.

22. 11. 1942
Verabschiedung bei Bisas. Trennung von Bonn. Gegen 8 Uhr fahre ich los, heller Sonnentag ist heute am Sonntag, und ich schaue über Hügel und Täler der Eifel, ein wenig schlafe ich zwischendurch.
Um ½2 Uhr bin ich daheim, nach unerhört schmerzlichen und erquickenden Tagen in Bonn.
Die Familie sitzt beim Essen, Werner Detemple ist auf der Durchreise von Paris zu Besuch.
Ich merke es an mir, daß ich müde, ein wenig erschlagen bin. Der Nachmittag vergeht mit allgemeinen Gesprächen, ein kurzer Gang durch die Stadt.
Am Abend stört uns ein Fliegeralarm, der uns einige Stunden im Keller festhält. Ich sitze für kurze Zeit mit Vater zusammen.
Der Schlaf am Abend ist gut und erfrischend.

23. 11. 1942
Heute hatte ich Rudi erwartet, der aber nicht kommt. Der Tag verläuft in seiner hergebrachten Ordnung, aber es fiel doch den Eltern auf, daß mir in Bonn etwas Besonderes begegnet sei, und das ist doch erstaunlich, weil ich mich bemühte, dies nicht zu zeigen. Allmählich muß ich damit fertig werden, und es wird vielleicht auch gelingen.
Ich lese ein wenig, gehe in die Stadt zu Besorgungen, beginne zu packen.
Am Abend sitzt die Familie wieder zusammen in gemütlicher Art.

24. 11. 1942
Ein wundervolles Wetter, bei dem man sich wohlfühlen kann. Heller Sonnenschein bei angenehmer Kälte. Ich besuche die Mutter von Heinz und höre, wie es draußen geht. Ich habe ja durch die Umzüge schon lange nichts mehr von ihm gehört. Ich sehe nicht ganz klar, was mit ihm ist.
Mittags fahre ich zu Fr., wir sitzen in der Ruhe des Zimmers und sprechen von den letzten Monaten und was nun werden wird. Aber es

gelingt nicht, in die Nähe zu rücken. Ich freue mich auf die Wochen, die wir in München zusammen sein werden.
Am Abend kommen einige dazu, wir lesen Guardini und sprechen über das Gebet. In der Nacht noch fahre ich heim, ein gutes Stück muß ich laufen in der hellen, kalten und ganz klaren Mondnacht.

25. 11. 1942
Ich schlafe gut nach diesem Gang durch die Nacht, und es ist bereits 9 Uhr bis ich fertig bin. Willi Reiter besucht mich, der auch wieder im Land ist. Wir erzählen von den vergangenen Tagen, er wurde schwer verwundet und verlor die Finger der rechten Hand. Ich wundere mich, daß er sich mit einiger Leichtigkeit über die Verhältnisse hinwegsetzt, er will einfach nicht daran denken, daß es alles vergebens sein könnte. Wir besuchen Frau Gombert und erfahren, wo Walter steckt. Wir schreiben ihm eine Karte. Ich lese am Mittag, später dann mit Mathilde bei einem Spaziergang an der Saar vorbei. Wir sprechen ganz nett, über Kinderbehandlung und -pflege, Ehe und Anneliesens Schwierigkeiten. Leichter Nebel liegt über dem Flußbett, und die Linien verschwimmen bei solcher Unklarheit.
Abends ist Hans Regel da, mit dem ich am nächsten Morgen zusammen sein will. Der Abend mit der Familie, wir trinken einen Rotwein, reden viel. Spät gehen wir zu Bett.
Gogol: Betrachtungen über die göttliche Liturgie
Brink: Don Quichotte

26. 11. 1942
Beginn mit dem Verpacken, wie das nun einmal nötig ist. Aber für 3 Stunden bin ich oben im Wald, mache mit Hans einen Spaziergang. Ein klarer, später Herbsttag, der den Blick nicht begrenzt, sondern mit sich in die Weite über die Wälder nimmt. So wird dieser Abschied von Saarbrücken doch ein wenig schmerzlich wegen solcher Schönheit. Unser Gespräch bewegt sich an der Oberfläche, sinkt nur ab und zu in tiefere Bereiche.
Der Nachmittag ist Einräumen in Koffer und Verabschieden, mit einer guten Flasche Rotwein. Bis zur letzten Minute wird dann noch gearbeitet.
Um 8.30 Uhr fahren Anneliese und ich endlich los. Ich treffe Ernst Scheib im Abteil. Es friert sehr stark in dieser Nacht.

27. 11. 1942
Es gelingt mir nicht zu schlafen, obwohl ich körperlich ziemlich müde bin. Gedanken kommen und gehen.
Gegen 7 Uhr sind wir in München. Besuch in der Mandlstraße, erstes Einrichten. Dann zur Pension, wo Anneliese zunächst unterkommt. Besuch bei Adalbert. So vergeht die Zeit mit technischen Dingen. In der Kaserne treffe ich die Bekannten. Walter ist zum Studium zurückgekommen.
Ich bin eigentlich zu gar nichts fähig, etwas müde. Dazu kommen alle die technischen Schwierigkeiten, die ihre Zeit beanspruchen. Früh gehe ich zu Bett.
Ernst Jünger: Gärten und Straßen

28. 11. 1942
An jedem Abend ziehe ich ein wenig um, schleppe Bücher in mein Zimmer, langsam wird es wohnlich. So vergeht viel Zeit.
Adalbert hilft mir getreulich. Oft denke ich an die Tage der vergangenen Wochen, Bonn liegt erst 8 Tage zurück. Ich lese ein wenig. Wieder gehe ich früh zu Bett.

29. 11. 1942
Und wieder ein Sonntag in München. Es ist ein pfundiges Wetter, die Sonne kommt heraus, ich vergaß ja ganz, daß hier schon riesig viel Schnee liegt, und daß es winterlich kalt ist. Dieser Gegensatz! Im Rheinland noch späte Herbsttage, hier beginnender ernsthafter Winter. Dazu heute die herrliche Sonne.
Scholls besuchen uns nach Mittag auf meinem Zimmer.
Besuch bei Alfred Korzilius, der mit einer schweren Verwundung im Lazarett liegt. Er erträgt seine Lage recht gut, wir konnten – wenigstens ich – ihm nur einige freundliche Worte sagen. Ich beginne mit Anneliese zu arbeiten, wie es ja für diese gemeinsame Zeit vorgesehen ist. Zunächst mit einer Jaspers-Vorlesung. Hoffentlich wird diese Beschäftigung erfolgreich.
Am Abend sind wir zusammen bei Scholls, auch Christl kommt dazu, der ja jetzt nach Innsbruck versetzt wird. Gespräche über Bücher und Menschen.

30. 11. 1942
Früh schon zur Kaserne, dann sitze ich in meinem Zimmer und schreibe den ersten Brief an Hein. Unterhaltung mit der Hausfrau, wie es wohl werden mag. Wegen des Zimmers für Anneliese sehe ich noch nicht ganz klar, und dies stört die Einrichtung und das Eingewöhnen. Mit Walter auf Wohnungssuche. Anneliese kommt zum Essen. Abends im Bach-Chor üben wir für das Weihnachtssingen. Nachher laufen wir am Engl. Garten vorbei in den schönen Abend. Gespräch mit Regine Renner über die kommenden Dinge, auf die man ja zunächst stößt. Es ist seltsam, wie sachlich man darüber sprechen kann.

1. 12. 1942
So ist der neue Monat da, nun muß auch etwas Neues entstehen. Der Betrieb läuft sich ein wenig ein. Ich schlendere durch die Stadt, sitze nachmittags auf der Bude und schreibe. Vor dem Abendessen wieder mit Anneliese gearbeitet. Briefe.

2. 12. 1942
Zur Universität, am Mittag Appell, abends Rede des Chefs, die unausstehlich ist, denn sie steckt voller Phrasen. Bei Hans sitzen wir spät und lange zusammen, denn Christl wird jetzt wegfahren. Gespräche über den Aufbau, manche Gedanken sind mir neu.
Es regnet und schneit in einem, kalte Nässe ist unangenehm.

3. 12. 1942
Vorlesung bei Huber, die recht gut ist. Am Mittag wieder Briefe. Übrigens ist Fr. auch wieder hier. Am Abend hören wir das Wendling Quartett: Haydn-Streichquartett Nr. 2 C-Dur, Reger-Quartett a-Moll, Dvorak-Quartett As-Dur. Von Haydn habe ich wohl am meisten verstanden, es war gut und schön.

4. 12. 1942
Wieder Huber-Vorlesung, die ich regelmäßig besuchen werde. Nachmittags schreibe ich Briefe. Besuch bei Fr., mit dem einige wichtige Dinge zu besprechen sind. Wichtig ist, daß er hier in München bleibt.
Abends sitzen Anneliese und ich bei Scholls, wir sprechen von Büchern und den Menschen, deren Leben dahinter steht.

Ich beginne nun, Stifter zu lesen, und ihn will ich in der kommenden Zeit genau kennen lernen. Ihm soll die letzte Stunde des Tages gehören.

5. 12. 1942
Morgens ist überall Glatteis, dann jedoch beginnt es endlos zu regnen, auch die Kälte läßt nach. Ich beginne nun, die Witterung von der wirtschaftlichen Seite zu betrachten. Wenn es sehr kalt ist, muß ich mehr einheizen, und das ist für mich ein Gesichtspunkt.

Dostojewsky: Helle Nächte

Beim Appell erfahre ich, daß es zu Weihnachten Urlaub gibt. Das trifft sich gut, es paßt eben alles zusammen.

Besuch bei Schlögels, wo inzwischen eine Tochter eingetroffen ist. Wir sprechen bei einer Flasche Wein über unsere Bekannten und die gemeinsame vergangene Zeit.

Am Abend bei Adalbert zum Geburtstag. Das Gespräch ist sehr ergiebig, fast grundsätzlich. Bei ihm das Moment, ob man es verantworten könne, solange nicht ganz klar sei, was später komme. Wichtig ist der Umgang mit Kindern, der nächsten Generation. Das tat ich bisher eigentlich nicht so bewußt. Es wird sehr spät, bei strömendem Regen ziehe ich heim.

6. 12. 1942
Unbeschreiblich ist das Erlebnis der »Messias«-Aufführung. Welcher Glaube und welche Frömmigkeit steht hinter diesem Werk. Wir essen gemeinsam, es ist sehr interessant, mit diesen Bekannten zusammen zu sein. Nachmittags besuchen wir Besemfelder im Bayr. Hof, der alte Lieder zur Laute singt. Fast dachte ich, nach dem »Messias« könne es nichts mehr geben, aber diese 2 Stunden sind wirklich entspannend. Immer noch regnet es weiter. Nach dem Essen bringe ich Anneliese nach Hause, beginne dann mit einigen Briefen. Obwohl ich anfangs so müde war, erwache ich nachher und fühle mich wohl. Trotzdem aber ist der Schlaf nachher gut und lang.

7. 12. 1942
Beim Aufstehen schon scheint herrliche Sonne in mein Zimmer. Klarer blauer Himmel, es wird ein schöner Tag, man kann an den Frühling denken.

Mittags schreibe ich wiederum Briefe. Ein Gruß von Marita, und dabei kommen die Gedanken an M., von der Marita spricht. Es ist so schwer, daran denken zu müssen.

Dostojewsky: Christbaum und Hochzeit
Der ehrliche Dieb

Stifter: Die 3 Schmiede ihres Schicksals

Am Abend Singen im Bach-Verein. Es gelingt recht gut, und die Worte der Weihnachtslieder und der Schütz-Motette haben ihren ganz besonderen Sinn. Es ist gut, solches tun zu können. Wir sind anschließend noch zusammen, reden, trinken einen guten Kirsch auf der Bude von Hubert: Regine, Otmar und Hubert.

8. 12. 1942

Auch eine medizinische Vorlesung bei Bumke. Am Mittag zum pathologischen Kurs.

Abends zu Edwin Fischer. An sich ist der Tag eine Hetze, und gerade komme ich noch rechtzeitig – zum Stehen allerdings nur.

Bachs Tripel-Konzert (a-Moll), Pergolese: Concertino f-Moll, Mozart: Klavierkonzert, Es-Dur, Haydn; Symphonie Nr. 7, C-Dur. Mozart ist doch das Beste, finde ich wenigstens. Spät noch rasch zu Fr. und Emil. Dann sitze ich daheim und schreibe und lese.

9. 12. 1942

Beginn mit den seelenwissenschaftlichen Übungen. Die erste Aufgabe ist doch ein wenig geistlos. Mittags hat die Kompanie Exerzieren in Freimann. Das ist nun wirklich stupide und ohne Sinn. Es ist doch komisch, was man sich alles gefallen läßt.

Am späten Nachmittag mit Anneliese nach Pasing. Leider bleibt Martin nicht lange da, sondern fährt noch zur Stadt. In dem Gespräch mit Mathilde sind manche sehr vernünftige Gedanken. Die Rede des Abtes von Schäftlarn. Der Eindruck ist gut.

Auf dem Rückweg rede ich noch ein wenig mit Anneliese. Die Nacht ist wunderbar klar und hell. Überhaupt das Wetter in diesen letzten Tagen, fast unnatürlich.

10. 12. 1942

Am Nachmittag sitze ich zum Schreiben und Lesen daheim. Kurzer Gang zur Siegfriedstraße. Emil ist dort. Am Abend bin ich bei Hans.

Wir reden und planen, was zu tun sei. Balalaika- und Klampfenspiel. Die Nacht ist schön.

11. 12. 1942
Rasch vergehen die Stunden, Anneliese ist schon daheim, als ich zurückkomme. Rasch gehe ich bei Hans vorbei, dann ein Gespräch mit der Hausfrau wegen der Zimmergeschichte. Es wird wohl noch schwierig werden, so scheint mir, und das bringt neue Sorgen. Spät noch schreibe ich den Brief an M. fertig.

Stifter: Der Waldsteg

Tolstoi: Der Gefangene im Kaukasus

12. 12. 1942
Mit Hubert einige Stunden im Regina-Dampfbad. Die Hitze entspannt den Körper und tut wohl.
Am Mittag in der Siegfriedstraße. Hermann ist da, wir wechseln einige Worte. Ich finde, Fr. ist augenblicklich nicht zu gebrauchen. Es gelingt mir jedenfalls nicht, etwas mit ihm anzufangen. Abends sind wir, Anneliese und ich, zu Regine Renner eingeladen. Pfingstochse ist Josef Gieles, der heute mit seinem Examen fertig wurde. Zunächst singen wir Madrigale und Weihnachtslieder, trinken Wein und spielen gewissermaßen. Es wird sehr spät. Auf dem Heimweg noch bleiben wir überall stehen und singen Kanons. Sehr rasch vergeht darüber die Zeit.

13. 12. 1942
Ich schlafe bis weit in den Vormittag. Mit Anneliese gehe ich zur Kirche. Es ist übrigens so angenehm, wenn die klare Sonne einem auf den Rücken brennt, wirklich wie im Frühling.
Am Nachmittag gehe ich mit Hubert durch den Engl. Garten. Die Farben, die das Auge treffen, sind so wunderbar aufeinander abgestimmt. Wir reden eigentlich belanglose Dinge, ganz selten taucht das Gespräch in die Tiefe. Ich möchte lesen, aber dann schlafe ich ein, ohne recht erfrischt zu werden.
Unruhig wird der Abend, denn Anneliese soll bei Scholls zum Schlafen, aber dort ist niemand, so rufen wir einige Male ohne Ergebnis an, laufen hin und her. Schließlich schläft Anneliese in meinem Zimmer, dafür ich auf einer weiten Couch.

An diesem Abend reden wir zum ersten Mal über die Situation bei Anneliese. Es scheint ihr seit den Münchner Tagen ein wenig klarer. Sie muß sich einen Weg suchen.
Eines verstehe ich nicht, wenn Anneliese von sich glaubt, ich sei unzufrieden, enttäuscht von ihr. Ich ließ das doch einfach herankommen. Es mußte schon gesagt werden, wenn die Stunde reif wäre. Und so kam es ja auch.

14. 12. 1942
Früh ist Appell, zu dem ich zu spät komme. Mit Hans in einigen medizinischen Vorlesungen. Am Mittag Einzug von Anneliese bei Scholls. Wir trinken einen Tee.
Ein wenig nur gelesen. Abends der Bach-Verein.
Die Nacht ist voller Nebel, der sich auf Brust und Rachen legt.

15. 12. 1942
Der Tag vergeht in einer Hetze. Erst um 18,30 Uhr sitze ich daheim, wir essen. Lesen. Anneliese bekommt am Abend Besuch. Nachdem Anneliese weg zur Bahn ist, schreibe ich Briefe bis spät in den Abend.

16. 12. 1942
Zwei psychologische Seminare. Mittags zur Siegfriedstraße für kurze Zeit. Dann später zum Konzert in der Tonhalle: Bruckners 6. Symph., Leygraf: Concertino f. Klavier und Orchester, Strauß, Till Eulenspiegel.
Gut gefiel mir Leygrafs Werk. Ich bin danach noch bei Hans, wo Geyer und zwei russische Mädchen zu Besuch sind. Wir singen eine Menge.

17. 12. 1942
Ein schlimmes Erlebnis ist für mich die Stunde bei Bumke. Er redet in einer grausigen Art über Homosexualität, es wird mir übel davon. Besuch bei Frau Heller, wo ich meine Sachen abhole. Dann bei Scholls: Sehr interessantes Gespräch mit Huber. Nachher sitzen wir noch lange zusammen.
Von Anneliese habe ich in diesen Tagen natürlich nicht viel, ich sehe sie immer nur ganz kurz. Ich finde, sie sieht schlecht aus, übernächtigt. Spät noch ein Gespräch mit der Wirtin.

18. 12. 1942
Mittags bekomme ich den Urlaubsschein. Mit Hans für kurze Zeit durch die Stadt, wir wollten einkaufen. Abends in der Siegfriedstraße, wir bereiten die Liturgie des Samstags vor.
An diesem Tag gelingt es nun, daß Anneliese hier in der Mandlstraße einziehen kann. Nun bin ich diese Sorge los, die mir doch viel zu schaffen machte. Ich freue mich sehr. – Das Weihnachtspäckchen von M. Schmerzliche Freude empfinde ich bei seinem Empfang. Hat es einen Sinn zu sagen, daß meine Gedanken an diesem Menschen hängen?
Tolstoi: Die beiden Alten

19. 12. 1942
Morgens gehe ich zu Scholls, wo Anneliese noch wohnt. Zunächst zieht sie einmal um. Mit Hans ein Gang durch die Stadt. Am Mittag essen wir: Anneliese, ihr Bekannter, der auf Besuch hier ist, und ich im Seehaus. Es ist eigentlich klar, daß kein Gespräch aufkommt. Man geht wieder auseinander ohne viel Worte gemacht zu haben.
Mittags schreibe ich noch ein wenig. Es ist dann Probe im Bayr. Hof. Später im Hause Dr. Mertens, wo die Generalprobe in Form eines Hauskonzertes stattfindet. Der Eindruck ist nicht hervorragend. Mit einigen sitzen wir im Glückstüberl zusammen.
Anneliese ist wohl schon weggefahren.

20. 12. 1942
Der Sonntag. Ich schlafe lange, gehe dann wieder zum »Messias«, habe leider nur einen Stehplatz. Aber die Aufführung macht wiederum einen sehr großen Eindruck auf mich, vor allem die Arie: »Ich weiß, daß mein Erlöser lebt«.
Es ist wundervolles klares Wetter, wie am vergangenen Sonntag. Ich sitze einige Zeit daheim, schreibe. Besuch bei Hannes Schlögel.
Abends ist im Bayr. Hof das Konzert. Zunächst von Corelli: Das Weihnachtskonzert, Motette, Lieder, ein Bach-Oratorium: »Die Kindheit Jesu«. Es war eigentlich recht gut.
Spät noch zu Hans und Alex. Wir trinken Tee und Cognac, reden und planen.
Nachts ein Gespräch mit der Wirtin über das Buch ihres Mannes. Ich bin schon müde, da ich ins Bett komme.

21. 12. 1942
Spät stehe ich auf und beginne dann mit dem Brief- und Kartenschreiben. Kurz gehe ich mittags zum Essen. Dann schreibe ich weiter. Zur Siegfriedstraße: Sigi ist in Urlaub da, ich unterhalte mich kurz mit ihm. Wiederum schreibe ich.
Der Luftschutzalarm unterbricht mein Kofferpacken. Mit Fr. und Emil laufen wir spät zum Bahnhof. Der Zug hat viel Verspätung, wir warten lange. Während der Nacht versuche ich zu schlafen.

22. 12. 1942
Mit viel Verspätung kommt der Zug an, die Fahrt durch die Pfalz ist schön.
Begrüßung daheim, am Nachmittag kommen Hein und Willi bei mir vorbei. Besuch bei Ali, dort besprechen wir die liturgische Messe.
Am Abend sitzen wir im Familienkreis – wie üblich – zusammen. Anneliese kommt auch zurück. Es wird ziemlich spät. Etwas Lesen und Schreiben.

23. 12. 1942
Ich schlafe lange. Ali kommt vorbei, wir besuchen Ala, laufen dann durch den Wald und reden ein wenig davon, was uns wohl in den vergangenen Jahren am meisten berührt hat.
Mittags fahre ich zu Hein. Ich erkläre ihm meine Pläne und rasch sind wir uns einig. Ein Gespräch über Ordnung und Macht. Abends sitze ich wie üblich daheim, wir sprechen und erzählen. Im Mittelpunkt steht wieder einmal das erwartete Kind. Ich schreibe noch ein wenig, gehe dann aber zu Bett.

24. 12. 1942
Ein wenig Arbeit. Wir üben für unsere Messe. Mittags sitze ich daheim, in Ruhe. Ein kleiner Gang zu Bekannten.
Um 17.00 Uhr ist Mette. Ich treffe Ernst Sonnet. Bei Vater trinken wir mit einigen Bekannten einen Wein.
Der Hl. Abend – es ist wie in alter Zeit. Das Abendessen. Wir gehen ins Herrenzimmer, sehen uns die Gaben unterm Christbaum an. Allgemeine Gespräche bei einer Flasche Wein. Vom Geheimnis Seiner Ankunft spürt man wenig, obwohl ich sehr stark daran denke und

auch im Bewußtsein trage. So war es aber immer schon und wird sich vielleicht auch nicht so rasch ändern, wahrscheinlich nie.
Ich bin froh, daß ich hier sein darf. Meine Gedanken gehen in das vergangene Jahr, befassen sich mit den Stunden damals. Die Zeit war doch wertvoll für mich.

Pieper: Über das christliche Menschenbild

25. 12. 1942
Wir feiern morgens um 7 Uhr Gemeinschaftsmesse. Es sind im ganzen 12 Mann. Ein kurzer Spaziergang zur Saar. Vater hat eingeladen, wir sitzen mit Sechsen im Lokal. Dann bin ich für die Familie da, wir sind seit langem zusammen, es geht familiär zu, wie wir es von früher gewohnt sind. Bei Dunkelheit ein kurzer Spaziergang mit Vater. Am Abend ist wieder die Familie zusammen.

26. 12. 1942
Familie, Besuch, das ist das übliche. Mittags lese ich etwas. Hein kommt, er ist mit in der Familie, ich freue mich immer, wenn ich in seiner Nähe bin. Am Spätnachmittag fahren wir zu Ernst Sonnet. Es ist wohltuend, in solch gut eingerichtete Räume zu treten und sich darin aufzuhalten. Wir sehen Graphiken und Bilder, nehmen uns ein Aquarell mit.
Zu Hause hat Anneliese Besuch bekommen: Marie-Luise. Der Abend ist ganz ordentlich, spät gehen Anneliese und ich noch zur Begleitung in die klare Nacht hinaus. Die Sorgen von Anneliese.

27. 12. 1942
Am Morgen besuche ich Fam. Bollinger. Wir sprechen über Freiburger Verhältnisse, dann verstehen wir uns aber rasch, sind uns ganz einig.
Mittags kommen Fr. und Ali zu mir. Wir kommen in ein Gespräch über die Schaffung einer deutschen Liturgie, die immer noch als Möglichkeit vor uns steht. Früh gehen sie weg. Ich tue nicht viel, versuche einen Brief, lese, rede. Müde nach diesen drei Feiertagen. Schlafen.

28. 12. 1942
Ich schlafe ziemlich lange. Man lebt wieder einen einfachen Tag, und ich merke doch, daß die vergangenen Tage recht anstrengend waren. Ein Besuch bei Mauers, auch dort ist das Ergebnis das gleiche, es wird sich schon etwas erreichen lassen, ich glaube es sicher. Nach dem Mittagessen mache ich mit Mathilde einen Spaziergang durch die Sonne dieses Winternachmittags. Dieser Weg an der Saar ist eine Erholung und Freude, wenn wir auch nicht viel Wichtiges reden. Gegen vier Uhr bin ich bei Ala, wo sich Rudi und Vetter noch eingefunden haben. Ein Gespräch stockt zunächst. Manche Dinge berühren uns, wir denken das gleiche. Rudi fährt schon früh. Am Abend bin ich daheim, lese ein wenig, schreibe.

29. 12. 1942
Es beginnt zu schneien, und dieser Schnee ist sehr trocken. Ich fahre zu Hein nach Dudweiler, Willi ist mit dabei und wir versuchen ein Gespräch. Bald fahre ich heim. Am Nachmittag geschieht nicht viel, ich laufe durch die Stadt, treffe nur Willi B. zu einer kurzen Unterhaltung. Am Abend bin ich wie üblich daheim. Es ist schon fast zur Gewohnheit geworden. Ich bringe es fast nicht fertig, einen Brief zu schreiben, ob ich wirklich leer und verbraucht bin? Die Tage sind auch anstrengend, wie selten eine Zeit.
Spät gehe ich in diesen Tagen zu Bett, obwohl man doch an den Abenden nichts Wesentliches tut. Irgendwie spürt man sich heimisch, es wird gar nicht viel geredet, man sitzt einfach zusammen.

30. 12. 1942
Am Vormittag fahren Hein, Willi und ich zu Rudi. Wir sitzen zusammen und tasten uns ab. Unterm fallenden Schnee gehen wir nach Merchingen zur Kirche des Dominikus Böhm. Rudi kann recht gut mitmarschieren, ich bin sehr erstaunt. An diesem Nachmittag werden recht vernünftige Sätze gesagt, wir verstehen uns. Was soll ich über Willi sagen? Ich kann mir kein richtiges Bild machen. Fast scheint es, als ob er eine private Welt um sich aufgebaut habe und nun daraus hervorschaue und ein wenig an unserem Leben Anteil nähme. Am Abend fahren wir heim, dort sind die Leute noch auf, und ich erzähle noch ein wenig.

31. 12. 1942
Ich bin morgens daheim, lese ein bißchen. Am frühen Nachmittag mache ich einen wichtigen Besuch, sehr rasch finde ich Widerhall und grundsätzlich sind wir uns einig. Leider ist in diesen Tagen kein Treffen mehr möglich. Um 7 Uhr fahre ich noch nach Elversberg, wo die anderen seit Mittag zusammen sind. Fr. ist außerordentlich lebendig und aktiv. Wir lesen eine Interpretation eines Rilke-Gedichtes. Später die Aufsätze Reinhold Schneiders. Erinnerungen tauchen auf, wir sprechen darüber. Wir fahren spät heim. Noch im alten Jahr komme ich nach Haus. Es sieht ruhig aus, wir sitzen zusammen, so beginnt das Neue Jahr.
Ich bin nicht fähig, Gedanken am Anfang des Neuen Jahres niederzuschreiben. Die letzten Tage waren einigermaßen anstrengend und forderten ein wenig. Schließlich ist diese Art Neujahr doch eine blöde Art der Besinnung. Ich bin diesmal gewissermaßen ohne Besinnung dazu gekommen, ich weiß nicht recht wie.

Puschkin: Der Schneesturm
Puschkin: Der Schuß

1. 1. 1943
Es liegt immer noch etwas Schnee. Doch ist alles so naß. Kalt kann man das gewiß nicht nennen. Vormittags bin ich wieder bei Bollinger zu einem guten Gespräch.
Mittags treffe ich Alfred Reuther und seine Angehörigen. Zunächst spricht man das übliche, wir sitzen mit den Angehörigen und der Braut zusammen. Die Abendstunden vergehen, ohne daß sich die Erwarteten einfinden. Ein wenig Familienumgang. Spät kommt dann noch Hein, wir sitzen zusammen, Anneliese und Mathilde kommen dazu, wir sprechen ein vernünftiges Stück bis weit in die Nacht hinein. In der Nacht bleibt Hein hier, und wir reden zusammen, zunächst bin ich überrascht, doch dann kann man darüber reden.

2. 1. 1943
Nach einigen wenigen Stunden Schlaf stehen wir auf. Die Vormittagsstunden vergehen erzwungen. Mittags fährt Hein weg für knappe Stunden, dann kommt er wieder. Ob ich darüber schreiben kann, was mich an diesem Tag bewegt? Ich will es nicht tun, weil ich noch zu wenig übersehe. Das kommt ja auch noch. Plötzlich besucht mich

Karo, der von seinem Leben und der anstrengenden Arbeit erzählt. Interessante Dinge erfahre ich so. Am Abend sind Gebr. Bollinger bei mir. Über Karo hinweg unterhalten wir uns über den wirklichen Sinn der Dinge und Mächte. Es war schon sehr aufschlußreich für uns. Leider kam ich nicht mehr dazu, mit Hein zu reden, hoffentlich gelingt es noch in den wenigen Tagen der Ferien.

3. 1. 1943
Der letzte Sonntag dieser Ferien. Vormittags wieder ein Besuch. Heinz B. ist bei mir und erzählt von seiner Situation, es ist fast wie eine Dozierung der Metaphysik des Lebens unserer Zeit. Nachher kommt mir das Gespräch so weit entfernt, besser zeitlos vor, daß ich überrascht bin.
Bald nach dem Essen fahre ich zu Hein. Wir reden an diesem Nachmittag, aber es fehlt vielleicht das Überspringen des Funkens, der unser Reden aus der sachlichen Tatsächlichkeit heraushebt. Es gelingt uns nicht, diese Unterhaltung zu beenden.
Abends bin ich daheim. Es ist ein ruhiger Abend wie sonst. [. . .]

4. 1. 1943
Mittags ein kurzer Gang. Dann bin ich daheim. Mathilde hat Besuch aus Bamberg, und auch ich widme mich ihm. Wir sitzen abends und reden ein wenig aus der Familienchronik, es wird spät dabei. Überhaupt bin ich in diesem Urlaub fast immer daheim, am Abend meine ich. Das geschieht absichtlich, weil ich auf Stunden mit der ganzen Familie zusammen sein möchte. Der Zugang zu Mutter ist ja auch recht schwierig. Wie kann man ihr zeigen, was sie uns bedeutet? Doch nur in kleinen Äußerungen.
Puschkin: Der Posthalter
Puschkin: Der Sargmacher

5. 1. 1943
Am Vormittag kommt Willi, wir gehen durch den Schnee des Stadtwaldes, sehen den klaren strahlenden Winterhimmel, atmen die freie Luft. Es kommt zum ersten Gespräch mit Willi, wir reden darüber, was nun eigentlich nach zwei Jahren Pause am dringendsten erscheint, damit es getan werde. Es ist zunächst ein Suchen und Orientieren, aber dann zeigt sich, daß alle Arbeit im Theologischen mün-

det. Mittags fahre ich nach Dudweiler, wo auch Marita zu Besuch ist. Wir machen einen Spaziergang zum Brennenden Berg, durch den hohen Schnee in den weiten Wäldern bei Dudweiler. Nachher sitzen und reden wir, es ist aber nur ein besserer Besuchsnachmittag, wir kommen zu nichts Wesentlichem. Früh fahre ich nach Saarbrücken, wo ich leider nur kurz ein Gespräch mit Ludwig M. habe. Ich bedauere es außerordentlich, nicht länger mehr Zeit zu haben, denn wir trafen uns in unseren Ansichten im Verlauf des Gesprächs schon früh. Am späten Abend bin ich noch daheim, der letzte Abend.

6. 1. 1943
Ich ahne in der Messe die ungeheuere Bedeutung der Erscheinung. Vorbereitungen zur Abreise. Mittags besucht mich noch Alfred Reuther, wir reden leicht. Verabschiedung wie üblich. Ich bin doch recht gut gelitten daheim.
Um 20.30 Uhr fahre ich dann los. Die Tage über das Fest sind zu Ende, die Anstrengung war groß, wird es auch wieder in München bleiben. Ich schlafe ein wenig in der rauchigen Luft des Abteils.

7. 1. 1943
Mit einiger Verspätung komme ich an. Gleich beginnt die Hetze, zunächst zur Kaserne. Begrüßung in der Wohnung. Es enttäuscht mich maßlos die Unentschiedenheit der Zimmerfrage. So beginnt der Betrieb wieder.
Mittags bei Hans. Teestunde, sonst nichts. Gustel kommt bei mir vorbei, wir verabreden uns für den Abend. Für einige Zeit bin ich dann noch bei Hans. Später lange in der Siegfriedstraße mit Gustel zusammen. Wir beginnen mit einem Gespräch, in dessen Mittelpunkt unsere Situation stand. Spät erst trennen wir uns.

8. 1. 1943
Sehr lange schlafe ich. Mittags treffe ich für kurze Zeit Hubert. Der Nachmittag vergeht rasch. Zum Tee bin ich bei Hans mit Alex zusammen. Am Abend ein Symphoniekonzert mit Edwin Fischer. Besonderen Eindruck machte das Klavierkonzert c-Moll von Beethoven. Diese Klarheit und Eindringlichkeit ist unübertroffen. Danach noch die 1. Symph. von Brahms. Die Darbietung ist ein wenig ermüdend, aber schön ist doch der vierte Teil.

Später sitzen wir noch lange im Atelier als Gäste und reden viel, fast zu viel. Walter geht mit mir zum Schlafen.

9. 1. 1943
Um 7 Uhr ist bereits Appell. Im Anschluß nehmen wir bei Hans den Kaffee. Zunächst bin ich noch gar nicht müde, sitze für wenige Stunden auf der Bude.
Am Nachmittag mit Hans zu Besuch in Gräfelfing. Das Gespräch ist lebendig und grundsätzlich. Zum Ende gibt es einen ausgezeichneten Kaffee, der uns wachrüttelt. Am Abend in der Siegfriedstraße. Hermann und Gustel. Zunächst reden wir über den Alltag, dann bereiten wir die Liturgie des Sonntags vor. Das ist wohl die Weise, wie ein Zugang zur Liturgie möglich ist, wenn es auch jedesmal eine Anstrengung bedeutet. So muß man sich jahrelang die Mühe machen, bekommt dafür aber das richtige Verständnis.

10. 1. 1943
Es ist sehr kalt geworden, der Himmel aber bleibt klar und hell. Auf dem Zimmer ist es mir am Sonntagmorgen zu kalt, ich ergreife die Flucht. Am frühen Mittag kommt Anneliese. Ich hole sie am Bahnhof ab. Sie bleibt im Hause, während ich nach Pasing fahre. Die Stunden dort als Gast vergehen sehr rasch, wir reden einigermaßen vernünftig. Ich werde überrascht davon, daß ich Firmpate werden soll, bin sehr erfreut darüber. Spiel mit den Kindern, die elektrische Eisenbahn. Lange bleiben wir nach dem Essen bei einem Gespräch, spät komme ich heim.

11. 1. 1943
Anneliese und ich beginnen mit den Vorlesungen. Die Wohnungsfrage scheint sich günstig zu klären, und mir fällt eine Last von der Seele. Hoffentlich bleibt es dabei, denn manches hängt davon ab, ob wir zusammen wohnen bleiben. Welche Zeit allein – um auch dies herauszustellen – können wir ersparen?
Am Abend sind wir wiederum Gäste im Atelier. Es ist der letzte Abend vor der Abreise des Gastgebers. Wir reden viel und mancher gute Gedanke wird geboren. Nun ist der Maler Geyer für einige Tage hier in München.

1936

12. 1. 1943
Die Vorlesungen beginnen. Von J. Gieles erhalte ich halbwegs zuverlässig Bescheid, daß er wohl nicht mehr komme. Damit werde ich eine Sorge los, und mittags beginne ich, ein wenig umzuziehen. Allmählich wird es so, wie ich es mir wünschte. Anneliese und ich nehmen zusammen die Morgen- und Abendmahlzeiten, zunächst laufen wir aneinander vorbei und reden unwesentliche Dinge.

Puschkin: Das Fräulein als Bäuerin

13. 1. 1943
Die Tage vergehen in einer seltenen Hast. Am Mittag räume ich ein wenig ein. Besuch bei Hans, auch am Abend bin ich noch dort, wir beginnen wirklich mit der Arbeit, der Stein kommt ins Rollen.
Ich erkenne Anneliese kaum wieder, da sie am Abend aus der Studentenkundgebung im Deutschen Museum wiederkommt.

14. 1. 1943
Die Kälte hat sehr fühlbar nachgelassen, es regnet manche Stunde. Für unsere Zimmer ist das recht günstig. Am Abend sitzen wir zum Schreiben und Lesen bis lange in den Abend hinein. Es will noch nicht gelingen, den richtigen Kontakt mit Anneliese zu bekommen.
Seltsam müde bin ich an manchen Stunden. Dann gelingt es mir nicht einmal, einen Gedanken zu fassen und zu überlegen.
Es ist wieder diese Unruhe in mir, wie sie mich manchmal überkommt, ohne daß ich aber die letzte Ursache dafür wüßte. Viel Zeit geht damit vorbei, daß ich mich mit dem Plan beschäftige. Ob das der richtige Weg ist? Manchmal glaube ich es sicher, manchmal zweifle ich daran. Aber trotzdem nehme ich es auf mich, wenn es auch noch so beschwerlich ist.

15. 1. 1943
Ich nehme heute mal wieder eine Fechtstunde, es läßt sich leider nur mit Mühe eine passende Zeit dazu finden.
Am Abend lese und schreibe ich. Beginn eines Gesprächs mit Anneliese. Wir reden davon, was das alles wohl für einen Sinn habe, Gott, Kirche, die Bemühungen der Menschen dazu. Wir reden lange in die Nacht hinein. Zum Teil liegt die Schwierigkeit darin, daß Anneliese

die Mängel sieht und so der Zugang zum Wesentlichen verdeckt wird. Diesen Zugang gilt es zu finden.

Stifter: Der beschriebene Tännling

16. 1. 1943
Der Vormittag vergeht mit dem Anstehen der Kompanie an der Uni, da ja 470jähriges Jubiläum ist. Spät komme ich vom Essen heim, sitze bei Anneliese. Besuch von Traude, wir reden über die Dinge, die so verwirrt um uns sind, daß wir keinen Weg sehen.
Am Abend Vorbereitung der Liturgie mit den anderen.
Später lese ich noch eine Zeit.

17. 1. 1943
Der Sonntag hat ein wundervolles Wetter: Klarer Himmel über den von Rauhreif bedeckten Bäumen.
Anneliese und ich gehen durch den Engl. Garten. [...] Am Mittag fahre ich mit Walter ins Isartal hinaus, wir laufen bis Grünwald, machen uns ziemlich müde.
Das Schneiderhahn-Quartett spielt im Odeon Schubert g-Moll, Mozart d-Moll, Dvorak F-Dur. Vor allem ist es der Mozart, der mir gut gefällt. Aber der Saal im Odeon läßt die Töne eines Quartetts zerfließen, er sammelt sie nicht.
Wir gehen noch zum Essen, dann aber heim. Ich bin ziemlich müde und kann nicht mehr viel tun. Früh zu Bett.

18. 1. 1943
Einige Vorlesungen. Am Mittag bin ich daheim. Kurzer Besuch bei Hans. Dann lesen und schreiben. Nach dem Essen zum Singen im Bachverein. Lechner sagt, wenigstens gibt er sich Mühe es auszudrücken, was dieses Singen bedeutet. Die Art, wie er es tut, ist unmöglich. Auf dem Heimweg werden wir von Fliegeralarm überrascht, setzen uns zu Adalbert: Regine, Hubert, Otmar. Interessante Gespräche entspinnen sich. Dabei und beim Trinken eines Likörs vergeht die Zeit. Es wird sehr spät.

19. 1. 1943
Anneliese kommt mit zur Bumke-Vorlesung. Einige interessante Kranke.

Am Abend sollen wir zur Vorstandssitzung des Bach-Vereins. Dies zerschlägt sich, nur vergeht auf diese Weise der Abend.

20. 1. 1943
Aufteilung der Kompanie: Ich bleibe noch allein von der Kolonne. Zwei Stunden vergehen dienstlich mit Bayer-Filmen.
Vorbereitung der Reise. Um 21.30 Uhr fahre ich nach Köln. Halb schlafend verbringe ich die Nacht.

21. 1. 1943
Am Vormittag Köln, ein interessanter Besuch. Am Mittag Bonn. Mit Hein zusammen, ein Gang am Rhein vorbei. Es ist hier doch schwieriger. Besuch auf dem Fechtboden.
Einige Stunden mit Marita und Hein, zwischendurch der Fliegeralarm. Um 10 Uhr bei Kabi: Wein und Pfeifen leisten uns Gesellschaft. Erinnerungen. Zwischendurch auch ein paar vernünftige Sätze. Ich empfinde die Müdigkeit gar nicht sehr, obwohl es sehr spät wird.

22. 1. 1943
Gegen 8 Uhr Abreise nach Saarbrücken. Ich fühle mich nicht sehr wohl, mich so zu benehmen, aber es geht nicht anders. Besuch bei Willi. Dann mache ich einen weiten Spaziergang, um keinem bekannten Gesicht zu begegnen: Winterberg, Hohe Wacht, Ehrental, Deutschmühlenweiher. Bei Mauers dann zu langem Gespräch, das aber zu keinem Ergebnis führt. Zum Ende wird es unerquicklich. Bei Willi bleibe ich zum Schlafen.

23. 1. 1943
Um 7 Uhr fahre ich ab, über Straßburg nach Freiburg. Um die Mittagszeit bin ich dort, treffe aber nachmittags noch niemand an. Gang durch die Stadt, beim Kaffeetrinken. Wiedersehen mit Freiburg nach langen Jahren. Am Abend bei der Wirtin von Heinz, wo ich gastfreundlich aufgenommen werde, wirklich gut und herzlich. Am Abend lange ein Gespräch mit Helmut B. Ich schlafe gut in der Nacht.

24. 1. 1943
Um 9 Uhr über Titisee nach Ulm gefahren. Die Klippe einer Kontrolle wird gut überwunden. Am frühen Nachmittag bin ich in Ulm,

treffe Heinz, dann seinen Bekannten. Interessante Gespräche, die viele Dinge neu beleuchten. Dann spielen wir Schach, eine Partie ist sehr ordentlich, aber ich bin nicht ganz bei der Sache. Spät in der Nacht fahre ich los und bin dann gegen 4 Uhr in München.

25. 1. 1943
Hier ist alles unverändert. Ich richte mich wieder ein, schlafe ein paar Stunden. Besuch bei Hans. Mittags ist Appell wie üblich. Einige Zeit mit Anneliese zusammen beim gemütlichen Abendessen. Erzählen und leichte Gespräche. Am Abend wieder Bach-Verein.

26. 1. 1943
Die Woche nimmt ihren Fortgang, ich gehe in einige Vorlesungen, mache Besuche. Am Abend und in der Nacht Brandwache in der Bergmannschule, die von harmlosem, aber zeitraubendem Fliegeralarm unterbrochen wird. Ich legte mich schon früh zu Bett um auszuschlafen, aber in der schlechten Luft gelingt das Schlafen kaum. Unruhig vergeht die Nacht. Am Abend las ich noch ein wenig bei Stifter.

27. 1. 1943
Mittags ist Appell mit Exerzieren und blödem Gerede des Chefs. So vergeht die Zeit, die doch so kostbar ist.
Das Wetter ist richtig frühlingsmäßig. Fast kann man es warm nennen. Das letzte Eis schmilzt weg.
Am Abend sind wir im Atelier bei gutem Kaffee und reden lange und manchmal sehr wesentlich.
Für Fr. sind diese Tage wieder sehr dumm und aufregend, aber diese Klippe läßt sich wohl auch umgehen.

28. 1. 1943
Heute arbeiten wir einige Stunden angestrengt. Am Mittag in der Siegfriedstraße. Abends ein sehr ordentliches Cello-Konzert: Mainardi spielt die 5. und 6. Bach-Suite. Ungeheuer ernst ist diese Musik, aber von einer solchen Struktur wie selten etwas sonst. Es fehlt mir ja ein Vergleich, weil mir Bach doch noch ein wenig fremd ist. Sie kündet von der Ordnung, die einmal in einer Zeit einem Menschen möglich war. Wir können nur davon empfangen für die Zukunft, die ja ganz anders sein wird. Die Nacht sieht mich spät im Bett.

29. 1. 1943
Später Morgen. Vor dem Mittagessen laufe ich noch kurz durch die Stadt. Ein wenig lese ich bei Reinhold Schneider. Am Abend das Symphonieorchester unter Kabasta: Mozart Symphonie D-Dur, Bartok-Musik, Beethoven Symphonie Nr. 8 F-Dur, Leonoren-Ouvertüre Nr. 2. Vor allem der Bartok erregt die Gemüter. Man hat kein Verhältnis zu dieser Musik und kann deshalb nicht viel darüber sagen, höchstens über Einzelheiten sprechen. Ganz besonders ist es das ungeheuer Rhythmische, was mich sehr anspricht, da kann man fast nicht ruhig bleiben. Es ist schon beachtlich, daß Kabasta eine solche Musik aufführt.

30. 1. 1943
Anneliese hat Geburtstag, und deshalb ist er ein wenig festlich. Mittags besuche ich Hubert, der mir einige Schallplatten gibt. Wir reden ein wenig über alle möglichen Dinge. Seit einigen Tagen bemüht er sich ja, mit der medizinischen Arbeit zu beginnen und bei ihr zu bleiben. In der Siegfriedstraße bereiten wir die Liturgie des Sonntags vor. »Der Sturm auf dem Meer«. Am Abend sitzen wir zum Geburtstag zusammen: Anneliese, Hilde O. und Adalbert. Nach dem reichlichen Essen kommen wir zu ganz vernünftigen Gesprächen über unsere Situation. Dazwischen die Schallplatten mit Bach, Beethoven und Händel. Geistige Getränke und viel Qualm. Spät wird es, und wir machen noch einen Gang durch die frühjahrswarme Nacht.

31. 1. 1943
Ein Spaziergang durch den Engl. Garten im hellen Sonnenschein. Zum Mittagessen müssen wir lange warten, im Seehaus. Das ist ärgerlich und unangenehm. Jedenfalls kommt das in Zukunft nicht mehr in Frage.
Im Bayrischen Hof: Bach auf dem Cembalo, auf der Flöte und dem Violoncello. Flötensonaten, Cellosuite und Konzert im italienischen Stil auf dem Cembalo, es ist das schönste dabei.
H. von Heiseler: Wawas Ende
Abends noch der Violinabend der Bustabo, eine unvergleichliche Geigerin! Ich höre nur einen Teil: Beethoven und Tartini.
In der Siegfriedstraße Exegese des 4. Kap. aus der Apostelge-

schichte. Spät noch zu Hans. Christel ist zu Besuch. Wir reden nicht sehr viel, aber ich freue mich, Christel wiederzusehen.
Damit ist der erste Monat des neuen Jahres schon zu Ende. Er verging ungemein rasch, ich kann mir im Einzelnen kaum eine Vorstellung davon machen.

1. 2. 1943
Die Woche beginnt ohne Hast. Vormittags versuche ich für Friedrich eine Aktion. Am Nachmittag lese ich ein wenig. Am Abend wie üblich der Bach-Chor, der verspätet beginnt. Nachher trinken wir noch irgendwo einen Kaffee.

2. 2. 1943
Der Morgen wiederum beginnend mit der Aktion, die ohne Erfolg bleibt. Lesen und Schreiben, auch am Abend. Ich muß doch wieder einen Halt bekommen, kann nicht dauernd so herumfahren und Betrieb machen. Gewöhnlich wird es spät, weil man so zwanglos ins Reden kommt. Heute ist auch gerade noch unsere Wirtin da, mit der wir sprechen.

3. 2. 1943
Ungeahnterweise ist der Nachmittag frei, ich sitze auf der Bude, drohe aber fast einzuschlafen. In Deutschland wird bekannt, daß Stalingrad von den Russen genommen sei. Eine Nachricht von großer Bedeutung. Das empfinden wohl alle.
Am Abend besucht mich noch Friedrich, mit dem ich die Verhältnisse seiner Einziehung, die für morgen bestimmt sein soll, bespreche. Dann lese ich etwas.

4. 2. 1943
Am Vormittag Vorlesungen, mittags besucht mich Walter ganz kurz. Um 16 Uhr treffen wir uns: Häcker liest den ersten Teil aus seinem »Schöpfer und Schöpfung«. Über zwei Stunden spricht er, ich habe manches Besondere verstanden und gehört.
Ungemütlich ist das Wetter. Regen und Schnee wechseln sich ab. Kurz bin ich noch in der Siegfriedstraße, lese ein wenig.

5.2.1943
Früh um 5 Uhr will ich eigentlich nach Pfronten fahren. Um einige Minuten verpasse ich den Zug, muß dann später losfahren, verliere so einen halben Tag. Über Mittag in Garmisch: Herrliche Sonne über dem Neuschnee, fast schmerzen die Augen in dieser blendenden Helle. Ringsum die Berge, ich laufe ein Stück aus der Stadt. Die Fahrt durch einen Teil von Tirol ist schön. Am Nachmittag in Pfronten, Wiedersehen mit Ria, die ich 5 Jahre nicht mehr gesehen habe. Die kleine Hildegard ist nett, schon bald ist sie zutraulich, aber das wechselt doch sehr oft bei ihr. Rasch komme ich mit Ria in ein Gespräch, wir kennen uns ja eigentlich kaum. Sie ist so allein hier und sucht nach Menschen, die ihr etwas sagen können.

6.2.1943
So vergehen diese Tage des Pfrontener Besuches in einem fast geschwisterlichen Verhältnis. Am Morgen nach dem Kaffee spazieren wir in den Schnee hinaus, ich ziehe den Schlitten durch die Gegend, benehme mich ein wenig wie der Vater. Immer kommen wir rasch in ein angeregtes Gespräch über diese und jene Dinge.
Am Mittag ziehen wir los zur Fallmühle, zusammen mit Rias Schwester und Hermann. Der Weg geht durch ein wunderschönes Tal zwischen den Bergen. Es ist ein gutes Stück zu marschieren. Ria ist müde und abgespannt, trotzdem sitzen wir am Abend noch lange in der Hospiz.

7.2.1943
Der Sonntag in Pfronten. Der Himmel ist verhangen, die Nebel hängen tief ins Tal. Es beginnt zu regnen, dann zu schneien.
Am Mittag wollte ich eigentlich abfahren, doch ich bleibe noch. Wir machen wieder einen Gang durch den nassen Schnee, sitzen dann auf dem Zimmer. Das Telegramm von Otto. Ria ist natürlich aufgelöst, und dann machen wir Pläne zur Abreise. Am Abend sitzen wir und besprechen Rias Reise, die ja schließlich eine Anstrengung für sie ist. Abschied am späten Abend.

8.2.1943
Einige Stunden Schlaf. Um 5 Uhr fahre ich ab, bin um 7 Uhr in Kempten, um 10.22 Uhr in München. Die Hetze der Stadt beginnt:

Zum Fechten, Essen – Appell. Am Mittag Besuch bei Hans. Am Abend einiges geschrieben. Die Arbeit.

9. 2. 1943
Ich denke oft an die herrliche Gegend Pfrontens, vergleiche damit den Himmel in der Stadt. Am Abend bei Hannes zu einigen Gläsern Wein, die üblichen Gespräche. Dann daheim noch schreiben. Schlafen.

10. 2. 1943
Der Mittagsdienst ist rasch zu Ende. Ich sitze daheim und arbeite. Besuch in der Siegfriedstraße. Am Abend Briefe und Lesen. Ich gewinne einen Abstand, denke an das nächste Wochenende.

11. 2. 1943
Bei Hans zu einem recht interessanten Gespräch. Am Mittag gehe ich wieder hinüber lese ein wenig. Der Abend wie üblich in Ruhe daheim. Zunächst lese ich, komme dann mit Anneliese in ein langes Gespräch. Wir sprechen wiederum über den Glauben und die Offenbarung, wo sich für uns ja alles entscheidet.

12. 2. 1943
Eine Stunde Fechten, es macht Freude, nur müßte man es öfter tun. Für einige Stunden bei Hans. Anneliese fährt am Nachmittag schon weg. Ich treffe die Vorbereitungen, um 20.15 Uhr fahre ich mit Walter nach Gaißach. Allein schon die Luft dort erfrischt mich, tut mir gut. Langes Palawer bis in die Nacht hinein.
Otto Gmelin: Die Gralsburg

13. 2. 1943
Spät stehen wir auf. Es ist fast warm draußen, leiser Regen fällt, manchmal geht dann ein höchst starker Wind. Nach Mittag mit dem Rad nach Lenggries. So verpassen wir Fr. und Emil, die mit dem Mittagszug kommen wollen. Über Wegscheid zur Hütte. Es ist kein Mensch zu sehen. Ich ärgere mich ja doch, bin auf dem Berg, ohne Ski. Es beginnt zu schneien. So begeben wir uns wohl oder übel auf den Heimweg, kurzer Besuch bei Maaßen. Gutes Essen, später lese ich ein wenig.

14. 2. 1943
Auch der Sonntag ist warm und föhnig. Gegen Mittag mit den Brettern zum Berg, der Schnee ist dünn und stumpf. Ich übe am Hang, liege aber oft im Schnee. Nach dem Essen schlafen wir sogar. Es ist sehr windig geworden, man sieht fast den Schnee wegschmelzen. Ein Spaziergang über die Wiesen, an die Isar. Vorbereitungen zum Aufbruch. Abends fahren wir in die Stadt zurück.

15. 2. 1943
Herrlicher Sonnenschein in der Stadt, aber so mußte es ja kommen. Ich bin im Ärger, nun wieder in der Stadt zu sitzen. Zum Fechten. Appell.
Anneliese ist nicht zurück, ich vermisse ihre Anwesenheit.
Mit Rias Besuch wurde es nichts.

Vorbemerkung zu den Briefen

Von den zahlreichen Briefen, die Willi Graf geschrieben hat, ist nur ein Teil erhalten geblieben. Die meisten seiner Freunde, mit denen er korrespondierte, waren Mitglieder ehemaliger Jugendbünde und mußten nach Willis Verhaftung mit Hausdurchsuchungen rechnen; daher haben sie die Schriftstücke, die möglicherweise als Belastungsmaterial dienen konnten, vernichtet. Kriegsereignisse und häufiger Wohnortwechsel taten ein übriges, so daß viele Briefe als endgültig verloren gelten müssen.

Die vorliegende Auswahl folgt zwei Kriterien: Zum einen soll sie zum besseren Verständnis der Persönlichkeit des Schreibenden beitragen, zum zweiten die Tagebucheintragungen ergänzen.

Von den bisher nachgewiesenen 176 Briefen wurden 49 in diesen Band aufgenommen: Meistens ungekürzt, manchmal nur auszugsweise. Auslassungen, durch [. . .] markiert, wollen nichts verschleiern, sondern sind – ähnlich wie die Auswahl – dadurch begründet, daß zu gleicher Zeit an verschiedene Personen geschriebene Briefe gleiche Themen und Gedanken zum Inhalt haben – Wiederholungen, die sich bei ungekürzter Wiedergabe also nicht hätten vermeiden lassen. Darüber hinaus wurde auf den Abdruck bloßer Grüße an dem Leser unbekannte und für Willi Grafs Leben nicht wichtige Personen sowie auf einige wenige Stellen verzichtet, durch deren Veröffentlichung die Privatsphäre Beteiligter verletzt worden wäre.

Die auf den folgenden Seiten publizierten Briefe stammen aus der Zeit der geistigen Vorbereitung auf den Widerstand, den Wochen der ›Weiße-Rose‹-Aktionen und der achtmonatigen Haft.

Die Briefe vor der Verhaftung sind unzensierte Äußerungen; trotzdem machte es die zunehmende Überwachung durch den NS-Staat nötig, politische und zeitkritische Äußerungen in Gleichnissen oder harmlosen Anspielungen zu tarnen. Auch Willi Graf bediente sich in seinen Schreiben dieser »Sklavensprache«. Das erklärt ihren zumeist chronikalischen Stil, ihre oft merkwürdige Kühle und distanzierte Sachlichkeit.

Die Briefe aus der Haft, ausgenommen die beiden letzten, die der Gefängnisgeistliche Heinrich Sperr aus Willi Grafs Zelle hinausschmuggeln konnte, unterlagen der Zensur. Willi Graf hatte die Möglichkeit, vierzehntägig auf vorgedruckten Formularen der Familie zu schreiben. Um den Duktus dieser letzten Äußerungen unangetastet zu lassen, werden die Briefe aus der Haftzeit, in denen die Gestapo nichts zu beanstanden fand, vollständig und ungekürzt wiedergegeben.

Briefe

2. 5. 1940–12. 10. 1943

An Gustel Sahm,
[Neuenbürg], 2. 5. 1940

Lieber Gustel,
es ist nun notwendig, daß ich Dir schreibe. Bisher in den neun Wochen, die ich hier im Schwarzwald bin, habe ich geschwiegen. Ich finde, es war notwendig, um mit dieser neuen Lage fertig zu werden. Ich mußte mich an dieses Alleinsein gewöhnen, es fällt mir manchmal sehr schwer. Nun aber ist dieser Zustand des Schweigens, der nur ein Weg sein sollte zu einem Beginn, endgültig zu Ende. Ich halte es nicht länger aus, ohne ein Zeichen von Dir, wie auch von Hermann und Fritz zu leben. Es bleibt zunächst nur die Möglichkeit des Briefeschreibens, weil ich wohl kaum einen längeren Urlaub erhalten werde. Deshalb muß auch dieser Weg gegangen werden, der wohl zu Anfang sehr beschwerlich ist.
Obwohl ich kein Zeichen geschickt habe, während diesen letzten Monaten habe ich doch sehr oft an Dich gedacht, an den letzten und vorletzten Abend, an welchem wir uns nur kurz gesehen haben. Wie ist es möglich, von daher zu beginnen und weiterzugehen?
Ich weiß, daß mein Tun nur dann einen Sinn bekommt, wenn es in Beziehung zu Deinem Leben und dem der Anderen steht. Es ist mit einem Briefverkehr nicht alles getan, um diesen Sinn zu finden. Aber es scheint mir ein notwendiges Mittel zu sein, denn wir sollen wissen, wie unser Leben sich abspielt, wenn es auch in dieser Situation schwer ist, ein persönliches Leben zu führen. Du und ich sind eingespannt in den täglichen Dienstplan des Heeres, welcher jedem unserer Tage seine Form gibt. Aber was neben diesem alltäglichen Leben geschieht und getan wird, das muß einer dem anderen mitteilen, damit jeder am Geschick des Anderen Anteil nehmen kann. Ein solcher Austausch ist schwer, aber ich finde, er müßte vollzogen werden. In diesen Wochen der Einsamkeit ist mir das ganz besonders bewußt geworden. Ich hätte nach München wohl Berichte über meine Lage schreiben können, aber ich vermochte noch nicht, von dem zu sprechen, was hinter diesem Tun liegt.
Es wird wohl auch in Zukunft so sein, daß ich einiges vom Ablauf meiner Tage aufschreibe, genau wie ich auch von Dir hören werde, was Du tun mußt. Aber ich will versuchen, Wesentliches zu sagen,

damit diese Zeit, in welcher jeder allein irgendwo steht, dazu führt, daß eine Zeit des gemeinsamen Lebens möglich wird.
Ich habe in diesen Sätzen nur angedeutet, was ich Dir anfangs sagen möchte. Nun erwarte ich auch von Dir ein Zeichen der Antwort. An einem der nächsten Abende werde ich Dir wiederum schreiben und Dir zunächst erzählen, wie es bei mir aussieht.
Ich grüße Dich –
Dein nurmi

An Günther Schmich,
[Frankreich], 11. 10. 1940

Lieber Günther,
seit Wildbad habe ich Dir kein Zeichen mehr geschickt. Ich bin nämlich in diesen vergangenen Wochen sehr viel gefahren und konnte nur immer für kurze Zeit an einem bestimmten Ort sein. Die Ungewißheit und die Hast ließen mich nicht zu persönlichen Arbeiten kommen, viel weniger zum Schreiben. Nur während des Aufenthaltes in München waren mir ein paar Tage vergönnt, an die ich jetzt noch oft zurückdenke. Weil ich in der Kaserne nicht viel zu tun hatte, saß ich sehr oft in Alis Bude und blätterte in meinen Büchern, die dort zum größten Teil stehen. Ich las mal wieder liebgewordene Abschnitte in bekannten Büchern, wiederholte alte Gedichte und glaubte nach acht Tagen, ich sei schon wieder lange Zeit in München, es war fast so, als sei ich nie weggewesen. Es war zu Anfang vom September, die Leute kamen gerade zum beginnenden Semester. Auch darüber freute ich mich sehr.
Ziemlich plötzlich wurde ich dann wieder versetzt und landete hier draußen an der Kanalküste Nordfrankreichs, nicht sehr weit von Calais.
So langsam wurde ich wieder seßhaft und finde wieder die Zeit, einen Gruß zu schreiben. Ich vermute wohl, daß Du nach Deinen Ferien wieder in Speyer gelandet bist.
Ich habe einen sehr schönen Platz gefunden, fast kann ich behaupten, daß er in jeder Beziehung ordentlich ist. Ziemlich selbständig versorge ich den sanitären Dienst einer Pionier-Einheit und wohne auch in einer herrlichen Gegend: Eine Villa mit einem kleinen Waldsee.

Den Tag kann ich mir einrichten, wie es mir gefällt, finde also reichliche Zeit zu Dingen, welche mich selbst angehen. Zufällig konnte ich mir »das Tagebuch eines Landpfarrers« von Bernanos auf französisch besorgen, das ich nun eifrig lese, um meine sprachlichen Kenntnisse zu erweitern. Vermutlich kennst Du es auch in der Übersetzung aus dem Hegner-Verlag. [...]
Wenn Du mal gelegentlich einen lesenswerten Aufsatz findest, schicke ihn doch bitte für einige Wochen zu mir heraus. Es kann schon sein, daß ich den ganzen Winter in dieser scheinbar ländlichen Stille verbringen werde.
Ich freue mich, wenn Du mir bald einmal schreibst.
Herzlich –
Dein nurmi

An Günther Schmich,
[Frankreich], 1. 12. 1940

Lieber Günther,
wohl auf Umwegen, aber immerhin erreichte mich Dein Gruß noch. Inzwischen wurde ich nämlich mal wieder zu einem anderen Verein versetzt. Zu Anfang November war ich auf dreieinhalb Tage in München. Kam dann nach Flandern, steckte dort leider nur vierzehn Tage. Der ganze Truppenteil zog weiter, und seit acht Tagen liege ich hier in Burgund, die Gegend ist an sich sehr hübsch. Die Zeit in Flandern war ganz außerordentlich. Fast jeden Abend war ich mit den Leuten, bei denen ich einquartiert lag, zusammen zum Plaudern und auf einen Schluck guten Weines. So lernte ich diese Flamen ein wenig verstehen, der Hausherr war im Parlament gewesen, kannte auch Deutschland ganz gut, genau so auch die anderen wesentlichen Länder Europas. Dort las ich auch mit einem der Kinder den Pallieter auf Flämisch, es machte mir viel Spaß. Unbekannte Sachen mußten auf Deutsch oder Französisch geklärt werden.
Bei diesem neuen Verein habe ich allerdings eine Menge Arbeit. Der Tag verläuft sehr unübersichtlich, oft kommt ein Anruf von einer entfernteren Einheit, dann geht es mit dem Auto los und dieser Zwischenfall, plötzliche Erkrankung oder Unglücksfall muß

beseitigt werden. Auf diese Weise kann ich mir eigentlich nicht oft etwas vornehmen und komme auch nicht viel zu persönlichen Arbeiten.

Es ist dies hier ein Artillerieverein, dessen Batterien in verschiedenen Orten ringsum einquartiert sind. Lesen möchte ich gerne eine ganze Menge, ich habe mir ein paar französische Bücher dazu gekauft (Verlaine, Gide), komme aber immer noch nicht in die richtige Weise der Lektüre hinein. Es war in den vergangen Wochen zu unruhig und zu sehr voller Hast. Ich aber habe nötig neben der Zeit auch die entsprechende Ruhe. Es ist leider so, augenblicklich lebe ich zu sehr in den Tag hinein, und das paßt mir nicht sehr.

Nach den »seidenen Schuhen« suche ich auch schon lange, habe sie aber noch nicht entdeckt. Gewöhnlich war ich in größeren Städten mit besseren Buchhandlungen immer nur kurze Zeit und hatte so keine Gelegenheit zum Stöbern. Interessieren Dich die Gedichte von Verlaine? Ich kann Dir diese besorgen.

Unter welchem Gesichtspunkt liest Du Jaspers Psychopathologie? Es ist ein toller Stoff in dem schmalen Buch zusammengetragen.

Dies wäre also auch ein kurzer Bericht. Du mußt schon damit zufrieden sein.

Herzlich –

Dein nurmi

An die Schwester Anneliese,
[Polen], 8. 5. 1941

Liebe Anneliese,

am späten Abend will ich Dir noch einen Brief schreiben, zugleich eine Antwort für Deine Zeilen aus München vom 1. Mai. Es sind schon fast zwei Monate vergangen, seit ich Dir persönlich geschrieben habe. Solange aber bist Du auch sicher in Ferien, will sagen Fabrikdienst gewesen, und wegen der mangelnden Zeit schrieb ich immer nur an die Familie zusammen, es fehlte auch an der richtigen Lust zu einem Brief. Vor mir liegt auch noch Dein Brief vom Ostermontag, für den ich jetzt auch (!) schon danke.

Du wohnst allerdings nicht in einer schönen Straße von München, aber es wird Dir andererseits passen, so nahe an der Uni zu liegen.

Zum Englischen Garten, dem Ziel manch freier Stunde vor allem jetzt im Frühjahr, ist es zum Glück nicht weit. Du wirst diesen Ort wohl sicher sehr bald liebgewinnen und Dich dort wohlfühlen. Dort kannst Du viele Stunden verbringen, die Dich nie gereuen werden. Weit kannst Du dort herumlaufen und empfindest dann nicht mehr, in einer Großstadt mit engen Straßen und erdrückenden Häuserfronten zu sein. Bestimmt, es ist eine herrliche Gegend dort, zu jeder Tageszeit, auch bei schlechtem Wetter wirst Du Freude dort erleben.

Ich aber sitze in diesem scheußlichen Osten und verbringe so meine Tage im allgemeinen Gewurschtel. Immer noch ist ein gutes Teil Winter hier, zum Beispiel heute am Morgen schneite es mal wieder. Quartierort ist ein kleines polnisches Dorf, schmutzig und verwahrlost. Die Gegend ist eintönig und langweilig, zum Teil wohl durch das schlechte Wetter und seine Nässe in seiner Stimmung verstärkt. Vermutlich wird es von hier auch noch weiter östlich gehen, wenn das Wetter besser und die Straßen getrocknet sind. Lieber wäre ich schon nach dem Süden, vor allem nach Griechenland gekommen. So aber wurden wir mit südlicher Erde gereizt, um dann sehr rasch von dort wieder wegzuziehen und gegen dieses blöde Land einzutauschen. Ich will nichts über meine persönliche Lage hier sagen, verhältnismäßig bin ich etwas selbständig gegenüber allen andern Leuten im Verein, aber so im Großen ist es doch recht mäßig für uns. Augenblicklich habe ich eine Menge zu tun, der Arzt ist in Urlaub, und das ist teilweise eine Mehrbelastung.

Die Post scheint nun wieder ein wenig zu klappen, denn heute erhielt ich einen Brief von Mutter, der am 4. V. geschrieben wurde. Aber vom April fehlt mir noch manches, wie ich an späteren Sachen festgestellt habe. Ob ich dieses Zeug noch mal wiedersehe? Genau weiß ich ja nicht, was wohl darunter ist.

Allmählich wirst Du Dich im Münchner Betrieb zurechtfinden. Ja die Immatrikulation ist dort ein Leidensweg, vor allem für den Anfänger. Sicher hast Du dort noch eine Menge Bekannter getroffen. Einer von uns hier, der mit mir im November zu dieser Truppe gekommen war, kann nun sein Medizin-Studium dort weitermachen, er hat einige Monate länger gedient als ich. Wie gerne wäre ich letzten Samstag mit ihm von hier aus losgefahren mit einer Fahrkarte nach München. So aber ist es ein Pech, ich sitze ein weiteres halbes Jahr

auf diesem Posten. Was kann ich aber machen? Andere Leute haben in dieser Beziehung mehr Glück, wenn man kaserniertes Studium als solches bezeichnen kann.
Ich glaube schon, daß Dir die Tage in Saarbrücken eigenartig vorkamen, daß Du vielleicht nicht das Gefühl hattest, daheim zu sein, an den Sorgen und Nöten einer Familie wieder beteiligt zu sein. Durch das selbständige Leben wird man in mancher Beziehung großzügiger und weitherziger, das tägliche Einerlei eines Haushalts kommt einem fremd vor. Es besteht die Gefahr bei jedem, daß man an diesen Dingen hängenbleibt und nicht mehr das Eigentliche sieht, was doch bei einem Elternhaus, auch im unmöglichsten, immer noch vorhanden ist. Ich möchte das vielleicht so ausdrücken, daß daheim doch etwas da ist, was es sonst an keinem Platz gibt. Darüber habe ich mir immer schon einige Gedanken gemacht. Ein Beispiel vielleicht, nur als äußerliches Symptom: Daheim kann man in jedes Zimmer gehen, an jeden Schrank gehen, um ihn zu öffnen, man kann einfach gewissermaßen rücksichtslos sein. Sonst aber hat man ein Zimmer, ist überall zu Gast und wird immer, es ist garnicht anders möglich, auch in den idealsten Fällen, als Fremder empfangen. Ich weiß nicht, ob Dir das in Deinen kurzen Studienmonaten auch schon in dem Maße auffiel. Es ist nur eines von vielen Zeichen. Das Wesentliche des Elternhauses, nämlich die Menschen dort, habe ich noch garnicht erwähnt. – Es dauert gewiß immer einige Zeit, bis man sich daheim wieder zurecht- und wohlfühlt. Damit will ich nicht behaupten, daß ich mich sosehr im Elternhaus zufrieden fühlte oder schon zu diesem höheren Grad all dieser Erkenntnisse vorgestoßen sei. Oft vielmehr im Gegenteil.
Übrigens in München mußt Du Obacht geben, daß Du in einer Wohnung keinen unliebsamen kleinen Mitbewohnern begegnest bezw. nähere Bekanntschaft oder »Fühlung«nahme bekommst. Gerade das Viertel um die Uni herum ist berüchtigt.
Das also wünsche ich Dir auf keinen Fall. Vielmehr viel Glück und manche Freude möge Dir begegnen.
Dein Willi

Gerhard und Anna Graf mit ihren Kindern, Mathilde, Willi und Anneliese. 1938

An Marita Herfeldt,
[Polen], 21. 5. 1941

Liebe Marita,
es ist nun einmal so, daß ich nur selten zum Schreiben komme. Wenn ich oft auch tagsüber etwas freie Zeit habe, so genügt mir eine solche Stunde doch nicht zum Briefschreiben. Erst am Abend werde ich bereit zu einem solchen Versuch, denn ein ungewisses Beginnen ist es zur Zeit immer wieder. Der Abend wird immer unterteilt, sodaß eine stetige Vorbereitung fehlt. Seit wir hier gewissermaßen in festen Quartieren liegen, muß ich als Offiziersanwärter im Kasino essen, und das dauert immer so sehr lange. Das Niveau dieses Kreises kannst Du Dir vielleicht vorstellen. Jedenfalls ist diese Teilnahme eine äußerst zeitraubende Angelegenheit, und ich sehne mich doch nach einiger Ruhe, die ich mir selbst ordnen kann. Erst spät am Abend habe ich dann etwas Freiheit in meinem Quartier, oft aber geschieht auch jetzt noch irgend etwas Unverhofftes, das einige Zeit in Anspruch nimmt: Entweder wird plötzlich jemand krank oder ein anderer fragt dies und das an.
So erzähle ich – gewissermaßen als Einleitung – von dem Rahmen, in welchem dieser Alltag verläuft, den ich lebe. Man könnte dies alles streichen, denn zu einem Brief gehört es eben nicht. Vielleicht verdeutlicht es aber, unter welch oft ungünstigen Verhältnissen hier das entstehen soll, was unser – in diesem Fall mein eigenes – Leben ausmacht. In privaten Verhältnissen kann man sich das nicht vorstellen, denn es ist etwas vollkommen anderes. Zu jeder Stunde eigener Arbeit gehört sehr viel Mühe und Anstrengung, und Du siehst diese Lage sehr richtig. Natürlich ist fraglich, ob für jeden diese Anstrengung in ähnlichem Maße besteht, die Umgebung spielt auch eine nicht unwichtige Rolle. Für mich jedenfalls ist es vor allem auch deshalb schwierig, weil ich auf mich allein angewiesen bin, der ich früher sehr viel in Gemeinschaft mit Gleichgesinnten getan habe. Die Frage, ob dies alles günstig oder ungünstig für jemand sei, läßt sich überhaupt nicht beantworten. Die Zeit wird wohl die Antwort bringen, aber auch schon die Entscheidung und das Schicksal, welches in der dann vergangenen Zeit geworden ist. Darüber kann man noch viel sagen, aber es hat doch wenig Sinn. Ich finde, es wird sich Dir manches zeigen, wenn Du mit einigen Leuten in Briefverbindung

stehst, die zur Zeit beim Kommiß stecken. Vor allem kannst Du da viele Dinge miteinander vergleichen. [...]
Ob ich dieses unbewegliche Leben in dem polnischen Dorf noch lange führen darf, ist völlig ungewiß. Fast glaube ich, daß wir uns bald wieder verändern. Dann sind alle Ansätze zur Arbeit auch wieder zerstört, weil man während der Fahrt auf den Straßen so eine riesige Freude hat, wenn einem ruhige Minuten zum Lesen oder Schauen geschenkt werden. Ein solcher Wechsel ist für mich immer sehr radikal, nur schwer kann ich mich jedes Mal damit abfinden.
[...] Ich weiß nicht, ob ich Dir nochmals schreiben kann, ich meine das für die nächsten Wochen der Veränderung und der Unruhe. Doch ich will es versuchen.
Herzliche Grüße
von nurmi

An Marita Herfeldt,
[Polen], 12. 6. 1941

Liebe Marita,
Du kannst Dir wohl kaum vorstellen, welche Schwierigkeit das Briefe-Schreiben auf sich hat. Womit das wohl zusammenhängt, kann ich mir nicht ganz erklären. Viele Begleitumstände tragen sicher neben mir selbst die Schuld daran. Sonst aber fand sich doch schon häufig eine glückliche Stunde zu einem Schrieb, auch zu eigener Schreiberei, seit einigen Wochen, etwa seit ich zum zweiten Mal in den Osten verschlagen wurde, wird im Anfang diese Tätigkeit zunächst zu einem Zwang. Vielleicht ist das immer so, wenn ein Einsatz, diesmal tatsächlich in Ungewisses hinein, vor der Türe steht. Diese Wochen zuletzt vergingen und vergehen in einem tollen Wirbel, in dem man sich manchmal nur schwer zurechtfindet. Dazu kommt noch der Quartierwechsel, einige Zeit liegt man hier, wenige Tage hält man sich dort auf, aber nirgendwo fühlt man sich wohl. Der Osten ist wohl auch eine hemmende Gegend, die Landschaft erstickt alle Produktivität.
Das soll nun nicht heißen, daß ich mich hinter diesen Ausflüchten verkriechen will. Vielmehr sind es Gedanken, die ich selbst über diese Situation habe. Ob sie zutreffen, weiß ich nicht. Schließlich

trägt die Spannung auch manches bei, in welcher jeder hier steht, sicher viel stärker als etwa im Südwesten.
Sehr viel Elend muß man hier anschauen, weil überall etwas davon zu finden ist. Gerade in Warschau stößt man bei jeder Gelegenheit darauf. Es ist eigentlich unvorstellbar, daß es dies gibt. Ich hätte mir das nie gedacht, einfach nicht denken können.
Unter diesem Himmel muß ich leben, und die Mühe kommt fast jeden Tag neu. Sicher, der Himmel und das Land mit der Sonne darüber ist manchmal außerordentlich reizvoll. Hast Du schon mal einen ganzen Birkenwald gesehen, der irgendwo in den Wiesenniederungen emporwächst, vielleicht liegt in der Nähe noch ein kleiner Teich, in welchem sich die Sonne am herrlich blauen Himmel mit ziehenden Wolken spiegelt? Und diese Farben alle noch in einem solch satten Grün, wie es wohl nur im Mai zu sehen ist. Bei uns sieht man die Birken höchstens in kleinen Gruppen oder nur als Säumung eines Weges, hier aber in dieser großen Anzahl, es ist sehr schön. Auch sind die Stunden an einem See nicht zu vergessen, wenn man schwimmen und in der Sonne liegen kann.
Doch es sind nur wenig Reize, außer daß vielleicht das Frühjahr überall, auch im ärmsten Lande, eine Herrlichkeit hervorrufen kann. Wenn ich aber etwa einen Frühling am Rhein damit vergleichen sollte. Überhaupt darf man hier nicht solche Vergleiche mit bekannten und gar gewohnten Dingen ziehen. Das ist ganz ohne Sinn.
Für die Pfingstkarte aus Bonn danke ich sehr und ich bitte Dich, meinen Dank allen Schreibern zu sagen, vor allem im Hause Renoldi. Es ist doch wohl so, daß ich nicht sosehr bei einem Zusammensein Euch fehle, sondern daß ich diese Umgebung vermissen muß, die zu manchen Dingen Anregung sein kann. So war das auch in einem meiner letzten Briefe gemeint, als ich schrieb, ich lebe nur zum Teil unter dieser Sonne und zum anderen eben unter der Sonne einer vertrauten Umwelt. Deshalb laufe ich hier bestimmt nicht mit geschlossenen Augen herum und versuche zu träumen, das kann ich wirklich nicht. Ob in diesen Verhältnissen wirklich Pläne geboren werden, die später einmal zum Auswachsen kommen? Manches wird sich bestimmt ändern.
Auf besagter Karte wird mir ein Brief von Dir angekündigt. Bisher traf er jedoch noch nicht ein, augenblicklich klappt die Postverbin-

dung nur sehr mäßig. Seit Tagen erhalten wir überhaupt nichts, weil irgendwo die Postsäcke liegen bleiben. Ich sagte ja schon früher, daß hier bei uns die Welt zu Ende sein muß, so trostlos kommt einem oft manches vor. Dabei fängt aber hier auch eine neue Welt an, die ich mir aber noch nicht im geringsten vorstellen kann. Das Bild, welches man sich bisher davon machte, stimmte so garnicht damit überein. Vielleicht hältst Du das nicht für möglich und hast eine ganz andere Vorstellung davon. Ich möchte fast wünschen, daß Du für einige Zeit diese Gegend anschauen könntest.
Was hast Du in den sogenannten Pfingstferien getan? Eigentlich ist dies eine zu dumme Frage, denn im Rheinland wird die Antwort doch schon fast von selbst gegeben. Habt Ihr das Rheinschwimmen schon eröffnet. In diesem Jahr begann ich die Saison in der Weichsel, die auch ein recht beachtliches Wasser ist.
Nur ein vernünftiges Buch las ich in diesen Wochen. Ich weiß nicht, ob Dir Isabel Hamer mit ihrer »Perdita« aus dem Rainer Wunderlich-Verlag bekannt ist. Gerade an den Pfingsttagen las ich darin, es war sehr ordentlich, etwa zu vergleichen mit einigen Sachen von Isolde Kurz, nur eben in die Verhältnisse Deutschland–England verlegt. Manch gute Schilderungen waren in dem Roman zu finden. Bedauerlich, daß ich nicht zu häufiger Lektüre komme, aber darüber habe ich mich schon früher beklagt. Du siehst, daß sich nur wenig bei uns ändert außer den Quartierorten. Was macht doch diese Arbeit über Wiechert, die von dem Dr. bei Bouvier herauskommen soll?
Ich wünsche Dir schöne Tage am Rhein.
Herzliche Grüße
von nurmi

An die Schwester Anneliese,
[Polen], 15. 6. 1941

Liebe Anneliese,
allmählich wird es mal Zeit, daß ich wieder längere Zeit mit Dir zusammensein könnte, denn es gäbe da manches zu sagen. Diesen Eindruck empfing ich beim Lesen Deines Briefes, der heute bei mir eintraf. Aber zunächst kann das ja noch nicht sein, obwohl es doch

wichtig wäre. Du sagst es selbst, in dieser Art habest Du mir noch nicht geschrieben, und ich glaube, daß ich Deine Sätze richtig aufnehme und keineswegs mißverstehe oder gar uninteressant finde. Was soll ich Dir auf alle Dinge entgegnen, weil zunächst nur die briefliche Verbindung möglich ist, ich aber in der Hast dieser Verhältnisse nicht so in Ruhe und mit Vorbereitung an Dich schreiben kann, wie es diesmal notwendig wäre. Du mußt also auf jeden Fall das Besondere meiner Lage werten, eben meine Situation hier im Osten, in ständiger Bewegung und ungeordneter Tage. Das soll wieder keine Entschuldigung sein, denn schließlich könnte ich das Schreiben auch lassen oder zumindest verschieben.

Ich nehme aber die Mühe auf mich und will versuchen zu antworten, Du solltest auch wissen, daß ich Dich verstehe und vor allem Deine Anstrengung achte. Davon kann ich allerdings in einem Brief noch nichts schreiben, was vielleicht das Grundsätzliche ist. Man muß dies wirklich für später aufheben. Eines glaube ich zunächst, daß Du ein wenig zu übertreiben drohst. Wie kann ich zum Beispiel verstehen, daß Dir so ganz allmählich sämtlicher Idealismus genommen wird. Ein wenig später sagst Du gleich, Du wolltest Dich nun immer mehr auf Deine eigene sehr kleine Welt verlassen, die Du um Dich aufgebaut habest. Siehst Du, dies ist doch das Eigentliche, was allem Tun noch seinen Sinn und Wert gibt, daß es noch Menschen gibt, mit denen man zusammenleben kann, weil sie gleiche Anschauungen haben. Das Allgemeine, das Niveau oder die Kulissen rundumher sind doch letzten Endes ganz gleichgültig, sie zählen garnichts in der Höhe, wo man zu leben sich Mühe gibt. Solange Du noch Menschen findest, mit denen Du zusammensein kannst, geht doch Dein Idealismus nicht verloren, er wird vielmehr nur gestärkt und gesichert. Vielleicht war es früher so, daß Du zusehr in dieser Allgemeinheit gesteckt hast und so versäumen mußtest, was erst das Eigentliche ausmacht. Nun bist Du auf guten Wegen und mußt nur auf dieser Mühe weiterbauen. Wenn Du schon selbst sagst, »Du habest Dich grundlegend gewandelt« [...] Klar ist, daß durch die völlige Änderung des Lebensstils vieles ganz anders aussieht. Deswegen wäre ich ja auch gerne wieder mit Dir zusammen.

So ganz sehe ich wieder nicht ein, weshalb eine Zeit wie die Heidelberger in ähnlichem Maße nicht wiederkommen kann, abgesehen davon, daß ja etwas Vergangenes in genau gleicher Art nie zurückkommen wird. Du mußt zunächst etwas Abstand von diesen Monaten bekommen, dann sieht sich vieles ganz anders an. Schließlich weiß ich auch nicht, mit welchen Bindungen Du in Heidelberg gestanden bist, darauf käme es auch noch an. Aus diesem Grunde kann ich nichts ganz Bestimmtes zu dieser Vergangenheit sagen, weil Du mir ja keine Bekenntnisse zu machen brauchst. Es scheint mir, als ob Du zu sehr Schwarz-Weiß siehst, dort alles und hier nichts. Auf die Distanz kommt es an, oder hast Du Dich damals schon sosehr ausgegeben, daß heute gar keine Reserven mehr vorhanden sind, von denen Du schöpfen könntest, um ein Zusammenleben mit neuen Menschen ermöglichen zu können. Ich will es nochmals sagen, ich kann Dich sehr gut verstehen und sage auch bestimmt nichts aus der Freude am Kritisieren heraus. (Diese Bemerkung steht nur da, um ein Mißverständnis, das eventuell auftauchen könnte, gleich zu Anfang zu beseitigen.) Ich will Dich auch nicht an die Aufgaben mit drohendem Zeigefinger erinnern, die durch Deine Erziehung und Herkunft einfach existieren, weil ich dazu wiederum kein Recht habe. [. . .]

Wir sprachen schon davon, damals in Saarbrücken, und ich sagte, daß Du von jeder schillernden Anschauung begeistert seist und dann nur schlecht unterscheiden könntest. Gerade aber die Unterscheidung verschiedener Richtungen ist wichtig. Es soll nun wieder nicht bedeuten, ich maße mir an, den einzig richtigen Weg gehen zu können, aber ich verstehe wenigstens es zu entdecken, obwohl es wirklich nicht leicht ist. Gerade das Christ-Werden ist vielleicht das allerschwerste, denn wir sind es nie und können es höchstens beim Tode ein wenig sein.

Laß Dich bei solchen Problemen nie nur von Gefühlen leiten, es wäre zu schade um Dich. Jeder sieht manchmal keinen Ausweg und jede Lösung scheint unmöglich. Das wird immer so sein, und nur bei ganz weitblickenden Menschen teilweise klarer werden. Nun aber sind wir jung und können deshalb froh sein. Ich möchte Dir gerne ein wenig helfen, denn es ist oft so, daß man einem anderen Menschen einen Ausweg zeigen kann, wenn man selbst auch ganz tief in der Klemme sitzt. Schaue Dich überall um, damit Du eine Erfahrung bekommst und so die Unterschiede erkennst.

Es ist ganz gut, wenn man ab und zu mal die Fassung verliert, denn

dadurch klärt sich wieder manches. Schließlich muß man auch eine Fassung haben, eine gewisse Lebensform, wenn man sie schon verlieren kann.
Auch der Ton Deines Briefes ist ein anderer geworden. Ich sehe aus manchen Worten, daß Du einen ähnlichen Weg wie ich gehen wirst. So kannst Du manches bei mir auch verstehen. Es ist sehr seltsam, findest Du nicht auch?
Ich grüße Dich herzlich und wünsche Dir ein wenig Ruhe, die Du so sehr suchst.
Dein Willi

An Marita Herfeldt,
[Rußland], 29. 6. 1941

Liebe Marita,
inmitten des Trubels eines großen Vormarsches schreibe ich Dir einen Gruß während einer der karg bemessenen freien Stunden, die nur ab und zu in diesen Tagen und Wochen gegeben sind. Dein Brief vom 5. VI. erreichte mich noch in einem verhältnismäßig ruhigen Quartier. Quartier auch deshalb, weil es die letzte feste Behausung war, wo wir wohnten. Seit etwa drei Wochen liegen wir nun meistens in Zelten, fast an jedem Abend irgendwo anders in den weiten Wäldern des Ostens.
Nun sind wir schon im alten Rußland, in Weißrußland also. Bedauerlich ist, daß meine Kenntnisse in der russischen Sprache nicht über das primitive Lesen hinauskommen, manchmal wäre es schon sehr praktisch. Für Dich könnte es wahrscheinlich noch viel praktischer sein. Neugierig bin ich schon auf Rußland. Bis zum letzten Tag wollte ich nicht glauben, daß wir dorthin auf diese Weise kämen. In der Frühe des vergangenen Sonntag wurde es dann doch Tatsache. Der Marsch in den Osten geht sehr rasch vorwärts, fast kann man es sich gar nicht richtig vorstellen. Du wirst ja selbst neugierig sein, wie es kommen wird.
Die Weite des östlichen Landes unterscheidet sich seit Polen und schon mit Polen fast überhaupt nicht. In dieser Gegend wohnen nur wenige Leute, bisher kamen wir selbst fast nur an kleinen Orten auf den schlechten Straßen vorbei. Von Rußland merkt man nichts,

vielleicht haben wir uns auch ganz andere Vorstellungen davon gemacht.
Der Sommer ist drückend heiß. Kaum kann ein Gewitter ein wenig Frische und Kühlung bringen. Auch die Nächte bleiben warm mit zum Glück etwas frischen Winden.
Was werden die nächsten Wochen für mich hier bringen? Sicher eine große Menge Staub und viel Sonne und Hitze. Froh bin ich, wenn wir aus den Sumpfgebieten heraus sind. Bisher gab es hier bei meinem Verein wenig durch den Krieg bedingte Arbeit. Einzigste Gefahr war und ist der Abwurf feindlicher Bomben, wie er ja auch vielleicht noch gelegentlich zu erwarten ist. Aber davon werdet auch Ihr daheim etwas zu spüren haben.
Nimm diesen Schrieb als Zeichen meines Gedenkens. Grüße alle in Bonn von mir.
Ich wünsche Dir alles Gute.
nurmi

An Günther Schmich,
[Rußland], 24. 7. 1941

Lieber Günther,
aus diesem unheimlich großen, bisher unvorstellbaren Land schreibe ich Dir nach langen Wochen einen Gruß. Durch die Postsperre und die unregelmäßige Postzustellung habe ich nur ganz selten in den vergangenen Wochen Post empfangen und bin so ohne Nachricht. Ich weiß daher auch nicht, ob Du noch in Speyer sitzest oder vielleicht irgendwo untergekommen bist. Aber das wird sich ja zeigen.
Bis zur letzten Stunde wollte ich noch nicht an diesen Krieg glauben, obwohl hier im Osten doch alle Zeichen es sichtbar machten, erst beim ersten Schuß in der Frühe des 22. VI. lagen dann die Dinge klar. Es begann ein Krieg, für den ich keine Vergleiche habe, dazu eben in diesem Land, das uns doch immer ein Rätsel geblieben.
Und nun sitze ich schon einige Hundert Kilometer weiter in Rußland, manche Flüsse sind überquert und vieles hat sich zugetragen. Sonne, Staub und Stechmücken wurden oft zur Qual, denn ihre Ausmaße sind schon nichts mehr für unsere Bedürfnisse.

Mancher von uns wird ebenfalls an dieser Front stehen, doch es ist schade, daß man von niemand etwas hört, weil eben die Post uns nicht erreicht. So leicht wird man auch keinem begegnen, denn die Größenordnung läßt so etwas schon nicht mehr zu.
Die Tage verlaufen sehr rasch, obwohl Tag und Nacht sich vermischen und zu mancher Zeit nur wenig an Schlaf zu denken ist. Man lebt das Leben aller anderen Menschen und spürt den gleichen Pulsschlag, weil man immer mit ihnen zusammen ist. So wird es wohl noch einige Zeit weitergehen, denn ein Ende ist sicher noch nicht abzusehen, obwohl dieses ganze augenblickliche Geschehen ohne jeden Vergleich mit anderen Dingen abläuft. Arbeit für mich gibt es zuweilen, denn auch die andere Armee versteht zu kämpfen.
Ganz selten lese ich etwas, und dann sind es Hölderlin-Gedichte oder kurze Schriebe von Guardini. Dann steht unversehens wieder ein anderes Leben vor mir, das ich schon lange vermissen muß. Wann wird es wieder einmal Tatsache sein?
Ich grüße Dich herzlich und wünsche, daß Dich mein Gruß noch am Guidostiftsplatz antrifft.
Dein nurmi

An Marita Herfeldt,
[Rußland], 10. 8. 1941

Liebe Marita,
erstaunlich rasch habe ich Deinen Brief vom 29. VII. in Händen. Es ist erfreulich, daß nun die Postverbindung ohne Unterbrechung hergestellt ist, obwohl doch die räumliche Entfernung eine immer größere wird. Gerade aber der Postverkehr bedeutet hier draußen schon viel. Fast hat es garnichts Besonderes mehr auf sich, daß ich gestern am späten Nachmittag Deinen Brief las, während nur wenig von unserem Lagerplatz entfernt die Maschinengewehre knatterten und der Himmel von den Feuerscheinen brennender Dörfer und vielleicht auch Wälder grellrot beleuchtet wurde. In diesen langen Wochen seit 22. Juni mußte man sich unbemerkt an diese täglichen Erscheinungen gewöhnen, obwohl ich doch immer wieder an das Fremdartige dabei erinnert werde. Zwischen allen Soldaten und im ständigen Umgang

mit diesen Kameraden gewöhnt man sich daran, das ist einfach so. Vielleicht ist es oft gut, denn dadurch empfindet man bei der Begegnung mit allem Grauenhaften nicht soviel Abscheu wie es sonst doch ganz bestimmt wäre.

Man lebt sehr schnell hier draußen, und sehr oft vergehen auch die langen Stunden durchwachter oder auf dem Marsch verbrachter Nächte ziemlich rasch. Wenn man sich vorstellt, was in solch langer Zeit, etwa seit Anfang Juni hätte gearbeitet werden können, so muß man immer wieder den Kopf schütteln. Gerade in diesen Tagen schrieb mir nämlich ein Kamerad, der Medizinstudent ist und zu Anfang Mai von dieser Einheit zum Studium kommandiert wurde, daß er inzwischen seine Doktorarbeit angefangen und schon fertiggestellt habe, dazu aber auch noch Vorlesungen und Praktika erledigt hat und auch keineswegs die Lektüre der so lang vermißten schönen Künste versäumt hat. Aber diese Überlegungen liegen im Augenblick wohl zu sehr abseits, als daß man daran festhalten sollte. Schließlich ist es ja auch wieder so, daß die Arbeit der Stunde und des Tages diese und ähnliche Gedanken verdrängen. Sicher aber ist, daß durch diese schnell verlebte Zeit – wenigstens scheint es mir manchmal so – oft dem Schrecken ein guter Teil des Schrecklichen genommen wird, weil man oft garnicht so stark reflektiert wie es sonst wohl wäre. Was allerdings nachher, später bleibt, ist nicht geklärt. Dafür aber hat man ja auch später bessere Möglichkeiten, um sich einen Ausgleich zu verschaffen.

Es ist nun wieder nicht so, daß man ohne Nachdenken in den Tag hineinlebt. Vor allem sind es die ersten Abendstunden oder auch die wachen Stunden der Nächte, die einem viel Zeit zu Überlegungen geben. Schon abends um acht Uhr ist es hier dunkel, sodaß man auch nicht mehr lesen kann, und so nur sich und seinen Gedanken überlassen bleibt.

Nur selten mal findet sich die Gelegenheit zu einem Gespräch, denn die Wenigsten haben hier eine Bereitschaft oder das Vermögen dazu. Dann kann man also allein einen Gedanken hernehmen und in seinen Gegebenheiten und Möglichkeiten weiterführen. Es ist so, daß man aus so weiter Entfernung eine Distanz zu den Dingen bekommt, die gut und schlecht zugleich sein kann. Eigen ist solchen Überlegungen die Leichtigkeit eines Seiltänzers, der über die Klüfte hinwegsteigen kann, ohne an ihren Schwierigkeiten hängen zu bleiben oder Schaden an ihnen zu nehmen. Die Gefahr also, zu Phantastereien zu gelangen ist groß, aber manchmal auch so wunderbar schön. In diesen Zeiten, da man ein anderes Leben führen muß, werden sicher viele tolle Pläne geboren, ob aber alle lebensfähig und zum Wachsen bestimmt sind, kann kein Mensch vorhersagen. Vielleicht aber sind diese Art Pläne auch wieder ein guter Teil Fluchtversuche vor dem täglichen Einer- und Allerlei. Es wird sich das erst zeigen nach all diesen Ereignissen.

Das Semester ist wieder zu Ende, und Du freust Dich über die ruhigen Wochen daheim. Wenn die Geschütze damals nicht so laut gedonnert hätten, müßte ich schon das feine Klingen der Gläser am Abend des Semesterendes gehört haben. Ich weiß nicht mehr, ob gerade an diesem Tag meine Gedanken bei Euch in Bonn waren. Ich danke jedenfalls für Euer Gedenken und begleite meine Gedanken mit allen guten Wünschen. Ob ich falsche Überlegungen anstelle, wird sich mir schon zeigen, wenn ich wieder in Eurem Kreise sein darf und in gleicher Weise leben kann. Jedenfalls ziehe ich keine falschen Schlüsse, das kann ich sicher behaupten.

Inzwischen wirst Du wohl meinen Brief vom 25. VII. erhalten haben. Seitdem sind schon wieder viele Tage vergangen, die besonders hier manche Veränderung brachten. Nun ist auch die russische Landschaft bewegter und dadurch bunter und abwechslungsreich. Bestimmt, an manchen Stellen ist es sogar schön. Heute, am Sonntag, liegen wir am Rande eines herrlichen Kiefernwaldes, die Erde duftet nach geschnittenem Heu und Korn, die Sonne wärmt wieder ordentlich die schon leicht durchgefrorenen Knochen der letzten kühlen Tage und Nächte.

Schreibe mir doch bitte rasch, wo Hein jetzt steckt, d. h. während der Ferien. Daheim ist er doch bestimmt nicht. Was tut sich sonst in Bonn?

Eigentlich kann ich Dir auch sagen, daß es mir wohlgeht. Es ist nicht so schlimm, wie Du es vielleicht meinst. Trotzdem aber macht sich meine Mutter die größten Sorgen, kein Wort der Aufklärung und Beruhigung hilft da noch.

Nimm meine herzlichen Grüße und Wünsche entgegen von nurmi.

An Marita Herfeldt,
[Rußland], 14. 11. 1941

Liebe Marita,
wenn ich nachdenke, so muß ich leider feststellen, daß ich lange nicht mehr geschrieben habe. Da wir nun in den Hütten der Einwohner liegen, draußen schon eine unbeschreibliche Kälte herrscht, scheint es manchmal, als sei der Krieg ein wenig eingefroren. Seit vierzehn Tagen liegen wir in einem Dorf auf der Straße nach Moskau, die Abende beginnen fast um 15 Uhr, allmählich findet man in der warmen Stube etwas Zeit zum Lesen oder Briefeschreiben, wenn auch nur bei schlechter Beleuchtung. Doch wird sicher in diesem Jahr noch manches kriegerische Ereignis sich abspielen, so hoffen wir wenigstens. Ob wir wohl noch den ganzen langen Winter in diesen Gegenden verbringen müssen? Diese Frage interessiert uns Alle, denn davon hängt doch manches für uns ab. Ich weiß nicht, was Du Dir gedacht hast, da ich solch lange Zeit nichts oder so wenig von mir hören ließ. Nun ja, die vergangenen Wochen waren schon recht bewegt, man mußte sich zudem auf den Winter einstellen, und das war nicht ganz einfach.
Für Deine Briefe danke ich Dir. Habe ich schon geschrieben, daß ich die Briefe vom 9. VIII., 21. VIII., 2. IX., dazu die Tagebuchblätter von Walter Bauer erhalten habe? Große Freude empfand ich schon bei der Lektüre dieser Aufzeichnungen, in der vergangenen Woche bin ich gerade zu Ende gekommen. Ich kann vielleicht verstehen, daß Dir diese Art des Schreibens nicht sehr zugesprochen hat, für mich aber waren diese Schilderungen doch schon etwas wert: Man denkt an ganz ähnliche Situationen, die man in diesem Krieg auf Kreuz- und Querfahrten erlebt hat, und wo man das Fremde eines Landes mit solchen Augen sah. Das wichtige Merkmal ist also das Verwandte des eigenen Lebens, und gerade bei Walter Bauer spürt man ganz leise in manchen Zeilen die Ähnlichkeit der Herkunft, und das bedeutet einem schon viel unter diesen (russischen) Verhältnissen.
Man wird allerdings sehr anspruchslos in diesem Land. Du kannst es Dir sicher kaum vorstellen, in welchem Maße man abhängig wird von den einfachen Dingen eines jeden Tages. Diese kleinen Notwendigkeiten nehmen aber auch eine ganze Menge Zeit in Anspruch. Wenn wir in einem Quartier eintreffen, so gilt die erste Sorge einem war-

men Platz, wo die eingefrorenen Körper etwas Wärme finden. Bis vor wenigen Wochen suchte man sich einem Unterschlupf vor der Nässe, denn es regnete tage- und wochenlang ununterbrochen. Straßen und Wege waren ein einziger Morast, bis zu den Knien sank jeder Mensch ein, Schmutz klebte an allen Ecken und Enden. Als zweites kümmert ein jeder sich um irgendetwas Eßbares, denn in diesen Zeiten hat man überall und immer einen mächtigen Hunger, das geht eigentlich jedem so. Überall, wo man Soldaten sieht, findet man sie auf der Suche nach diesen schmackhaften Sachen, die zusätzlich zur allgemeinen Verpflegung kommen. Wichtig ist natürlich auch, immer wieder einen günstigen Platz zum Waschen und Reinigen zu fingen, man käme sonst um in diesem Lande erschütternder Zustände. Manchmal auch muß man etwas freie Zeit seinen Kleidungsstücken widmen, denn diese Dinge sind wichtige Jagdgründe geworden, wo man manchen unangenehmen Plagegeist zur Strecke bringen kann, um dann wieder etwas Ruhe zu haben. Nebenbei habe ich auch noch eine spezielle Arbeit, denn Kranke gibt es genug, die Beobachtung und Pflege gebrauchen.

So vergeht der Tag schnell und unversehens. Überhaupt finde ich, daß die Zeit nie so schnellebig wie in diesen Monaten ist und war. Manche Erlebnisse liegen noch so nah in der Vergangenheit, zum Beispiel der Tag, an dem ein guter Kamerad gefallen ist, oder wann ein feindlicher Artillerieüberfall erfolgte und so vieles Andere, was eben zum Krieg und seinen Verhältnissen gehört. In jüngster Erinnerung liegen aber auch die Tage der Postempfänge, die ja hier immer kleine Festtage sind. Nur selten aber gelingt es einmal, sein eigenes Leben zu leben (eben das, was Walter Bauer in seinen Blättern aufgezeichnet hat), denn es ist oft so leicht, das Leben und Tun aller anderen zu führen. Das kommt sicher daher, weil man immer auf engem Raum mit anderen sitzt und steht. Bestimmt, das ist oft wirklich gut und kann über viele Sorgen hinweghelfen, aber man gewöhnt sich zu sehr daran, aus dem Trott kann man sich nur schwer lösen. Oft ist dieses Bewußtsein des Aufeinander-Angewiesenseins und des gegenseitigen Auskommens wirklich ganz prima, doch gelegentlich bedrückt es einen doch. Schließlich sind wir gerade von früheren Zeiten mit Kameradschaft etwas stark verwöhnt, weil wir immer in dieser Beziehung sehr anspruchsvoll waren. Doch damit läßt sich das Verhältnis hier im Kriege nun garnicht vergleichen.

Kannst Du Dir vorstellen, daß ich hier einen Sommer und Herbst verlebt habe, ohne Blumen angeschaut oder den Duft von ihnen verspürt zu haben? Diese Tatsache kam mir einmal vor Wochen zu Bewußtsein, immer noch kann ich das nicht richtig begreifen. Wohl sah ich auf den weiten Wiesen und in den unendlichen Wäldern schöne, weitausgezogene Wiesen mit wenigen unscheinbaren Blüten. Eine Zeitlang haben wir, der Arzt und ich, Erkundungszüge nach allen möglichen Heilpflanzen unternommen, die ganz nette Ergebnisse hatten. Doch das Erlebnis einer Blume, eine unbeschreibliche Freude bei ihrem Anblick blieb mir in diesem zweiten Teil des Jahres versagt. Diese Betrachtung liegt vielleicht ganz abseits und verdient keine Beachtung in dem Ablauf erschütternder Schauspiele von unbarmherziger Wucht und großer Härte. Doch ich finde, es ist auch bezeichnend, ein wenig Symbol für diese Wirklichkeit, die ich in diesem Jahr erlebt habe, ganz im Gegensatz zu dem vergangen Jahr, in dem ich gerade in dieser Beziehung äußerst reich beschenkt worden bin. Aber das liegt nun allerdings sehr, sehr weit zurück. –

Wenn dieser Schrieb bei Dir eintreffen wird, so hat wohl das Wintersemester schon wieder begonnen, die ganzen langen Ferien sind zu Ende gegangen, und sicher bist Du auch wieder in Bonn. Ob Du nun doch manchen Abschluß in Dein Arbeiten gebracht hast, wie Du es so gut vorhattest? In Deinen Briefen bewundere ich Deine schönen Pläne, die nur so nach der Ausführung schrien und sicher manchen Erfolg verheißen mochten. Hoffentlich ist Dir manches gelungen, damit im kommenden Winter mehr Zeit für andere Dinge übrigbleibt. Der Winter ist letzten Endes doch die eigentlich schöpferische Zeit, oder vielmehr auch der Herbst, den Du so gerne magst. Man ist in dieser Jahreszeit eben ein wenig häuslicher, ich merke das sogar hier in Rußland, denn allmählich finde ich schon wieder den Übergang zum Briefeschreiben, auch lese ich ab und zu in einem medizinischen Lehrbuch, das will im Kriege schon einiges heißen, so glaube ich wenigstens.

Neugierig bin ich schon, wer sich in Bonn eingefunden hat. Herrgott, wann darf ich auch mal wieder dort sein! Erzähle doch bitte einmal, wie es aussieht bei Euch. Wäre der Einsatz hier im Osten rascher zu Ende gegangen, so hätte ich sicher mit Studienurlaub gerechnet, so aber ist wohl nichts zu erhoffen, was zwar bedauerlich, aber nicht abzuändern ist. Doch auch das kommt einmal wieder. Fast steht

schon Weihnachten vor der Tür, wenn Du den Brief liest. (Es ist komisch, daß ich mich beim Schreiben immer etwas auf die kommende Zeit einstellen kann, genauso wie ich beim Lesen der eingetroffenen Post immer einige Wochen zurückdenken kann. Man hat sich an die langen Laufzeiten – leider – gewöhnt.) Wie sieht es da wohl in der Heimat aus, ich kann mir das nur mit Mühe vorstellen. Doch will ich Dir heute zur Adventszeit herzliche Grüße schicken.
[...]
In guten Gedanken –
nurmi

An Marita Herfeldt,
[Rußland], 18. 12. 1941

Liebe Marita,
das zweite Päckchen und Dein Brief vom 5. 11. kamen gut hier an und ich sage Dir meinen Dank dafür, der wohl erst im neuen Jahr bei Dir eintreffen wird. Schön ist es, wenn ich fast mit jeder Post ein Zeichen von Dir erwarten darf, wie es sich nun in der letzten Zeit entwickelt hat, gewissermaßen warte ich schon immer darauf, wenn etwa vierzehntägig die Post bei uns ankommt. Unregelmäßig aber kommen dann meine Antworten. Trotz mancher freien Stunde kann ich nicht schreiben, wie ich möchte. Das Leben, welches hier von uns gefordert wird, es ist zu eigentümlich und anders, als daß man sich einfach darin zurechtfinden könnte. Nun hat man zwar eine gewisse Ruhe und Seßhaftigkeit, aber es zeigt sich, daß damit noch nicht alles getan ist, um wieder bedachter leben zu können. Ob Du Dir ein Bild von dieser Weise meines Alltags machen kannst? Ich erzählte schon in meinen letzten Briefen wenigstens kleine Züge, aber das mag wohl schwerlich genügen. Doch das ist wohl nicht so wichtig wie es scheint, denn daran ändern können wir leider nichts. Ich will versuchen, hier und da ein wenig davon zu erzählen, damit der Rahmen beleuchtet wird, in den Deine Briefe gestellt werden und aus welchem ich Dir meine Briefe schreibe. Der Winter wird ja noch lange dauern, sehr viel an großen Dingen wird sich in der weißen Eintönigkeit dieses ersten russischen Winters nicht mehr ereignen.

Der Winter in diesem Land ist schön und schwer. Ein ganz anderes Gesicht zeigt sich einem nun, nachdem wir schon einen Sommer und Herbst hier gesehen haben. Alles erstarrt in der großen Kälte, und manchmal meint man sogar, der Krieg sei ein Ding zweiten Ranges geworden. Im Vordergrund stehen die Arbeiten, die ein Leben im Winter ermöglichen. Froh ist jeder, wenn er wieder im warmen Raum beim Ofen ist. Sicher kennst Du diese großen russischen Öfen, die fast ein Viertel des Hauses einnehmen. Die Russen pflegen oben auf ihm zu schlafen, denn dort ist der wärmste Platz im Raume, es kann noch so kalt werden. Viel Schnee ist gefallen, fast findet man die Wege nicht mehr. Der Kampf gilt also dieser weißen Decke, welche die weite Landschaft mit einer ungeheuren Ruhe überzieht. Doch es kommen auch Tage, die laut sind von den Dingen des Krieges, auch in den Nächten gilt es nicht nur zu schlafen.
Am Abend, er fällt schon früh in den Verlauf des Tages, sitze ich bei der Kerze und versuche das Eine und Andere. Leicht ermüden die Augen in solchem Licht, und immer wieder werde ich zu einer Ruhepause gezwungen. Der Tag bringt abwechselnd Arbeit und Tätigkeit, sodaß bei natürlichem Licht nur selten Lesen oder Schreiben möglich ist. Trotzdem sind diese Abende in mancher Beziehung schön, man denkt an die Menschen und Dinge daheim, kann bei Gelegenheit auch ein gutes Wort mit einem Kameraden wechseln.
Ich lebte bis vor kurzem in der Hoffnung, daß es doch noch Studienurlaub für mich gebe. Doch diese Hoffnung erfüllte sich nicht, wenn auch viele Soldaten, vielleicht sogar die meisten, diese Möglichkeit haben. So muß ich mich denn auf den Winter hier einrichten, und dies ist keine leichte Sache, ganz abgesehen von den körperlichen Anstrengungen. Wohl hat man hier den Eindruck, daß die Zeit wie im Fluge vergeht, und doch dauert mancher Augenblick entsetzlich lange an. Ob man überhaupt Pläne für die zukünftigen Tage machen darf? Sicher, es ist notwendig und bringt auch manchen Anreiz, dies und das zu versuchen. Aber letzten Endes ist jeder auf sich allein angewiesen, und das erhöht dann noch die Schwierigkeiten.
Deshalb möchte ich Dich bitten, mir einige Lektüre zu besorgen. Im letzten Brief bietest Du mir diesen Weg ja schon an, und ich wäre Dir sehr dankbar. Nun aber soll ich noch Wünsche äußern, und das ist augenblicklich recht schwierig, denn ehrlich gesagt, weiß ich nicht, was ich eigentlich will. Lieb wäre mir schon eine Überraschung, wor-

über man nachher diskutieren könnte. Natürlich ist es nicht so, daß ich mir kein einziges Ding wünschte, es fragt sich nur, ob es durchzuführen ist. Da ist vor allem Carossas neues Buch, das mein größtes Interesse hat, und dann Otto Gmelins »Gespräche am Abend«. Gerne läse ich auch in Rilkes Briefen, die ich mir nun schon seit Jahren einmal gründlich anschauen will. Ich denke gerade an Dostojewski, Gogol und Lermontoff und Turgenjeff. Wäre es nicht möglich, ganz einfache Ausgaben zu besorgen, die man beim Lesen und Aufbewahren nicht allzu sorgfältig aufheben braucht. Das ist nämlich eine Schwierigkeit, wie man hier die Bücher behüten kann vor Dreck und Platzüberfüllung. Wenn Du Dir die Mühe machen wolltest, es wäre einfach prima. Sieh einmal zu!
Hast Du das Gedicht gelesen, welches im Lyrikpreis der »Dame« besonders ausgezeichnet wurde? – Herz unter dem Schicksal – von Bodo Schütt, einem aktiven Militärmediziner. Die Sprache ist gut und zuchtvoll, der Sinn hat mich sehr berührt. Froh bin ich darüber, daß mir dieses Heft mit dem Gedicht in die Hände fiel, ich lese es oft, immer wieder. Auch das Gedicht von Bergengruen ist ordentlich. Wenn Du die Gedichte nicht kennst, müßtest Du sie noch anschauen.
Über Carossa möchte ich gerne mit Dir reden, doch möchte ich noch eine Weile warten. Sicher hast Du mit Hein, der ihn ja kennt, öfter von ihm gesprochen.
Die Ferien über Neujahr sind zu Ende, wenn dieser Schrieb in Bonn ankommt. Hoffentlich hast Du schöne Tage, auf die Du zurückblikken kannst. Vor zwei Jahren war ich um diese Zeit noch in Bonn, ich denke gerade jetzt häufig daran.
Nimm meine herzlichen Grüße entgegen und noch viele gute Wünsche zum beginnenden Jahr
von nurmi

An die Schwester Anneliese,
[Rußland], 30. 12. 1941

Liebe Anneliese,
seit langem schreibe ich Dir nun endlich wieder einen Brief – ich glaube, in der großen Zwischenzeit begann der Krieg hier im Osten,

der immer noch unsere Kraft erfordert –, denn nie wußte ich Deine genaue Anschrift, oder wenn ich sie dann doch bekam, müßte ich jedesmal fast annehmen, daß diese in der Zwischenzeit wieder geändert worden wäre. So hörtest Du von mir nur auf dem Umweg über die Eltern oder Mathilde. Froh, wirklich froh aber bin ich nun, daß ich Dir einmal selbst schreiben kann, weil ich annehme, daß Du wohl etwas länger in Deiner neuen Wohnung bleibst. Wenn ich diesmal auch nur auf der Maschine tippe, so hat das letzten Endes nur äußerliche Gründe: Einmal ist die Tinte knapp, die Maschine aber eine dienstliche Angelegenheit, zum Andern geht es so unter den obwaltenden Umständen rascher und besser.
Deine beiden Heidelberger Briefe liegen vor mir. Das Foto macht mir eine ganz große Freude – erst heute erhielt ich den Brief vom 6. Dez. – und ich hätte fast nicht gedacht, daß ein schwesterliches Bild solch große Freude bereiten kann. Dies soll nicht als Ersatz für ein sonst vielleicht wertvolleres Mädchenbild gelten, es ist einfach in seiner strahlenden Helligkeit für mich eine wundervolle Sache. Ich habe es jetzt neben die Kerze gestellt, die mir zum Schreiben das Licht spendet, und wirklich ist meine Umgebung schöner und leuchtender. Ich sehe schon kommen, daß ich dieses Foto noch irgendwo in meinem Quartier sichtbar aufhängen werde, damit ab und zu ein kleiner Glanz in das Graue der Alltäglichkeit fällt. Es ist so, bisher hätte mich ein ähnliches Bild nicht so stark aufgeregt – dies soll wieder nicht bedeuten, als wäre es ein Ersatz für ein anderes Mädchenbild, das tatsächlich auch vorhanden ist, – vielmehr freue ich mich über diesen Anblick einfach und bin Dir deshalb sehr dankbar. Das Foto ist gut, ich meine nicht die Technik und Ausführung allein, sondern vor allen Dingen auch das Gesicht. Ich habe Dich wirklich nicht so in der Erinnerung, das muß ich schon gestehen, ich dachte nicht an soviel Klarheit und Unberührtheit, was wieder nicht besagen soll, daß ich Dich nicht in solch gutem Gedenken gehabt hätte, als wie es mir nun das Bild zeigt. Nun kann aber auch eine Fotografie einen besseren Eindruck hervorzaubern als den, der vorhanden ist. So habe ich demnach nicht zuviel und nicht zuwenig gesagt. Und damit mußt Du Dich nun herumschlagen, damit nämlich, was ich eigentlich meine und gesagt habe. Ob ich tatsächlich in Rätseln geredet, wirst Du wohl rasch merken. Solltest Du das nicht können, so wäre Dir leider nicht zu helfen. Das Bild

aber steht weiterhin neben mir und kümmert sich garnicht darum, was über es gesagt wird. Das hat es ja auch garnicht nötig, findest Du nicht auch?

Das Weihnachtsfest in der Kälte und Freudelosigkeit dieses Landes liegt hinter mir. Die Tage waren gut und ruhig, gerade das hatte ich mir auch sosehr gewünscht. Was tat man an diesen nun schon zurückliegenden Tagen? Es war nicht viel und sollte auch nicht viel sein. Man war mit den Kameraden zusammen, sprach über dies und das, las ein wenig, sprach von vielerlei Dingen und ließ Erinnerungen und Hoffnungen wachwerden. An einem Nachmittag machte ich einen Spaziergang in die weite und große Landschaft des russischen Winters, stapfte durch den hohen Schnee und atmete tief die kalte Luft ein, die streng über dem Lande stand. Sehr viel mehr hatte ich mir von diesen Tagen nicht erwartet, ich bin zufrieden damit, wie sie vergangen sind. Nun liegt bald das neue Jahr vor uns. Es ist ungewiß, was es mitbringen wird.

Ich versuche in letzter Zeit, etwas ausführlichere Briefe nach Hause an die Eltern zu schreiben, und so wirst Du wohl auch ein wenig mehr von dem Leben hier draußen bei uns wissen. Ich wiederholte sicher manches für Dich schon Bekanntes, wenn ich jetzt davon erzählte. Jedenfalls wünsche ich sehr, daß Du Dir ein Bild von dem machen kannst, wie es hier zugeht. Am Ende des letzten Briefes sagst Du zu mir, daß ich alles so nehmen müsse, wie es eben genommen werden muß zur Zeit. Das heißt sehr viel, wenn es vielleicht auch etwas nach Gerede aussieht. Es fällt oft schwer, sich so zu verhalten, wie Du es schreibst, denn es ist manchmal so, daß man nur die Sinnlosigkeit sieht und doch in ihr bestehen muß. Unser Versuch müßte sein, in allen Dingen einen Sinn zu sehen, denn daß es nichts ohne ihn gibt, wird allmählich doch klar, ob man hier oder daheim sitzt. Gewiß, letzter Sinn wird nie klar, höchstens erst im Tod, aber trotzdem darf man nicht planlos herumirren, man kommt sonst zu nichts, geht höchstens dabei zugrunde. Auch Dein Leben und Arbeiten dünkt Dir vielleicht oft unsicher und ohne Sinn, aber Du siehst dann doch immer wieder einen kleinen Erfolg, und dann ist es wieder einfacher. Manchmal bin ich froh, daß ich auf ärztlichem Gebiet arbeiten darf, ich sehe sichtbar einen Zweck. Manchmal aber ... Man muß dann einfach von der Zukunft und der Hoffnung leben, weil es sonst nicht mehr möglich ist, weiter zu gehen. Gerade in den Weihnachtstagen

hat es ja Wert, darüber nachzudenken. Doch auch dann ist es nicht leicht. Man müßte viel mehr Christ sein, um das alles zu verstehen, aber das ist man ja nicht.
Wenn dieser Brief Dich in Heidelberg erreicht, wirst Du aus den Weihnachtsferien zurückgekommen sein. Hoffentlich bist auch Du mit den vergangenen Tagen zufrieden. Was machtest Du in den zurückliegenden Stunden? In Gedanken war ich schon bei Euch, nicht sosehr unter dem brennenden Weihnachtsbaum, vielmehr bei Euern Gedanken und Wünschen. Das Fest verlief wohl sehr still, wie sollte es auch anders. Freude wirst Du gehabt haben, alte Bekannte daheim wiedergesehen zu haben. Du meinst ja selber, daß sich zu Hause nur wenig verändere, und so mag wohl manches von Dir in gewohnter Art angetroffen worden sein. Gerade das wünsche ich mir auch einmal wieder, ganz wie gewohnt daheim ein paar Tage zu verbringen. Doch frage ich mich, ob das noch einmal möglich wird. Hoffen wir es jedenfalls, denn das bedeutet schon viel.
Was arbeitest Du in diesem Semester? Das Meiste wirst Du nun ja ohne Vorlesungen tun, denn an die Arbeit, vor allem an die wissenschaftliche muß man sich drängen, sie wird einem nie vorgesetzt. Das wäre schon prima, wenn Du ein Semester in der Schweiz studieren könntest, aber ich frage mich, ob das augenblicklich möglich ist. Wohin wolltest Du da gehen, vielleicht nach Freiburg in der Schweiz? Hoffentlich gelingt es Dir!
Obwohl es noch eine lange Zeit dauert, will ich Dir doch schon heute meine herzlichen Glückwünsche zum Geburtstag am 30. 1. schreiben, denn wer weiß, wann dieser Brief ankommt. Alles Gute also.
Sicher hätte ich Dir noch nicht gleich heute geschrieben, wenn ich nicht unbedingt meinen Dank für das Foto hätte anbringen wollen. Du hast mir eine mächtige Freude gemacht.
Dies für heute. Ich will versuchen, Dir bald wieder etwas zu sagen.
Herzlich
Dein Willi

1939

An Marita Herfeldt,
[Rußland], 16. 1. 1942

Liebe Marita,
mein letzter Brief hat Dich sicher sehr rasch erreicht, er machte ja auch den langen Weg im Gepäck eines meiner Kameraden und sollte dann in Deutschland irgendwo in einem Briefkasten landen.
Der Abend ist ruhig und still, und ich sitze bei der Kerze, um Dir ein paar Zeilen zu schreiben. Es ist jetzt eigentlich die günstigste Zeit, denn alle Kameraden im Hause liegen schon im Stroh und können mich eigentlich nur durch ihre Schlafgeräusche stören, und das ist wirklich nicht gefährlich. Nicht allzu oft findet sich eine solche Gelegenheit, denn wir legen uns durchschnittlich erst spät in die Klappe, obwohl der Abend schon früh beginnt. Man kann einfach nicht solch lange Zeit schlafen, und schließlich muß man seine Gedanken am Abend an einige geistvolle Dinge hängen, und das geschieht auch dann und wann.
Die erste Woche des neuen Jahres brachte uns wieder eine Ortsveränderung, wir sind wieder unterwegs, und noch weiß ich nicht, wo wir einigermaßen sichere (d. h. feste) Winterunterkünfte finden werden. Wir hatten uns ganz ordentlich eingerichtet und fühlten uns in den Räumen dort schon einigermaßen wohl. Nun aber beginnt von neuem die Suche nach einem Platz. Du siehst also, daß wir in ständiger Bewegung bleiben, so kann auch unser Gemüt und unser Blut nicht einfrieren. Alle Pläne betreffs Zeiteinteilung im kommenden Zeitabschnitt sind natürlich wieder restlos in den Schnee gefallen. Wie ein Marsch (bei uns allerdings motorisiert) bei Temperaturen zwischen 30 und 40 Grad aussieht, kannst Du Dir wohl kaum vorstellen.
Von diesem letzten Dorf, in welchem wir manche Woche untergebracht waren, könnte ich Dir manches erzählen. Es war sicher der schönste Ort, an dem ich mich hier in Rußland aufgehalten habe. Die Lage war malerisch, wie man sie sich in diesem Land nicht besser denken kann, mitten im Walde gelegen, aus welchem sich die Bewohner ihr Ackerland gerodet hatten und nun nach allen vier Richtungen den Wald vor sich sahen. Die Menschen dort selbst waren anders als es die sonst üblichen ostischen Typen sind, zum Teil auch sehr intelligent. Tragisch erfüllte sich dann in diesen Tagen das Geschick des Dorfes.

Das neue Jahr begann ich allein irgendwo in einem stillen Haus. Ich war froh über diese günstige Stunde, da ich lesend und schreibend den ersten Tag erwartete. Um Mitternacht ging ich dann kurze Zeit in die klare, unheimlich kalte Nacht hinaus, schaute in den weiten Sternenhimmel, sah ringsum den weiten, bleichen Schnee und wagte ein wenig an die Zukunft zu denken, die so ungewiß vor uns liegt. Dann legte ich mich hin und konnte am Morgen bei der Arbeit wieder leicht in die Alltäglichkeit zurückfinden.
Vielleicht wirst Du fragen, was ich denn tatsächlich noch tun könne. Es ist schon so, ich vermag kein vollkommenes Bild meiner Tätigkeit aufzuzeichnen, weil alles oft nur bruchstückhaft ist, vieles bleibt eben beim Versuch, eine Ordnung in diesem Tun findet sich nicht so leicht. Einige kleine Dinge zum Lesen fanden sich in den Weihnachtspäckchen von mir und den andern . . Es waren erfreuliche Stunden, die ich lesend mit diesen Büchern verbracht habe. So las ich ein Inselbändchen von Isolde Kurz »Die Vermählung der Toten«, ein altes Weihnachtsspiel, von Max Mell bearbeitet, eine Novelle von Gunnarson und einige kleine Sachen, es ist ein kunterbunter Reigen, nicht zu vergessen die Versuche von Hausmann, aber leider kamen keine größeren Bücher bei uns an. Doch schon so bin ich ein wenig zufrieden, denn es sind Früchte vom großen Baum der Literatur, in welchem ich früher herumklettern konnte, um mir die liebste Frucht zu pflücken. Nun steht der Baum weit von mir, und man ist froh, wenn man immer noch empfangen kann. Zu Hausmann werde ich bald ein wenig mehr sagen, es wird noch einige Zeit dazu notwendig sein. Ich habe schon oft mit dem einen oder anderen Kameraden über die Versuche gesprochen, es entstanden recht ordentliche Unterhaltungen. Einer von hier erhielt ebenfalls die Schrift von Hausmann mit einer etwas späteren Post, wir waren schon erstaunt, diese beiden Dinge zusammentreffen zu sehen. Mit einem Maler habe ich gerade über den ersten Aufsatz lange Zeit gesprochen, wirklich erfreulich war dieser Abend. [. . .]
Die Kerze flackert, meine Augen ermüden in solch schlechtem Licht. Ich schließe diesen Brief.
Herzlich grüße ich Dich
nurmi

An Günther Schmich,
[Rußland], 29. 1. 1942

Lieber Günther,
ich habe es immer wieder verschoben, einen Brief an Dich zu schreiben, weil es mir in dieser ganzen Umgebung fast unmöglich erschien. Nie aber kam eine günstige Gelegenheit, vielmehr wurden die Verhältnisse immer ungünstiger, manchmal ist [es] schon schwer, auszuhalten. Doch nun muß ich Dir wenigstens ein Zeichen schicken, um Dir meinen Dank zu sagen für alle die Gaben, die mich von Dir erreichten. Ich erhielt eine ganze Menge von Dingen, die mir hier in der Einsamkeit große Freude machten. Deine Rundbriefe, das Weihnachtsspiel und nun mit der letzten Post die Schrift über Mörikes Gedichte, zwischendurch kam Deine Karte von der Reichenau und manches Wort auf den getippten Briefen. Ich bin froh über jedes Zeichen Deines Gedenkens, welches mir Mut und Kraft gibt. Und gerade Kraft hat man hier in diesem Winter in Schnee und Kälte nötig, mehr denn je, um in dieser Zeit durchzuhalten.
Wenn ich Dir auch lange nicht mehr geschrieben habe, so mußte ich doch sehr oft an Dich und Dein Leben dort denken, jeder Gruß rief ja die Erinnerung wieder zurück. Ich glaube sicher, daß Du manches für uns hier mitarbeitest und mitvollziehst, und das stärkt den Mut und die Hoffnung, die in solch weiter Zukunft liegt, aber doch einmal kommen muß, denn sonst sähe man in dieser Trostlosigkeit kein Ziel.
Soll ich Dir schildern, wie es um mich aussieht, während ich diese Zeilen schreibe. Wir sind zu mehr als zwanzig in einem kleinen, niedrigen Bauernhaus, wo wir wohnen und schlafen und bei der großen Kälte uns auch die meiste Zeit des Tages aufhalten. Ringsum der Lärm der Andern, die alles andere, nur nicht für einige Zeit am Abend ruhig sein können. Das Licht ist schlecht, die Luft schwer und trocken. Ein kleiner Platz am Tisch bleibt mir, um Dir meinen Dank zu sagen, denn schließlich solltest Du wissen, daß ich auch noch »da« bin. Zunächst schien es, als ob wir feste Winterquartiere in einem schönen russischen Bauerndorf beziehen sollten, wir hatten uns ziemlich wohnlich eingerichtet, es war zum Aushalten. Doch seit der zweiten Januarwoche begann wieder die Bewegung, einmal waren wir wenige Tage in jenem Dorf, ein anderes Mal für eine Nacht in

einem neuen Quartier. Zur Ruhe aber kamen wir in diesen Wochen noch nicht, neugierig bin ich schon, was die kommenden Monate des Winters noch bringen werden. Diese Zeit wird auch noch vergehen, wenn sie auch anstrengend wie selten etwas sonst ist. Du wirst ja wissen, daß im mittleren Abschnitt der Ostfront der Winter die Kämpfe nur zum Teil erstarren ließ, wenn es auch zunächst anders aussah.

In diesem Rahmen, der sich nur selten ändert, lebe ich also und verbringe die Zeit des Krieges im Winter, der uns so fremd und unvorstellbar war, und an den man sich ein wenig schon gewöhnt hat. Dinge und Tatsachen begegnen mir, an welche ich früher nie gedacht hätte. Alles, was bisher zu tun und bestehen war, ist nur ein Vorspiel gewesen gegenüber allen Dingen und Forderungen, die der Winter an uns hier herangebracht hat. Alle gewohnten Vorstellungen fehlen, auf die man sich berufen könnte. Der Tag in seinem Verlauf ist fremdartig und neu, es kostete Mühe, dieses Unbekannte mit Bewußtsein aufzunehmen. Fast kann man sich das Vergangene und Gewohnte kaum noch vorstellen, an welches man trotzdem mit großem Verlangen zurückdenkt. Ich hatte ja mit Sicherheit an eine Kommandierung zum Studium gedacht, doch aus diesem Frontabschnitt wurde keiner entlassen. Es kam anders, als man es berechnet hatte.

Ich muß gestehen, daß ich wenig tue, was über das alltägliche Maß hinausgeht, denn Arbeit habe ich in meiner Fakultät in reichem Maße, oft nicht zu überschauen. Doch an Weihnachten fand ich einige ruhige Stunden, die mir eine Wohltat waren. Kurze Zeit ging ich in die weite Schneelandschaft hinaus, dann las ich in der Schrift und sprach mit den Kameraden der Einheit über dies und das. Selten nur finde ich sonst die richtige Zeit zum Lesen, eine kleine Sensation bedeutet es schon, wenn mir ein halbwegs günstiger Brief gelingt. Dabei habe ich einen riesigen Hunger nach einer anstrengenden geistvollen Beschäftigung, zu der ich aber so einfach vielleicht garnicht fähig wäre. Das Ende vom Lied ist und bleibt, ich muß versuchen, die lange Zeit des »Winterschlafes« einigermaßen vernünftig herumzubringen, und das ist nicht leicht.

In der vergangenen Woche traf ich zum zweiten Mal hier in Rußland Ali, getreulich neben seinen Pferden marschierend. Wir konnten uns nur ganz kurze Zeit sehen und sprechen, weil wir in entgegengesetzten Richtungen fuhren. Schon bald war er wieder im Gewühl der

langen Kolonnen untergetaucht. – Von Heinz kommt in unbestimmten Abständen ein kurzer Gruß, der von mir wieder mit Postkarten beantwortet wird. So weiß jeder, daß der Andere da ist und an ihn denkt, und das bedeutet viel in der Einsamkeit. Da ich nicht sehr viel schreibe, kommen auch nicht häufig Nachrichten von den Kameraden. Fritz schrieb Ende Dez. noch aus München. Von Otto und seiner Frau kam die Geburtsanzeige einer Tochter, er selbst steckt irgendwo in der Ostmark. – Weißt Du, was mit Helmut und Fati ist, schreibe mir vielleicht ihre Anschriften?
Günther, wenn ich auch nur selten schreibe, so sind doch meine Gedanken oft bei Dir und Deinem Leben. Es mag Dir seltsam vorkommen, daß Du immer noch in der gewohnten Umgebung arbeiten und denken darfst, Du tust es für uns alle mit, denen dies nicht möglich ist. Und das wird Dir einen Sinn zeigen und Dir vieles leichter machen.
Ich danke Dir für Deine Zeichen und bin mit herzlichen Gedanken und guten Wünschen für dieses begonnene Jahr
Dein nurmi

An die Schwester Anneliese,
[Rußland], 1. 2. 1942

Liebe Anneliese,
ich habe Dir im ersten Monat des Jahres nicht geschrieben, weil ich zunächst mit Post von Dir rechnete, aber die Postzustellung ist spärlich, denn wir waren viele Tage unterwegs, sind von Dorf zu Dorf gezogen und müssen den Winter hinter uns bringen, ob wir wollen oder nicht. Die Wochen sind unruhig, und deshalb fehlte die richtige Lust zum Schreiben und auch die Möglichkeit. Seit meinem letzten Brief an Dich hat sich manches Bewegte zugetragen, ich wünschte, ich hätte das nicht sehen müssen, was ich alles in dieser Zeit mit anschauen mußte. Doch so etwas darf man sich nicht wünschen, denn schließlich hat alles Erlebte seinen Sinn, das wir ertragen müssen. Ich mag Dir das nicht im einzelnen erzählen, Du wirst Dich ja doch nicht in meine Situation hineindenken können, weil sie so völlig anders ist als alles bisher nur zugetragene. Der Krieg gerade hier im Osten führt mich an Dinge, die neuartig und fremd wie nichts bisher Bekanntes

sind. Und das muß man alles verarbeiten, obwohl kaum jemand da ist, mit dem man darüber reden könnte. Später erst soll man davon erzählen. Vielleicht hast Du daheim schon einzelne Berichte vernommen, über die Du ungläubig den Kopf schütteln konntest. Vieles wird Dir unmöglich erscheinen.

Anfang Januar erhielt ich die Platen-Gedichte von Dir, ich habe aber erst flüchtig hineingesehen. Etwa Mitte Januar überwies ich Dir 50 Mark, die Dich hoffentlich auch erreichen. Du sollst sie verwenden, wie Du es für gut hältst, ohne zu überlegen, ob Du es verantworten kannst. Lebe etwas leicht mit meiner Gabe, vielleicht kannst Du auch noch ein paar schöne Bücher kaufen. Das ist vielleicht auch der wahre Grund, weshalb ich Dir das Geld schicke. Du brauchst nicht Buch zu führen, und das ist viel wert . . .

Das Semester ist zum großen Teil hinter Dir, ich weiß nicht, wie es für Dich verlaufen ist. Fast kann ich mir schon nicht mehr vorstellen, wie so das Leben an einer Uni aussieht. Sicher sind in diesem Winter viele Soldaten in den Hörsälen, ich bedaure, daß ich nicht zu ihnen zähle.

Doch der Winter ist ja auch schon zum großen Teil hinter uns, Deiner Vorstellung nach allerdings immer noch sehr, sehr hart. In diesen vergangenen Wochen sank manchmal die Quecksilbersäule bis auf 40–46° unter den Nullpunkt. Früher hatte ich für so etwas auch keine Worte, nun aber spricht man schon von »Frühlingswetter«, wenn – wie heute zum Beispiel – nur 18°– herrschen. Ich glaube aber, daß jetzt die Zeit der Schneestürme und Verwehungen begonnen hat, alle Wege wehen zu, man kann sich fast nur noch mit Pferdeschlitten bewegen, wenn kurze Entfernungen zu bewältigen sind.

Trotzdem schweigt der Krieg in dieser Winterszeit auch nicht. Gerade heute wurden wieder Leute von uns verwundet, ziemlich ernst sogar. Aber die Kälte setzt ebenfalls ordentlich zu, wie Du Dir vielleicht vorstellen kannst. Entsprechend habe ich auch eine Menge Arbeit unter oft sehr primitiven Verhältnissen, aber auch daran gewöhnt man sich, oder besser gesagt, man findet sich in dem Betrieb zurecht.

Überhaupt ist das Zurechtfinden in den Verhältnissen das Wichtigste in dieser Zeit, zunächst wußte kein Mensch sich zu helfen, weil er die unbekannte Zeit mit nichts vergleichen konnte. Viele Tage und Wochen sind vergangen, man schlägt sich so durch, in des Wortes bester

Bedeutung, man lebt recht primitiv, nur darf man es in seinem geistigen Leben nicht auch noch werden, und ich hüte mich eigentlich davor am meisten, obwohl ich natürlich garnicht mehr beurteilen kann, wie weit ich gesunken bin. Das wird sich erst herausstellen, wenn ich wieder in der anderen Welt sein sollte. Ich möchte soviel und so gerne lesen und etwas arbeiten, aber das ist so schwer wie selten etwas. Der Winter sollte ruhiger verlaufen, wie man das ja erwartet hatte. Aber er tut uns den Gefallen nicht.
Doch das Eine oder Andere lese ich doch noch, und ab und zu schreibe ich auch einen dürftigen Brief, denn schließlich möchte ich doch etwas von den Leuten in der Heimat hören.
Den gemeinsamen Brief vom Weihnachtsfest erhielt ich schon. Ich frage mich, was Ihr an den Tagen getan habt. Der Brief sagt ja nichts davon. Hoffentlich bringt die nächste Postsendung ausführlichere Berichte. Wie sieht es daheim aus, und was fiel Dir dort besonders auf, Du kommst ja schließlich auch immer zu Besuch nach Haus. Oft erhalte ich zwar Briefe von der Mutter und Mathilde, aber Du weißt ja, wie solche Schriebe aussehen. Erzähle Du mir doch einmal, wie Dir die ganzen Dinge erschienen. Ich weiß nicht, ob Du Zeit und Lust hast, mir ausholend zu schreiben. Versuch es bitte.
Der Lärm ringsum ist groß, denn wir wohnen eng mit vielen Leuten zusammen. Schwer ist es, mit Überlegung zu schreiben. Du merkst es vielleicht an der »Zerfahrenheit«.
Herzliche Grüße und alles Gute wünsche ich Dir.
Lebe wohl! Dein Willi

An Marita Herfeldt,
[Rußland], 4. 3. 1942

Liebe Marita,
ich muß gestehen, daß ich Dich stark vernachlässigt habe, denn schon lange schrieb ich Dir nicht mehr. So muß ich mich zu Beginn zuerst für den Brief vom 17. 1. bedanken. Neulich schrieb ich Dir bereits eine kurze Karte, damit Du wenigstens wieder eine Nachricht und die Bestätigung des Briefempfangs bekämst. Es ist seltsam mit dem Schreiben, das stelle ich gerade in diesen Tagen fest. Oft findet sich etwas Zeit, aber ich bringe es dann nicht fertig, einen vernünftigen

Brief zu schreiben, dabei aber kommen zu anderen Stunden Gedanken und Eindrücke, über die man gerne mit einem anderen Menschen sprechen möchte. Es sind nun schon wieder drei bis vier Wochen vergangen, in denen ich außer knappen Karten garnichts von mir hören ließ. Es mag hinzukommen, daß ich einen entzündeten rechten Daumen habe und deshalb mit der Feder garnicht richtig schreiben kann, aber es hängt sicher nicht allein davon ab, ob die Freude beim Schreiben dabei ist. Die Tage wechseln und ändern sich äußerlich nicht sehr. Ich bin eingespannt in das Tagewerk, das oft viel zu tun gibt. Selten ist man allein, und gerade das wäre ja nötig, um etwas zu überlegen. Vielleicht aber stecke ich auch schon zu sehr in dem Leben, zu dem uns alle der russische Winter zwingt. Ich kann darauf keine bestimmte Antwort geben, es mag sein, daß dies später möglich ist. Ab und zu lese ich, aber es ist so, daß man mit jedem einigermaßen möglichen Buch sich abfinden muß, weil die Auswahl so gering ist. Man liest einmal Löhndorffs abenteuerliche Reiseberichte, dann etwas von C. F. Meyer und Dauthendey, jedenfalls kann man sich nichts aussuchen und keine Auswahl treffen. So verbringt man die langen Abende und die freien Stunden des Tages, aber Du kannst sehen, wie ungeordnet das alles ist, wie sehr vom Zufall abhängig. Es steckt wenig Linie in dem Ganzen, und gerade das bedrückt mich. Oft verspüre ich eine seltsame Unruhe, ich bringe es dann nicht fertig, einen Aufsatz in der Zeitung zu Ende zu lesen, und das heißt doch wirklich allerhand. Selten kam Post zu uns, die doch einige Anregungen bringt, weil man vom Leben anderer Menschen erfährt und daran teilnehmen kann. Das mag alles dazu beigetragen haben, vielleicht. Aber was hilft das schon, wenn ich das jetzt so sage. Habe ich ähnliche Sätze nicht schon früher einmal geschrieben? Immer waren es hier in Rußland ja verwandte Situationen, in denen man leben mußte. Vielleicht hast Du schon von andern gehört, wie der Betrieb und das Leben an der Front im Osten aussehen. Dann kannst Du Dir ein Bild zusammenbauen. Der Satz in Deinem Brief hat mir tatsächlich viel zu denken gegeben: Ich möge bald zurückkehren, ohne usw. und ohne ganz meine Jugend verloren zu haben. Etwas ging bestimmt drauf in dem Erlebnis der letzten Monate. Was mag es sein?
Warum klage ich in diesem Schrieb so sehr? Es gibt Dinge, mit denen man sich so oft beschäftigt und worüber man sich aber hier garnicht

unterhalten kann, weil die Resonanz fehlt. Irgendwo möchte man sich aber auslassen, und ausgerechnet ist dieser Platz ein Brief an Dich. Ich glaube eben, daß Du den ganzen Zusammenhang einigermaßen verstehen kannst und mit den Worten etwas anfangen kannst. Besser wäre es ja schon, wenn man sich ohne weiteres über erquicklichere Dinge unterhalten könnte.
Dein Bericht über den Besuch bei Lützeler erweckte mein allergrößtes Interesse, ich muß Dir das schon sagen. Aber auch die Art, wie Du die Unterhaltung schilderst, ist außerordentlich spannend. Der Verlauf des Gespräches befriedigt mich nicht ganz, denn meine eigene Meinung ist doch manchmal eine etwas andere, aber das macht ja schließlich nichts aus. Der Schluß seiner Ausführungen, daß nicht das Erlebte sich irgendwo niederschlagen müsse, sondern oft eben ungesagt und unaussprechbar sein müsse, sagt mir außerordentlich zu, denn wir haben im Lauf der Zeit doch empfunden, daß dies einfach so sein müsse. Darin war eigentlich Wiechert unser Lehrer, der uns zu dieser Erkenntnis geführt hat. Immer schon wollte ich Dir einiges zu Hausmanns Betrachtungen sagen, aber ich bin noch nicht ganz fertig damit. Klare Stunden sind eben hier eine Seltenheit bei mir, und deshalb mußt Du eben noch warten.
[...] Man sollte glauben, daß die Unruhe des Daseins einen hier draußen zu den tiefsten Erkenntnissen zwingen müßte. Aber der Alltag ist zu anstrengend, und man steckt zu tief in der Mühe. Doch innerhalb liegt die Unruhe und Sorge, kommt aber nicht oft in die Bereiche unseres Bewußtseins. Man könnte das Leben dann noch weniger ertragen, weil es ja noch immer schwerer wird. So ist es vielleicht gut, daß jeder Tag seine eigene Last mit sich bringt, die es dann zu bewältigen gilt. Ich wünsche Dir viel Freude bei der Arbeit, damit der Erfolg nicht zu lange auf sich warten läßt. Wenn dieser Brief in Bonn ankommen wird, ist der Frühling sicher schon an manchen Zeichen sichtbar. Hier aber haben wir Schnee und Kälte, und nur an klaren Sonnentagen schon ein wenig angenehme Wärme.
Herzlich grüße ich Dich und freue mich auf ein Zeichen von Dir. Grüße die Bekannten in Bonn.
Lebe wohl!
Dein nurmi

An die Schwester Anneliese,
[Rußland], 6. 3. 1942

Liebe Anneliese,
eine ganze Reihe von Briefen liegt bei mir, auf die ich nun endlich mit einem etwas ausführlicheren Schrieb antworten möchte. Inzwischen werden mein kleines Geldgeschenk und die Karte vom 21. II. 1942 bei Dir eingetroffen sein, sodaß Du also wenigstens ein kleines Zeichen von mir erhalten hast. Zur Orientierung gebe ich an, was von Deinen Briefen bei mir angekommen ist: vom 8. und 21. 12., vom 3. und 16. 1. und 9. 2. und heute noch ein Brief vom 30. 12. und schließlich die Karte vom Geburtstag. Ich finde wirklich, Du hast mich nicht vernachlässigt, sondern vielmehr sehr auf dem Laufenden gehalten, und ich muß gestehen, daß viele Sätze in der Menge des Geschriebenen mir große Freude machten, es ist klar, wenn man so oft schreibt, wird viel Rederei dabei sein. Doch deswegen brauchst Du Dich nicht zu entschuldigen, wie Du das ab und zu machst. Ich verstehe ja gut, unter welchen Verhältnissen Du manchmal geschrieben hast, in den Ferien daheim, zwischen der Arbeit, nach den Seminaren und so fort. Dann stehst Du eben immer unter dem Einfluß des Erlebten, und das färbt sich ein wenig ab. Besondere Freude brachte mir die Karte von Deiner Geburtstagsfeier, denn das war wohl ein recht schöner Tag, den Du da verleben konntest. Wieso seid ihr eigentlich auf Morgenstern gekommen? Etwas muß Euch bei ihm besonders berühren. Es ist so, daß ich den ernsten und wohl wirklichen Morgenstern nicht sehr gut kenne, weil ich in den früheren Jahren meinen besonderen Spaß an seinen heiteren Schöpfungen hatte. Du kannst Dich vielleicht erinnern, daß ich damals manchmal aus den Galgenliedern und vor allem vom Palmström erzählte und das eine oder andere auch auswendig wußte. Aber ich kannte damals auch schon etwas vom innerlichen und gläubigen Menschen Morgenstern, der aber nicht so starkes Interesse bei mir hervorrief. Ich glaube, es verlohnt sich, ihn doch näher kennen zu lernen, und Du tust das ja wohl in dem Kreis Deiner Bekannten. Erzähle mir doch bitte davon, denn das wird mir bestimmt viel Freude machen.
Was soll ich Dir nun auf alle Deine Briefe antworten? Vieles in ihnen ist angedeutet, was wichtig zu einer Besprechung wäre. Aber es ist

von hier aus so schwer, den richtigen Anfang zu finden. Ich bedauere das ziemlich, kann es aber nicht ganz ändern.
Alles, was Du mir von Deiner Arbeit und dem Leben um Dich berichtest, findet meine Anteilnahme, wenn Du vielleicht beim Niederschreiben manchmal glauben magst, es sei doch nur elendes Gequatsche, was Du mir da mitteilst. Ich kann schon sagen, daß Du durch Dein Arbeiten und den Betrieb an der Universität ein wirklich tätiger und – das kann ich wohl schon behaupten – ein geistiger Mensch geworden bist. Und gerade das gefällt mir und läßt vielleicht zu, daß wir uns mal ganz gut verstehen werden können. Du wirst selber finden, daß Du Dich in diesen »Hochschuljahren« verändert hast, das läßt sich nicht verleugnen. Ich kann mir nicht vorstellen, daß Du nun etwas einseitig geworden seist wie es gerade viele Philologinnen geworden sind. Das paßte tatsächlich nicht zu Dir, und ist mir undenkbar. Sicher klappt in Deinem Studium nicht alles so, wie Du es Dir ausgedacht hast, der Weg zur Wissenschaft und, was weit wichtiger ist, der Weg zum wissenschaftlichen Denken und Arbeiten ist immer sehr mühsam, auch für einen Menschen, der die Dinge leicht aufnimmt und erkennt. Das gehört einfach dazu und macht auch erst den besonderen Reiz bei aller Mühe. Was Du schließlich mit den Früchten Deines Wissens noch beginnen wirst, wo Du sie anbringen willst, ist zunächst noch völlig gleichgültig, Du arbeitest ja nicht auf ein fest umrissenes Ziel hin, das Endergebnis wird Dir selbst noch unklar sein. Es kommt ja auf die Einstellung zum Wissen an, und ich finde so aus allem, was Du davon erzählst, daß Du auf dem richtigen Weg bist.
Wenn ein Mensch mit aller Anstrengung lernt und forscht, so wird ihm mit jeder neuen Erkenntnis, die er in sich aufnimmt, die Welt größer und weiter. Dafür aber verschieben sich auch die Grenzen und Sicherheiten, welche er um sich gebaut sah, und in denen er in einiger Ruhe gelebt hat. Damit wächst der Ernst und die Ehrfurcht vor dem, was er schauen darf und was auf ihn einstürmt. Ja, wenn er ehrlich sich einen Weg sucht und immer größere Erfahrungen sammeln kann, wird ihm oft ein wenig Angst vor all diesen Erkenntnissen, er wird unsicher und spürt die Ärmlichkeit des menschlichen Geistes. Diese Angst aber ist nicht unrecht, sondern wirklich gut und wertvoll. Vielleicht treffen diese wenigen Sätze in etwa Deine »innere Situation« wie Du es auszudrücken beliebst, wenn Du mir in Deinem Brief vom 16. I. von Deiner Trübsinnigkeit und der leisen Wehmut er-

zählst. Deine Sätze in diesem Brief bringen mich nicht zum Lachen, sondern erfordern meine restlose Aufmerksamkeit und Anteilnahme. Ich glaube nämlich, daß sie ehrlich und ohne verschönern zu wollen geschrieben wurden. Und das zwingt mir die Achtung ab, die Deine Situation verdient. Gleiche Stimmungen klingen an, die in mir schlummern, und im Einerlei des Alltags verdeckt sind. Dieser Brief vom 16. I. ist der Ernsteste und zugleich Hoffnungsvollste, den ich von Dir erhalten habe. Ich verstehe Dich nicht miß, sondern erkenne in Dir einen Teil von dem, was mich bewegt und immer noch erschüttert. »Daß es schwer sei, zu leben«. Du mußt Dich sehr verändert haben, und ich finde, nicht ungünstig. Wenn Deine Sätze einer harmlosen Stunde entsprungen wären, und wenn Du sie nur geschrieben hättest, um etwas zu sagen, dann wäre allerdings das alles Gerede. Ich aber glaube, daß Du mir gegenüber ehrlich bist, wie ich es Dir gegenüber zu sein versuche. Sicher ist mir noch manches an Dir unklar, wie könnte es auch anders sein. Ich weiß ja nicht, was an persönlichen Erlebnissen hinter Dir liegt, und wo und wie Du letzten Endes stehst; denn durch die letzten Jahre habe ich Dich aus den Augen verloren. Aber ich weiß nun wieder, auf welchem Weg Du gehen willst, und das macht mich froh. Ich glaube nicht, daß ich enttäuscht wäre, wenn ich Dich in Wirklichkeit sähe, wie Du es im Anschluß an Deine Betrachtung über Dein Foto meinst. Auch wenn ich Dich »nur« mit brüderlichen Augen betrachte. Das Bild allein ist es nicht, es ist das Leben, wovon es ein Abbild gibt.

Auch ein Winter in Rußland samt alledem, was man sehen und erleben muß, hat seinen tiefen Sinn. Man kann den jetzt noch nicht genau bestimmen, aber ich glaube sicher, daß man trotzdem nicht nur einfach vegetiert, wenn auch einfach das Leben mehr Anstrengung erfordert als alles Frühere, sondern daß man hier auch ins Innere wachsen kann und nicht nur an Tagen, sondern überhaupt älter wird.

Weißt Du, daß die gesandten Bücher wegen der Päckchensperre zu gewissen Teilen der Front wieder den Weg an den Absender gefunden haben? Diese Mitteilung war recht traurig, denn ich hatte mich darauf ganz gewaltig gefreut. Nun besteht wenig Möglichkeit, sich etwas Lesbares von daheim schicken zu lassen, eben nur kleine und dem Gewicht nach »leichte« Sachen. Von einem Verlag lasse ich mir Gedichte in schmalen Bändchen schicken, die man nicht nur lesen kann, sondern einem auch nachdenkliche Stunden bereiten können. Vor allem hätte ich mich über Carossas neues Buch gefreut, das bei Dir ja keinen solch großen Anklang gefunden hat. Ich kann nichts zu dem »Jahr der schönen Täuschungen« sagen, ich weiß nur davon aus Berichten, die mir geschrieben wurden. Du müßtest auch mal die Gedichte von ihm lesen, um den Dichter besser verstehen zu lernen. Kennst Du den »Arzt Gion«? Carossa ist sehr zart, man kann vielleicht sagen, etwas verschämt und schüchtern, das fiel mir besonders in »Verwandlungen einer Jugend« auf. Im »Rumänischen Tagebuch« ist das aber ganz anders. Wirklich schwer sind die »Geheimnisse des reifen Lebens«, wie Du ja auch schon gesagt hast. Vielleicht mußt Du oft ein Buch von Carossa lesen, um auch in das Innerste seiner Dichtung einzudringen. Aber das ist letztlich keine Pflicht wie eine schulmäßige Lektüre, ein Mann muß Dich in seinen Werken ansprechen, erst dann kannst Du den Weg suchen, auf dem er gegangen ist. Ich finde, Carossa sagt uns viel, vor allem können wir bei ihm die Ehrfurcht vor ernsten Dingen lernen, die uns oft fehlt. Aber dazu gibt es schließlich viele Wege, die zu beschreiten wären. Zum Beispiel der Weg Wiecherts, der aber auch nicht jedermann anspricht. Jeder muß sich einen Weg suchen, auch wenn man Jahre dazu braucht. – Hast Du eigentlich etwas mehr von Hermann Hesse gelesen? Es würde mich interessieren, auf welche Bücher Du da gestoßen bist.

Was Du von den Tagen des Daheim-Seins sagst, ist schön. Klar, daß Du aus diesem Kreis herausgewachsen bist, das mußte unter diesen Verhältnissen ja kommen. In Wirklichkeit aber stehst Du doch nicht so außerhalb, wie Du es manchmal glaubst. Dort, wo Dich die meiste Liebe umgibt, fühlst Du Dich zuinnerst ganz allein und einsam. Das ist überall so und läßt sich nicht ändern. Aber erst dann, wenn Du in einer anderen Welt und Umgebung stehst, fühlst Du, wiesehr Du mit diesem Zuhause verwachsen bist. Bruchstellen aber bleiben immer, kein Ding ist fugenlos gebaut, es sei denn nicht von Menschen oder mit Menschenkräften. Man sieht diese Dinge und Verhältnisse immer wieder anders, weil man nie der Gleiche bleibt, sondern sich ebenfalls ständig wandelt. Jetzt aber wandelst und veränderst Du Dich wohl sehr stark und bist vielleicht dabei, die Form zu finden, die Dein Wesen auf Zeiten hin bestimmt. Das Elternhaus aber ist in gewisser Beziehung der ruhende Pol, um den Du dich bewegst.

[. . .] Gerade überlege ich, ob dieser Brief Dich noch in Heidelberg antrifft, denn ich vernahm, daß das neue Semester bereits am 8. April beginnen soll. Willst Du zum nächsten Semester wieder in Heidelberg bleiben? Fast glaube ich es, denn Du fühlst Dich dort am wohlsten. Ich werde wohl nie dorthin gehen, denn es zieht mich nichts besonderes nach dieser Stadt. Überhaupt, da der Krieg wohl noch einige Zeit dauert, ich vielleicht mal wieder zum Studium kommen kann, dann aber nur als Soldat studieren darf und mir deshalb nie die Universität aussuchen kann, ist diese Vorstellung ja völlig abseits und geht zunächst wohl nicht in Erfüllung. Ich hätte mich aber so gefreut, einmal ein Semester mit Dir zusammen zu studieren. Wir werden sehen, was das noch einmal wird.
Schreibe mir einmal, ob Dich Gedichte interessieren, zu denen Du etwas sagen solltest. Sicher kannst Du Unterschiede finden, ob etwas gut oder weniger gut ist. Dein Urteil wäre mir jedenfalls wichtig. Heute schicke ich Dir noch keines mit, ich weiß ja nicht, ob Dir etwas daran liegt. Schreibe mir also bald einmal.
Ich grüße Dich herzlich und wünsche Dir zum Ende des Semesters noch ein wenig Freude. Für die Ferien aber sollst Du viel Ruhe haben, damit Du auch weiterarbeiten kannst.
Viel Glück –
Dein Willi

An Marita Herfeldt,
[München], 28. 5. 1942

Liebe Marita,
ich ließ Dich lange mit meiner Antwort warten, aber leider war ich während der letzten Tage so halb krank und halb gesund und war gezwungen, die meiste Zeit im Bette liegend zu verbringen. Zu gar nichts war ich fähig, und darüber vergingen sogar die Pfingsttage, und mein Zorn darüber, daß ich diese Tage auf solch unerfreuliche Weise über mich ergehen lassen mußte, ist auch vergangen. Was bleibt mir auch sonst übrig? Jedenfalls bekam ich über einer entzündeten Zahnwurzel einen Abszeß, der meine linke Gesichtshälfte anschwellen ließ, das war ein ganz nettes Gefühl, und essen konnte ich auch nur mit größter Mühe. Schließlich wurde der Abszeß aufgeschnitten, und

heute bin ich wieder ziemlich normal, nur wird der Zahn selbst, die Ursache, auch noch in dieser Woche gezogen.
So habe ich Dir zugleich mit dieser Art Entschuldigung auch erzählt, wie ich die Pfingstferien verbracht habe. Zeitweise war es mir sogar zu anstrengend, etwas zu lesen. Aber wie gesagt, jetzt ist das wieder normal. Wie ich überhaupt feststellen kann, daß ich mich allmählich wieder ganz normal in diese Welt eingefunden habe. Es ist schon so, daß ich dazu einige Zeit gebraucht habe, wenn Dich das auch sehr wundern mag. Und einfach war das sicher nicht, die Resignation, die Du aus meinem ersten Brief herausgehört hast, wird tatsächlich vorhanden sein. Auch jetzt noch, ab und zu wandern meine Gedanken hinaus an die Ostfront, in dieses Land, das so trostlos ist und einen trotzdem in seinen Bann nehmen kann. Vorgestern erhielt ich gerade einen Brief von draußen, der von dem Frühling in Rußland erzählt. Unvorstellbar schön muß es jetzt dort sein, und diese Schönheit des erwachten Landes kam so unvermutet, daß alle Leute vollkommen erstaunt sind und es gar nicht glauben wollen, noch in Rußland zu sein. Auch der Winter trotz aller Ungunst und Härte war manchmal schön, an Sommertage denke ich noch oft zurück, an unendliche Wälder, kleine einfache Dörfer und prachtvolle Menschen dieses Landes. Dies soll keine Erklärung dafür sein, was Du in meinem Brief herausklingen hörst, es ist sicher unabsichtlich zwischen die Zeilen geraten, aber ich möchte Dir wenigstens eine der vielen Seiten verdeutlichen, die den völligen Wechsel meiner vergangenen und jetzigen Umgebung ausmachen. Du meinst vielleicht, aus der Ferne und einem gewissen Abstand sähen die Dinge der Vergangenheit freundlicher aus. Dies ist es nicht, denn auch die grausamen Erinnerungen stehen noch vor mir, und ich bin froh, diesen Erlebnissen entronnen zu sein.
Dazu kommt aber nun als sehr wichtiger Punkt die Tatsache, daß ich Deutschland sehr stark verändert wiedergefunden habe. Es hat sich seit dem Februar des vergangenen Jahres ein Wechsel vollzogen, der mich doch stark betroffen hat. Ich weiß nicht, ob Dir das so bewußt geworden ist, aber Du wirst es Dir an einzelnen Kleinigkeiten doch zurückrufen können. Darüber kann ich Dir in diesem Brief keine ausführliche Erklärung geben, es ist ja auch so schwer, das Wesentliche klar zu fassen und zu benennen. Gewöhnlich fällt einem die Umwandlung erst im Gebrauch oder Umgang oder in der Begegnung

auf, wenn man sich daran stößt. Du verstehst sicher, wie ich dies meine. Das stimmt also vielleicht damit überein, wenn Du feststellst, daß ich durch Eindrücke sehr leicht zu verletzen sei. Die Sinne sind vielleicht auch empfindlicher geworden während der vergangenen Jahre, sodaß schon kleinere Reize aufgenommen werden können. Das ist etwas völlig anderes als etwa die sogenannte Nervosität, zu der ich vermutlich völlig ungeeignet bin eben wegen einer gewissen Unverwüstlichkeit, die tatsächlich vorhanden ist und die mir vielleicht geholfen hat, viele Dinge nicht so schwer tragen zu müssen wie es sonst wohl möglich sein könnte.
Ich muß Dir also gestehen, daß Du trotz der Eile in Deinem Brief sehr vernünftige Tatsachen festgestellt hast, die mir auch nicht so völlig bewußt waren und sind. Aber gerade in diesen ersten Wochen habe ich mich ja sehr oft gefragt, in welcher Beziehung mich diese nun zurückliegende Zeit geändert habe, denn das hat sie zweifellos. Von dort aus, eben von der Erkenntnis kann man überhaupt erst anfangen, in der früher gewohnten Umgebung zu leben eben mit allen Dingen, die inzwischen dazugekommen sind. Eine Antwort läßt sich natürlich nicht einfachhin geben, Antwort ist vielmehr die Art, wie man nun weiter zu leben versucht. Es ist so ganz anders als früher. Woher aber mag die Heiterkeit kommen, die Du in mir siehst? Ich wünschte manchmal, daß ein Anlaß dazu vorhanden sein möchte.
Es gelingt mir nur anzudeuten, was ich gerne sagen möchte. Aber es ist ja auch so schwierig, diese Dinge zu erklären, da doch alles so unsicher und gefährdet ist. Trauer hat wohl ihren Grund auch in tieferen, uns alle angehenden Ursachen, die unser Geschick bewegen. Begreifst Du, wie verworren dies alles ist und so unklar bleibt? Wie wäre es in dieser Zeit auch möglich, klare Begrenzungen aufzuzeigen?
– Auch hier in München nimmt das Militärische die Freude am Studium, denn für viele völlig unnütze Dinge verliert man die kostbare Zeit. Gut ist es, daß ich eine Bude habe, wo der Lärm nicht eindringt. Die Ruhe ist das Wertvollste, wenn sie auch nur immer ein paar Stunden dauert. Rein fachlich arbeite ich nicht sehr viel, weil mir andere Dinge wichtiger scheinen. Zunächst habe ich gelesen, Tage und halbe Nächte, nun aber habe ich doch einen gewissen Plan, wonach die schöne Literatur nur zu bestimmten Stunden genehmigt ist. Es ist dies alles erst im Werden.

Frühjahr 1940, Bad Wildbad, aufgenommen von Karl Bisa

– Rudi Alt liegt in einem Stuttgarter Lazarett, ich möchte ihn so gerne besuchen, komme aber doch nicht weg von hier. [. . .]
Ich freue mich, wenn Du mir bald wieder schreiben wirst.
Herzliche Grüße –
nurmi

An die Schwester Anneliese,
[München], 6. 6. 1942

Liebe Anneliese,
es ist sehr schwer, auf Deinen Brief etwas Vernünftiges zu antworten. Das ganze, was Du mir im Briefe schilderst, und wovon durch Andeutungen mir schon manches ahnungsweise bewußt war, erschüttert mich stark, lange habe ich darüber nachgedacht und vermag ein wenig, so am Rande stehend, mir Deine Situation vorzustellen. [. . .]
Alles, was Dir als Kind selbstverständlich war, mußte einmal fraglich werden, das ist in jedem Leben so, dann ist eine Entscheidung zu treffen, welche Wege und Richtungen eingeschlagen werden. Wenn Du das Leben anderer Menschen betrachtest, wirst Du feststellen und sehen, daß irgendwo Wendepunkte auftauchen, und bei vielen sind das die Probleme des Religiösen, die entscheidend sind, wie die Zukunft gelebt wird. Diese Zweifel sind nicht in wenigen Tagen mit kleinen Handbewegungen zu klären, es vergehen schon Jahre darüber, ehe überhaupt Klarheit geschaffen wird, und ich muß sagen, daß viele Leute diese Klarheit mit anderen, harmlosen Kleinigkeiten verdecken auf manche Zeit hinaus, weil ihnen die Entscheidung zu anstrengend ist. Sie leben bisher im Nebel und machen es sich so gewissermaßen leichter. Andere aber werden mit der Entscheidung überhaupt nicht fertig, sie zerbrechen daran.
Schwer ist es, daß man solchen Problemen immer allein gegenübersteht, kein anderer Mensch kann einem die Last von den Schultern nehmen. Jeder Einzelne trägt die ganze Verantwortung. Für uns aber ist die Pflicht, dem Zweifel zu begegnen und irgendwann eine eindeutige Richtung einzuschlagen.
Ich gebe schon zu, daß die Umgebung, in welcher Du lebtest, die Färbung der Brille, durch die Du die Dinge anschautest, [dies] sehr stark bedingt hat, vor allem, wenn [der Urheber der Veränderungen]

ein Mensch ist, dem Du eine große Zuneigung entgegenbringst. Vielleicht auch wurdest Du verblüfft von der großen Sicherheit und Kenntnis, mit der er seine Welt vor Dir aufbaute. Du aber hattest keine Grundlage, um dieser anderen, entgegengesetzten Welt zu begegnen und ihre Fehler und Schwächen zu erkennen. Die Art und Erziehung, wie wir in der Religion aufwuchsen, sind denkbar schlecht und voller Unmöglichkeiten. Innerlich war dieses ganze Gebäude hohl und voller Risse. Nur weil noch ein gewisser Glanz und bestimmt auch ein gutes Teil Sicherheit darauf lagen, konnte man sich eine Zeitlang darin wohlfühlen. Urteilskraft und lebendige Überzeugung aber haben wir nicht mitbekommen, um eventuell in der Lage zu sein, diese Weltanschauung zu verteidigen. Ich behaupte, daß dies garnicht das eigentliche Christentum war, was wir all die Jahre zu sehen bekamen und das uns zur Nachahmung empfohlen wurde. In Wirklichkeit ist Christentum ein viel schwereres und ungewisseres Leben, das voller Anstrengung ist und immer wieder neue Überwindung kostet, um es zu vollziehen. Der Glaube ist keine solch einfache Sache, wie es uns erschien, in ihm geht nicht alles so glatt auf, wie man wohl gemeint hat und sich vielleicht auch wünschte, um möglichst wenig Unruhe zu verspüren, denn das ist für viele doch etwas reichlich Unangenehmes.

Deine Rat- und Hilflosigkeit verstehe ich, denn nicht nur Du allein hast sie zu ertragen. Meinst Du, daß sie mir z. B. erspart bliebe? [. . .] Wenn Du mir diese Lage so ausführlich schilderst, wirst Du es sicher nicht allein deshalb tun, um Deine Not zu schildern, sondern vielleicht denkst Du, mehr unbewußt daran, ob Dir keine Hilfe daraus erstünde. Siehst Du, ich möchte Dir so gerne helfen, nicht etwa um zu missionieren, sondern um zu wissen, daß Dein Kummer geringer wird und die Klarheit größer. Wozu Du Dich entscheidest, kann ich nicht bestimmen, ich wäre aber bestimmt froh, wenn wir den gleichen Weg gehen könnten.

Mein Rat besteht eigentlich darin, daß Du *praktisch Theologie studieren* mußt – das hört sich sicher sehr seltsam an, ist aber schließlich die Aufgabe jedes denkenden Menschen –. Oft mußt Du im Neuen Testament lesen und jeden einzelnen Satz überdenken und Dich fragen, was wohl damit gemeint ist. Diese Arbeit soll ungeheuer ernst geschehen und ohne jedes Vorurteil. Ich lege Dir eine kleine Arbeit von Guardini bei, die Du richtig durcharbeiten mußt, aber auch in aller

Offenheit. Und so muß das Schritt für Schritt weitergehen, viele Jahre lang. Daraus folgt dann mein weiterer Rat, daß Du warten mußt. Warten ist Erwarten können, voller Nüchternheit, das fällt oft so schwer, und man muß es erst lernen. [...] Die Hoffnung auf eine bessere Zukunft, ausgerichtet an Deinem Leben im Besonderen, muß geweckt werden. Ob Du einen Menschen in Deiner Umgebung findest, der ein wenig behilflich ist? Wenn wir zusammensind, würde manches gemeinsam besser gehen. Auf mich kannst Du Dich in jedem Fall verlassen.
Es gibt noch manches zu besprechen. Was mit Mathilde eigentlich los ist, bleibt mir völlig schleierhaft. Vorgestern kam ein Brief von ihr mit dem Familienfoto, worin sie schreibt, »... Dadurch, daß Ossy glaubt, anfangs Juni zu kommen, ist unser ganzer Plan verworfen«. Wie soll ich mir nun ein Bild machen? Ein Bild zu kaufen, scheint demnach das einzig mögliche zu sein. Weißt Du, ob Mathilde damit einverstanden und zufrieden wäre, darauf kommt es doch auch an.
Wenn in den nächsten drei bis vier Wochen die Hochzeit noch nicht ist, möchte ich Dir vorschlagen, zum nächsten Sonntag nach hier zu kommen. Ich weiß nicht, wieviel Tage Du wegbleiben kannst. Jedenfalls in 14 Tagen habe ich Samstag-Sonntag Dienst in der Kaserne, und es wäre demnach ungünstiger. Aber schließlich mußt Du Dir die Zeit einteilen. Ich wäre froh, wenn Du trotz der heftigen Reiserei in diesem Semester nach München kämest. Schreibe bald deswegen. Wie sieht es im kommenden (Winter-)Semester aus? Bestimmt, ich verstehe es vollkommen, wenn Dir diese Stadt nicht behagt, und Du nicht gerne hier bist, nur um mit mir zusammenzusein. Ich überrede Dich ja auch nicht dazu, obwohl ich gleich sage, daß ich sehr gern mit Dir zusammenwäre. Aber wir wollen uns auf die Dauer doch keine falschen und selbsttäuschenden Hoffnungen machen, das hat keinen Zweck. Ich kann nicht von hier weg, obwohl ich manchmal wirklich gerne von München fortwäre.
Was sagst Du zu dem Familienbild? Ich hätte mir es schöner gewünscht. Die Hell-Dunkelverteilung müßte auch besser sein. Nun ja, es geht.
Ich habe jetzt auch noch Carossas »Jahr der schönen Täuschungen« bekommen, allerdings im Pappband.
Hast Du schon Nachrichten aus Köln? Ich möchte gerne wissen, wie es dort zugeht.

In diesen letzten Tagen ist es sehr warm hier. In der Uniform ist es unbehaglich. Doch in meiner Bude herrscht wohltuende Kühle.
Zur Zeit habe ich häufig Besuch von Leuten, die von der alten Truppe aus Rußland hier in Urlaub sind.
Sonst arbeite ich hin und wieder ganz ordentlich, aber nicht mit allen Kräften, nur so streifenweise. Zum Baden war ich noch nicht, ohne Rad hat das seine besonderen Schwierigkeiten.
Laß bitte bald wieder etwas von Dir hören.
Herzlich –
Dein Willi

An die Schwester Anneliese,
[München], 25. 6. 1942

Liebe Anneliese,
so habe ich Dir verhältnismäßig lange nicht mehr geschrieben, es gelang mir nicht, obwohl ich den Versuch einige Male gemacht habe. Ich ahne, daß ich Dir in einem »Brief« nichts von dem sagen kann, was wirklich notwendig wäre, und da scheute ich mich mit Worten an Dinge zu rühren, die tief und bedeutend sind. Wir wissen ja gut, daß mit geschriebenen Worten keine Lösung erreicht wird, es können höchstens immer wieder Hinweise gezeigt werden. Zudem besteht auch schließlich die Gefahr, daß man mit Briefen aneinander vorbeiredet, und gerade das möchte ich verhüten. Ich weiß, wie schwierig die Situation für Dich ist, und ich denke oft an Dich. Wenn ich Dir eine Hilfe sein kann, so trete ich mit großer Freude für Dich ein, das mußt Du wissen und immer wieder in die Erinnerung zurückrufen. Gut wäre es schon, wenn wir eine Zeit zusammensein könnten, vielleicht sogar für lange Dauer. Dann ist es möglich, daß wir uns gegenseitig helfen können. Glaube nicht, daß bei mir alle Überlegungen glatt und gelöst seien, wenn es manchmal auch so scheint. Immer wieder sind die Zweifel da und werden größer und größer, je mehr man mit ihnen ringt. Aber ich versuche, Klarheit zu bekommen und Wege zu erkennen. Die Sicherheit und das Zögern wechseln einander ab, und es gibt Tage, wo man keinen Ausweg sieht und mit aller Erkenntnis nur an hohe Wände stößt. Das mußt Du immer überlegen, daß dies bei allen Menschen so ist, wenn sie auch noch so gut

fundiert sind. Es ist unbequem, solchen Erschütterungen nachzugeben, viel angenehmer ist eine ungestörte Ruhe. Damit wollen wir uns nicht zufriedengeben, alle Anlagen und Fähigkeiten in uns sollen sich doch möglichst entfalten, und dann hat das Leben erst seinen Sinn.
Hast Du schon einmal gesehen und verglichen, daß für viele Menschen diese Probleme, die uns bewegen, so garnicht erregend wirken? Es gibt zwar Unterschiede in dieser Stabilität: die Einen besitzen tatsächlich die Weisheit, die ihnen Ruhe bringt, die Andern aber finden es zu anstrengend, sich damit herumzuschlagen und geben sich mit kleinen Fortschritten in ihrem persönlichen Leben zufrieden. Oft kann man sich wünschen, doch zu diesen »Zufriedenen« gezählt zu werden, es wäre doch so einfach. Aber wir finden diesen Weg nicht, wenn wir uns auch noch so unempfindlich machen. Unser Schicksal heißt eben, von ewiger Unruhe bewegt zu werden, das ist oft unerträglich, kann aber nicht geändert werden. – Du darfst nicht müde werden, und ein willkürlicher Schluß, um alle Lasten für immer von sich zu werfen, ist ja nur eine scheinbare Lösung.
Es gilt immer wieder, Schritt für Schritt auf dem Wege weiter zu gehen, der sich einem aufdrängt. Du mußt einfach Erkenntnisse suchen und durchdenken. Wo Du da anfängst, kann man nicht allgemeingültig bestimmen. Du kannst bei den Griechen und ihren Forschungen anfangen, Du kannst germanische Mythologie studieren oder zu den Indern und ihren Weisheitsbüchern gehen, auch China mit seinem Glauben und seinen Erkenntnissen wäre eine Möglichkeit. Das nächstliegendste aber ist doch die Welt, die unsere Kultur und unser Leben geformt hat.
Ich kann es *nicht* verstehen, warum Du nicht im Neuen Testament lesen solltest. Was heißt das schon, daß der Glaube nicht möglich wäre? [...] Du meinst sicher den Inhalt, der das Wesen eines Glaubens ausmacht. Zunächst kannst Du als Kritiker an dieses Buch herangehen, wie Du auch eine andere ehrwürdige Schrift mit Sorgfalt und Überlegung zur Hand nimmst. Für andere Leute war das doch auch möglich, Goethe las oft in der Bibel, es war sein erstes Buch, welches er liebgewann und nie mehr ganz zur Seite legte, obwohl er sicher kein Christ war. So gibt es viele Beispiele, welche Dir dies verdeutlichen können. Aber ist das so wichtig? Erzähle mir einmal, was Du mit dem Aufsatz von Guardini anfangen konntest, es interessiert mich sehr.

Inzwischen hat Dich auch Mathilde besucht, wohl nur für kurze Zeit. Nun wartet allmählich die ganze Familie auf die Ankunft des Urlaubers, es zieht sich immer noch in die Länge. Ich mache mir oft Gedanken über diese zukünftige Ehe und möchte mir gerne bei Mathilde auf einige Fragen eine Antwort holen, bringe das aber im Brief nicht fertig. Warum heiraten die beiden eigentlich? Eine Ehe ist das ja nicht, weil die Wege doch wieder auseinandergehen. Ich stelle mir vor, daß gerade in der ersten Zeit ein gemeinsames Leben geführt werden muß, damit zwei Menschen zusammenwachsen können. Ist es nicht viel schwerer, nach dem körperlichen Genuß die Trennung und Entfernung auf ungewisse Zeit hin zu ertragen als einfach so? Nachher ist das Alleinsein für jeden von ihnen eine große mühselige Last.
Ich brächte das nicht fertig, mit der Heirat allein ist doch noch nicht viel erreicht. [...]
Hoffen und wünschen wir, daß es gut geht und bleibt.
Hast Du vielleicht Mathilde mal ausgehorcht, was sie zu einer Hochzeitsgabe meint?
Du siehst, Briefe sind immer nur Versuche in unseren unzureichenden Händen. Ich könnte Dir viel sagen, aber das geht nur in Rede und Gegenrede, und dann auch nur in günstigen Stunden. Aber wir wollen uns Mühe geben, einander näher zu kommen und ein wenig zu helfen.
Augenblicklich habe ich wieder einen riesig geschwollenen Backen, ein anderer Zahn ist vereitert und macht unangenehme Beschwerden, man wird wieder schneiden und ziehen müssen. Du kannst Dir also meinen Zustand vorstellen, ähnlich wie an Pfingsten, allerdings kein Fieber und ein halbwegs freier Kopf. Ausgerechnet in diesen schönen Tagen!
Herzlich grüße ich Dich
Dein Willi

An Marita Herfeldt,
[Rußland], 29. 8. 1942

Liebe Marita,
ich habe Dir manche Zeit nicht mehr geschrieben und hörte auch lange nichts mehr von Dir. Nun weiß ich nicht einmal, wo Dich dieser

Schrieb wohl erreichen wird. Für mich hat sich viel geändert, seit Anfang des Monats bin ich wieder in Rußland, fast an der gleichen Stelle, wo ich den Winter verbrachte und dann im April nach Deutschland fahren konnte. So sehe ich das Land nun im Sommer, und langsam mehren sich die Zeichen des Herbstes, der hier ja sehr rasch in Winter übergeht. Meine Tage verbringe ich auf einem Hauptverbandsplatz, wo durch die heftigen Kämpfe augenblicklich eine Menge Arbeit kommt, die manchmal nicht sehr erfreulich ist. Zur Zeit bin ich in der Seuchenabteilung und sehe so hauptsächlich die Ruhr-, Malaria- und Fleckfieberkranken.
Den Sommer hatte ich mir eigentlich ganz anders vorgestellt, und es war schon eine Überraschung, als ich so unverhofft plötzlich von München wegfahren mußte. Jetzt ist schon ein Monat der vierteljährlichen »Feldfamulatur als Hilfsarzt« vorbei, und ich hoffe sehr, daß auch die beiden kommenden Monate rasch vergehen mögen. Froh bin ich, wenn der November mich wieder in München sieht, die Aussichten sind nicht zu ungünstig, obwohl man nichts Bestimmtes sagen kann und darf.
Es ist gut, daß ich mit guten Bekannten aus München hier zusammen bleiben konnte. Wir nahmen uns schon bei der Abreise vor, unter allen Umständen zur gleichen Einheit zu kommen, auf diese Weise vergeht unsere Zeit gemeinsam, und was dies gerade hier bedeutet, kannst Du wohl ermessen. Einer von uns, ebenfalls ein Mediziner, spricht ein ausgezeichnetes Russisch, da er in diesem Lande geboren und erst zur Zeit der Revolution mit seinen Eltern das Land verlassen mußte und dann auch fast ein Deutscher wurde. Nun sieht er zum ersten Male wieder dieses Land, und auch mir eröffnet sich vieles, was vorher unbekannt oder zumindest unverstanden blieb. Oft erzählt er uns von der russischen Literatur und auch zu den Menschen hier findet man einen ganz anderen Weg, als wenn man sich nicht verständigen könnte. Oft schon haben wir bei den Bauern gesungen und ließen uns die wundervollen alten Lieder spielen und singen, Man vergißt dann ein klein wenig das Traurige all der Dinge, die man zu oft sehen muß. Ich glaube, ich muß Dir sehr viel von hier erzählen, denn ich weiß ja, wie sehr Du teilnimmst an dem Schicksal dieses Volkes, welches wie das unsere solche Nöte und Ungeheuerlichkeiten erleben mußte. Diese Begegnungen und Gespräche geschehen aber, während in der Ferne die Geschütze und Gewehre nur selten

verstummen, und wir die Kranken und Verwundeten versorgen. Es sind zwei seltsame Welten um uns her.
So ahnst Du vielleicht, wie froh ich bin, wenn ich Dir von hier erzählen kann. Ich bin ja schon vorher fast ein ganzes Jahr in Rußland gewesen, und Du weißt auch, wie neugierig ich auf dieses Kennenlernen war. Du mußt mir dann von den Dichtern erzählen, die ich ja leider viel zu wenig kenne. Ich hoffe sehr, daß es bald einmal möglich sein wird, Dich zu besuchen, Pläne zu fassen, ist aber völlig unnütz.
Wenn ich jetzt zurückdenke, so finde ich, daß wir wirklich sehr lange nichts voneinander gehört haben. Nur kurze Kartengrüße erreichten mich vom Rhein. Als ich damals noch im Osten war, erfuhr ich doch mit ziemlicher Regelmäßigkeit von Dir, und auch ich schrieb hin und wieder. Dies soll kein Vorwurf sein, es ist einfach eine Feststellung.
Wieder wird es jetzt lange dauern, bis ich vielleicht eine Antwort von Dir erhalte. Ich hatte ja auch immer vor, mal nach Bonn zu kommen, aber es zeigte sich ja, daß daraus nichts wurde. Während der langen Reise und durch die riesengroße Entfernung verzögerte sich jede Verbindung, und so kommt recht bald schon der September.
Schreibe mir bitte einmal von Deinen Ferien und vor allem auch, wo Hein steckt, den ich leider auch nicht mehr erreichen kann. Sicher hat er mehr Glück gehabt und konnte in Deutschland bleiben zum Famulieren.
Ich stelle mir vor, daß die Zeit sehr unruhig bei Euch ist. Vielleicht aber hast Du für einige Wochen das Rheinland verlassen und ruhst Dich irgendwo aus. Inzwischen wurde Saarbrücken zu einem Teil zerstört, bisher geht es meinen Eltern noch ganz gut. Wenn dies nur so bleibt.
Ich wünsche Dir in den kommenden Monaten noch manche Freude und etwas Ruhe. Denke Du bitte auch einmal an mich. Grüße die Bekannten, denen ich im Augenblick nicht schreiben kann, besonders Hein.
Lebe wohl!
nurmi

An Marita Herfeldt,
[Rußland], 24. 9. 1942

Liebe Marita,
[. . .] Dein Brief ist seit zwei Tagen in meinen Händen, und seitdem beschäftigen sich meine Gedanken sehr oft mit Euch in Bonn. Alle Geschehnisse berühren mich tief. Dein Brief erlaubt mir, an Euerm Leben teilzunehmen, und darüber bin ich froh. Herzlich danke ich Dir für Deine Zeilen, die eben nach langer Pause bei mir eintrafen. Gut ist es zu wissen, wo Hein steckt, ob ich ihm in den nächsten Tagen schreibe, weiß ich nicht. Grüße Du ihn bitte, denn sicher triffst Du ihn bald.
Inzwischen veränderte sich meine Umwelt auch wieder ganz gewaltig: Seit Anfang September bin ich einem Infanterie-Bataillon als Hilfsarzt zugeteilt. Die Stellung liegt mitten im Wald, meine Zeit verbringe ich im Bunker, dicht bei dem Stacheldraht, der die Front des Kampfes bildet. Es ist verhältnismäßig sehr ruhig hier, nur in den Nächten sind kleine Geplänkel mit viel Lärm. In diesem Abschnitt steht ja die Front, nur südlich und nördlich ist wohl ein heftiges Hin und Her. – Dauernd sieht man nur die weiten Wälder, und der Blick bleibt gefangen im Geäste der Bäume. So vergehen die Tage, und der Herbst zeigte noch einmal seine Pracht in bunten Farbspielen, jetzt aber begannen schon erste Nachtfröste, und bald werden die Waldgebiete kahl sein. Ich tue nicht viel, die Verhältnisse sind eng und primitiv. Nach der Lektüre des »Nachsommers« im August folgte hier im Bunker Dostojewsky's »Schuld und Sühne«, wiederum wurde ich sehr gepackt von diesem Buch, ich las es nun zum dritten Mal.
Vor allem war Dostojewsky wichtig für mich, weil ich im vergangenen Monat einige russische Menschen besonders kennen lernte, anders als im letzten Jahr, weil ich mit diesem Kollegen zusammen war, der ein ausgezeichnetes Russisch spricht. Ich lernte wirklich die Menschen kennen und schätzen, muß ich gestehen. Herrliche Nachmittage und Abende verlebten wir, davon werde ich Dir noch erzählen, weil ich es einem Brief nicht anvertrauen möchte. Leider kam ich dann in diese Einöde und Verlassenheit, weitab von Dörfern und Menschen, ringsum sind eben nur Soldaten. Und dann las ich Dostojewsky, leider habe ich nur den »Raskolnikow« dabei, den ich auf der Hinfahrt zufällig in einem Warschauer Buchantiquariat fand und mir

mitnahm. Vieles wurde mir erst jetzt verständlich, und ich lernte die Dinge erst begreifen. – Es ist interessant, daß die einfachsten Menschen, Bauern, Fischer und Handwerker Dostojewsky kennen und sich mit ihm beschäftigt haben, nicht oberflächlich, sondern mit wachem Geist. Von Deutschland könnte man Ähnliches nicht behaupten, denn die Leute, die tatsächlich einen Goethe kennen, sind nicht reich gesät. Hier in diesem Land sind die Dichter tatsächlich volkstümlich und auch verstanden, und so soll es ja auch sein. Sehr bedauere ich es, nicht mehr Russisch zu können, es wäre unbeschreiblich schön geworden mit manchen Menschen! Man müßte unter anderen Verhältnissen drei Monate in diesem Land sein dürfen ...... (man darf es sich unter diesen augenblicklichen Lebensbedingungen gar nicht vorstellen).

Meine Hoffnung ist natürlich, zum nächsten Semester wieder beim Studium zu sein, bis jetzt hat sich nichts ereignet, was dieser Möglichkeit widerspräche. So sieht man alle Dinge gewissermaßen mit Gastspieleraugen, man ist hier auf vorübergehendem Besuch, und das läßt natürlich manches leichter ertragen. – Und dann werde ich bestimmt einmal nach Bonn kommen, denn sicher muß ich in München bleiben (leider!) zum Studium, das läßt sich nicht ändern, aber ich muß einmal wieder mit Euch zusammen sein.

Bergengruens »Am Himmel wie auf Erden« las ich im Juni und ich war wie Du sehr begeistert von diesem Buch. Manches wahre und warnende Wort steht darin, und man ist froh darüber. Es tut ja nichts, daß es sich um Schicksale in Preußen dreht, Dr. Carion ist ein Süddeutscher, der die Schicksale anders erlebt und deutet. Die Form des Romans ist großartig, diese Steigerungen und Spannungen, man ist beim Lesen selbst voller Unruhe.

Dies war heute ein ruhiger Abend im Bunker. Die anderen Leute lesen und schreiben, ich bin froh, mit Dir ein wenig geredet zu haben und hoffe, daß Du mir bald wieder einen Brief schreiben wirst.

Sage bitte auch Hein, Deiner Tante und Leonie meine Grüße.

Ich wünsche Dir noch schöne Ferien!

Herzlich

nurmi

An Walter Kastner,
[München], 8. 11. 1942

Lieber Walter,
während der drei Monate, die ich nun wieder in Rußland war, hörten wir nichts voneinander. Jetzt bin ich seit zwei Tagen wieder in München, und so möchte ich Dir gleich ein Zeichen schicken, damit die Verbindung wiederum angeknüpft werde. Zunächst muß ich Dir ja wohl einige Dinge berichten, damit Du Dir ein Bild machen kannst.
Kurze Zeit, nachdem ich Deinen Brief vom 4. 7. erhalten hatte, begann sehr plötzlich die Abreise der Studentenkompanie zur Feldfamulatur im Osten, ich fand daher nicht mehr die Zeit, Dir diese Nachricht zu geben, da Du doch mit einem Wiedersehen hier in Süddeutschland gerechnet hattest. Von Frau Hechtl hörte ich gestern, daß Du während dieser letzten Herbstmonate hier gewesen seist ohne aber jemand angetroffen zu haben. Es ist schade, daß wir uns nicht treffen konnten.
Ich kam dann nach Wjasma, wo wir Mediziner verteilt wurden zu den einzelnen Einheiten. Man hatte allerdings nicht damit gerechnet, bis zu Feldtruppenteilen zu kommen, viel eher glaubten wir, in rückwärtigen Kriegslazaretten famulieren zu können, wo wir sicher mehr Arbeit gefunden und mit größerem Interesse gewirkt hätten.
Im Gegenteil aber kam ich zunächst zu einem H[aupt] V[erbands] Pl[atz] in nächster Nähe von Gshatsk, wo es im August ja sehr bewegt zuging, da bei Rshew und Juchnow heftigste Kämpfe waren. So gab es zwar eine Menge Arbeit, aber zum großen Teil konnte man bei diesen einfachen und behelfsmäßigen Verrichtungen nicht viel lernen. Meistens war ich auf der Infektionsabteilung beschäftigt und sah dort Ruhr-, Typhus-, Malaria-, Diphtherie- und Fleckfieberkranke. Im September kam ich dann zu einem Inf. Batl. als Hilfsarzt und lebte vorne im Graben und Bunker. Die Tätigkeit bestand in der Versorgung Verwundeter, ehe diese zum H. V. Pl. gebracht wurden. Die letzten drei Wochen des Oktober verbrachte ich im Feldlazarett in der Nähe von Wjasma, dort war es ganz ruhig, weil das Lazarett nur als Ortslazarett eingesetzt war. Außer einigen Krankengeschichten, die bei jedem Furunkel oder Durchfall geschrieben wurden, und der Versorgung von Zivilbevölkerung gab es ärztlich

nichts zu tun. Am 1. XI. fuhren wir, die Münchner Studentenkompanie, von Wjasma los und trafen vorgestern hier ein. Wahrscheinlich bekommen wir vor Semesterbeginn am 1. XII. noch einen 14-tägigen Urlaub.

So verliefen diese Monate, das Erlebnis aber während dieser Zeit ist unheimlich groß und schön, sodaß ich nicht weiß, womit ich beim Erzählen beginnen soll. Wahrscheinlich läßt sich das in einem Brief auch gar nicht berichten, weil es so viele Dinge gibt, die man einfach nicht aufschreiben kann. Ich werde mich wirklich freuen, wenn ich Dir bei einem Wiedersehen davon erzählen darf, ich möchte es sehr gerne tun, damit Du von dem Land dort drüben etwas erfährst.

Vor allem war es wichtig, daß ich mit verwandten Menschen zusammen sein konnte. Zum ersten Male beim Barras war ich mit Leuten zusammen, mit denen man leben kann, die Äußerlichkeiten des militärischen Lebens berührten nur wenig dieses Zusammensein, und das war eben viel wert. Wir hatten es so eingerichtet, daß wir schon beim Verladen auf dem Münchner Ostbahnhof zusammen blieben, und nur während der Wochen, die jeder bei der Infanterie verbrachte, waren wir räumlich getrennt, besuchten uns aber hin und wieder oder sprachen am Telefon oder schrieben uns Briefe und Karten. Manchmal während dieser Zeit hatte ich wirklich den Eindruck, als ob wir auf einer Fahrt in Rußland seien, wenn wir über Land gingen oder Besuche bei den Bewohnern des Landes machten. Einer von uns Fünfen spricht ein ausgezeichnetes Russisch, und auf diese Weise erlebten wir andern auf besondere Art das Land und seine Menschen. Oft auch gelang es, ein vernünftiges Gespräch zu führen, und manche Nacht verging wohl bei solchem Reden. Wir lasen zusammen, wir sangen, wir teilten das Essen. So kann ich Dir nur andeuten, was im letzten Vierteljahr geschehen ist, die Zeit war äußerst anregend, und es wird sich wohl erst zeigen, welchen Sinn dieses Zusammenleben hatte.

Daneben las ich immer noch etwas, und vor allem ist es die Lektüre von Stifters »Nachsommer«, die einen nachhaltigen Eindruck hinterließ. Zuletzt im Feldlazarett arbeitete ich etwas in Guardinis Schriften, und das möchte ich vermehrt jetzt im kommenden Semester weitertun.

Noch habe ich Dir nicht von dem schönen Herbst in Rußland erzählt,

der durch seine Großartigkeit seinen besonderen Glanz auf das ungeheure Land legte.
Anstrengend waren diese Wochen wohl auch, denn zur gleichen Zeit tobten ringsum die heftigsten Kämpfe. Die Gefahr und der Schrekken des Krieges waren oft sehr nahe und sorgten dafür, daß wir nicht unsere Umgebung und die Härte vergessen konnten.
Man muß darüber erzählen können. Wie erging es Dir während dieser Zeit? Bestehen eigentlich Aussichten, daß Du zum kommenden Semester studieren kannst? Ich würde mich freuen. – Augenblicklich bin ich noch allein in München und wohne zunächst in der Siegfriedstraße. Die kommenden Tage werde ich dazu benützen, mir hier in Schwabing eine Bude zu suchen, es wird sicher schwer sein. Hoffentlich kann ich dann gegen Ende der Woche nach Hause fahren. Wenn Du mir schreiben willst, dann vorläufig nach Saarbrücken 3, Mainzerstr. 30.
Wie sieht es eigentlich mit Bücherkäufen aus? Es wäre prima, wenn Du mir noch einige Sachen besorgen könntest, meine Wünsche sind Dir ja bekannt. Soll ich Dir Geld schicken?
Hoffentlich höre ich bald etwas von Dir, am liebsten wäre es mir ja, wenn ich Dich zum 1. XII. hier wiedersehen könnte.
Herzliche Grüße
Dein Nurmi

An Otto Vieth,
[München], 1. 12. 1942

Lieber Otto,
ich erhielt Deinen Brief vom 7. X. erst hier in München, nachdem ich also wieder nach Deutschland gekommen bin und nun in dieser Stadt weiterstudieren kann. Froh bin ich schon, daß ich endlich wieder von Dir etwas hörte, durch meine häufigen Platzwechsel bekam ich ja nur wenige Nachrichten, und die oft erst nach sehr langer Zeit. Da ich nun auch weiß, daß Ria vermutlich noch in Pfronten ist, habe ich ihr gleich geschrieben, damit wir uns einmal wiedersehen können, und ich Euer kleines Mädel kennenlerne. Hoffentlich gelingt es.
Es ist nicht leicht, in den begonnenen Winter hineinzugehen, ohne darin ein Ende abzusehen. Ich weiß es recht gut und verstehe Deine

Situation vollkommen. Aber dies alles geschieht ja nicht ohne Sinn, wir ertragen unser Geschick und unsere Aufgabe, wie sie uns nun einmal gestellt werden. Ich bin froh darüber, daß Dir solches Gottvertrauen Haltung und Form gibt, ein solches Leben zu führen. Ist dies nicht die einzigste Möglichkeit, in diesem Dunkel auszuhalten? Ist es dann schon so unerträglich, allein zu stehen, wenn man um die Liebe Gottes weiß, auch wenn kein Mensch in der Nähe ist, der einem verwandt ist? Vielleicht ist es gut, einmal ganz auf sich allein angewiesen zu sein, einmal ohne die Abwechslung eines schönen Lebens und angenehmer Dinge, die ja auch zur Ablenkung werden können. Für mich war die vergangene Zeit im Osten, die fast 1½ Jahr anhielt, ganz gewiß keine verlorene Zeit, das fällt mir jetzt erst richtig auf. Damals war es oft sehr schwer, und es ist jetzt auch nicht leicht, aber diese Einsamkeit war gut und voller Bedeutung, und ich möchte sie nicht missen, so erscheint sie mir jedenfalls jetzt. Es wird Dir einmal ähnlich ergehen. Bist Du wirklich allein, wie Du es in Deinem Brief schreibst? Ich weiß nicht recht, ob es so ganz stimmt.

Leider kann ich Dir zunächst keine Lektüre schicken, ich muß schon warten, bis die Sperre wieder aufgehoben ist. Wenn Du besondere Wünsche hast, so teile sie mir doch mit, ich will versuchen, sie Dir zu erfüllen, es wird mir Freude machen.

Für mich beginnt ein neues Semester, ich freue mich auf die Arbeit, die ich während dieser Zeit leisten kann. Es ist eigentlich so, daß mich die medizinischen Dinge nicht so sehr interessieren. Ich werde fortfahren, die Dogmatik von Schmaus durchzuarbeiten, daneben lese ich immer wieder und oft bei Guardini, der uns soviel zu zeigen und zu sagen hat. Das ist augenblicklich die Arbeit, die mir wichtig erscheint.

Diese Zeilen werden Dich wohl erst zu Weihnachten erreichen. Ich werde an Dich denken, wenn ich beim Altar stehen werde. Herzlich grüße ich Dich und wünsche Dir Seinen Segen und ein wenig von Seinem Frieden, den Gott in aller Unruhe und Unsicherheit geben kann.

Laß es Dir gut gehen, bleibe gesund.
Herzlich grüße ich zum Weihnachtsfest
Dein nurmi

1941

An Marita Herfeldt,
[München], 8. 12. 1942

Liebe Marita,
über Deinen Brief habe ich mich gefreut, und so danke ich Dir dafür. Eigentlich muß ich mich nun auch dafür bedanken, daß ich solche Tage mit Dir in Bonn erleben konnte, wirklich, es waren gute und schöne Tage für mich, die ich mit Euch zusammen sein konnte, trotz der Bitterkeit. Doch darüber darf ich vielleicht bald einmal mit Dir sprechen.
Du hast sicher von Hein erfahren, daß ich um die Weihnachtstage bis zum neuen Jahr wiederum Urlaub bekomme, ganz unverhofft für mich. Wäre es da nicht möglich, daß wir wieder einige Tage zusammen verbringen können? Ich weiß noch nicht, ob Hein ebenfalls Urlaub bekommt, danach richtet sich das schließlich auch. Ich werde bestimmt während dieser Zeit nicht daheim bleiben, und zum Skilaufen kann ich nachher immer noch von hier aus. Vielleicht wäre es günstig, wenn wir wieder in Bonn zusammenträfen. Oder was meinst Du? Es liegt mir viel daran, auch mit Dir zu sprechen und zu reden. Wenn Hein wirklich auch ins Saargebiet käme, so gefiele es mir nicht sehr, wenn wir die ganze Zeit dort bleiben müßten. Hoffentlich findet sich eine gute Lösung, es handelt sich entweder um die Woche nach Weihnachten oder die erste Woche 43. Überlegt Ihr bitte einmal genau und schreibt bald.
Das wäre zunächst das Dringendste, aber schließlich ist es keine Antwort auf Deinen Brief. Es gefiele mir besser, wenn wir uns wieder träfen, und so unmöglich ist es ja nicht.
In diesen Tagen lebe ich reichlich von guter Musik. Gerade heute Abend hörte ich Edwin Fischer mit seinem Kammerorchester. Am besten schien mir das Mozart-Klavierkonzert Es-Dur. Am letzten Sonntag war die »Messias-Aufführung«, deren Eindruck unsagbar groß war. Ende der vorigen Woche spielte das Wendling-Quartett, besonders gefiel mir das Haydn-Quartett C-Dur. So geht es nun weiter, die Möglichkeiten sind nicht auszuschöpfen. Dazu singen wir im Chor alte Weihnachtslieder und eine herrliche Motette von Schütz, die am 20. XII. in einem Konzert aufgeführt werden.
Das alles sind schöne Dinge, die mehr als bloße Beschäftigung sind. Ich mußte solche Freuden lange missen während der drei vergange-

nen Winter, nun aber nehme ich solche Schönheit in vollen Zügen. Ein unendlich vielseitiges Reich begegnet mir in der Musik, und manches sieht sich in der Welt nachher ganz anders an. Man müßte nur selbst mehr tun können, und ich will es nun versuchen, im kleinen Quartett zu spielen, natürlich muß ich dann auch wieder gründlich üben, was aber keine Last und Unannehmlichkeit bedeutet.
Während der letzten Stunde des Tages lese ich seit einigen Tagen Stifter. So hoffe ich, im Verlauf des Winters sein ganzes Werk kennen zu lernen. – Es ist schön, daß Dir nun die ganze Schönheit G. Kellers aufgeht, es ist wirklich eine Freude, dieses Leben des grünen Heinrich mitzugehen, welcher Reichtum an Eindrücken!
Die Gedanken über Bergengruen sind wirklich interessant. Ich muß das noch einmal gründlich überlegen, was das eigentlich ist. Jedenfalls muß man sein Fabulieren von seinem »Dichten« trennen, denn von ihm gibt es ja auch Gedichte, oder wenigstens nennen sich die Erzeugnisse so. Man muß auch diese seine Kinder einmal genau anschauen.
Hoffentlich bist Du in den letzten, vergangenen Tagen wieder völlig genesen, sodaß auch Dein Arbeiten gute Fortschritte machen kann. Oder willst Du kurz vor Weihnachten ernstlich krank werden?
Froh wäre ich, wenn ich nun bald Eure Pläne erfahren könnte, damit auch ich weiß, was sich tun läßt. Schreibe mir bitte rasch.
Für heute meine herzlichen Grüße
von nurmi

An Günther Schmich,
[München], 21. 12. 1942

Lieber Günther,
es war nun tatsächlich so, daß Dein letzter Brief in den Osten gereist ist und dann zurück nach München kam, wo ich ihn Anfang Dezember erhielt. Dies war ja der Nachteil der dreimonatigen Famulatur im Osten, daß die Postverbindung nur lückenhaft hergestellt wurde, weil ich dort auch häufig meine Plätze wechselte.
Nach vierzehn Tagen Urlaub im November bin ich nun wieder in München gelandet. Es dauert zum Glück ja noch zwei Jahre, bis ich »fertig« werde, wenn man dieses sogenannte Examen als Abschluß

und Fertig-werden bezeichnen will. Jedenfalls bin ich froh, daß mir noch eine solche Zeit bleibt, denn ich kann vorläufig viele andere, vielleicht wichtigere Dinge nebenher treiben. Es dauerte ein wenig, bis ich mich wieder eingerichtet hatte, und nun kommen die Weihnachtsferien als Unterbrechung dazwischen. Ich werde heute Abend heimfahren und vermutlich bis über Neujahr bleiben. Es ist seltsam, wie rasch bei solch häufigem Wechsel die Zeit vergeht. Die Monate im Osten waren fast unversehens vorbei, und ich frage mich am Ende wirklich, wo alle die Wochen geblieben seien. Die Zeit in Rußland während der Sommer- und Herbstmonate war unbeschreiblich schön, davon müßte ich Dir einmal erzählen. Ich war glücklicherweise mit vernünftigen Menschen zusammen, und das macht sehr viel aus.

Während der Urlaubstage traf ich mit Rudi A. zusammen, leider nur einen Nachmittag und Abend. Ich wurde angenehm überrascht, wie er sich gibt und was er nun tun wird. Wir bedauerten es, daß keine Zeit zu längerem Treffen übrig blieb, ich denke, ihn nun um Weihnachten daheim wiederum zu sehen.

Kannst Du mir sagen, wo Helmut jetzt steckt? Er ist jedenfalls nicht mehr auf der Flak-Schule hier in Oberbayern, von wo er mir im Juli einmal schrieb. Ich möchte versuchen, die Verbindung aufzunehmen.

Besonders wichtig ist für mich hier in München die Begegnung mit guter Musik, die während der drei Dezemberwochen recht intensiv wurde. Abschluß war für mich die Aufführung des Händel-Oratoriums »Der Messias«, welche einen sehr starken Eindruck hinterließ. Es war nicht allein die meisterhafte Art der Darbietung, vielmehr der Glaube und das Wissen um den Inhalt dessen, was gesungen wurde. Es klang wie ein Credo, wenn zuletzt in einer Arie ausgesagt wurde: »Ich weiß, daß mein Erlöser lebt«. Der Geist des Advent lag über diesen Stunden.

Zum Geburtsfest wünsche ich Dir Gnade und Segen und grüße Dich herzlich. Wo wirst Du an diesen Tagen sein? Hoffentlich ist es Dir möglich, die Tage vernünftig und gut zu begehen.

Vielleicht gelingt es, im nächsten Jahr häufiger einen Brief zu schreiben. Wir wollen uns Mühe geben.

Herzlich
Dein nurmi

An Karl Bisa,
[München], 15. 1. 1943

Lieber Kabi,
seit acht Tagen stecke ich wieder in der Stadt, und es gab in dieser Zeit bereits eine Menge Arbeit für mich. Es dauert eben immer einige Zeit, bis man sich wieder in einer neuen Umgebung eingerichtet hat.
Nun habe ich wegen des Fechtturniers verhandelt, und ich glaube sicher, daß es klappen wird. Es gibt hier einen Fechtklub, bei dessen Lehrer ich ja auch Stunden nehme. Mit diesem Verein habe ich einmal geredet, und er würde sich freuen, wenn es zu einem Turnier käme, allerdings im Monat Januar noch nicht. Ich will Dir einmal einiges dazu schreiben: Eine offizielle Sache wird man wohl nicht daraus machen können, denn sonst müßte ich zunächst mit dem Kommandeur der Münchner Studentenkompanien verhandeln, soviel ich weiß, gibt es dabei auch nicht viele Leute, die sehr gut fechten und zusammen üben. Meiner Ansicht nach käme also eine interne Begegnung von Euch Bonnern mit dem Münchner Fechtklub in Frage. Die Reisekosten fielen Euch zur Last, aber die Beherbergung nähme der Fechtklub auf sich. Gegner könnten hier gestellt werden für Degen und Florett, für Säbel ist es noch zweifelhaft, auch eine Damenmannschaft für Florett wäre sehr erwünscht. Fechtmeister Knapen, der Lehrer, meinte, es sei wohl günstiger, wenn in jeder Waffenart eine Mannschaft zu drei Personen, eventuell mit einem Ersatzmann, antreten könne, damit die Kämpfe nicht allzu lange dauerten. Natürlich kann ein Mann in verschiedenen Arten fechten. Was meinst Du dazu? Sollte ich doch noch beim Kommandeur anfragen, damit ein offizieller Kampf Stud. Kp. München : Bonn möglich würde. Mir persönlich gefiele das nicht so sehr. Was hältst Du von den Mannschaften zu drei Personen? Schließlich würden hier auch noch mehr Kämpfer gefunden, wenn es sein müßte. Jedenfalls müßte auch noch ein Turnier in Säbel steigen können, das läßt sich bestimmt erreichen. Bestimmt müßte eine Begegnung der Damen stattfinden, denn ich hatte bei der Unterredung den Eindruck, daß der Fechtklub hier mehr weibliche Mitglieder hat, da die Männer ja meistens nicht hier sind. So, nun sage Du einmal, was Du noch im besonderen wünschst, auch wegen des Termins.

Vielleicht Mitte oder Ende Februar. Schreibe mir einmal die Besetzung in den einzelnen Waffenarten auf, damit ich dies den Leuten hier zeigen kann, wegen der Quartiere und der Münchner Gegenbesetzung.
Für Deinen Neujahrsgruß aus den Bergen danke ich Dir. Hattest Du gutes Wetter und ordentlichen Schnee? Wie wird es mit Deinem Examen? Wenn das Turnier doch noch ins Wasser fallen sollte, könntest Du dann nicht zu einem Besuch trotzdem kommen? Ich weiß nicht, ob Du Dir soviel Zeit freimachen kannst.
Gustel hat zu diesem Semester doch noch Studienurlaub bekommen. Er wohnt ganz in meiner Nähe, seit acht Tagen ist er auch hier. Ich habe ihn ja auch schon lange nicht mehr gesehen gehabt, er war inzwischen zweimal verwundet. – Wie geht es eigentlich Pitt? Ich habe seine Anschrift immer noch nicht. Du mußt ihm unbedingt einen Gruß von mir schreiben und mir die Feld Post Nr. mitteilen.
Kurz ehe ich von Saarbrücken abfuhr, schickte ich noch ein Bücherpaket an Dich, hoffentlich ist es gut angekommen.
Schreibe mir also recht bald einmal, ich bin schon neugierig, wie es mit dem Turnier werden wird, nicht so sehr wegen des Fechtens, sondern weil Du dann nach München kommen kannst.
Deiner Mutter und Dir herzliche Grüße
Dein nurmi

An Marita Herfeldt,
[München], 2. 2. 1943

Liebe Marita,
für Deinen Schrieb danke ich Dir. Heute kann ich Dir nur kurz schreiben, vor allem wegen der Stifter-Ausgabe. Vielleicht wäre es am besten, wenn Du die bisher erschienenen Bände an die Anschrift Dr. Fritz Leist, München 23, Siegfriedstr. 18^{III} schicken läßt, dazu dann auch die laufend erscheinenden Bände, jedesmal auf Rechnung. Bei mir ist nämlich die Wohnung auf die Dauer ungewiß, da ich nicht genau sagen kann, welche Zeit ich hier wohnen bleibe, weil ich zwischen den Semestern doch immer wieder wegkomme. Die angegebene Anschrift ist sicherer, vor allem auf die Dauer, und ich nehme ja an, daß die Stifter-Ausgabe in ihrer Herausgabe fortgesetzt wird.

Jedenfalls danke ich Dir schon jetzt für diese Besorgung, über die ich mich sehr freue.
Das Hochland-Heft habe ich bisher noch nicht auftreiben können. Es wäre praktisch, wenn Du mir besagte Nummer einmal schicken könntest, denn der Wilder interessiert mich doch sehr im Zusammenhang mit seiner »Brücke«. Übrigens ist die »Kabala« auch in deutscher Übersetzung erschienen. Einer meiner Bekannten besitzt die Ausgabe, aber Du hast schon recht, daß dieses Buch gegenüber seiner »Brücke« sehr stark abfällt. Wenn Du den Band lesen möchtest, könnte ich ihn Dir vielleicht zur Lektüre schicken.
Zur Zeit komme ich leider nicht viel zum Lesen, die Tage sind so kurz, und es gibt so viele Dinge zwischendurch zu tun. Regelmäßig beschließe ich den Tag mit der Stifter-Lektüre und komme so im Verlauf der Woche durch sein ganzes Werk.
Augenblicklich arbeite ich auch einige der Aufsätze Reinhold Schneiders aus »Macht und Gnade« durch, und diese Beschäftigung, man kann fast sagen, daß sie geschichtswissenschaftlich ist, gibt mir viele und zusammenhängende Anregungen. Aus Vergangenem entwickelt sich ein großartiges Bild auch der Gegenwart, und ich ahne manchmal Dinge, die verborgen waren. Es ist eigentümlich, welche überragende Bedeutung Schneider für uns gewonnen hat, er ist wohl einer der ganz wenigen Menschen, die uns Wesentliches zu sagen haben. Wenn Du gelegentlich wieder zu Lützeler kommst, versuche doch, das Gespräch auf Schneider zu bringen, ich weiß, daß die Beiden sich kennen und vermutlich auch schätzen. Es wäre mir interessant zu wissen, welche Bedeutung Lützeler ihm zumißt.
So ist nach Lützeler Deine Ikone doch nicht so historisch, wie wir annahmen. Hast Du eigentlich einen Restaurator durch ihn gefunden? Das wäre schon sehr wichtig, denn sonst geht das Bild in absehbarer Zeit noch völlig zugrunde.
– Die Konzerte hier in München sind auch jetzt noch wirklich großartig. Verhältnismäßig oft besuche ich, was mich besonders anspricht. Interessant war im letzten Symphoniekonzert die Aufführung des Werkes eines modernen Musikers, des Ungarn Béla Bartok mit seinem großen Orchesterwerk. Dies gab den Anlaß zu heftigen Diskussionen über moderne Musik. Ich kann nicht sagen, daß mir das Werk gefallen hat, es wäre nicht der Ausdruck dafür, aber es war doch ganz ehrlich und enthielt viel mehr als Auflösung aller klassi-

schen Wertbegriffe, denn zugleich wurde ein Weg (als Möglichkeit) gezeigt. Manches sprach mich gewaltig an, besonders gerade das Rhytmische.
Für heute grüße ich Dich recht herzlich
nurmi

An Marita Herfeldt,
[München], 17. 2. 1943

Liebe Marita,
heute kann ich Dir die »Cabala« schicken und hoffe, daß Dir diese Lektüre Freude macht. Bisher kam ich noch nicht zum Lesen, vielleicht nehme ich es mir vor, wenn Du es zurückgesandt hast. Die »Brücke« und das Hochlandheft trafen bei mir ein, vielen Dank dafür, doch habe ich auch den Aufsatz noch nicht gründlich gelesen, sondern erst einmal überflogen.
An den beiden vergangenen Wochenenden bin ich im Gebirge gewesen, und dabei vergingen immer einige Tage, sodaß dann die Zeit in München sehr kurz war. Es war herrlich draußen im Schnee. Einmal verlebte ich ein paar Tage im Allgäu, zuletzt jetzt die Tage bei Lenggries. Ich stand mal wieder auf Brettern, kletterte auf ein paar Bergen herum, ließ mir die warme Sonne ins Gesicht scheinen. Es fiel mir schwer, dann wieder in die Stadt zu fahren, die Hetze und den Betrieb der Großstadt mitzumachen. Die Ruhe und Klarheit dort draußen ist so wohltuend, man kann sich unberührt halten von allen Dingen, die einem in der Stadt begegnen. Aber solche Zeiten sind eben die »Sonnentage«, von deren Kraft man nachher zehren muß.
Die beiden Welten, von denen Du in Deinem Schrieb erzählst, sind schon sehr bedeutend und umfassend, und wir brauchen wohl ein ganzes Leben, um von diesen geistigen Atmosphären das Wesen zu erkennen und weiterzutragen. Was kommt es da schon auf Jahre an? In ihrem Kreis bewegen wir uns immer, wenn auch manchmal die Möglichkeiten noch so verbaut erscheinen. Immer wieder muß man damit beginnen und weiterdringen, und hat so einen Platz, von dem aus und auf dem man leben kann.
Man müßte es eigentlich fertigbringen, an jedem Tag zumindest eine Stunde planmäßig auf diesem Gebiet zu arbeiten, wenn die Um-

stände und Bedingungen auch noch so ungünstig sind. Nur so gelingt es, im Lauf von Jahren ein gutes Stück weiterzukommen und von der geistigen Welt vollkommen durchdrungen zu werden. Ich versuche es jedenfalls, mögen die kommenden Tage auch noch so ungewiß vor mir liegen. Allmählich spürt man dann auch, daß solche Mosaikarbeit ein Ornament ergibt, es zeigen sich Linien und Ordnungen, und so leicht verliert man die Orientierung dann nicht mehr, die Pole bleiben stehen und festigen sich, wenn auch die Unruhe noch so groß wird. Eine andere Möglichkeit zum Arbeiten habe ich ja auch jetzt nicht, weil so viele Dinge im Alltag für den Augenblick wichtig erscheinen und nicht vernachlässigt werden können. So lese ich in einer Dogmatik Kapitel für Kapitel, schaue mich nach Zusammenhängen um. Dazu kommt dann die Dichtung, die eben in diesen Monaten bei Stifter liegt.
Schicke mir bitte die »Cabala« recht bald zurück, wenigstens in diesem Semester noch.
Für heute meine herzlichen Grüße.
Sag auch Hein meinen Gruß.
Alles Gute!
nurmi

[Ende Februar 1943 aus dem Gefängnis München, Wittelsbacher Palais; Kassiber an die Schwester Anneliese im selben Gefängnis, durch einen diensttuenden Mitgefangenen überbracht.]

Liebe Anneliese,
für die Zigaretten gestern und überhaupt für alle Freundlichkeiten sage ich Dir meinen herzlichsten Dank. Sage diesen meinen Dank auch Mathilde und unserer Wirtin, die sich so herzlich um uns kümmern.
Meine größte Sorge habe ich um Dich und die Eltern und Mathilde in Saarbrücken. Versuche mir doch bitte einmal mitzuteilen, wie es Dir geht, aber »ohne Schminke«, und welchen Eindruck Du von daheim bekommen hast und Dir machst.
Wie es mir geht, wirst Du Dir ja denken können, aber ich halte das schon aus. Leid tut es mir um Dich, aber ich kann da garnichts daran ändern, ich habe garkeine Möglichkeit.

Ich wünsche Dir alles Gute und hoffe sehr, daß Du bald in die Freiheit kommst.
Herzliche Grüße
Dein Willi

[U-Gefängnis Brienner Str., Wittelsbacher Palais]
[München], 8. 3. 1943

Meine lieben Eltern und liebe Mathilde,
seit über vierzehn Tagen bin ich nun hier und warte darauf, zur Verantwortung gezogen zu werden für meinen Umgang und meine Handlungsweise. Ich weiß nicht, ob Ihr darüber unterrichtet seid und kann in einem Brief nicht viel dazu schreiben. Welche Vorwürfe und Gedanken mache ich mir deswegen, welches Unglück und welche Sorgen ich Euch gebracht habe, um mich selbst ist es ja nicht schade. Nehmt es Euch nicht zu sehr zu Herzen, denn es ist nun einmal nicht zu ändern.
Was die kommenden Tage bringen, liegt in Gottes Hand. Ich habe keine Hoffnung und schließe mit allem ab. Nur um die Kraft bitte ich, das was noch kommt, ertragen zu können. Für Euch aber bitte ich um alles das, was mir wohl versagt bleibt. Behaltet mich in guter Erinnerung!
Betet auch Ihr für mich, damit ich mein Geschick erdulden und auf mich nehmen kann.
Ich grüße Euch alle von ganzem Herzen, und meine Gedanken sind oft bei Euch.
Euer Willi

Gerichtsgefängnis Neudeck
München, den 11. 4. 1943

Meine lieben Eltern und liebe Mathilde,
ich bin nun schon die dritte Woche hier, konnte Euch aber leider noch nicht schreiben, weil mein erster Brief an Luibles wegen eines Rechtsanwalts ging. Gestern erhielt ich die Karte von Mathilde vom 28. III., das erste Zeichen von Euch daheim, ich danke Euch dafür. Große Sorgen mache ich mir um Euch, weil ich garnichts von Euch

höre, vor allem von den Eltern nicht. Immer und immer warte ich auf eine Nachricht. Wenn es geht, so schreibt mir bitte *bald* einmal. Macht Euch nicht zu viel Gedanken über mich, die Hauptsache ist doch, wenn es Euch *Allen* gut geht. Ich muß mein Geschick tragen und erleiden, wie es mich treffen wird. Ich bitte darum, ein starkes Herz zu haben und vertraue auf Gott. In Seiner Hand liegt mein Schicksal und mein Leben. Denkt auch Ihr bitte oft an mich. Meine Gedanken sind oft bei Euch, doch weiß ich garnicht, wie es den Eltern geht. Bisher habe ich noch keine Antwort darauf erhalten. An dem Ereignis, welches besonders Mathilde angeht, nehme ich starken Anteil. Ich glaube sicher, daß das Kind Euch Kraft und Stärke gibt in der kommenden Zeit. Ich wünsche Dir, liebe Mathilde, dazu alles, alles Gute und Euch beiden beste Gesundheit in den nächsten Wochen. Hoffentlich kommt Ossy auch in Urlaub, und ich wünsche sehnlichst, daß vielleicht Anneliese wieder bei Euch sein kann. Wenn sich unser Wunsch nur erfüllen möchte! Alle meine Gedanken sind immer wieder bei Euch.
Bisher habe ich von Mathilde L. noch keine Nachricht erhalten. Ich will deshalb heute selbst einmal an einen Rechtsanwalt schreiben, der mich dann hier besuchen möge. Vorläufig weiß ich noch garnicht, was die nächsten Wochen bringen werden. Mit Geduld und Gottvertrauen muß ich einfach abwarten. Froh bin ich schon darüber, daß ich jetzt wenigstens alle 14 Tage zur Messe hier im Gefängnis gehen kann. Das ist doch recht wertvoll. – Auch von Anneliese hörte ich leider noch nichts. Wenn ich nur wüßte, wie es ihr geht. Hoffentlich seid Ihr besser unterrichtet und macht Euch nicht auch wegen ihr solche Sorgen. Ihr ahnt ja garnicht, wie schmerzlich es mir ist, daß ich diese Angst und Sorge für Euch veranlaßt habe. Das bereitet mir den größten Kummer, was mit mir selbst sein wird, ist mir garnicht so wichtig. Wenn es *Euch* nur gut geht, wünsche ich mir von Herzen. – Vor Ostern darf ich Euch nun nicht mehr schreiben. Alle 14 Tage kann ich nur einen Brief absenden. Mit meinen Gedanken bin ich immer bei Euch, grüße Euch alle sehr herzlich. Zu der Geburt wünsche ich Mathilde alles Glück und beste Gesundheit. Hoffentlich geht es Euch so gut, wie ich es Euch wünsche.
In Gedanken sind wir verbunden, ich wünsche Euch eine gesegnete Zeit, von Herzen
Euer Willi

Strafgefängnis München-Stadelheim
München, den 8. 5. 1943

Meine lieben Eltern und liebe Mathilde,
während des Besuches der Eltern, an den ich an dem Tag schon nicht mehr gedacht hatte, weil es so spät geworden war, konnten wir uns in der kurzen Zeit auch nur wenig sagen. Ich bin aber sehr froh, daß ich die Eltern sehen und sprechen konnte und danke Euch so sehr dafür, denn gewiß war dieses Wiedersehen nicht leicht. Freitags besuchte mich Anneliese und zeigte sich auch sehr tapfer. Bestimmt, den meisten Kummer und die größten Sorgen muß ich mir wegen Euch, meine lieben Eltern und Mathilde und Anneliese machen, denn hätte ich nur an mich allein zu denken, ich könnte trotz allem froh sein, es fiele mir viel leichter. Ob Ihr das mit mir verstehen könnt? Bitte versucht es. Mit dem Tod beginnt erst unser wahres Leben, diese Gedanken sind mir immer schon vertraut gewesen und waren und sind mir bewußt. Euch aber bleibt alles Leid und der Schmerz, aber der Glaube und das Gottvertrauen muß auch Euch Stärke und Kraft bringen, und in diesem Bewußtsein sind wir vereint und wollen füreinander beten. Für Mathildes Brief danke ich, das Kindlein läßt wohl noch auf sich warten. Ich wünsche recht gute Gesundheit und guten Verlauf, meine Gedanken sind oft bei Euch. Sagt Anneliese meinen besonderen Dank für ihren Brief, ich habe mich sehr darüber gefreut. Luibles versorgen mich so gut, sagt auch ihnen meinen Dank. Schreibt mir ein paar Worte. Ich bitte Euch, denkt oft und viel an mich und betet für mich. Meine Gebete und Gedanken sind immer bei Euch.
Lebet wohl
Euer Willi

Strafgefängnis München-Stadelheim
München, den 23. 5. 1943

Meine lieben Eltern und liebe Mathilde,
nun kann auch ich Euch meinen herzlichsten Glückwunsch zu dem kleinen Joachim sagen. Daß ich mich sehr darüber gefreut habe, könnt Ihr Euch denken, vor allem auch, daß Mutter und Kind gesund

sind. Ich muß Euch sagen, daß ich es schon seit Wochen ahnte, es käme ein Junge, ich hatte das im Gefühl. Ich glaube, daß auch Ihr, meine lieben Eltern, Euch wirklich über diesen Familienzuwachs freuen werdet, es ist doch wie ein Ausgleich, eine Entschädigung... Ihr alle werdet dem Jungen Eure ganze Liebe zeigen, und so wird er der Mittelpunkt sein, und das ist mir doch ein großer Trost, wenn dadurch meine Sorgen um Euch auch nicht verringert werden. Immer denke ich an Euch alle, denn Ihr habt wahrscheinlich an diesem harten Schicksalschlag mehr zu tragen als ich, und das ist in diesen Wochen mein größter Kummer, der mir keine Ruhe läßt. Ich gehe meinen Weg bis zum Ende und wünsche mir nur, daß ich ein starkes Herz bewahre. Ich möchte so gerne noch vieles mit Euch sprechen, um Euch etwas von meiner Liebe und Zuneigung zu zeigen, aber ich habe ja nur dieses kleine Stück Papier. An Anneliese würde ich auch gerne einen Brief schreiben, von ihr erhielt ich mehrmals Briefe, die mich sehr gefreut haben. Sagt ihr meinen besonderen Dank, leider könne ich ihr nicht schreiben, aber meine Gedanken seien sehr oft bei ihr. Hoffentlich kann sie bald nach Hause kommen! Schreibt bitte auch wieder an Luibles meinen Gruß und Dank, die sich so herzlich um mich kümmern. Wir wollen aneinander denken und füreinander bitten.
Meine allerherzlichsten Wünsche sind bei Euch: Vater, Mutter, Mathilde, Joachim.
Lebet wohl!
Euer Willi

Strafgefängnis München-Stadelheim
München, den 4. 6. 1943

Meine lieben Eltern und liebe Mathilde,
wieder einmal kann ich Euch einen kurzen Brief schreiben. Vieles hätte ich Euch zu sagen, aber es läßt sich nicht leicht in wenigen Worten zu Papier bringen. Für Eure Grüße und Wünsche zum Namenstag sage ich Euch meinen besonderen Dank, ebenso auch für die Grüße auf Briefen und Karten. Ich bin so froh, daß mit dem kleinen Joachim ein Wesen zu Euch gekommen ist, das Ihr wohl alle mit Sorge und Liebe umgeben werdet, und von dem Ihr dann auch wieder Zunei-

gung und Liebe empfangt. Das kann ich mir recht gut vorstellen. Hoffentlich geht es Euch allen verhältnismäßig wohl und gut, die Zeit wird wohl ihre sichtbaren Spuren hinterlassen. Meine Gedanken sind immer wieder bei Euch und beschäftigen sich mit Euch und Eurem Leben. Ich hoffe und bete, daß wir alle ein starkes Herz bewahren! – Von Anneliese habe ich seit längerem nichts mehr gehört. Wenn sie nur endlich einmal zu Euch kommen könnte, das wäre doch gut. Hoffentlich bleibt sie gesund. Schreibt Ihr bitte meine besonderen Grüße an sie. Wenn Ihr an Luible's schreibt, so sagt ihnen meinen herzlichen Dank für die freundlichen Zeichen ihres Gedenkens, Mathilde kümmert sich immer um mich. Ich selbst kann ihnen nicht schreiben. Tante Mariana war wohl als Patin zur Taufe da, das traf sich ja ganz gut. Nun grüße ich Euch von ganzem Herzen und wünsche Euch alles Gute. Denkt auch Ihr bitte an mich!
In Verbundenheit und Liebe
Euer Willi

Strafgefängnis München-Stadelheim
München, den 17. 6. 1943

Meine lieben Eltern, liebe Mathilde und liebe Anneliese,
nun wird Anneliese wohl bei Euch angekommen sein. Ich bin ja so froh darüber, daß sie wieder bei Euch sein kann. Schon so lange habe ich es gewünscht, und nun ist es Tatsache geworden. Für Eure Briefe sage ich wiederum herzlichen Dank, auch von Anneliese habe ich noch einen Brief erhalten. Ich kann mir denken, daß Euch allen der kleine Joachim viel Freude macht, dann kann man wohl für kurze Zeit vergessen, wie schwer und sorgenvoll die Zeit ist, und so wird der Kleine sicher mit besonderer Liebe umgeben. Mutter ist ja auch ganz begeistert von dem Enkel, nun kann auch Anneliese an dieser Freude teilnehmen, sie hat so darauf gewartet. Hoffentlich bleibt Ihr weiterhin gesund! Wie geht es eigentlich Dir, liebe Mutter? Du schreibst garnichts davon. An der Schrift Deiner Briefe ersehe ich, daß das erkrankte Auge Dir Beschwerden macht, oder ist es doch nicht so? Oft sind meine Gedanken bei Euch, bei jedem Einzelnen von Euch, und dabei denke ich an die zurückliegende Zeit. Wie dankbar bin ich für alles Schöne der vergangenen Jahre. In einem solch

knappen Brief kann ich Euch das garnicht ausdrücken, aber vielleicht vermögt Ihr es zu ahnen und zu spüren auch ohne viele Worte. – Sagt bitte auch Luibles wieder meinen Gruß und meinen Dank. Leider kann Mathilde mir nichts mehr bringen, da dies jetzt verboten ist. –
Ich wünsche Euch alles Gute und grüße Euch in herzlicher Liebe
Euer Willi

Strafgefängnis München-Stadelheim
München, den 2. 7. 1943

Meine lieben Eltern, liebe Mathilde u. liebe Anneliese,
ich bin ja froh darüber und dankbar, daß Ihr mich nochmals besucht habt, jetzt weiß ich wenigstens ein bißchen, wie es Euch allen geht. In den paar Minuten konnten wir nur wenig erzählen, ich merkte nachher, als Ihr wieder weggegangen, was ich Euch noch gerne erzählen wollte. Euch wird es vielleicht ähnlich gewesen sein. Aber die Hauptsache ist doch, daß wir uns wiedergesehen haben, wenn das auch nicht die Schwere unseres Schicksals erleichtert. Ich weiß nun jedenfalls, daß Ihr alle an die Sinnhaftigkeit dieser Ereignisse glaubt, an die Fügung Gottes. Nur im Glauben vermögen wir es zu ertragen, in Seiner Hand liegt unser Schicksal. – Inzwischen habe ich Euren Pfingstbrief erhalten, nochmals herzlichen Dank für alle guten Wünsche. Ich freue mich auch, daß Ossy während des sicher kurzen Urlaubs mit zu meinem Besuch gekommen ist, ich danke ihm von Herzen dafür, nun ist er ja schon wieder abgefahren. Gott behüte ihn weiterhin. Schreibt ihm bitte einen Gruß von mir. Daß das Wiedersehen mit ihm so ausfallen mußte! Schade, daß ich auch noch kein Bildchen von dem kleinen Joachim gesehen habe, aber vielleicht ist schon eines unterwegs, damit ich mir den Mittelpunkt Eures Hauses anschauen kann. Das merkte ich aus Mutters Erzählung, wie wertvoll Euch allen dieser kleine Junge ist in dieser Zeit, und ich freue mich darüber. –
Ich wünsche Euch allen alles, alles Gute und bin in Liebe
Euer Willi

Strafgefängnis München-Stadelheim
München, den 17. 7. 1943

Meine liebe Mutter,
da Dein Namenstag in die übernächste Woche fällt, will ich Dir gerne schon heute meine Glückwünsche dazu schreiben. Hoffentlich kannst Du diesen Tag noch recht oft begehen in Gesundheit und Wohlergehen! Ich wünsche Dir von hier aus viel Glück und will weiterhin im Gebet ganz besonders an Dich denken. Mit Worten kann ich ja garnicht meinen Dank an Dich zum Ausdruck bringen für all die Dinge, die von Dir kamen und kommen. Aber Du weißt ja, daß ich in Liebe und Dankbarkeit daran denke. – Für Eure Post danke ich Euch wiederum von Herzen, große Freude machen mir die Bildchen vom kleinen Joachim, auf denen ja auch ein Stück Mutter, Mathilde und Ossy zu sehen ist. Die Ähnlichkeit mit unserem Bruder Willi ist auf den Bildern wirklich sehr groß. Nun kann ich mir den Jungen wenigstens vorstellen, der Euch allen ja so viel Freude in diesen schicksalsschweren Monaten bringt. Ich bin froh darüber, ich kann es garnicht sagen. Ihr erzählt in Euren Briefen immer wieder davon, und ich merke, daß Euer aller Mittelpunkt der Junge ist, das erleichtert mir die Tage. Mathildes Brief vom 11. VII. habe ich auch schon erhalten, der ja nur so von Mutterstolz und Freude strahlt. – Ich kann es garnicht begreifen, daß ich Euch immer noch schreiben kann, aber Ihr seht ja, daß ich noch da bin. Es liegen ernste Tage hinter mir, Ihr werdet sicher davon hören. Für heute grüße ich Euch alle daheim von Herzen und bin in Liebe
Euer Willi

Strafgefängnis München-Stadelheim
München, den 1. 8. 1943

Meine lieben Eltern, liebe Mathilde, liebe Anneliese,
heute kann ich Euch wieder einmal schreiben und danke Euch allen für die lieben Briefe, welche ich in den letzten Wochen erhalten durfte. Ihr wißt es wohl, daß mich Eure Schreiben jedesmal ganz besonders erfreuen, sind sie doch die einzigsten Nachrichten, die ich von Euch bekomme. Das letzte Foto mit dem kleinen Joachim und

Vater und Ossy habe ich auch schon in Händen, das Bildchen ist sehr schön, und nach den drei Bildern, die ich nun habe, kann ich mir den Kleinen ein wenig vorstellen und verstehe so immer besser, daß Euch allen dieser Junge ständig neue Freude bereitet. Auch mich freut dies immer wieder, weil ich so weiß, daß Ihr wenigstens einige freundliche Stunden erleben könnt. Gott sei Dank, daß es Euch daheim gesundheitlich recht gut geht. Hoffentlich bleibt auch Ossy gesund, er wird sicher oft schreiben. Sagt auch ihm von mir einen Gruß und gute Wünsche. Meine Gedanken sind bei Euch, und immer wieder empfehle ich Euch dem Schutze Gottes, von Dem ja alles abhängt, und in Dessen Händen unsere Schicksale ruhen. Dieses Bewußtsein allein vermag uns hier einen starken Mut zu geben, alles andere daneben wird ja so unwichtig und bedeutungslos. Man kann das mit jedem Tag tiefer spüren. In diesen Gedanken sind wir vereint und uns nah. – Liebe Anneliese, schicke mir bitte 2–3 gute Gedichte (Hölderlin, Rilke u. s. w.) mit, ich wäre Dir so dankbar. – So grüße ich Euch alle von Herzen und bin in Liebe
Euer Willi

Strafgefängnis München-Stadelheim
München, den 15. 8. 1943

Meine lieben Eltern, liebe Mathilde, liebe Anneliese,
wiederum kann ich Euch in einem Brief danken für Eure Briefe und Karten, die ich während der letzten vierzehn Tage von Euch erhalten konnte. Immer wieder freue ich mich zu hören, wie es Euch geht, und es ist mir eine Beruhigung zu wissen, wie Ihr diese Wochen und Monate verlebt, daß es Euch verhältnismäßig gut geht. Das neueste Foto von dem kleinen Joachim ist ja besonders schön, weil man doch sehr gut die Gesichtszüge und Mienen erkennen kann. Ja, ich sehe schon, daß sich der Kleine ganz prächtig entwickelt, nach den Fotos kann man das schon beurteilen. Ich bin auch darüber froh, ich muß es Euch immer wieder sagen. So gehen die Dinge auch im Schmerz und Leid ihren Gang, obwohl man manchmal glauben möchte, die Zeit müsse stehenbleiben. Aber dann wird auch besonders deutlich, daß in jedem, auch noch so schweren Geschick ein ganz bestimmter Sinn liegt, der uns in dieser Welt wohl nicht mehr erklärt wird. Je härter die

Zeit, umso näher sind wir bei Gott, in Dessen Händen unser Leben und Sterben liegt, wir ertragen Leid und Freude mit gleicher Zuversicht. – In der letzten Woche besuchte mich auch mein Rechtsanwalt. Natürlich konnte er mir nicht viel sagen, aber sein Besuch freute mich doch. Für die Gedichte, welche Anneliese mir schickte, danke ich noch besonders, denn A. hat schon die Richtigen ausgesucht. Schreibe bitte noch das Eine oder Andere! Für die Grüße danke ich herzlich. Euch allen wünsche ich alles Gute und grüße Euch in Liebe
(Der Platz in einem Brief ist immer so rasch beschrieben)
Euer Willi

Strafgefängnis München-Stadelheim
München, den 28. 8. 1943

Meine lieben Eltern, liebe Mathilde, liebe Anneliese,
heute kann ich Euch wiederum schreiben und danke Euch für Eure Briefe und Grüße, bin so froh, wenn ich sie empfange. Wie mag es Euch ergehen? Ich mache mir Sorgen um Euch alle und weiß doch, daß ich garnichts für Euch daheim tun kann, sondern Euch nur dem Schutze des Allmächtigen empfehlen kann, immer wieder, solange ich es vermag. Wenn es Euch nur gut geht, wünsche ich mir, es liegt mir so sehr am Herzen. Ich hoffe und bete! Allein das Bewußtsein, daß wir überall in Gottes Hand sind, gibt uns Kraft und Vertrauen im Unglück und zur guten Stunde. So wollen und müssen wir alles hinnehmen. Hoffentlich könnt auch Ihr mir recht bald wiederum schreiben, wie es Euch allen geht. Den letzten Brief von Anneliese (22. VIII.) habe ich bereits erhalten. Wiederum danke ich auch für die Gedichte, über die ich mich jedesmal gefreut habe. Du suchst mir wirklich gute Sachen aus. – Wie geht es dem kleinen Joachim, der bereits seinen ersten Namenstag hinter sich hat? Hoffentlich ist auch er wie Ihr alle gesund! Was schreibt Ossy? Schreibt auch Ihr ihm einen Gruß von mir an die Front hinaus mit den besten Wünschen. Langsam geht der Sommer zu Ende, schon spürt man die ersten Herbststürme. Trotz allem geht die Zeit dahin, und manchmal meine auch ich, sie vergehe rasch. In Eurer Erinnerung wird sie wohl bleiben. Aber auch die Schatten des Todes vermögen uns nicht zu tren-

nen, in Verbundenheit stehen wir zueinander. Hoffentlich geht es Euch allen gut! In Liebe grüße ich Euch
und bin Euer Willi

Strafgefängnis München-Stadelheim
München, den 10. 9. 1943

Meine lieben Eltern, liebe Mathilde u. liebe Anneliese,
ich kann Euch wiederum einen Brief schreiben und ich danke ganz besonders für Eure Post, die mir immer soviel Freude macht und zur Beruhigung dient, wenn ich erfahre, daß es Euch daheim gut geht und auch Ihr alles Leiden in Geduld und Gottvertrauen ertragt. Dürfen wir nicht fast froh sein, daß wir in dieser Welt ein Kreuz auf uns nehmen können, das manchmal über menschliches Maß hinauszugehen scheint? In gewissem Sinne ist es eine »wörtliche« Nachfolge Christi. Wir wollen versuchen, dieses Kreuz nicht nur einfach zu ertragen, sondern zu lieben und immer vollkommener zu leben im Vertrauen auf Gottes Ratschluß. Dann erfüllt sich der ganze Sinn in diesem schmerzvollen Leiden. Für uns ist der Tod nicht das Ende, sondern ein Durchgang, das Tor zum wahren Leben. Ich versuche, mir diese Wirklichkeiten ganz bewußt werden zu lassen und bitte um Kraft und Segen dafür. So berühren einen die alltäglichen Dinge nicht mehr so stark, wie sie auch ausschauen mögen. Die Erfüllung des Lebens liegt nicht in ihnen. Aber die Liebe zu Deutschland wächst von Tag zu Tag und ich nehme schmerzvollen Anteil an seinem Geschick und seinen großen Wunden. – Ich wünsche und hoffe so sehr, daß es Euch allen daheim recht gut gehen möge, daß Ihr Euer gewohntes Leben weiterführen könnt und so ein wenig Ablenkung im Unglück findet, auch der kleine Joachim möge dazu verhelfen. Grüßt auch Ossy wieder von mir und wünscht ihm alles Gute. In Liebe und stetem Gedenken sind und bleiben wir verbunden.
Herzliche Grüße allen
Euer Willi

Von links nach rechts: Hubert Furtwängler, Hans Scholl, Willi Graf, Alexander Schmorell. Sommer 1942, im Osten, aufgenommen von Jürgen Wittenstein

Strafgefängnis München-Stadelheim
München, den 26. 9. 1943

Meine lieben Eltern, liebe Mathilde, liebe Anneliese,
zunächst zehre ich ja noch von dem Besuch Mathildens und bin sehr froh, daß ich sie gesehen und gesprochen habe. So weiß ich recht gut, wie es Euch allen geht und bin dankbar, daß es Euch verhältnismäßig gut geht. Ich freue mich auch wirklich ganz besonders, daß Mathilde mit dem kleinen Joachim bei Euch bleibt, daß Ihr also den Mittelpunkt der Familie bei Euch behaltet. Jetzt habe ich auch einige neue Fotos von ihm und so kann ich verfolgen, wie sich der Kleine weiterentwickelt. Ja, er hat sich gut gemacht in den vergangenen Monaten, auf den Bildern gefällt er mir so gut, denn er schaut schon so vernünftig. Durch Eure Briefe vermag ich ja mitzuerleben, wie es Euch und ihm ergeht und wie Ihr alle ein wenig Freude und Ablenkung durch ihn findet. Ich wünsche und hoffe von Herzen, daß bei Euch auch weiterhin alles gut weitergeht, und wenn ich dies aus Euren Briefen erfahre, bin ich beruhigt. Wir fühlen uns sicher in Gottes Hand, was uns auch begegnen möge, wir werden jedes Geschick auf uns nehmen, denn wir wissen ganz klar, daß dies dann Sein Wille ist. Das zu ertragen ist nicht leicht, aber mit Seiner Hilfe wollen wir es immer wieder versuchen. Wir sind nicht allein, im Glauben und im Gebet sind wir vereint. Opfer sind dazu da, daß sie gebracht werden. – Für Eure Briefe danke ich herzlich, vor allem wieder für die Gedichte von Anneliese, die mich erfreuen. Gerne möchte ich Euch noch vieles schreiben, aber wir wissen auch so, daß wir in Liebe verbunden sind. Ich grüße Euch alle, auch unsere Verwandten und grüße Euch von Herzen in lieber Verbundenheit
Euer Willi

Strafgefängnis München-Stadelheim
München, den 9. 10. 1943

Meine lieben Eltern, liebe Mathilde, liebe Anneliese,
ganz besonders danke ich wieder für Mutters Brief (13. IX.) und die Briefe von Mathilde und Anneliese, dazu erhielt ich die Toilettensachen, die ich sehr gut verwenden kann, herzlichen Dank dafür. Ich

bin ja so froh über die Nachrichten Eures Befindens und hoffe, daß es Euch jetzt und weiterhin in den gewohnten Verhältnissen gutgehe. Das letzte Foto des kleinen Joachim ist wieder sehr nett, nun kann ich mir den Kleinen bald von allen Seiten anschauen, wenigstens auf dem Bilde. Ja, ich kann mir denken, daß Ihr alle viel Freude an ihm habt, und das ist auch gut so, freut mich besonders. Ich nehme Anteil an Eurem Alltag, und Eure Briefe helfen mir dazu. Jedes Erleben im Menschenleben hat seinen bestimmten Sinn, ob es nun Glück oder Leid genannt wird. Wir sind dankbar für beides. Es kommt eben nur darauf an, daß wir uns darin bewähren und die Zeit zu nützen verstehen im Vertrauen auf Gottes Fürsorge. Das Bewußtsein daß wir in Seiner Hand sind, wächst eigentlich erst recht im Leid und manchmal ahnen wir Seine Nähe ganz besonders. Irdische Dinge, die von heute auf morgen von uns genommen werden können, verlieren ihre Bedeutung und Wichtigkeit, wir besinnen uns auf das, was über das Leben hinaus Bedeutung hat. Wir bitten um Kraft und Gnade, dies alles bestehen zu können. – Noch manches möchte ich Euch schreiben, aber in Gedanken sind wir uns auch nahe ohne viele geschriebene Worte. Ich wünsche Euch alles Gute und grüße Euch recht herzlich, auch die Verwandten. In Liebe und treuem Gedenken
Euer Willi

Strafgefängnis München-Stadelheim
München, den 12. 10. 1943

Meine geliebten Eltern, meine liebe Mathilde u. Anneliese,
an diesem Tag werde ich aus dem Leben scheiden und in die Ewigkeit gehen. Vor allem schmerzt es mich, daß ich Euch, die Ihr weiterleben werdet, diesen Schmerz bereiten muß. Aber Trost und Stärke findet Ihr bei Gott, darum werde ich bis zum letzten Augenblick beten, denn ich weiß, daß es für Euch schwerer sein wird als für mich. Ich bitte Euch, Vater und Mutter von Herzen, mir zu verzeihen, was ich Euch an Leid und Enttäuschung zugefügt habe, ich habe oft und gerade zuletzt im Gefängnis bereut, was ich Euch angetan habe. Verzeiht mir und betet immer wieder für mich! Behaltet mich in gutem Andenken! Seid stark und gefaßt und vertraut auf Gottes Hand, der Alles zum Besten lenkt, wenn es auch im Augenblick bitteren

Schmerz bereitet. Wie sehr ich Euch geliebt habe, konnte ich Euch im Leben nicht sagen, nun aber, in den letzten Stunden sage ich Euch, leider nur auf diesem nüchternen Papier, daß ich Euch alle von Herzen liebe und Euch verehrt habe. Für alles, was Ihr mir im Leben geboten habt und was Ihr mir durch Eure Fürsorge und Liebe ermöglicht habt. Schließt Ihr übrigen Euch zusammen und stehet in Liebe und Vertrauen zueinander! Die Liebe Gottes hält uns umfaßt und wir vertrauen Seiner Gnade, möge Er uns ein gütiger Richter sein. Mein letzter Gruß Euch Allen, lieber Vater und geliebte Mutter, Mathilde, Ossy, Anneliese, Joachim, alle Verwandten und Freunde. Gottes Segen über uns, in Ihm sind wir und leben wir. Lebet wohl und seid stark und voller Gottvertrauen! Ich bin in Liebe immer
Euer Willi

[Nachfolgenden Gruß hat der Gefängnisgeistliche, Kaplan Heinrich Sperr, auf drei Notizzetteln im Format 7 × 10,5 stenographiert, heimlich aus dem Gefängnis gebracht und den Angehörigen im Wortlaut übermittelt.]
12. 10. 1943

Anneliese! Ich habe am letzten Tag noch Deinen Brief bekommen und Deine Worte waren mir ein großer Trost. Nun mußt Du alleine den Eltern helfen in diesem Leid und suchen zu ersetzen, was ich den Eltern nicht sein konnte. Du weißt, wieviel Du mir bedeutet hast, und ich sage Dir in dieser letzten Stunde, wie sehr ich Dich lieb gehabt habe. Die Gespräche unserer letzten Wochen sollen Dir Hilfe und Inhalt für Dein zukünftiges Leben sein. Ich werde bei Dir sein, auch wenn ich nicht mehr im Leben an Deiner Seite stehen kann. Ich bin stolz auf Dich, und ich weiß, daß Du jetzt den Weg finden wirst, der immer auf Christus hinzielen kann. Gerade in der Zeit meiner Einsamkeit habe ich viel an Euch alle gedacht und für Euch gebetet, und ich glaube und hoffe, daß Ihr alle Trost und Stärke in Gott und Seinem unerforschlichen Willen findet. Du weißt, daß ich nicht leichtsinnig gehandelt habe, sondern daß ich aus tiefster Sorge und dem Bewußtsein der ernsten Lage gehandelt habe. Und Du mögest dafür sorgen, daß dieses Andenken in der Familie, den Verwandten und Freunden lebendig und bewußt bleibt.

Für uns ist der Tod nicht das Ende, sondern der Anfang wahren Lebens und ich sterbe im Vertrauen auf Gottes Willen und Fürsorge. Vieles möchte ich Dir noch sagen, aber es ist so schwer, in letzter Minute davon zu sprechen.
Auch gegenüber dem kleinen Joachim hast Du eine besondere Aufgabe, die ich nicht mehr erfüllen konnte, obwohl ich bei seiner Taufe Pate wurde. Steh Du an seiner Seite und hilf ihm einmal, wenn er in Not ist.
Sage auch den Eltern und Mathilde meine besondere Liebe und wie sehr es mich schmerzt, daß ich ihnen dies Leid zufügen mußte. Bis zur letzten Stunde werden meine Gedanken und Gebete bei Euch sein.
Denke beim Anhören der Arie aus Händels »Messias«: »Ich weiß, daß mein Erlöser lebt« – an die gemeinsame Stunde, die wir im Odeon verlebten. Allein dieser Glaube ist mir Halt und Stärke. Vergiß mich nicht und bete, daß Gott mir ein gnädiger Richter sei. Auch gegenüber meinen Freunden sollst Du bestimmt sein, mein Andenken und mein Wollen aufrecht zu erhalten. Du kannst es ja verstehen, daß ich keinem der Freunde ein Zeichen hinterlassen konnte. Wenn die Zeit günstig ist, mögest Du Dich mit ihnen in Verbindung setzen. Vor allem mit Hein Jacobs und Dr. Fritz Leist. Sage auch allen andern Freunden meinen letzten Gruß. Sie sollen weitertragen, was wir begonnen haben. Alle meine Bücher und Schriften in München, Saarbrücken und Bonn hinterlasse ich Dir. Du sollst nach Deinem Gutdünken damit umgehen. Mein Lieblingspsalm war Psalm 90 und dieses herrliche Gebet lasse ich in Deinen Händen zurück, daß Du beim Beten dieses Psalmes immer wieder an mich denken wollest.
Ich danke Dir für alles, was Du mir gegeben hast und wir bleiben in Liebe vereint.
Meine liebe Mutter! Du wirst wohl am meisten darunter leiden, daß ich auf diese Weise aus dem Leben scheide. Aber Du mußt stark sein und um Trost und Kraft bitten, denn Deine Kinder und Dein Enkelkind brauchen Deine Hilfe und Deine mütterliche Liebe ganz besonders. Verzeihe mir, was ich Dir und Vater an Leid zugefügt habe und bete für mich! Wenn ich es auch nicht oft gesagt habe, so sollst Du wenigstens in letzter Stunde noch einmal hören, wie wert und lieb Du mir warst. Alles, was ich bin, verdanke ich Euch, meine lieben Eltern, denn Ihr gabt mir alle Freiheit und Möglichkeiten mit auf den

Lebensweg. Wir empfangen Leid und Freude aus der Hand des Allmächtigen, und so wollen wir auch diesen Schmerz nehmen und tragen und daran wachsen. Vater und die Kinder werden Dir zur Seite stehen und Dir helfen und mit Dir beten, daß Ihr die Kraft von Gott erhaltet, in diesem Leid zu bestehen. Wir sehen in allem Seinen Willen, der zum Besten für uns gegeben ist.
Alle Liebe möget Ihr den Kindern erzeigen, die bei Euch geblieben sind. Ich wünsche Euch für die Zukunft alles Glück und Seinen Segen und auch Zukünftiges möge Euch nicht ohne Fassung finden. Wir werden uns wiedersehen am Throne des Ewigen. In aller Liebe bleibe ich.
Allen Verwandten, die ich nicht einzeln nennen kann, sage meinen Gruß und bitte sie, für mich zu beten.
[Nun folgt eigenhändig geschrieben:]
Ein letzter Gruß soll Euch mit diesem Schrieb erreichen. Seid stark und betet zu Gott, aus dessen Hand wir Alles empfangen haben, daß Er Euch Trost und Kraft geben möge.
In herzlicher Liebe
Dein Willi

Dokumente

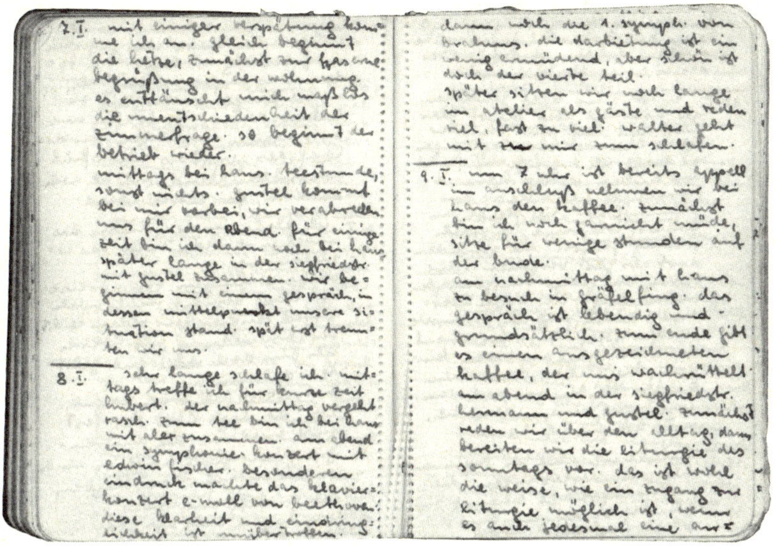

7.I. mit einiger verspätung kom-
me ich an. gleich beginnt
die hetze, zunächst zur kaserne.
begrüßung in der wohnung.
es enttäuscht mich maßlos
die unentschiedenheit der
zimmerfrage. so beginnt der
betrieb wieder.
mittags bei hans. teestunde,
sonst nichts. gustel kommt
bei mir vorbei, wir verabreden
uns für den abend. für einige
zeit bin ich dann noch bei hans.
später lange in der siegfriedstr.
mit gustel zusammen. wir be-
ginnen mit einem gespräch, in
dessen mittelpunkt unsere si-
tuation stand. spät erst trenn-
ten wir uns.

8.I. sehr lange schlafe ich. mit-
tags treffe ich für kurze zeit
hubert. der nachmittag vergeht
rasch. zum tee bin ich bei hans
mit alex zusammen. am abend
ein symphonie-konzert mit
edwin fischer. besonderen
eindruck machte das klavier-
konzert c-moll von beethoven.
diese klarheit und eindring-
lichkeit ist unübertroffen.
dann noch die 1. symph. von
brahms. die darbietung ist ein
wenig ermüdend, aber schön ist
doch der vierte teil.
später sitzen wir noch lange
im atelier als gäste und reden
viel, fast zu viel. walter geht
mit ~~zu~~ mir zum schlafen.

9.I. um 7 uhr ist bereits appell
im anschluß nehmen wir bei
hans den kaffee. zunächst
bin ich noch garnicht müde,
sitze für wenige stunden auf
der bude.
am nachmittag mit hans
zu besuch in gräfelfing. das
gespräch ist lebendig und
grundsätzlich. zum ende gibt
es einen ausgezeichneten
kaffee, der uns wach hält.
am abend in der siegfriedstr.
hermann und gustel. zunächst
reden wir über den alltag, dann
bereiten wir die liturgie des
sonntags vor. das ist wohl
die weise, wie ein zugang zur
liturgie möglich ist, wenn
es auch jedesmal eine an-

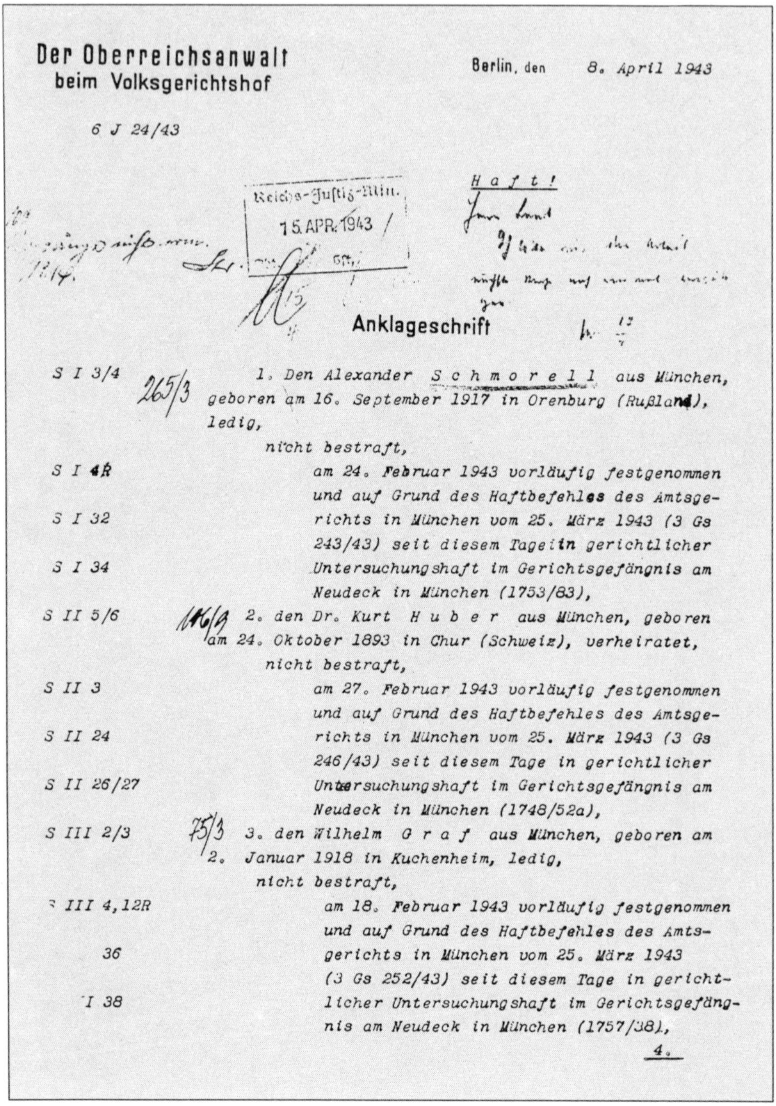

Der Oberreichsanwalt
beim Volksgerichtshof

Berlin, den 8. April 1943

6 J 24/43

Reichs-Justiz-Min.
15. APR. 1943

H a f t !

Anklageschrift

S I 3/4 265/3 1. Den Alexander S c h m o r e l l aus München, geboren am 16. September 1917 in Orenburg (Rußland), ledig,
nicht bestraft,
S I 4R am 24. Februar 1943 vorläufig festgenommen und auf Grund des Haftbefehles des Amtsge-
S I 32 richts in München vom 25. März 1943 (3 Gs 243/43) seit diesem Tage in gerichtlicher
S I 34 Untersuchungshaft im Gerichtsgefängnis am Neudeck in München (1753/83),

S II 5/6 146/3 2. den Dr. Kurt H u b e r aus München, geboren am 24. Oktober 1893 in Chur (Schweiz), verheiratet,
nicht bestraft,
S II 3 am 27. Februar 1943 vorläufig festgenommen und auf Grund des Haftbefehles des Amtsge-
S II 24 richts in München vom 25. März 1943 (3 Gs 246/43) seit diesem Tage in gerichtlicher
S II 26/27 Untersuchungshaft im Gerichtsgefängnis am Neudeck in München (1748/52a),

S III 2/3 75/3 3. den Wilhelm G r a f aus München, geboren am 2. Januar 1918 in Kuchenheim, ledig,
nicht bestraft,
S III 4,12R am 18. Februar 1943 vorläufig festgenommen und auf Grund des Haftbefehles des Amts-
36 gerichts in München vom 25. März 1943 (3 Gs 252/43) seit diesem Tage in gericht-
I 38 licher Untersuchungshaft im Gerichtsgefängnis am Neudeck in München (1757/38),

4.

- 2 -

S IV 15/16 99/14 4. den Hans H i r z e l aus Ulm, geboren am
30. Oktober 1924 in Untersteinbach (Stuttgart), ledig,
nicht bestraft,
S IV 16R am 21. Februar 1943 vorläufig festgenommen
und auf Grund des Haftbefehles des Amtsge-
S IV 55 richts in München vom 25. März 1943 (3 Gs
247/43) seit diesem Tage in gerichtlicher
Untersuchungshaft im Gerichtsgefängnis
S IV 57/58 am Neudeck in München (1750/61),
S V 2/3 99/15 5. die Susanne H i r z e l aus Stuttgart
geboren am 7. August 1921 in Untersteinbach, ledig,
nicht bestraft,
S V 3R am 22. Februar 1943 vorläufig festgenommen
S V 16 und auf Grund des Haftbefehles des Amts-
gerichts in München vom 25. März 1943 (3 Gs
251/43) seit diesem Tage in gerichtlicher
S V 18 Untersuchungshaft im Gerichtsgefängnis am
Neudeck in München,
S VI 3/4 92/16 6. den Franz Joseph M ü l l e r aus Ulm, ge-
geboren am 8. September 1924 in Ulm, ledig,
nicht bestraft,
S VI 4R am 17. März 1943 vorläufig festgenommen
und auf Grund des Haftbefehles des Amtsge-
S VI 15 richts in München vom 25. März 1943 (3 Gs
250/43) seit diesem Tage in gerichtlicher
S VI 17 Untersuchungshaft im Gerichtsgefängnis am
Neudeck in München (1755/41),
S VII 3/4 83/5 7. den Heinrich G u t e r aus Ulm, geboren
am 11. Januar 1925 in Ulm, ledig,
nicht bestraft,
S VII 7R am 18. März 1943 vorläufig festgenommen
und auf Grund des Haftbefehles des Amtsge-
S VII 10 richts in München vom 25. März 1943 (3 Gs
244/43) seit diesem Tage in gerichtlicher
S VII 12 Untersuchungshaft im Gerichtsgefängnis
am Neudeck in München (1752/125a),
S VIII 2/3 78/3 8. den Eugen G r i m m i n g e r aus Stuttgart,
geboren am 29. Juli 1892 in Crailsheim, verheiratet,
nicht

nicht bestraft,

S VIII 10 am 2. März 1943 vorläufig festgenommen
und auf Grund des Haftbefehles des Amtsge-
S VIII 11 richts in München vom 25. März 1943 (3 Gs
245/43) seit diesem Tage in gerichtlicher
S VIII 13 Untersuchungshaft im Gerichtsgefängnis am
Neudeck in München (1751/98)

S IX 2/3 9. den Dr. Heinrich Philipp B o l l i n g e r
aus Freiburg, geboren am 23. April 1916 in Saarbrücken,
ledig,

nicht bestraft,

S IX 3R am 5. März 1943 vorläufig festgenommen
und auf Grund des Haftbefehles des Amtsge-
S IX 28 richts in München vom 25. März 1943 (3 Gs
248/43) seit diesem Tage in gerichtlicher
S IX 30/31 Untersuchungshaft im Gerichtsgefängnis am
Neudeck in München (1749/135),

S X 2/3 10. den Helmut Karl Theodor August B a u e r
aus Freiburg, geboren am 19. Juni 1919 in Saarbrücken,
ledig,

nicht bestraft,

S X 18R am 5. März 1943 vorläufig festgenommen
und auf Grund des Haftbefehles des Amtsge-
S X 20 richts in München vom 25. März 1943 (3 Gs
249/43) seit diesem Tage in gerichtlicher
S X 22/23 Untersuchungshaft im Gerichtsgefängnis am
Neudeck in München (1754/77),

S XI 12/13 11. den Dr. Falk Erich Walter H a r n a c k aus
Chemnitz, geboren am 2. März 1913 in Stuttgart, ledig,

nicht bestraft,

S XI 11 am 6. März 1943 vorläufig festgenommen und
auf Grund des Haftbefehles des Amtsgerichts
S XI 40 in München vom 25. März 1943 (3 Gs 253/43)
seit diesem Tage in gerichtlicher Unter-
suchungshaft im Gerichtsgefängnis am Neudeck
S XI 42/43 in München (1756/112),

klage ich an,

1942 und 1943 in München und an anderen Orten,

I.

I. die Angeschuldigten Schmorell, Huber, Graf, Hans Hirzel, Müller und Grimminger, durch dieselbe Handlung:

1. fortgesetzt und teilweise gemeinschaftlich miteinander und mit anderen das hochverräterische Unternehmen, mit Gewalt die Verfassung des Reichs zu ändern, vorbereitet zu haben, wobei die Tat

a. darauf gerichtet war, zur Vorbereitung des Hochverrats einen organisatorischen Zusammenhalt herzustellen,

b. ferner darauf gerichtet war, die Wehrmacht zur Erfüllung ihrer Pflicht untauglich zu machen, das Deutsche Reich gegen Angriffe auf seinen äußeren oder inneren Bestand zu schützen,

c. auf Beeinflussung der Massen durch Herstellung oder Verbreitung von Schriften gerichtet war,

2. im Inland es unternommen zu haben, während eines Krieges gegen das Reich der feindlichen Macht Vorschub zu leisten und der Kriegsmacht des Reiches Nachteile zuzufügen,

3. öffentlich den Willen des Deutschen Volkes zur wehrhaften Selbstbehauptung zu lähmen und zu zersetzen gesucht zu haben,

II. die Angeschuldigte Susanne Hirzel, zur Begehung des Verbrechens zu I durch die Tat wissentlich Hilfe geleistet zu haben,

III. die Angeschuldigten Guter, Bollinger, Bauer und Harnack, von dem Vorhaben eines Hoch- und Landesverrates glaubhafte Kenntnis erhalten und es unterlassen zu haben, der Behörde hiervon zur rechten Zeit Anzeige zu machen,

IV. die Angeschuldigten Bollinger und Bauer, durch eine weitere selbständige Handlung:

ab-

absichtlich ausländische Sender abgehört zu haben,
Verbrechen nach § 80 Abs. 2, § 83 Abs. 2 und 3 Nr. 1, 2 und 3, §§ 91b, 139, 47, 49, 73, 74 StGB., § 5 Nr. 1 KSSVO., §§ 1, 5 der Verordnung über außerordentliche Rundfunkmaßnahmen.

Im Juni 1942 sind in München vier verschiedene "Flugblätter der Weißen Rose" mit Aufforderungen zur Sabotage der Rüstungen und zum Sturz der nationalsozialistischen Regierung verbreitet worden. Verfasser, Hersteller und Verbreiter dieser Flugblätter ist zusammen mit dem vom Volksgerichtshof bereits abgeurteilten Hans Scholl - der Angeschuldigte Schmorell.

Im Januar und Februar 1943 sind zwei neue Flugblätter ähnlichen Inhalts erschienen, ein Flugblatt der Widerstandsbewegung mit dem Untertitel "Aufruf an alle Deutschen!" und ein an die Studenten gerichtetes Flugblatt. Beim Entwurf, bei der Herstellung und Verbreitung dieser Flugblätter in München sind die Angeschuldigten Schmorell, Huber und Graf beteiligt gewesen. Auch außerhalb von München, nämlich in Salzburg, Linz, Wien, Augsburg und Stuttgart, sind die Flugblätter verbreitet worden. Hierbei haben neben der ebenfalls vom Volksgerichtshof bereits abgeurteilten Sophie Scholl die Angeschuldigten Schmorell, Geschwister Hirzel und Müller mitgewirkt. Ferner haben die Angeschuldigten Schmorell und Graf zusammen mit Hans Scholl mehrere Schmieraktionen mit gegen den Führer gerichteten Parolen in München durchgeführt. Zu den Kosten der Flugblattpropaganda hat der Angeschuldigte Grimminger einen Betrag von 500 RM beigesteuert. Die Angeschuldigten Guter, Bollinger, Bauer und Harnack haben von diesen Umtrieben Kenntnis erhalten und es unterlassen, rechtzeitig Anzeige zu machen. Bollinger und Bauer haben außerdem ausländische Sender abgehört.

I.

I. Der Sachverhalt.

A. Die Flugblätter der Weißen Rose

Verfasser der Flugblätter der Weißen Rose ist – zusammen mit dem vom Volksgerichtshof bereits abgeurteilten Hans Scholl – der Angeschuldigte S c h m o r e l l .

S I 5 Schmorell besuchte in München eine Privatschule und das Gymnasium. Sein Vater, der Arzt von Beruf ist und in München eine Villa besitzt, ist Deutscher, seine verstorbene Mutter war Russin. Schmorell fühlt sich als Russe, lehnt allerdings den Bolschewismus ab und bezeichnet sich als russischen Monarchisten. Als er nach dem Arbeitsdienst in die Wehrmacht eintrat, hatte er innere Hemmungen, den Eid auf den Führer zu leisten, und offenbarte einige Zeit später seinen Vorgesetzten seine politische Einstellung. Seine Bitte um Entlassung aus der Wehrmacht hatte jedoch keinen Erfolg. Ostern 1939 begann der Angeschuldigte Schmorell das Studium der Medizin. Im Frühjahr 1940 wurde er zu einer Sanitätsabteilung eingezogen und kam als Sanitätsunteroffizier an die Westfront. Im Herbst 1940 wurde er beurlaubt und setzte sein Studium fort. Er schrieb sich bei der Universität in München ein und bekam von der Wehrmacht monatlich 253 RM. Außerdem gab ihm sein Vater, bei dem er Wohnung nahm, das Geld für die Studiengebühren.

S I 6R Mit dem Verurteilten Scholl war der Angeschuldigte Schmorell eng befreundet. Er wußte, daß Scholl gegen den Nationalsozialismus eingestellt war, und stimmte insoweit mit ihm überein, da er den Nationalsozialismus als den Feind des russischen Volkes ansah. Trotz des in Rußland herrschenden Systems blieben nämlich auch nach dem Ausbruch des Krieges mit der Sowjet-Union seine Sympathien auf der russischen Seite, und er fühlte sich von dem Gedanken bedrückt, daß Rußland durch das Vordringen der deutschen Armeen einen größeren Landverlust erleiden würde. Im Sommer 1942 beschlossen Scholl und Schmorell, Flugblätter gegen die

national-

nationalsozialistische Regierung herauszugeben. Sie fertigten unabhängig voneinander jeder einen Entwurf an. Hieraus entstand als Gemeinschaftsarbeit das erste "Flugblatt der Weißen Rose". Der Angeschuldigte Schmorell besorgte darauf eine Schreibmaschine und kaufte einen Vervielfältiger. Zusammen mit Scholl stellte er dann etwa 100 Abzüge eines Flugblattes her, das die Überschrift: "Flugblätter der Weißen Rose Nr.I" trug. Dieses Flugblatt versandten Scholl und Schmorell mit der Post an Bekannte und an Anschriften, die sie aus Fernsprech- und Adreßbüchern herausgesucht hatten. In der Folgezeit stellten sie in kurzen Abständen noch drei weitere Nummern der "Weißen Rose" her und verschickten sie ebenfalls mit der Post. Da sie dann beide als Hilfsärzte an der Ostfront eingesetzt wurden, mußten sie ihre Tätigkeit zunächst unterbrechen.

B. Die Entstehung des Flugblatts der Widerstandsbewegung und des Studentenflugblatts.

S II 6R Einer der Empfänger der von Schmorell und Scholl versandten Flugblätter der Weißen Rose war der Angeschuldigte H u b e r . Huber ist in der Schweiz geboren und besuchte in Stuttgart das Gymnasium. Kinderkrankheiten hinterließen bei ihm Lähmungserscheinungen an den Gliedern und im Gesicht, was einen Sprachfehler zur Folge hatte. Huber studierte Musikwissenschaft und Philosophie. Soldat wurde er nicht, da er körperlich untauglich war. Im Jahre 1921 habilitierte er sich in München und wurde 1926 außerordentlicher Professor. Eine Berufung als Abteilungsleiter in das staatliche Institut für Musikforschung in Berlin mußte er aufgeben, da er die Genehmigung seiner vorgesetzten Dienststelle nicht erhielt. Er war zuletzt außerplanmäßiger Professor an der Universität München mit einem Lehrauftrag für experimentelle Psychologie, Ton- und Musikpsychologie. Der Vater des Angeschuldigten Huber war Nationalliberaler. Huber selbst gehörte zwei Jahre

lang

lang der Bayerischen Volkspartei an, bis sie ihm konfessionell zu sehr gebunden erschien. Obwohl katholisch erzogen, ist der Angeschuldigte Huber nicht engkirchlich eingestellt und hat nach seinen Angaben zwei Berufungen auf katholische Lehrstühle abgeschlagen. 1940 trat er der NSDAP bei, war aber in gewissen Punkten mit der nationalsozialistischen Kulturpolitik nicht einverstanden.

S II 8 Im Frühsommer 1942 lernte Huber den Hans Scholl auf einer Gesellschaft kennen. Es entstand ein loser Verkehr, im Verlauf dessen Huber einer Einladung in die Villa des Vaters des Angeschuldigten Schmorell folgte. Dort kam es zu einer politischen Aussprache, wobei Huber die Ansicht vertrat, daß die NSDAP. sich immer mehr nach links wende, ja im Norden Deutschlands schon geradezu bolschewistisch eingestellt sei, während der Süden Deutschlands im Grunde mehr einer ständischen, demokratischen Staatsverfassung zuneige. Man sprach auch darüber, wie sich die jungen Leute im Felde verhalten sollten, und der Angeschuldigte Schmorell erklärte, er werde sich ganz passiv stellen. In der Folgezeit fanden weitere politische Unterhaltungen statt. Etwa um Weihnachten 1942 erfuhr der Angeschuldigte Huber von Scholl und Schmorell, die inzwischen von der Ostfront zurückgekehrt waren, daß sie die Verfasser und Verbreiter des Flugblatts "Weiße Rose" seien, von der Huber die ersten beiden Nummern erhalten hatte. Im Januar 1943 kam es in der Wohnung des Angeschuldigten Huber zu einer Zusammenkunft, bei der darüber gesprochen wurde, ob es Zweck habe, durch Flugblätter Propaganda gegen den Nationalsozialismus zu machen. Hierbei war auch der Angeschuldigte Graf zugegen.

S III 9 Graf ist in Saarbrücken als Sohn eines Molkereidirektors geboren, der später Geschäftsführer einer Weingroßhandlung wurde. Er besuchte das Gymnasium in Saarbrücken und begann nach Ableistung des
S III 29 Arbeitsdienstes mit dem Studium der Medizin in Bonn,

von

von wo er nach München übersiedelte. Im Jahre 1940 wurde er zu einer Sanitätsersatzabteilung eingezogen und war nach kurzem Fronteinsatz als Hilfsarzt in Serbien und Rußland zur Zeit der Festnahme Sanitätsfeldwebel in der 2. Studentenkompanie in München. Graf ist streng katholisch erzogen. Er war vorübergehend Mitglied des NSFK. und gehört dem Roten Kreuz an.

S III 14 Bei seinem Einsatz im Osten im Sommer 1942 hatte Graf den Scholl und den Angeschuldigten Schmorell kennen gelernt und diese Beziehungen auch nach der Rückkehr von der Front nicht abgebrochen. Da Graf gelegentlich zu erkennen gegeben hatte, daß er mit manchen Maßnahmen des nationalsozialistischen Staates nicht einverstanden sei, betrachtete Scholl ihn als seinen Gesinnungsfreund und nahm ihn mit zu der Unterredung im Hause von Huber.

S III 16R,18 Der Angeschuldigte Huber war zunächst gegen den Plan, Flugblätter herzustellen, weil er - abgesehen von allen anderen Bedenken - sich davon keine Wirkung auf die breite Masse versprach. Scholl versuchte, seine Bedenken zu zerstreuen, und der Angeschuldigte Huber versprach schließlich, sich die Sache
S II 9R noch einmal zu überlegen. Nach mehreren weiteren Zusammenkünften und politischen Erörterungen erklärte sich Huber mit der Herausgabe von Flugblättern einverstanden, deren Verbreitung aber auf Süddeutschland als dem Raum beschränkt sein sollte, der allein seinen Gedanken einer ständischen, mehr freiheitlich ausge-
S II 15 richteten Staatsform zugänglich sei. Scholl und Schmorell fertigten dann im Januar 1943 je einen Entwurf eines Flugblattes und legten ihre Entwürfe dem Angeschuldigten Huber vor. Der Entwurf von Schmorell fand nicht die Billigung des Angeschuldigten Huber, der darin kommunistische Gedankengänge zu erblicken glaubte. An dem Entwurf von Scholl nahm Huber einige Änderungen vor, fand ihn im übrigen aber zweckentsprechend. Der von dem Angeschuldigten Huber verbesserte

Ent-

Entwurf von Scholl ist die Grundlage des Flugblatts der Widerstandsbewegung mit dem Untertitel: "Aufruf an alle Deutschen".

S II 9 Einige Zeit später entschloß sich der Angeschuldigte Huber, angeblich veranlaßt durch Vorkommnisse bei einer Studentenversammlung, mit einem gegen die nationalsozialistische Regierung gerichteten Flugblatt an die Öffentlichkeit zu treten. Nach einer Besprechung mit Scholl, bei der sich Huber offenbar in ähnlichem Sinne wie bei seiner polizeilichen Vernehmung am 27. Februar 1943 zu unerhörten Beleidigungen des Führers verstieg, verfaßte der Angeschuldigte Huber ein Flugblatt und übergab es dem Scholl. Dieser strich einige Sätze des Entwurfes, die sich - angeblich übrigens nicht in herabsetzendem Sinne - mit der deutschen Wehrmacht befaßten. Aus diesem Entwurf entstand das Flugblatt: "Studentinnen, Studenten!" oder wie es in einer späteren Auflage hieß: "Kommilitoninnen, Kommilitonen!"

S II 10

C. Die Verbreitung der Flugblätter im Jahre 1943 in München

S I 9 Mit Hilfe einer entliehenen Schreibmaschine und eines neuen Vervielfältigungsapparates - wo der alte, bisher benutzte geblieben ist, steht nicht fest den ebenfalls der Angeschuldigte Schmorell gekauft hatte, stellten Scholl und Schmorell Abzüge des Flugblatts der Widerstandsbewegung und des Studentenflugblattes her, das erste Flugblatt im Januar, das zweite im Februar 1943. Beim Abziehen des ersten (wie Graf behauptet hat) oder des zweiten Flugblattes (wie Schmorell behauptet hat) war der Angeschuldigte Graf behilflich. Von dem Flugblatt der Widerstandsbewegung wurden einige tausend Stück hergestellt. Davon wurden einige hundert in München durch die Post verbreitet. Die Anschriften schrieben Scholl und Schmorell, die auch den Versand besorgten. Graf beschaffte einige Umschläge. Der Angeschuldigte Huber übergab dem Scholl auf dessen Bitte ein Studentenverzeichnis, aus

S III 10/11

S I 9,17

S II 16

- 11 -

aus dem Scholl Anschriften entnehmen wollte. Ein weitereroTeil der Flugblattauflage - wahrscheinlich Tausende - wurde nächtlich in den Straßen Münchens verstreut. Dabei waren außer Scholl die Angeschuldigten Schmorell und Graf beteiligt.

Von dem Studentenflugblatt, dessen zweite Auflage mit geänderter Überschrift infolge Reißens der Matrize nötig wurde, wurden etwa 3000 Stücke gedruckt.Ein Teil wurde wiederum durch die Post in München vertrieben. Die Anschriften schrieben Scholl und der Angeschuldigte Schmorell. Graf war beim Zusammenfalten sowie beim Fertigmachen zum Postversandt behilflich und trug die Briefsendungen zusammen mit den anderen zu verschiedenen Postanstalten. Den Rest der Flugblätter verstreute Scholl mit seiner ebenfalls vom Volksgerichtshof abgeurteilten Schwester Sophie in der Universität. Der Angeschuldigte Graf wußte, daß Scholl beabsichtigte, in der Universität Flugblätter auszulegen.

D. Die Verbreitung von Flugblättern außerhalb Münchens

Auch in anderen Städten Süddeutschlands tauchten Briefe mit dem Flugblatt der Widerstandsbewegung auf. Sie waren mit Ortsporto versehen und in den betreffenden Städten selbst zur Post gegeben worden. Der Plan hierzu stammte von Scholl und dem Angeschuldigten Schmorell. Sie entschlossen sich, die Briefe nicht in München aufzugeben, sondern durch Kuriere nach auswärts zu bringen und dort in Briefkästen einzuwerfen. Dadurch
S III 20 sollte der Eindruck erweckt werden, daß eine Organisation vorhanden sei, die schon in mehreren Städten
S I 82 Fuß gefaßt habe. Als Kuriere betätigten sich der Angeschuldigte Schmorell und Sophie Scholl. Schmorell gab Briefe mit Flugblättern in Salzburg, Wien und Linz zur Post, in Wien auch einige mit Aufschriften für Frankfurt am Main. Ferner fuhr Sophie Scholl nach Augsburg und Stuttgart. In Augsburg warf sie selbst die bereits vorbereiteten Briefe in Briefkästen ein. In Stutt-

Stuttgart besorgten dies die Angeschuldigten Geschwister H i r z e l für sie.

S IV 15 [Der Angeschuldigte Hans Hirzel, Sohn eines evangelischen Pfarrers, besuchte bis zu seiner Festnahme das Gymnasium in Ulm. Seit 1936 gehörte er der HJ an.

S V 4 Susanne Hirzel hatte nach dem Besuch des Gymnasiums in Ulm das Examen als Kindergärtnerin abgelegt und besuchte zuletzt die Musikhochschule in Stuttgart. Von 1934 bis 1939 gehörte sie dem BDM an.

S IV 5,17, S V 8 Die Eltern des Verurteilten Scholl, die in Ulm wohnten, waren seit Kriegsausbruch mit der Familie Hirzel bekannt. Sie hatten vorübergehend zwei Kinder der Familie Hirzel aufgenommen, weil die Kinder im Hause Scholl sicherer schienen als im Hause des Pfarrers Hirzel, das nahe am Bahnhof Ulm lag. Da die Eltern der Angeschuldigten Hirzel aber bald erkannten, daß die ganze Familie Scholl gegen den Nationalsozialismus eingestellt war, sahen sie den Umgang ihrer Kinder mit der Familie Scholl nicht gerne und verboten ihn schließlich sogar, als der Vater des Hans Scholl wegen Heimtücke bestraft wurde. Trotzdem gaben die Kinder den Verkehr untereinander nicht auf. Im Juni 1942 erhielt Hans Hirzel durch die Post nacheinander zwei "Flugblätter der Weißen Rose". Er vermutete sofort, daß Hans Scholl mit den Flugblättern zu tun habe, und entschloß sich, ihn in München aufzusuchen. Dort traf er ihn aber in seiner Wohnung nicht an und wurde in das Atelier Eickemayer gewiesen, wo er eine Gesellschaft vorfand. Außer den Geschwistern Scholl und anderen war auch der Angeschuldigte Huber zugegen, den Hans Hirzel dort kennenlernte. Es war eine schöngeistige Unterhaltung im Gange, jedoch kam man bald auch auf die Politik zu sprechen. Dabei war die Meinung vorherrschend, daß der Krieg für Deutschland verloren sei, und es wurde die Frage erörtert, ob man gegen den Nationalsozialismus gerichtete Plakate herstellen solle. In der Folgezeit traf Hans Hirzel

noch

noch häufig mit den Geschwistern Scholl zusammen.
S IV 17,20,41 Im Sommer 1942 erhielt er von Sophie Scholl den Betrag von 80 RM mit dem Auftrag, einen Vervielfältigungsapparat anzuschaffen. Er kaufte darauf einen billigen Vervielfältiger, Papier und Matrizen. Im Herbst 1942 traf Hirzel in Ulm mit Hans Scholl zusammen. Damals waren in Ulm Plakate angeschlagen mit einem Judenstern und der Aufschrift: "Wer dieses Zeichen trägt, ist ein Feind des Volkes!" Hans Scholl forderte nun den Angeschuldigten Hirzel auf, ein Plakat mit einem Parteiabzeichen und derselben Inschrift herzustellen. Der Angeschuldigte Hans Hirzel bemühte sich, mit Hilfe einer der gekauften Matrizen ein derartiges Plakat herzustellen, brachte es aber nicht zustande. Später warf er den Vervielfältigungsapparat aus Furcht vor Entdeckung in die Donau und versteckte das Papier und die Matrizen bei (k)einem Bekannten.

Weihnachten 1942 forderte Hans Scholl den Angeschuldigten Hirzel auf, ihm bei der Verteilung von Flugblättern behilflich zu sein und die Verbreitung in Stuttgart zu übernehmen. Ende Januar 1943 brachte Sophie Scholl etwa 2000 Flugblätter. Darauf wandte sich Hirzel
S IV 38 an seinen Freund, den Angeschuldigten Müller, und legte zusammen mit ihm einen Teil der Flugblätter in Umschläge ein, die er von Hans Scholl und Müller erhalten hatte. Die Anschriften auf den Umschlägen schrieb er nach dem Diktat von Müller, der sie einem von Hirzel entwendeten Telefonbuch entnahm, in der Martin-Luther-Kirche in Ulm nieder. Dann fuhr er nach Stuttgart und warf dort einen Teil der Briefe in Briefkästen ein.
S IV 13 S V 5R Den Rest übergab er seiner inzwischen herbeigerufenen Schwester. Sie bekam etwa 200 Briefe und warf sie weisungsgemäß in mehrere Briefkästen ein. Den Inhalt der Flugblätter kannte sie nicht. Sie wußte aber, daß sie von Scholl stammten und mit dem Münchener Kreis, von dem ihr Bruder erzählt hatte, zusammenhingen. Sie meinte zwar, daß die Sache unsauber sei und sie gern klar sehen würde, erledigte aber den Auftrag doch,

während

während ihr Bruder wieder nach Ulm fuhr, damit die Eltern seine Abwesenheit nicht entdecken sollten. In Ulm verbrannte Hirzel den größeren Teil der übriggebliebenen Flugblätter und händigte den Rest an Sophie Scholl aus, als sie sich nach dem Gelingen der Sache erkundigte.

E. Die Beteiligung der Angeschuldigten Müller und Guter

S VI 5 Der Vater des Angeschuldigten Müller ist seit 1933 Leiter der Kreisbauernschaft Ulm. Müller besuchte das Gymnasium in Ulm, wurde dann zum Arbeitsdienst einberufen und war seit dem 4. Februar 1943 Soldat. Er beabsichtigt, später Theologie oder Philosophie zu studieren. Müller gehörte dem Jungvolk und der HJ an.

S VI 6 Der Angeschuldigte Müller ist ein Klassenkamerad des Angeschuldigten Hirzel. Schon im Jahre 1942 erfuhr er von Hirzel, daß staatsfeindliche Flugblätter im Umlauf seien, bekam sie allerdings nicht zu sehen. Hirzel äußerte sich damals in Gesprächen mit seinen Schulkameraden oft staatsabträglich und kritisierte Maßnahmen der nationalsozialistischen Regierung. Ende Januar 1943 teilte Hirzel dem Angeschuldigten Müller mit, daß er etwas gegen den Staat unternehmen wolle. Bald darauf bat Hirzel ihn, beim Schreiben von Anschriften für Flugblattsendungen, die in Stuttgart verbreitet werden sollten, behilflich zu sein. Hirzel sprach dabei im Gegensatz zu früher von einer Aktion, die sich nicht gegen den Staat, sondern gegen die Partei richtete. Auf Einladung von Hirzel fand sich Müller in der Martin Luther-Kirche ein und diktierte dort dem Angeschuldigten Hirzel mehrere hundert Stuttgarter Anschriften aus dem Telefonbuch. An demselben Abend trafen Hirzel und Müller wieder zusammen und unterhielten sich über die Fortsetzung der Arbeit. Dabei forderte Hirzel den Angeschuldigten Müller auf, Briefumschläge und Briefmarken zu besorgen, und zeigte ihm eines der Flugblätter, die zur Versendung kommen sollten. Am nächsten Tage

be-

besorgte Müller Briefumschläge sowie Marken, die er aus eigenen Mitteln bezahlte, und war dann dem Angeschuldigten Hirzel behilflich, die Flugblätter in Umschläge einzustecken und sie postfertig zu machen. Er wußte, daß Hirzel selbst die Briefe in Stuttgart aufgeben wollte, und erwartete ihn nach der Rückkehr aus Stuttgart am Bahnhof, um sich nach dem Ausgang der Sache zu erkundigen.

S VII 4R Auch der Angeschuldigte Guter, Sohn eines Reichsbahninspektors, ist Klassenkamerad von Hirzel und Müller. Er gehörte der HJ seit 1934 an. Außerdem war er Mitglied der katholischen Pfarrjugend.

S VII 5,8 Im Januar 1943 zeigte Hirzel ihm während der Schulzeit ein Flugblatt. Guter lehnte es ab, das Flugblatt zu lesen, da ihm die Sache zu gefährlich war. Einige Zeit später teilte Hirzel ihm im Beisein des Angeschuldigten Müller mit, daß er Flugblätter am Bahnhof in Ulm von einer Frau übernommen und den Auftrag erhalten habe, die Flugblätter in Stuttgart zu verbreiten. Hirzel forderte den Angeschuldigten Guter auf, beim Schreiben der Anschriften für die Briefumschläge behilflich zu sein, was Guter aber ablehnte. Er erfuhr dann aber von Hirzel und Müller die Einzelheiten des weiteren Verlaufs der Sache.

S VII 8R Zu einer nicht festgestellten Zeit - vielleicht bereits Ende 1942 - richtete Hirzel an den Angeschuldigten Guter ferner die Aufforderung, eine größere Menge von Briefumschlägen und Briefpapier zu besorgen. Dazu erklärte sich Guter außerstande.

F. <u>Die Schmieraktionen in München.</u>

S I 10 R, S III 12 Ende Januar sowie am 8. und 15. Februar 1943 wurden in München an öffentlichen Gebäuden mit Teerfarbe und mit grüner Lackfarbe folgende Schmierparolen angebracht: "Nieder mit Hitler'", "Hitler, der Massenmörder'" und "Freiheit!". Für die erste Aktion besorgte der Angeschuldigte Schmorell die Farbe und führte die Schmierereien dann zusammen mit Scholl aus. Schmorell brachte die Inschriften an, während Scholl

auf-

- 16 -

S I 16 aufpaßte. Scholl war dabei bewaffnet, während Schmorell den später bei ihm sichergestellten Revolver nicht mitgeführt haben will. Die zweite Aktion führten Scholl
S III 22/R und der Angeschuldigte Graf durch, wobei Graf den Aufpasser spielte. Beim drittenmal waren Scholl sowie die Angeschuldigten Schmorell und Graf beteiligt. Schmorell und Scholl brachten die Inschriften an, und der Angeschuldigte Graf sicherte das Unternehmen. Scholl war wiederum bewaffnet.

G. Die Finanzierung

Durch die Anschaffung der Vervielfältigungsgeräte, des Papiers, der Briefumschläge und der Briefmarken sowie durch die Reisen nach Linz, Wien, Salzburg, Stuttgart und Augsburg entstanden nicht unerhebliche Kosten, die sich auf mindestens 1000 RM beliefen. Einen Teil davon brachten die Geschwister Scholl und der Angeschuldigte Schmorell auf. Auch
S III 17R der Angeschuldigte Graf beteiligte sich mit 50 RM an den Kosten der Anschaffung von Briefmarken. Ferner kaufte, wie bereits erwähnt, der Angeschuldigte Müller Briefmarken, wofür er etwa 20 oder 22 RM ausgab. Müller und Graf steuerten auch einige Briefumschläge bei. Schließlich gab der Angeschuldigte G r i m m i n g e r den Betrag von 500 RM her.

S VIII 3R Grimminger, dessen Ehefrau Volljüdin ist, machte den Weltkrieg mit und wurde mit der Württembergischen Silbernen Verdienstmedaille sowie mit dem EK II ausgezeichnet. Er wurde dann mittlerer Beamter im württembergischen Kommunaldienst und schließlich Oberprüfer landwirtschaftlicher Genossenschaften. Auf Grund der Maßnahmen zur Wiederherstellung des Berufsbeamtentums verlor er die Stellung und wurde Buchprüfer. Vor der Machtübernahme war Grimminger politisch nicht organisiert, er gab seine Stimme der Deutschen Volkspartei.

S VIII 4R,8,S I 19,23 Grimminger kannte die Familie Scholl seit langen Jahren. Als der Vater des Verurteilten Hans Scholl,

der

der Buchprüfer in Ulm war, wegen Vergehens gegen das Heimtückegesetz festgenommen wurde, vertrat Grimminger ihn in der Praxis. Er kannte daher die politische Einstellung der Familie Scholl, die mit seiner eigenen übereinstimmte. Etwa im November 1942 suchten Hans Scholl und Schmorell den Angeschuldigten Grimminger auf und teilten ihm mit, daß die Münchener Studenten, die von der Front zurückgekommen seien, den Krieg satt hätten. Es seien bereits Flugblätter mit der Überschrift: "Weiße Rose" erschienen. Hans Scholl erklärte weiter, er beabsichtige, die Universitäten im Reiche zu besuchen, um die Stimmung festzustellen. In München sei in der Studentenschaft unter der Parole: "Gerechtigkeit für alle!" eine Bewegung entstanden, die bereits einen großen Umfang angenommen habe. Scholl forderte den Angeschuldigten Grimminger dann auf, die Bewegung durch Geld zu unterstützen. Aus den Auslassungen von Scholl entnahm der Angeschuldigte Grimminger, wie er bei der politischen Vernehmung zugegeben hat, daß Scholl "mit dem Gedanken umging, die Fortdauer des Krieges abzukürzen oder einen Putsch herbeizuführen." Er erbat sich zunächst Bedenkzeit, deutete aber an, daß er zur Hergabe von Geld bereit sei. Einige Wochen später erschienen Scholl und Schmorell wieder bei dem Angeschuldigten Grimminger. Dabei erklärte Scholl, daß er Verbindung nach Stuttgart aufgenommen und dort Gesinnungsfreunde gefunden habe. Er beabsichtige, in Stuttgart Flugblätter verteilen zu lassen. Scholl bat dann wiederum um Geld und bemerkte, daß die Münchener Studenten ohne fremde Hilfe nicht in der Lage seien, die Angelegenheit zu finanzieren. Darauf gab Grimminger dem Scholl den Betrag von 500 RM. Eine Empfangsbescheinigung verlangte er nicht. Auch war von der Rückzahlung keine Rede.

H. <u>Die Reise des Angeschuldigten Graf nach Freiburg und das Zusammentreffen mit Bollinger und Bauer.</u>

S III 18,18R,20/22, 24/25,32

Anfang 1943 forderte Scholl den Angeschuldigten

Graf

Graf auf, nach Bonn und Freiburg zu fahren, wo Graf studiert hatte oder wo sich Studienkameraden aufhielten, und dort Gesinnungsfreunde zu suchen, die die Verbreitung von Flugblättern übernehmen sollten. In Bonn will der Angeschuldigte Graf, da seine Bekannten durch Vorbereitung auf Prüfungen in Anspruch genommen waren, an niemanden herangetreten sein. Nachdem er dann bereits in seiner Heimat Saarbrücken mit Bollinger, einem Schulkameraden, zusammengetroffen war, fuhr er im Januar 1943 nach Freiburg, um nochmals Bollinger aufzusuchen. Da er Bollinger in Freiburg nicht traf, folgte er ihm nach Ulm, wo Bollinger gerade zu Besuch war.

Bollinger hatte in Saarbrücken das Gymnasium besucht und in Freiburg Philosophie studiert. Seit
S IX 4 April 1941 war er Assistent, zuletzt am Institut für Philosophie und Erziehungswissenschaft. In politischer Hinsicht hatte sich Bollinger seit der Rückgliederung des Saarlandes nicht betätigt. Vorher war er Angehöriger eines katholischen Schülerbundes gewesen. In der Wehrmacht hatte Bollinger von einer ganz kurzen Zeit ab-
S IX 27 gesehen nicht gedient. Er war wegen Tuberkulose nur a.v.H. geschrieben.

S IX 5 In Ulm machte Graf dem Angeschuldigten Bollinger Mitteilung von einem Kreis von Studenten, die die Absicht hätten, politisch aktiv zu werden und gegen die bestehende Staatsform anzugehen. Er sprach ferner von einem Flugblatt, das demnächst in München verbreitet werden sollte, und fragte den Angeschuldigten Bollinger, ob er bereit sei, in Freiburg für die Verbreitung des Flugblattes zu sorgen. Dies lehnte Bollinger ab. Bei der Unterredung übergab Graf dem Angeschuldigten Bollinger einen Durchschlag des Entwurfes für das Flugblatt der Widerstandsbewegung. Bollinger nahm den Entwurf mit nach Freiburg und las ihn dort dem Angeschuldigten Bauer vor.

S X 4 Bauer hatte das Gymnasium in Saarbrücken besucht und in München und Freiburg Medizin studiert.

In-

Infolge einer Beinverkürzung ist er nur g.v.F. geschrieben und zur Ablegung der Prüfung zurückgestellt. Vor der Rückgliederung des Saarlandes gehörte er der Bündischen Jugend, später der HJ an.

S X 11,13 — Im Januar 1943 erfuhr Bauer von dem Angeschuldigten Bollinger, daß dieser in Saarbrücken mit Graf zusammengetroffen war und daß ein Besuch von Graf in Freiburg bevorstand. Als Graf dann nach Freiburg kam, besuchte er auch den Angeschuldigten Bauer und unterhielt sich mit ihm über die Kriegslage. Von Flugblättern war damals keine Rede. Als Bollinger aus Ulm zurückkehrte, las er dem Angeschuldigten Bauer den Flugblattentwurf vor und teilte ihm mit, daß geplant sei, in München Flugblätter zu vertreiben. Auch erfuhr Bauer, daß Graf an Bollinger mit der Aufforderung herangetreten war, in Freiburg Flugblätter zu verbreiten.

S XX 16, S X 15 — Auf einer Schihütte in Breitnau hörten die Angeschuldigten Bollinger und Bauer ferner mehrfach ausländische Sender, insbesondere Schweizer und Engländer.

I. Die Zusammentreffen von Scholl und Schmorell mit dem Angeschuldigten Harnack

S X 20,21, S XI 13R — Etwa im Januar 1943 suchten Scholl und Schmorell den Angeschuldigten Harnack in Chemnitz auf. Harnack, dessen Onkel der bekannte Professor Adolf von Harnack und dessen verstorbener Vater ebenfalls Professor war, studierte nach dem Besuch des Gymnasiums und der Aufbauschule an den Universitäten Berlin und München Theaterwissenschaft, Germanistik, Zeitungswissenschaft und Volkswirtschaft. Nach dem Doktorexamen wurde er als Spielleiter und Dramaturg an das Nationaltheater in Weimar verpflichtet. Anschließend war er an anderen Theatern tätig, bis er im Mai 1941 eingezogen wurde. Nach einer Ruhrerkrankung kam er zur Marschkompanie nach Chemnitz und war vor seiner Festnahme gerade im Begriff, ins Feld zu rücken.

Von 1937 bis 1941 gehörte Harnack der HJ an. Er war jedoch gegen die Führung kritisch eingestellt.

Sein

Sein Bruder Arvid ist im Jahre 1942 vom Reichskriegsgericht wegen Vorbereitung zum Hochverrat zum Tode verurteilt und hingerichtet worden.

S XI 15R Bei dem Zusammentreffen in Chemnitz teilten Scholl und Schmorell dem Angeschuldigten Harnack mit, daß sie darauf hinzielten, die heutige Staatsform zu beseitigen, um an ihre Stelle eine Demokratie zu setzen. Sie versuchten auch, ihn für die Sache zu gewinnen oder ihn zu veranlassen, ihnen geeignete Mitarbeiter zu nennen. Harnack lehnte beides ab.

S IX 16R,21,23,24 In der Zeit vom 6. bis zum 12. Februar 1943 befand sich Harnack auf Urlaub in München. Er traf während dieser Zeit mehrfach mit Scholl und dem Angeschuldigten Schmorell zusammen und erfuhr, daß sie politisch tätig waren und Flugblätter hergestellt hatten. Von Scholl oder Schmorell erhielt er auch ein Flugblatt der Widerstandsbewegung, das er für gut befand. Mit dem Angeschuldigten Huber hatte Harnack während dieser Zeit eine politische Unterredung, bei der Huber föderalistische und Harnack - jedenfalls nach Ansicht des Angeschuldigten Huber - kommunistische Gedanken vertrat. Huber und Harnack waren aber darin einig, daß sie glaubten, der Krieg sei verloren. Es handelte sich bei ihrer Unterhaltung um eine Diskussion über die neue Staatsform nach einem für Deutschland verlorenen Kriege. Bei einer weiteren Zusammenkunft erfuhr Harnack, daß Scholl und seine Freunde die Schmierparolen in München angebracht hatten. Schließlich hörte er auch, daß die Herausgabe eines neuen staatsfeindlichen Flugblattes geplant war.

II. Zusammenstellung

Im einzelnen haben sich hiernach die Angeschuldigten, wie folgt, betätigt:

1. Der Angeschuldigte Schmorell:
   a. er ist Mitverfasser,-Hersteller und-Verbreiter der Flugblätter der "Weißen Rose",
   b. er beteiligte sich am Entwurf, an der Herstellung und Verbreitung der zwei Flugblätter des Jahres 1943

1943 in München,

c. er verbreitete die letzteren auch außerhalb Münchens,

d. er beteiligte sich ferner an den Schmieraktionen,

e. er gab selbst Geld zur Deckung der Unkosten der Propaganda und fuhr zusammen mit Scholl zu Grimminger, um diesen zu veranlassen, ebenfalls dazu beizusteuern,

f. er versuchte zusammen mit Scholl, den Angeschuldigten Harnack zu werben;

2. der Angeschuldigte Huber:

a. er erhielt im Sommer 1942 zwei Flugblätter "Weiße Rose" und erfuhr später, wer der Verfasser war,

b. er hatte Zusammenkünfte mit Scholl und Schmorell, wobei die Herstellung von Flugblättern beschlossen wurde,

c. er wählte unter zwei ihm vorgelegten Entwürfen des Flugblatts: "Aufruf an alle Deutschen" einen aus und verbesserte ihn,

d. er entwarf das Flugblatt: "Studenten, Studentinnen!"

e. er übergab Scholl ein Studentenverzeichnis, aus dem Scholl Anschriften für die Zusendung von Flugblättern entnahm;

3. der Angeschuldigte Graf:

a. er nahm an den Besprechungen über die Flugblattherstellung teil,

b. er war beim Abziehen eines Flugblattes im Jahre 1943 behilflich,

c. er beschaffte Briefumschläge, half beim Versenden der Flugblätter und gab 50 RM für die Anschaffung von Briefmarken,

d. er beteiligte sich an zwei Schmieraktionen,

e. er versuchte, in Bonn und Freiburg Gesinnungsfreunde zu werben, und übergab dem Angeschuldigten Bollinger ein Flugblatt;

4. der Angeschuldigte Hirzel:

a. er erhielt 80 RM und kaufte dafür einen Verviel-

Vervielfältiger, Papier und Matrizen,

b. er versuchte vergeblich, ein Plakat mit einem Parteiabzeichen und der Inschrift: "Wer dieses Zeichen trägt, ist ein Feind des Volkes!" herzustellen,

c. er entwendete ein Telefonbuch, versah mehrere hundert Flugblätter mit Umschlägen und Aufschriften und steckte sie in Stuttgart in Briefkästen ein,

d. er zog Müller zum Fertigmachen der Postsendungen heran und übergab ihm ein Flugblatt,

5. die Angeschuldigte Susanne Hirzel:
sie steckte in Stuttgart etwa 200 Briefe mit Flugblättern in Postkästen ein,

6. der Angeschuldigte Müller:
a. er half beim Verpacken der Flugblätter in Umschläge und beim Beschriften der Umschläge,
b. er besorgte Briefumschläge und -Marken,
c. er erhielt ein Flugblatt zum Lesen;

7. der Angeschuldigte Guter:
a. er bekam von Hirzel ein Flugblatt, lehnte aber ab, es zu lesen, auch lehnte er die Besorgung von Briefumschlägen ab,
b. er erfuhr Näheres über die geplante Flugblattverteilung in Stuttgart;

8. der Angeschuldigte Grimminger:
er gab 500 RM zur Finanzierung der Flugblattpropaganda;

9. der Angeschuldigte Bollinger:
a. er erfuhr von Graf, daß der Münchener Kreis einen Umsturz plante, und wurde vergeblich zur Teilnahme aufgefordert,
b. er erhielt von Graf ein Flugblatt und las es dem Angeschuldigten Bauer vor,
c. er hörte Auslandssender;

10. der Angeschuldigte Bauer:
a. er erfuhr von Bollinger Einzelheiten über die Ziele des Münchener Kreises und über die Zu-

Zusammentreffen Bollingers mit Graf,
b. Bollinger las ihm ein Flugblatt vor,
c. er hörte Auslandssender;

11. der Angeschuldigte Harnack:
a. er hatte zwei Zusammentreffen mit Scholl und Schmorell, erfuhr von ihren Plänen, lehnte aber selbst ab, sich zu beteiligen,
b. er erhielt Kenntnis von einem Flugblatt und billigte den Inhalt.

III. Die Flugblätter

Die Flugblätter "Weiße Rose" enthalten Angriffe gegen den Nationalsozialismus, insbesondere gegen seine kulturpolitischen Bestrebungen, und befassen sich mit angeblichen Greueltaten des Nationalsozialismus gegen die Juden und gegen die Polen. Ferner enthalten die Flugblätter die Aufforderung, passiven Widerstand zu leisten und das Weiterlaufen der "atheistischen" Kriegsmaschine zu verhindern, ehe es zu spät sei und ehe die letzten Städte gleich Köln ein Trümmerhaufen seien und die Jugend des Volkes irgendwo für die "Hybris eines Untermenschen" verblutet sei (Weiße Rose Nr. I). "Wenn" - so heißt es in dem Flugblatt Nr. II -" eine Welle des Aufruhrs durch das Land geht, wenn es in der Luft liegt, wenn viele mitmachen, dann kann in einer letzten gewaltigen Anstrengung dieses System abgeschüttelt werden". Im Flugblatt Nr. III wird ausgeführt, es sei der Sinn und das Ziel des passiven Widerstandes, den Nationalsozialismus zu Fall zu bringen. In diesem Kampf dürfe man vor keinem Weg, vor keiner Tat zurückschrecken. An allen Stellen müsse der Nationalsozialismus angegriffen werden, an denen er angreifbar sei. Nicht der militärische Sieg dürfe die erste Sorge für jeden Deutschen sein, sondern die Niederlage der Nationalsozialisten. Jeder entschiedene Gegner des Nationalsozialismus müsse sich daher die Frage vorlegen, wie er den gegenwärtigen "Staat" am wirksamsten bekämpfen und ihm die empfindlichsten Schläge beibringen könne. Dazu sei Sabotage in Rüstungsbetrieben, Ver-

Verhinderung des reibungslosen Ablaufs der Kriegsmaschine und Sabotage aller nationalsozialistischen Veranstaltungen sowie auf allen wissenschaftlichen und geistigen Gebieten erforderlich.

Das Flugblatt "Weiße Rose" Nr. IV befaßt sich mit der Kriegslage und führt aus, daß die deutschen Erfolge Bestürzung und Pessimismus unter den Gegner Hitlers in Deutschland, "also unter dem besseren Teil des Volkes" hervorgerufen hätten. Die deutschen Erfolge seien aber mit den grauenhaftesten Opfern erkauft worden. Täglich fielen in Rußland Tausende. Hitler aber belüge noch diejenigen, deren teuerstes Gut er geraubt und in einen sinnlosen Tod getrieben habe. Für einen Christen dürfe es daher kein Hinausschieben der Entscheidung in der Hoffnung, daß ein anderer die Waffen erhebe, geben, sondern man müsse das Böse dort angreifen, wo es am mächtigsten sei, nämlich in der Macht Hitlers.

Das Flugblatt der Widerstandsbewegung mit dem Untertitel: "Aufruf an alle Deutschen!" gibt stark defaitistische Gedanken wieder. Es heißt dort, der Krieg gehe seinem sicheren Ende entgegen. Zwar versuche die deutsche Regierung, alle Aufmerksamkeit auf die wachsende U-Boot-Gefahr zu lenken. Indes strömten aber im Osten die Armeen zurück, werde im Westen die Invasion erwartet und übertreffe die Rüstung Amerikas alles in der Gesichte bisher Dagewesene. Hitler könne den Krieg nicht mehr gewinnen, sondern nur noch verlängern. Das deutsche Volk, das blindlings seinen Verführern ins Verderben gefolgt sei, müsse sich jetzt von den nationalsozialistischen Untermenschentum trennen und durch die Tat beweisen, daß es anders denke. Der nationalsozialistischen Propaganda, die dem Volke den Bolschewistenschreck in die Glieder gejagt habe, dürfe man nicht glauben. Auch solle man nicht annehmen, daß Deutschland mit dem Sieg des Nationalsozialismus auf Gedeih und Verderb verbunden sei.

Das Flugblatt: "Studenten, Studentinnen!", das später mit der Überschrift: "Kommilitonen, Kommilitoninnen!" er-

erschien, befaßt sich mit den Ereignissen im Osten und mißt dem Führer dafür die Schuld zu. Es richtet dann insbesondere an die Studentenschaft die Aufforderung mit der "verabscheuungswürdigsten Tyrannis," die je unser Volk erduldet habe, abzurechnen und den "Nationalsozialistischen Terror" durch die Macht des Geistes zu brechen.

IV. Die Einlassungen der Angeschuldigten

Die Angeschuldigten bis auf Grimminger sind in dem vorgeschilderten Umfang im wesentlichen geständig. Schmorell hat ausgeführt, er habe durch die Flugblätter, insbesondere die darin enthaltene Aufforderung zur Sabotage, die deutschen Soldaten zum Zurückgehen veranlassen wollen und darin die günstige Lösung eines Ausgleichs zwischen Deutschland und Rußland gesehen. Dabei habe er aber nicht daran gedacht, daß er dadurch der feindlichen Macht Vorschub leiste und der Kriegsmacht Deutschlands einen Nachteil

S XI 13 zufüge. Huber hat behauptet, er habe nur eine starke politische Rechtswendung herbeiführen wollen. Daß gerade im Augenblick der schwersten Sorge um das Wohl des Staates Differenzen zwischen der Studentenschaft und der politischen Führung ausgebrochen seien, sehe er als den verhängnisvollsten Anlaß zu seinem Schritt an. Im übrigen sei er ein Gegner des Bolschewismus und habe in seinem Entwurf des Studentenflugblattes auch einige von Scholl gestrichene Sätze gebracht, in denen er die Studenten aufgefordert habe, sich geschlossen "in die Reihen unserer herrlichen Wehrmacht" zu stellen". Diese Behauptung steht allerdings im Widerspruch zu dem übrigen Inhalt des Flugblattes. Graf hat darauf hingewiesen, daß er nicht aus eigenem Antriebe, sondern durch Beeinflussung durch Scholl und aus Gutmütigkeit in die Sache hineingekommen sei. Er sehe ein, daß er einen Fehler begangen habe, den er nicht leicht wieder gut machen könne.

S IV 20,21 Hans Hirzel hat angegeben, er habe zunächst der Sache keine besondere Bedeutung beigelegt und nicht angenommen

daß

daß Scholl andere als rein theoretische Ziele verfolge.
Als ihm dann aber schließlich doch zum Bewußtsein ge-
kommen sei, daß die Handlungen von Scholl eine Gefahr
für Deutschland herbeiführen könnten, habe er vor der
Wahl gestanden, entweder Scholl anzuzeigen oder sich
S IV 40 von ihm zu trennen und damit der Sache ihren Lauf zu
lassen. Zu beidem aber habe er sich nicht entschließen
können und deshalb mitgemacht, obwohl er den Inhalt
der Flugblätter nicht gebilligt habe. Dabei sei ihm
jedoch nicht wohl gewesen und er habe sich mehreren
S IV 12 Personen anvertraut, obwohl er gewußt habe, daß dies
einer Selbstanzeige gleich komme.
S V 17R Susanne Hirzel hat bei der richterlichen Vernehmung
ausgeführt, sie habe nicht annehmen können, daß die
Flugblätter hochverräterischen Inhalt gehabt hätten.
S IV 13R Demgegenüber hat sie aber bei der polizeilichen Ver-
nehmung angegeben, es sei ihr klar gewesen, daß es sich
um ein gegen den heutigen Staat und gegen den National-
sozialismus gerichtetes Flugblatt gehandelt habe, weil
sonst die Sache nicht heimlich habe gemacht zu werden
brauchen. Sie habe angenommen, daß sich der Inhalt des
Flugblattes gegen den Führer oder gegen innerpolitische
Maßnahmen der Regierung richte. Im übrigen hat sie zuge-
geben, gewußt zu haben, daß das Flugblatt von Scholl
stammte, dessen politische Einstellung sie aus eigener
S IV 13 Erfahrung und aus den Mitteilungen ihres Bruders
S IV 10 kannte, der ihr auch von seinem Zusammentreffen mit dem
Münchener Kreis erzählt hatte.
S VI 8 Müller hat behauptet, er habe dem Angeschuldigten Hirzel
zunächst gesagt, es sei eine Gemeinheit, der Front auf
diese Weise in den Rücken zu fallen. Als ihm Hirzel darauf
erklärt habe, daß sich das Ganze nur gegen die Partei,
insbesondere gegen die Amtsträger der Partei, die
vom Heeresdienst zurückgestellt worden seien, richte,
habe er sich einverstanden erklärt.
Dem steht jedoch entgegen, daß der Angeschuldigte Müller
geständlich das Flugblatt gelesen hat. Er hat daher
dessen hoch- und landesverräterischen Charakter erkannt.

Guter

S XII 108 — Guter hat angegeben, er habe es aus moralischen und kameradschaftlichen Gründen nicht übers Herz gebracht, gegen Hirzel Anzeige zu erstatten.

S [illegible] — Grimminger hat bei der richterlichen Vernehmung ausgeführt, er fühle sich einer strafbaren Handlung nicht schuldig, da er zur Zeit der Geldhergabe noch nicht gewußt habe, daß Scholl und Schmorell sich mit Umsturzabsichten trugen. Insoweit wird er jedoch durch seine eigenen Angaben bei den polizeilichen Vernehmungen und durch die Einlassung des Angeschuldigten Schmorell überführt.

S [illegible] — Bollinger hat behauptet, er habe keine Anzeige gemacht, weil er sich vollkommen aus der Sache habe heraushalten wollen. Er sei sich keiner Verfehlung bewußt, abgesehen davon, daß er unerlaubterweise ausländische Sender gehört habe, was zwar objektiv als Verfehlung gelten könne, für ihn aber nicht diesen Charakter trage, weil er die Nachrichten nicht dazu benutzt habe, Unruhe in die Bevölkerung zu tragen.

S X [illegible] — Bauer hat behauptet, sein Wissen über Graf habe ihm das Ausmaß und die Bedeutung der Sache nicht erkennen lassen. Außerdem habe er nicht wissen können, daß damals die Verbreitung der Flugblätter, mit denen er nicht einverstanden sei, noch möglich gewesen sei. Schließlich sei er durch die Examensvorbereitungen auch derart in Anspruch genommen worden, daß seine Handlungsfähigkeit und Entschlußkraft herabgesetzt gewesen seien.

S XI 403 — Harnack hat zugegeben, gewußt zu haben, daß Scholl und Schmorell ein hochverräterisches Unternehmen vorhatten. Wegen des Vorfalls mit seinem Bruder und unter dem Eindruck der damaligen Kriegslage habe er keine Anzeige erstattet.

Das Verfahren gegen die Angeschuldigten, soweit sie Soldaten sind, ist gemäß Vereinbarung des Chefs des Oberkommandos der Wehrmacht und des Reichsministers der Justiz dem Volksgerichtshof zur Verhandlung und Entscheidung überwiesen worden.

Be-

- 28 -

Beweismittel:

I. Die Einlassungen der Angeschuldigten in den Sonderheften I bis XI;

II. die Strafregisterauszüge, die noch nachgereicht werden;

III. die Strafanträge der Staatspolizeileitstelle München im Hauptband Bl.6R;

IV. die beschlagnahmten Gegenstände:

1. die bei dem Angeschuldigten Schmorell beschlagnahmten Briefmarken, das Papier, der Revolver mit Munition: S I 2 und der Geldbetrag S I 36,
2. das bei einem Bekannten des Angeschuldigten Hirzel beschlagnahmte Papier und die Matrizen: S IV 36,37R;

V. die Flugblätter in den Beiakten 8 J 35/43.

Ich beantrage,

die Hauptverhandlung vor dem Volksgerichtshof anzuordnen, die Fortdauer der Untersuchungshaft gegen alle Angeschuldigten zu beschließen und ihnen, soweit sich nicht Wahlverteidiger gemeldet haben, Verteidiger beizuordnen.

In Vertretung

F e r n s c h r e i b e n .

~~von~~ SK.
an

in München
eingegangen am: .... um .... aufgenommen: ....
ausgegangen am: 12.4.43 .... um 15.35 aufgegeben Ressel

++++ VGH. NR.961 12.4.43 1535 = RESSEL =
AN DIE STAATSPOLIZEILEITSTELLE IN MUENCHEN.==

E I L T S S E H R .==

IN DER STRAFSACHE GEGEN S C H M O R E L L UND ANDERE SOLL AM 19. APRIL IN MUENCHEN HAUPTVERHANDLUNG STATTFINDEN.

ICH BITTE UM FESTSTELLUNG, WELCHER WUERDIGE SAAL IM JUSTIZPALAST MUENCHEN ZUR VERFUEGUNG GESTELLT WERDEN KANN.
UM SOFORTIGE RUECKANTWORT MITTELS FERNSCHREIBER WIRD GEBETEN.=

= ICH BITTE, DEN SA-GRUPPENFUEHRER B U N G E , MUENCHEN 9., HARTHAUSER STRASSE 119, UND SS-GRUPPENFUEHRER B R E I T H A U P T , MUENCHEN 33, KARLSTRASSE 10, VON DIESEN TERMIN ZU VERSTAENDIGEN. SCHRIFTLICHE LADUNG ERFOLGT NOCH.==

FUER IHRE MUEHEWALTUNG SAGE ICH IHNEN MEINEN HERZLICHEN DANK.==

VOLKSGERICHTSHOF, 1. SENAT.

GEZ.: T H I E L E , AMTSRAT.=

RRR FUER VGH. NR.961 12.4.43 1540 STL. MUENCHEN/EICHBERGER

Grm. V 104.

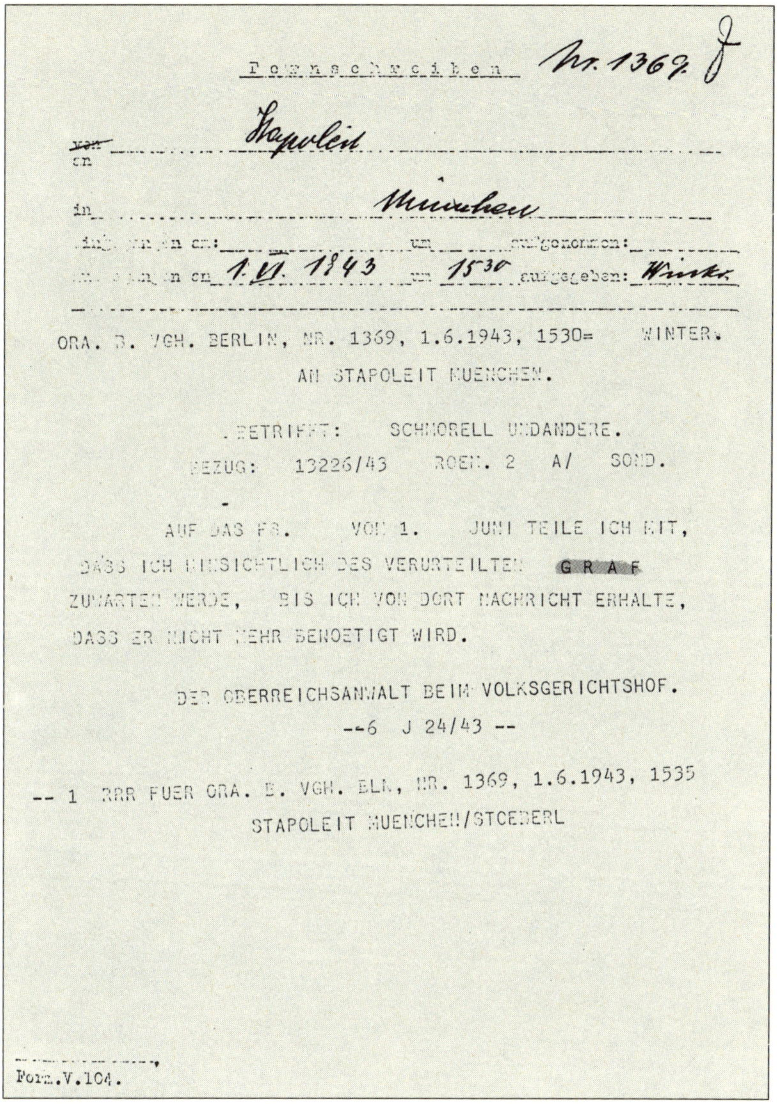

Fernschreiben Nr. 1369 J

~~von~~ an Stapoleit

in München

Eingegangen am: ______ um ______ aufgenommen: ______

Ausgegangen am 1. VI. 1943 um 1530 aufgegeben: Winter

ORA. B. VGH. BERLIN, NR. 1369, 1.6.1943, 1530= WINTER.

AN STAPOLEIT MUENCHEN.

BETRIFFT: SCHMORELL UNDANDERE.

BEZUG: 13226/43 ROEM. 2 A/ SOND.

AUF DAS FS. VOM 1. JUNI TEILE ICH MIT, DASS ICH HINSICHTLICH DES VERURTEILTEN G R A F ZUWARTEN WERDE, BIS ICH VON DORT NACHRICHT ERHALTE, DASS ER NICHT MEHR BENOETIGT WIRD.

DER OBERREICHSANWALT BEIM VOLKSGERICHTSHOF.

--6 J 24/43 --

-- 1 RRR FUER ORA. B. VGH. BLN, NR. 1369, 1.6.1943, 1535

STAPOLEIT MUENCHEN/STCEDERL

Form.V.104.

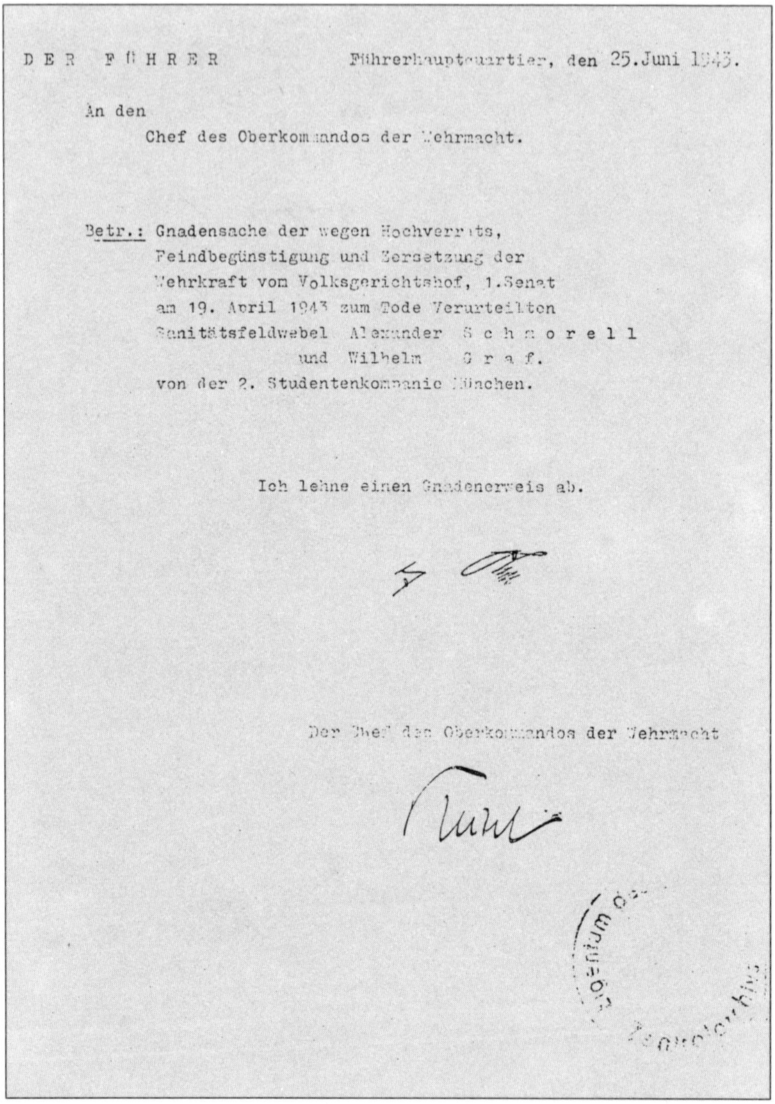

D E R F Ü H R E R Führerhauptquartier, den 25.Juni 1943.

An den
Chef des Oberkommandos der Wehrmacht.

Betr.: Gnadensache der wegen Hochverrats,
Feindbegünstigung und Zersetzung der
Wehrkraft vom Volksgerichtshof, 1.Senat
am 19. April 1943 zum Tode Verurteilten
Sanitätsfeldwebel Alexander S c h m o r e l l
und Wilhelm G r a f.
von der 2. Studentenkompanie München.

Ich lehne einen Gnadenerweis ab.

Der Chef des Oberkommandos der Wehrmacht

[illegible]

IV g10a 5011/43g

1.) In der Strafsache gegen die vom Volksgerichtshof am 19. April 1943 zum Tode verurteilten

~~Alexander S c h m o r e l l ,~~

Kurt H u b e r

~~und~~

~~Wilhelm G r a f~~

habe ich mit Ermächtigung des Führers beschlossen, von dem Begnadigungsrecht keinen Gebrauch zu machen, sondern der Gerechtigkeit freien Lauf zu lassen.

Berlin, den Juni 1943
Der Reichsminister der Justiz

(z. Unterschrift
des Herrn Ministers)

2.) Pressevermerk:

Am . . . . . . sind der am 16.9.1917 in Orenburg (Rußl.) geborene Alexander S c h m o r e l l, der am 24.10.1893 in Chur (Schweiz) geborene Kurt H u b e r und der am 2.1.1918 in Kuchenheim geborene Wilhelm G r a f, sämtlich aus München hingerichtet worden, die der VGH wegen Hochverrats und Wehrkraftzersetzung zum Tode verurteilt hat.

Schmorell und Graf, die während des Schicksalskampfes auf Kosten des deutschen Volkes in der Heimat ihre Berufsausbildung vollenden durften, haben in Flugblättern zur Sabotage der Rüstung aufgerufen, defätistische Gedanken propagiert und den Führer aufs Gemeinste beschimpft. Huber hat sie bei ihrem schändlichen Treiben unterstützt und gefördert.

3.) Exped.: Vollstr. Auftr.

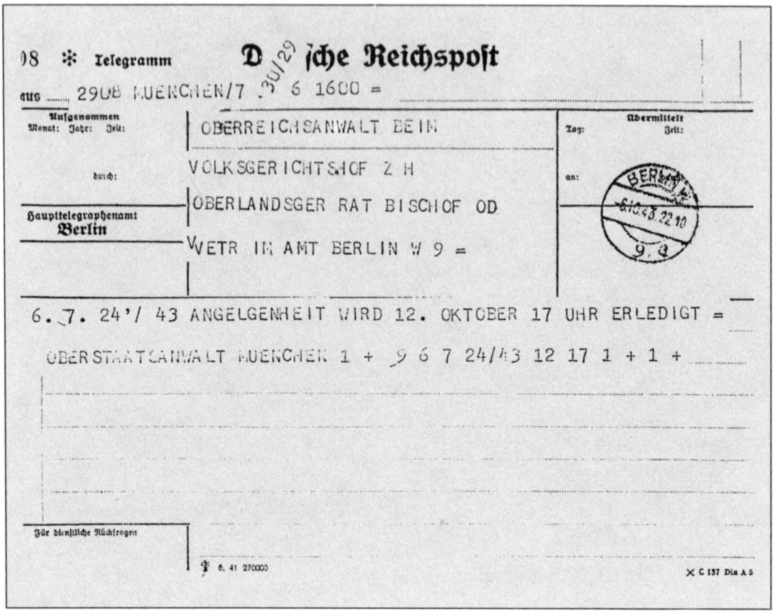

)8 ✻ Telegramm D ... sche Reichspost

aus ...... 2908 MUENCHEN/7 30/29 6 1600 =

Aufgenommen
Monat: Jahr: Zeit:

durch:

Haupttelegraphenamt
Berlin

OBERREICHSANWALT BEIM

VOLKSGERICHTSHOF Z H

OBERLANDSGER RAT BISCHOF OD

VVETR IM AMT BERLIN W 9 =

Übermittelt
Tag: Zeit:

an:

BERLIN
6.10.43.22 10
9 a

6.7. 24'/ 43 ANGELGENHEIT WIRD 12. OKTOBER 17 UHR ERLEDIGT =

OBERSTAATSANWALT MUENCHEN 1 + 9 6 7 24/43 12 17 1 + 1 +

Für dienstliche Rückfragen

6. 41 270000

C 137 Din A 5

Gefängnisse München

Zur Beachtung! Strafgefängnis München-Stadelheim A 2

Den Gefangenen ist der Brief- und Besuchsverkehr nur mit Eltern, Großeltern, Kindern, Geschwistern, Ehegatten und mit ihrem gesetzlichen Vertreter gestattet. Sie dürfen in der Regel alle 4 Wochen einen Brief absenden und alle 4 Wochen einen Brief empfangen; alle 8 Wochen einen Besuch empfangen.

Briefe deutlich und mit Tinte schreiben! Kein Geld und keine Briefmarken beilegen! Postkarten mit Ansichten oder Bildern werden nicht ausgehändigt.

Besuchszeit: Nur Dienstag 14–16 Uhr (Feiertage ausgenommen). Amtlich gestempelter Lichtbild-Ausweis ist vom Besucher mitzubringen. Eßwaren oder Genußmittel dürfen weder mitgebracht noch zugesandt werden. Gegenstände der Körperpflege können sich die Gefangenen im Gefängnis kaufen. Tuben aller Art, auch Zahnpasta werden den Gefangenen nicht ausgehändigt. Geldsendungen an Gefangene sind gestattet.

Name: .... Gef.-B.-Nr. .... München, den 12. X. 43
Stadelheimerstraße 12

Meine geliebten Eltern, meine liebe Mathilde u. Anneliese
an diesem Tag werde ich aus dem Leben scheiden und in die Ewigkeit gehen. Vor allem schmerzt es mich, daß ich Euch, die Ihr weiterleben werdet, diesen Schmerz bereiten muß. Aber Trost und Stärke findet Ihr bei Gott, darum werde ich bis zum letzten Augenblick beten, denn ich weiß, daß es für Euch schwerer sein wird als für mich. Ich bitte Euch, Vater und Mutter von Herzen, mir zu verzeihen, was ich Euch an Leid und Enttäuschung zugefügt habe; ich habe oft und gerade zuletzt im Gefängnis bereut, was ich Euch angetan habe. Verzeiht mir und betet immer wieder für mich! Behaltet mich in gutem Andenken! Seid stark und gefaßt und vertraut auf Gottes Hand, der Alles zum Besten lenkt, wenn es auch im Augenblick bitteren Schmerz bereitet. Wie sehr ich Euch geliebt habe, konnte ich Euch im Leben nicht sagen, nun aber, in den letzten Stunden sage ich Euch, leider nur auf diesem nüchternen Papier, daß ich Euch Alle von Herzen liebe und Euch verehrt habe. Für Alles, was Ihr mir im Leben geboten habt und was Ihr mir durch Eure Fürsorge und Liebe ermöglicht habt. Schließt Ihr übrigen Euch zusammen und stehet in Liebe und Vertrauen zueinander! Die Liebe Gottes hält uns umfaßt und wir vertrauen Seiner Gnade, möge Er uns ein gütiger Richter sein. Mein letzter Gruß Euch Allen, lieber Vater und geliebte Mutter, Mathilde, Ossy, Anneliese, Joachim, alle Verwandten und Freunde. Gottes Segen über uns, in Ihm sind wir und leben wir. Lebet wohl und seid stark und voller Gottvertrauen! Ich bin in Liebe immer

Euer Willi

30.6.43 5000

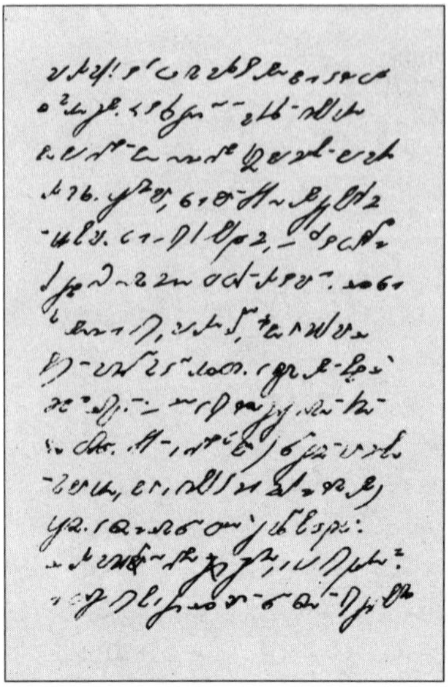

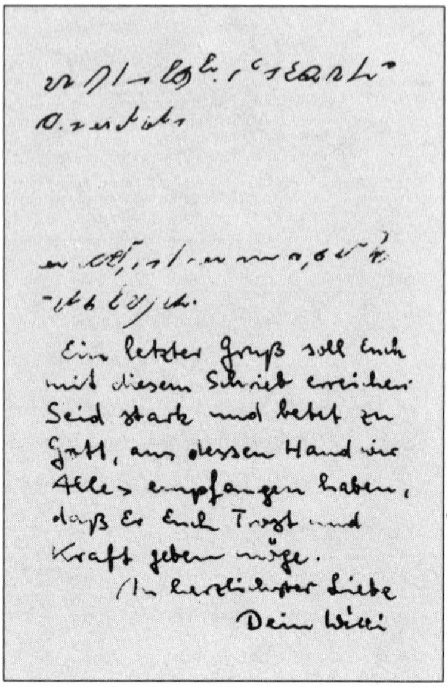

Ein letzter Gruß soll Euch
mit diesem Schrieb erreichen.
Seid stark und betet zu
Gott, aus dessen Hand wir
Alles empfangen haben,
daß Er Euch Trost und
Kraft geben möge.
In herzlichster Liebe
Dein Willi

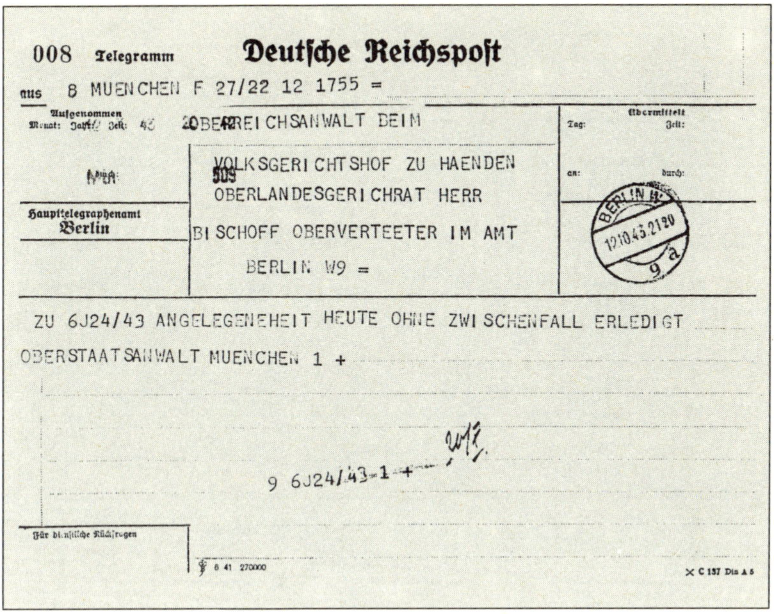

008 Telegramm **Deutsche Reichspost**

aus 8 MUENCHEN F 27/22 12 1755 =

Aufgenommen
Monat: Jahr: Zeit: 43

Hauptelegraphenamt
Berlin

OBERREICHSANWALT BEIM
VOLKSGERICHTSHOF ZU HAENDEN
OBERLANDESGERICHRAT HERR
BISCHOFF OBERVERTEETER IM AMT
BERLIN W9 =

Übermittelt
Tag: Zeit:
an: durch:

BERLIN W
12.10.43. 21 20
9 a

ZU 6J24/43 ANGELEGENEHEIT HEUTE OHNE ZWISCHENFALL ERLEDIGT
OBERSTAATSANWALT MUENCHEN 1 +

9 6J24/43 1 +

Für dienstliche Rückfragen

C 137 DIN A 5

Nr. 3433 C

München, den 13. Oktober 1943

Der Studierende der Medizin Wilhelm Joseph G r a f

, römisch katholisch,

wohnhaft in München, Mandlstraße 1

ist am 12. Oktober 1943 um 17 Uhr 03 Minuten

in München, Stadelheimer Straße 12 verstorben.

Der Verstorbene war geboren am 2. Januar 1918

in Kuchenheim, Regierungsbezirk Köln

(Standesamt Nr.)

Vater: Gerhard G r a f, Kaufmann

Mutter: Anna, geborene G ü l d e n, beide wohnhaft in Saarbrücken

Der Verstorbene war — nicht — verheiratet

Eingetragen auf mündliche — ~~schriftliche~~ — Anzeige des von dem Tode aus eigener Wissenschaft unterrichteten Oberverwalters Eduard Rauscher, wohnhaft in München, Stadelheimer Straße 12.

Der Anzeigende ist der Persönlichkeit nach bekannt.

Vorgelesen, genehmigt und unterschrieben

Eduard Rauscher

Der Standesbeamte
In Vertretung

Todesursache: Enthauptung.

Nachlass, des am 12.10.1943 im hiesigen Gefängnis verstorbenen

G r a f Wilhelm :

1 grauer Mantel,
1 brauner Rock
1 braune Hose,
1 Par braune Halbschuhe,
1 Taschenmesser,
1 Aktenmappe,
1 Trainingshose,
4 Hemden,
4 Unterhosen,
4 Paar Socken
1 Schal,
1 Binder,
1 Paar Handschuhe,
1 Leibriemen,
9 Taschentücher,
2 Schlüssel, 1 kleiner Schlüssel,
1 Drehbleistift,
1 Geldbörse,
Alte Briefe,
2 Manschettenknöpfe,
1 Schachtel Süssstoff,
1 Zigarettenspitze,

München, den 13. Oktober 1943

Der Vorstand der Gefängnisse München - Stadelheim

I.A.

Oberwachtmeister.

Beglaubigte Abschrift.

Aktenzeichen: AR. VII 406/43.

obiges Aktenzeichen bei Rückantwort erbeten.

München, den 14. Oktober 1943.

Der Oberstaatsanwalt München I.

An den
HERRN REICHSMINISTER DER JUSTIZ
B E R L I N

durch den
HERRN OBERREICHSANWALT
BEIM VOLKSGERICHTSHOF
z.Hd. Herrn Oberlandesgerichtsrat
Dr. B i s c h o f f
- oder Vertreter im Amt -
B E R L I N W 9
Bellevuestr. 15.

20. OKT. 1943

Geheim!

Reichsjustizministerium
29. OKT. 1943

Betreff: Strafsache gegen
G r a f Wilhelm

Erlaß des Führers vom 25.6.1943.

Zur Verfügung des RJM v.25.6.43.
-IV g 10 a 5011^{d}/43 g. -

Sachbearbeiter :EStA.Roemer.

In 2 Stücken.
Mit 1 Anlage für den
Herrn Reichsminister der Justiz
und 1 weiteren Anlage für den
Herrn Oberreichsanwalt beim
Volksgerichtshof.
Zu 6 J 42/43.

Die Vollstreckung des Todesurteils gegen den Nebengenannten hat am 12. Oktober 1943 im Strafgefängnis München Stadelheim stattgefunden. Der Hinrichtungsvorgang dauerte vom Verlassen der Zelle an gerechnet 1 Minute 11.Sekunden, von der Übergabe an den Scharfrichter bis zum Fall des Beiles 11 Sekunden.

Zwischenfälle oder sonstige Vorkommnisse von Bedeutung sind nicht zu berichten.

gez. K u m m e r .

Beglaubigt:
München, den 14.Okt.43.
Tiefenbacher
Justizangestellte.

Der Oberstaatsanwalt München I

Gesehen. Der Erlaß vom 25.Juni 1943 ist beigefügt.

Berlin, den 27. Oktober 1943

Der Oberreichsanwalt b.Volksgerichtshof

Nr. 1. IV g 10 a 5011 d 43 g

AR.VII 404-406/44 München, den 1.Dez.1944

Mit 2 Beilagen wiedervorgelegt dem

Herrn Oberreichsanwalt
beim Volksgerichtshof

P o t s d a m

zur anliegenden Randverfügung vom 23.10.44 6 J 24/43 g.

Die Bemerkung der Gestapo München in ihrer Zuleitung vom 20.XI.44 wegen des Verfügungsrechtes über die Leiche beruht auf einem Irrtum. Die Gestapo hatte vor der Hinrichtung des Graf fernmündlich erklärt, daß die Leiche nicht freigegeben, sondern formell übernommen werde, jedoch gleichzeitig ersucht, dass wegen der Beisetzung der Leiche in ihrem Auftrag von der Staatsanwaltschaft aus das Erforderliche beim städt. Bestattungsamt veranlaßt werde. Dementsprechend wurde von hier aus das Bestattungsamt um Abholung der Leiche ersucht, das sodann die Leiche im Beisein eines Gestapobeamten, der sie formell übernahm, abholte.

Bezüglich der Bekanntgabe der Grabstätte und des Verlustes der Abschiedsbriefe schliesse ich mich dem Standpunkt der Gestapo an.

[illegible]

1) Zu schreiben: An den Herrn Oberstaatsanwalt
München I

Betrifft: Wilhelm Graf.
Bezug: AR VII 404-406/44 vom 1. Dezember 1944
Ich habe keine Bedenken dagegen, daß dem Vater des Verurteilten Graf der Verlust der Abschiedsbriefe seiner Kinder mitgeteilt wird.
~~und die Grabstätte~~

2) Zum AR Graf.

Berlin, den 11. 12. 1944
Der Oberreichsanwalt beim Volksgerichtshof

[illegible]

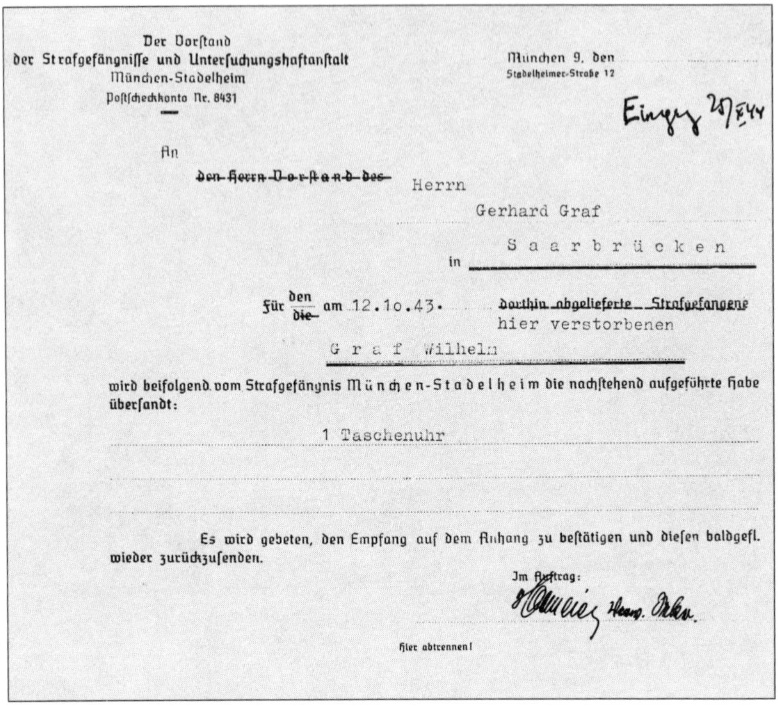

Der Vorstand
der Strafgefängnisse und Untersuchungshaftanstalt
München-Stadelheim
Postscheckkonto Nr. 8431

München 9, den
Stadelheimer-Straße 12

Eingeg. 25/I.44

An

~~Den Herrn Vorstand des~~ Herrn

Gerhard Graf

in Saarbrücken

Für den ~~die~~ am 12.10.43. ~~dorthin abgelieferte Strafgefangene~~ hier verstorbenen

Graf Wilhelm

wird beifolgend vom Strafgefängnis München-Stadelheim die nachstehend aufgeführte Habe übersandt:

1 Taschenuhr

Es wird gebeten, den Empfang auf dem Anhang zu bestätigen und diesen baldgefl. wieder zurückzusenden.

Im Auftrag:

Hier abtrennen!

Lebenstafel

1918 Willi Graf wird am 2. Januar als 3. Kind des Kaufmanns Gerhard Graf und seiner Ehefrau Anna geb. Gölden in Kuchenheim, Kreis Euskirchen, geboren.

1922 Übersiedlung der Familie nach Saarbrücken.

1928 Eintritt in das Humanistische Ludwigsgymnasium, Saarbrükken.

1929 Eintritt in eine Jungenschaftsgruppe des katholischen Schülerbundes ›Neudeutschland‹ (ND).

1933 Fähnleinführer im ND. Freundschaftliche Verbindungen zu Rudi Alt, Helmut Bauer, Heinz und Willi Bollinger, Hein Jacobs.
Erste Einschränkungen und Auflösungserlasse für Verbände der Bündischen Jugend.

1934 Ostertreffen von Führern der katholischen Jugendbewegung aus Südwest- und Westdeutschland – aus Tarnungsgründen auf einem gecharterten Rheindampfer; Zusammenschluß zur Gemeinschaft des ›Grauen Ordens‹, Beginn der Freundschaftsbeziehung zu Fritz Leist; Anschluß an den ›Grauen Orden‹; in der Folgezeit Teilnahme an illegalen Fahrten und Lagern.

1935 Saarabstimmung: Rückgliederung des Saargebietes in das Deutsche Reich.
Durch Polizei-Verordnung des Preußischen Ministerpräsidenten vom 23. 7. 1935 werden den konfessionellen Jugendverbänden jegliche Betätigungen – außer den religiös-kirchlichen – untersagt.
Sommerfahrt nach Italien / Sardinien. Erste Begegnung mit Günther Schmich.
Winterlager in Himmerod (Eifel).

1936 Im Februar erneute Auflösungsverordnungen für Bündische Jugendverbände.
Osterlager in St. Peter (Schwarzwald).
Pfingstlager in Haslach (Kinzigtal).
Sommerfahrt auf den Balkan.
1. 12. 1936: Die Hitlerjugend wird zur Staatsjugend erklärt. Endgültige Auflösung Bündischer Jugendverbände.
Verbot der Saarbrücker ND-Gruppen.
Winterlager auf Burg Breuberg/Odenwald.

1937 Abitur.
Osterlager in Königshofen/Taunus.
April–Oktober: Reichsarbeitsdienst in Dillingen/Saar.
Im Pfingsturlaub Lager in Königshofen/Taunus.
November: Beginn des Medizinstudiums in Bonn; hier insbesondere Kontakte mit Karl Bisa, Marita Herfeldt, Hein Jacobs und Walter Kastner.

1938 22. 1.–5. 2. 1938 Untersuchungshaft in einem Bonner Gefängnis. Mit 17 Mitgliedern der Gemeinschaft des ›Grauen Ordens‹ vor dem Sondergericht Mannheim angeklagt, gegen »§ 4 der Verordnung zum Schutz von Volk und Staat vom 28. 2. 1933 . . . zuwidergehandelt zu haben«. Das Verfahren wird aufgrund einer Amnestie nach dem ›Anschluß‹ Österreichs am 17. 5. 1938 eingestellt.
März: Krankenpflegerkurs im Saarbrücker Heilig-Geist-Krankenhaus.
Oktober: Vorphysikum.
Wintertreffen Saarbrücker und Freiburger Bündischer Gruppen in einer Skihütte im Schwarzwald.

1939 August: Musterung.
September: Physikum in Bonn.
Nach Kriegsausbruch Schließung der Universität.
Fortsetzung des Studiums in München. Tätigkeit in Münchener Kliniken.

1940 Januar: Zu einer Münchener Sanitätsersatzabteilung eingezogen, als Sanitäter ausgebildet; im Februar zu einer Krankentransportabteilung nach Bad Wildbad abgestellt. Bekanntschaft mit Hubert Furtwängler.

Ab September als Sanitätsunteroffizier an der französischen Kanalküste, in Belgien und in Südfrankreich.

1941 März: Verlegung an die Ostfront; Feldzug in Serbien. Mai/Juni in Polen; ab 22. Juni Sanitäter an der russischen Front.

1942 April: Beurlaubung zur 2. Studentenkompanie München; Fortsetzung des Medizinstudiums.
Juni/Juli: Flugblätter der ›Weißen Rose‹. Erste Begegnungen mit dem Freundeskreis um Hans Scholl.
Vorlesungen bei Professor Kurt Huber.
Ende Juli bis Anfang November: Feldfamulatur im Osten gemeinsam mit Hans Scholl, Alexander Schmorell und Hubert Furtwängler.
Nach Rückkehr zur Studentenkompanie München Weiterführung des Medizinstudiums.
11.–19. November: Urlaub in Saarbrücken und Bonn; Wiedersehen mit Freunden aus der Bündischen Jugend.
2. 12.: Vermutlich endgültiger Entschluß, sich der ›Weißen Rose‹ anzuschließen.
17. 12.: Entscheidendes Gespräch mit Professor Huber.
21. 12.–6. 1. 1943: Weihnachtsurlaub in Saarbrücken; Gespräche mit den Gebrüdern Bollinger und anderen Freunden über die Pläne der ›Weißen Rose‹.

1943 9. 1.: Mit Hans Scholl bei Kurt Huber in Gräfelfing.
13. 1.: Beratung mit Hans Scholl, Alexander Schmorell und Professor Huber über die Formulierung des 5. Flugblatts und den Verteilungsmodus. Studentenprotest im Deutschen Museum.
20.–24. 1.: Reise nach Köln, Bonn, Saarbrücken, Freiburg und Ulm, um Mitverschworene zu gewinnen. Übergabe eines Vervielfältigungsgerätes und eines Exemplars des 5. Flugblatts an Willi Bollinger in Saarbrücken. In Freiburg Gespräch mit Helmut Bauer, in Ulm Übergabe eines Flugblatts an Heinz Bollinger.
28. 1.: Vervielfältigung und Verteilung des 5. Flugblatts in München.
31. 1.: Kapitulation der 6. Armee in Stalingrad. Flugblatt-Formulierungen mit Christoph Probst.
3., 8. und 15. 2. nachts: Freiheitsparolen an Gebäuden der Münchener Innenstadt.

8./9. 2.: Zusammenkünfte mit Falk Harnack.
15. 2.: Herstellung und Verteilung des 6. Flugblatts.
18. 2.: Verteilung des Flugblatts in der Münchener Universität. Festnahme der Geschwister Scholl. Zwölf Stunden später Verhaftung Willi Grafs und seiner Schwester in der Wohnung Mandlstraße.
22. 2.: Verurteilung und Hinrichtung der Geschwister Scholl und Christoph Probsts.
19. 4.: Willi Graf wird gemeinsam mit Professor Kurt Huber und Alexander Schmorell zum Tode verurteilt.
13. 7.: Hinrichtung von Kurt Huber und Alexander Schmorell.
12. 10.: Willi Graf wird in München-Stadelheim mit dem Fallbeil hingerichtet und auf dem Friedhof am Perlacher Forst in München beerdigt.

1946 Nach der Überführung wird Willi Graf am 4. November auf dem Alten Friedhof St. Johann in Saarbrücken beigesetzt.

Danksagung

Den Herausgeberinnen bleibt, all denen zu danken, ohne deren Hilfe das vorliegende Buch nicht hätte erscheinen können. Da sind zunächst die Freunde, die – allen Widrigkeiten und Gefährdungen zum Trotz – Willi Grafs Briefe bewahrten, uns zur Verfügung stellten und durch ihre Bereitschaft, schriftlich und in Gesprächen immer neue Fragen zu beantworten, wesentlich zur Klärung von Chronologie und Zusammenhang weit zurückliegender Ereignisse beitrugen in erster Linie Karl Bisa, Hans Eckert, Marita Jacobs-Herfeldt, Walter Kastner, August Sahm, Günther Schmich, Hanns M. Schmidramsl und Otto Vieth (†).

Die Erhellung spezieller Komplexe (Einflüsse der Jugendbewegung und des ›Grauen Ordens‹, die Binnenstruktur von Willi Grafs Freundeskreis, Zeitpunkt, Umfang und Ausweitung der Widerstandsaktivitäten sowie die schwierige Identifizierung der Schauplätze an der Ostfront) wurde darüber hinaus durch die Assistenz von Inge Aicher-Scholl, Rudi Alt, Mathilde Baez-Graf, Heinz Bollinger, Wilhelm Frank, Hubert Furtwängler, Peter Greif, Helmut Gressung, Clara Huber, Otmar Hammerstein, Falk Harnack, Hans Hirzel, Wolf Jaeger, Mario Krebs, Hermann Krings, Franz Mauer, Emil Martin, Willi Mohr, Ernst Müller, Franz Joseph Müller, Hans Jörg Oeschger, Siegfried Östreicher, Werner Reinert (†), Willi Reiter, Josef Rommerskirchen, Ernst Scheib, Marie-Luise Schultze-Jahn, Klaus Vielhaber, Maria Vieth und Jürgen Wittenstein ermöglicht. Um die Rekonstruktion der vielen oft scheinbar nebensächlichen, aber für den Gesamtzusammenhang uncntbehrlichen Details bemühten sich vor allem Regine Degkwitz-Renner, Margaret Furtwängler-Knittel, Lilo Fürst-Ramdohr, Josef Geißdörfer, Agnes Kanz-Gieles, Heinz Kucharski, Konrad Lechner, Hans Leygraf, Gerhard Pohl, Gisela Schertling, Erich Schmorell, Mauritius Schurr (OSB), Anneliese Tuchel, Hildegard Vieregg, Jörn Weitz.

Genannt seien an dieser Stelle auch all jene, die uns bei den zum Teil

sehr zeitraubenden Nachprüfungen und bei der technischen Erstellung des Manuskripts geholfen haben: Angela Bottin, Elisabeth Ehring, Matthias von Hellfeld, Bernhard Knoop, Edwin M. Landau, Klaus Möller, Annelore Peters, Felix Raabe, Josef Pieper, Barbara Schellenberger, August Schleiden, Hedwig Trapp und Wolfgang Winhard (OSB).
Unsere Danksagung bliebe unvollständig ohne die Erwähnung der Bibliotheken und Archive, die uns mit Rat und Tat behilflich waren: In erster Linie das Institut für Marxismus-Leninismus beim Zentral Komitee der SED – Zentrales Parteiarchiv, Berlin (DDR). Hier unterstützten uns Lya Rothe, Heinz Voßke, Margot Pikarski und Elke Warning vor allem dadurch, daß sie uns bei der durch die persönliche Vermittlung des Staatsratsvorsitzenden der Deutschen Demokratischen Republik, Erich Honecker, ermöglichten Arbeit mit den Prozeßakten mit zusätzlichen Informationen und Hinweisen weiterhalfen.
Für die Überlassung weiteren Dokumentationsmaterials sind wir dem Institut für Zeitgeschichte München (Hellmuth Auerbach, Martin Broszat und Werner Röder) sowie der Universitätsbibliothek München (Gerhard Schott) verpflichtet.
Hans Eckert, der Sohn von Willi Grafs Jugendfreund, half bei der Redaktion des Kommentars.
Ihnen allen und unserm Lektor, J. Hellmut Freund, sei an dieser Stelle expressis verbis noch einmal sehr herzlich gedankt.

Bühl/Tübingen, 1. 12. 1987
Anneliese Knoop-Graf, Inge Jens

Literaturverzeichnis

1. In den Anmerkungen zitierte Literatur

Baez-Graf, Mathilde
›»Es war kein dummer Jungenstreich«‹, in: Willi-Graf-Schulen Saarbrücken (Hrsg.), ›Willi Graf. Gedenkschrift zum 40. Jahrestag seiner Hinrichtung am 12. Oktober 1943‹, Saarbrücken 1983, S. 22–24.

Bollinger, Heinz
Interview mit der ›Freiburger Stadtzeitung‹ Nr. 76, Freiburg, Februar 1983, S. 16–20.
›Helmut Bauer – Opfer des Widerstandes‹ in: ›Hirschberg. Monatsschrift des Bundes Neudeutschland‹, Frankfurt/M., Jg. 1964, H. 2, S. 36–37.

Bretschneider, Heike
›Der Widerstand gegen den Nationalsozialismus in München 1933–1945‹, darin: Bd. VII ›Der Scholl-Kreis‹, Neue Schriftenreihe des Stadtarchivs München, 1968, H. 4, S. 179–199.

Drobisch, Klaus
›»Wir schweigen nicht‹«. Die Geschwister Scholl und ihre Freunde. Eine Dokumentation über den antifaschistischen Kampf Münchener Studenten 1942/43‹, Union-Verlag, Berlin, DDR 1968; Neuauflage 1983. (Mit Abdruck der 6 Flugblätter und der Urteile im ersten, zweiten und vierten Prozeß sowie weiterer Dokumente.)

Gebel, Hans-Josef
›Willi Graf – Ein Lebensbild. Zum 40. Jahrestag seiner Hinrichtung am 12. Oktober 1943‹, in: ›Zeitschrift für die Geschichte der Saargegend‹, Bd. 31, Saarbrücken 1983, S. 93–123. (Mit Abdruck des 5. Flugblatts.)

Guardini, Romano
›Die Waage des Daseins. Rede zum Gedächtnis von Sophie und Hans Scholl, Christoph Probst, Alexander Schmorell, Willi Graf und Prof. Dr. Huber‹, Rainer Wunderlich Verlag, Tübingen/Stuttgart 1946.

Heinrichs, Theo
›Willi Graf, Mitglied der Widerstandsgruppe »Weiße Rose«‹, in: ›Cuchenheim 1084–1984‹, Euskirchen 1984, S. 153–162.

Huber, Clara (Hrsg.)
›»Der Tod ... war nicht vergebens«. Kurt Huber zum Gedächtnis‹, Nymphenburger Verlagsanstalt, München 1986. (Mit Abdruck des Urteils im zweiten Prozeß sowie weiterer Dokumente.)

Huch, Ricarda
›Letzte Manuskripte: Willi Graf‹ in: ›Die Wandlung‹, Heidelberg, Jg. 1948, H. 1, S. 16.

Jahnke, Karl-Heinz
›Weiße Rose contra Hakenkreuz. Der Widerstand der Geschwister Scholl und ihrer Freunde‹, Röderberg Verlag, Frankfurt 1969.

Jens, Inge (Hrsg.)
›Hans Scholl, Sophie Scholl. Briefe und Aufzeichnungen‹, S. Fischer Verlag, Frankfurt/M. 1984.

Kirchberger, Günther
›Die »Weiße Rose«. Studentischer Widerstand gegen Hitler in München‹, Ludwig-Maximilians-Universität, München 1980.

Klönne, Arno
›Jugend im Dritten Reich. Die Hitlerjugend und ihre Gegner‹, Diederichs-Verlag, Düsseldorf/Köln 1982.

Knoop-Graf, Anneliese
›Widerstand im Widerstreit: Ist die »Weiße Rose« verwelkt?‹, Südwestfunk/Kirchenfunk, Baden-Baden 14. 10. 1973.
›Jugendwiderstand im Dritten Reich am Beispiel der »Weißen Rose«‹, in: Teichler, Klaus/Balzer, F. M. (Hrsg.), ›8. Mai 1945/8. Mai 1985‹, Vortrag und Lesungen in der ›Steinmühle‹, Marburg 1985, S. 1–17.

Landersdorfer, Anton
›»Die Weiße Rose« – eine studentische Widerstandsgruppe in München‹, in: Schwaiger, Georg (Hrsg.), ›Das Erzbistum München und Freising in der Zeit der nationalsozialistischen Herrschaft‹, Verlag Schnell & Steiner, München/Zürich 1984, Bd. 1, S. 853–892. (Mit Abdruck des 1. Flugblatts.)

Leist, Fritz
›Möglichkeiten und Grenzen des Widerstandes an der Universität‹, in: ›Die deutsche Universität im Dritten Reich‹, Eine Vortragsreihe der Universität München, Piper Verlag, München 1966, S. 177–211.
›Zum Gedenken‹, in: ›Der Fährmann‹, Freiburg, Jg. 1974, H. 1, S. 1.

Müller, Max
›Die »Werkblätter« 1932–1935; Geschichte einer Zeitschrift im Umbruch von Weimar zum NS-Staat‹ in: Eilers, Rolf (Hrsg.), ›Löscht den Geist nicht aus. Der Bund Neudeutschland im Dritten Reich‹, Grünewald Verlag, Mainz 1985, S. 46–83.
›Symbolos. Versuch einer genetisch-obiectiven Selbstdarstellung und Ortsbestimmung‹, Hueber Verlag, München 1967.

Petry, Christian
›Studenten aufs Schafott. Die Weiße Rose und ihr Scheitern‹, Piper Verlag, München 1969 (Mit Abdruck der 6 Flugblätter, der Anklageschrift im ersten, des Urteils im zweiten Prozeß sowie weiterer Dokumente.)

Schmich, Günther
›Weg-Zeichen Willi Grafs‹, in: Stadt Saarbrücken (Hrsg.), ›Willi Graf † 12. 10. 1943‹, Gedenkfeier anläßlich des 40. Jahrestages der Hinrichtung, Saarbrücken 1983, S. 11–23.

Scholl, Inge
›Die Weiße Rose‹, erweiterte Neuausgabe, Fischer Bibliothek, S. Fischer Verlag, Frankfurt/M. 1982. (Mit Abdruck der 6 Flugblätter und der Urteile im ersten und zweiten Prozeß sowie Augenzeugenberichten.)

Verhoeven, Michael/Krebs, Mario
›Die Weiße Rose. Der Widerstand Münchner Studenten gegen Hitler‹, Informationen zum Film, Fischer Cinema, Frankfurt/M. 1982.
Vielhaber, Klaus/Hanisch, Hubert/Knoop-Graf, Anneliese
›Gewalt und Gewissen. Willi Graf und die »Weiße Rose«‹, Herder Verlag, Freiburg 1964. (Mit Abdruck des Urteils im zweiten Prozeß sowie weiterer Dokumente.)
Vinke, Hermann
›Das kurze Leben der Sophie Scholl‹, Otto Maier Verlag, Ravensburg 1980, Taschenbuch 1986.

Unveröffentlichte Quellen

Institut für Marxismus-Leninismus beim Zentralkomitee der SED – Zentrales Parteiarchiv, Berlin, DDR, Akte NJ 1704, Bd. 1–32; NJ 10872, NJ 534, NJ 5053, Bd. 1–3; 10487.

Institut für Zeitgeschichte München, Akte Fa 215, Bd. 1–5.

Reichsjustizministerium im Zentralen Staatsarchiv Potsdam, Akte IVg, 10a, 5011/43g.

Reinert, Werner
›Erinnerungen an den »Grauen Orden«‹, unveröffentlichtes Manuskript 1983.

Wittenstein, Jürgen
›Die Münchener Studentenbewegung‹. Maschinenschriftliches Manuskript 1947, Archiv des Instituts für Zeitgeschichte, München, Fa 215/3, Blatt 209–238.

2. Sonstige Literatur

Zur ›Weißen Rose‹

Bartoszewski, Wladyslaw
›Aus der Geschichte lernen‹, Gedächtnisvorlesung »Weiße Rose« 1987, in: ›Chronik der Ludwig-Maximilians-Universität München, 1987/88‹ (in Vorbereitung).
Bromberger, Barbara/Mausbach, Hans
›Ärzte in Widerstandsgruppen – Medizinstudenten in der Gruppe »Weiße Rose« (München und Hamburg)‹, in: Bromberger/Mausbach/Thomann ›Medizin, Faschismus und Widerstand‹, Pahl-Rugenstein Verlag, Köln 1985, S. 292–300. (Mit Abdruck des 5. Flugblatts.)
Bussmann, Walter
›Der deutsche Widerstand und die »Weiße Rose«‹. Festvortrag anläßlich der 25. Wiederkehr des Todes der Mitglieder der »Weißen Rose«, Hueber Verlag, München 1968.

Dumbach, Annette E./Newborn, Jud
›Shattering the German Night. The Story of The White Rose‹, Boston/Toronto, Little, Brown & Company, 1986. Deutsche Übersetzung: ›Wir sind euer Gewissen. Die Geschichte der Weißen Rose‹, mit einem Vorwort von Dorothee Sölle, Kreuz Verlag, Stuttgart (in Vorbereitung).

Fischer-Fabian, Siegfried
›Sophie Scholl oder Das andere Deutschland‹, in: Fischer-Fabian, S., ›Die Macht des Gewissens. Von Sokrates bis Sophie Scholl‹, Droemer Knaur Verlag, München 1987, S. 333–377.

Fleischhack, Ernst
›Die Widerstandsbewegung »Weiße Rose«, Literaturbericht und Bibliographie‹, Sonderdruck aus ›Jahresbibliographie der Bibliothek für Zeitgeschichte‹, Verlag Bernard & Graefe, Frankfurt/M. 1971.

Frankenberg, Günter/Müller, Franz Joseph
›Der Volksgerichtshof vorm BGH‹, in: ›Kritische Justiz‹, Baden-Baden, Jg. 1983, H. 9, S. 135–162.

Frühwald, Wolfgang
›Antigones Tat. Die Weiße Rose und der Traum vom anderen Deutschland‹, Gedächtnisvorlesung »Weiße Rose« 1985, in: ›Chronik der Ludwig-Maximilians-Universität München, 1984–1986‹, S. 49–60.

Gerhards, Jürgen
›Bedingungen und Chancen der Widerstandsgruppe »Weiße Rose«‹, in: Neidhardt, Friedhelm (Hrsg.), ›Gruppensoziologie – Perspektiven und Materialien‹, ›Kölner Zeitschrift für Soziologie und Sozialpsychologie‹, Sonderheft 25, Opladen 1983, S. 343–357.

Guardini, Romano
›»Es lebe die Freiheit«‹, Festrede, gehalten bei der Enthüllung des Mahnmals für Prof. Kurt Huber und seinen studentischen Widerstandskreis am 12. Juli 1958, in: ›Jahrbuch der Ludwig-Maximilians-Universität München, 1957/58‹, S. 101–110.

Hanser, Richard
›Deutschland zuliebe. Leben und Sterben der Geschwister Scholl. Die Geschichte der Weißen Rose‹, Kindler Verlag, München 1980. (Mit Abdruck der sechs Flugblätter.)

Hochmuth, Ursel/Meyer, Gertrud
›Streiflichter aus dem Hamburger Widerstand 1933–1945‹, Röderberg Verlag, Frankfurt/M. 1980.

Huber, Clara (Hrsg.)
›Kurt Huber zum Gedächtnis. Bildnis eines Menschen, Denkers und Forschers‹, Verlag Josef Habbel, Regensburg 1947. (Mit Abdruck des Urteils im zweiten Prozeß und weiterer Dokumente.)

Kurt-Huber-Gymnasium München (Hrsg.)
›Kurt Huber. Stationen seines Lebens in Dokumenten und Bildern‹, E. Albrecht Verlag KG, Gräfelfing 1986. (Mit Abdruck der 6 Flugblätter, dem Urteil im ersten Prozeß, Auszügen aus der Anklageschrift im ersten und zweiten Prozeß und aus dem Urteil im zweiten Prozeß sowie weiterer Dokumente.)

Huch, Ricarda
›Die Aktion der Münchner Studenten gegen Hitler‹, in: ›Neue Schweizer Rundschau‹, Zürich 1949, Heft 5 und 6.

Jahnke, Karl-Heinz
›Antifaschistischer Widerstand an der Münchener Universität. Die Studentengruppe Scholl/Schmorell‹, in: ›Zeitschrift für Geschichtswissenschaft‹, Jg. 18, Berlin, DDR 1968, S. 874–883.

Jens, Inge
›Über die »Weiße Rose«‹ in: ›Neue Rundschau‹, Frankfurt/M., Jg. 1984, H. 1/2, S. 193–213.

Kanz, Heinrich (Hrsg.)
›Der Nationalsozialismus als pädagogisches Problem. Deutsche Erziehungsgeschichte 1933–1945‹, Peter Lang Verlag, Frankfurt/M./Bern/New York 1984. (Im Quellenteil: Urteil im ersten Prozeß; Schüddekopf, Katharina: ›Erlebnisbericht vom Prozeß vor dem Volksgerichtshof‹.)

Knoop, Bernhard
›Rede zur Erinnerung an den 22. Februar 1943‹, in: ›Marienauer Chronik‹, Marienau-Dahlenburg 1953, S. 11–17.

Knoop-Graf, Anneliese
›Studenten gegen Hitler‹, in: ›liberal‹, Bonn, Jg. 1970, H. 7, S. 486–496.
›Die Weiße Roße – zur Frage des politischen Widerstandes‹, in: ›Katholische Frauenbildung‹, Paderborn, Jg. 1973, H. 5, S. 280–285.
›Die »Weiße Rose« – dreißig Jahre danach‹, in: ›liberal‹, Bonn, Jg. 1973, H. 7, S. 484–492.
›Gewissen gegen Gewalt. Zum 18. Februar 1943‹, in: ›Pädagogische Welt‹, Donauwörth, Jg. 1974, H. 2, S. 114–119.
›Zum Gedenken an die »Weiße Rose«‹, in: ›Chronik der Ludwig-Maximilians-Universität München 1982/83‹, S. 32–37.
›Jugendopposition im Dritten Reich‹, in: ›Deutsche Schule‹, Frankfurt/M., Jg. 1983, H. 2, S. 124–138.
›Wachsamkeit als Konsequenz‹, in: ›Materialien zur politischen Bildung‹, Leverkusen, Jg. 1984, H. 1, S. 5–11.
›Die Widerstandskämpfer der »Weißen Rose« – Zeugen der Freiheit‹, in: ›Dein Reich komme‹, 89. Deutscher Katholikentag, 10.–14. September 1986 in Aachen; Dokumentation Teil II, Verlag Bonifatiusdruckerei, 1985, S. 1482–1497. Gekürzter Abdruck ›Zur Aktualität der »Weißen Rose«‹, in: ›Hirschberg. Monatsschrift des Bundes Neudeutschland‹, Frankfurt/M., Jg. 1987, H. 12, S. 559–566 und 575 bis 576.

Krause, Eckhard/Huber, Ludwig/Fischer, Holger (Hrsg.)
›Hochschulalltag im Dritten Reich. Die Hamburger Universität 1933 bis 1945‹, in: ›Hamburger Beiträge zur Wissenschaftsgeschichte‹, Bd. 3, Dietrich Reimer Verlag, Berlin/Hamburg, in Vorbereitung.

Krings, Hermann
›Bekenner inmitten des Kollektivs. Die Hintergründe des Studentenaufstandes von 1943‹, in: ›Hirschberg. Monatsschrift des Bundes Neudeutschland‹, Frankfurt/M., Jg. 1964, H. 2, S. 37–40.
›Das Zeichen der Weißen Rose. Zur politischen Bedeutung des studentischen Widerstandes‹, in: ›Stimmen der Zeit‹, Freiburg, Jg. 1983, H. 5, S. 305–315 und ›Chronik der Ludwig-Maximilians-Universität München 1982/83‹, S. 39–47.
›Über den Widerstand gegen die Staatsgewalt‹, in: Hunold, Gerfried W./Korff, Wilhelm, ›Die Welt für morgen. Ethische Herausforderungen im Anspruch der Zukunft‹, Kösel Verlag, München 1986, S. 179–193.

Müller, Franz Joseph
››Die Weiße Rose«‹ in: Hübner, Irene, ›Unser Widerstand. Deutsche Frauen und Männer berichten über ihren Kampf gegen die Nazis‹, Röderberg Verlag, Frankfurt/M. 1982, S. 104–113.

Müller, Peter
›Universität zwischen Anpassung und Widerstand‹, Geschwister-Scholl-Gedenkfeier im Lichthof der Universität, 22. Februar 1967, in: ›Chronik der Ludwig-Maximilians-Universität München, 1966/67‹, S. 69–80.

Müller, Thorsten
›Ich war ein Widerstand‹, in: Löwenthal, Richard/von zur Mühlen, Patriek (Hrsg.), ›Widerstand und Verweigerung in Deutschland 1933–1945‹, Verlag J. H. W. Dietz Nachf., Berlin 1982, S. 202–210.

Pree, Barry
›The White Rose Revolt‹, Hodder & Stoughton, London, und Athenaeum, New York, in Vorbereitung.

Prittie, Terence
›»Die Weiße Rose« der deutschen Jugend‹, in: Ders., ›Deutsche gegen Hitler. Eine Darstellung des deutschen Widerstands gegen den Nationalsozialismus während der Herrschaft Hitlers‹, Rainer Wunderlich Verlag, Tübingen 1965, S. 174–203.

Probst, Michael
›Zuversicht und Klarheit. Der Widerstand der »Weißen Rose«‹, in: ›Dem Leben trauen, weil Gott es mit uns lebt‹, 88. Deutscher Katholikentag, 4.–8. Juli 1984 in München; Verlag Bonifatiusdruckerei, Paderborn 1984, S. 347–358.

Thielicke, Helmut
›Von der Freiheit, ein Mensch zu sein‹, Rede zum 20. Todestag der Geschwister Scholl am 22. Februar 1963 in der Universität München, Rainer Wunderlich Verlag, Tübingen 1963 und in: Ders., ›Von der Freiheit, ein Mensch zu sein. Orientierungen und Entscheidungshilfen‹, Herder Verlag, Freiburg 1981, S. 9–23.

Vereinigung der Antifaschisten und Verfolgten des Nazi-Regimes, Hamburg e. V. (VAN) (Hrsg.)
›candidates of humanity‹, Dokumentation zur Hamburger Weißen Rose anläßlich des 50. Geburtstages von Hans Leipelt, bearbeitet von Ursel Hochmuth, VAN Dokumentation 2, Hamburg 1971.

Vossler, Karl
›Gedenkrede für die Opfer an der Universität München‹, Pflaum Verlag, München 1947.

Weisenborn, Günther
›Der lautlose Aufstand. Bericht über die Widerstandsbewegung des deutschen Volkes 1943–1945‹, Röderberg Verlag, Frankfurt/M. 1974, S. 108–116. (Mit Abdruck des 5. Flugblatts und des Urteils im zweiten Prozeß.)

Zu Willi Graf

Eckert, Hans
›Willi Graf – ein Saarländer ohne Furcht und Tadel‹, in: Eckert, Hans, ›Moritaten für Saarländer‹, Eigenverlag Hans Eckert, Saarbrücken 1985, S. 48–52.

von Hellfeld, Matthias
›Bündische Jugend und Hitlerjugend. Zur Geschichte von Anpassung und Widerstand 1930–1939‹, Verlag Wissenschaft und Politik, Köln 1987, S. 139–143.

Holzapfel, Helmut
›Willi Graf: Nachfolge Christi wörtlich genommen‹, in: Spath, Emil (Hrsg.), ›Deutsche Glaubenszeugen‹, Herder Verlag, Freiburg 1980, S. 101–104.

Katholisches Pfarramt St. Josef, Ludwigshafen (Hrsg.)
Gedenkheft der ›Willi-Graf-Jugendfreizeitstätte‹, Ludwigshafen 1964.
Knoop-Graf, Anneliese
››Im Namen der deutschen Jugend . . .«, Willi Graf und die Weiße Rose‹, in: ›Jahrbuch des Archivs der deutschen Jugendbewegung‹, Bd. 14, S. 77–98, Burg Ludwigstein 1982/83.
›Willi Graf‹, in: Arntz, Dieter (Hrsg.), ›Judaica – Juden in der Voreifel‹, Kümpel KG Volksblattdruckerei, Euskirchen 1983, S. 451–456.
››. . . aber trotzdem nehme ich es auf mich«‹, in: ›Katechetische Blätter‹, München, Jg. 1984, H. 6, S. 447–451.
›Mein Bruder Willi Graf: ». . . Ich schaffe es schon, denn ich weiß ja wozu«‹, in: Roth, Harald (Hrsg.), ›Mit Leib und Seele dabei. Texte zu: »Kindheit und Jugend unterm Hakenkreuz«‹, mit einem Vorwort von Inge Aicher-Scholl, Klett Verlag, Stuttgart 1986, S. 35–37.
›Willi Grafs Weg in den Widerstand‹, in: Steinbach, Peter (Hrsg.), ›Widerstand, ein Problem zwischen Theorie und Geschichte‹, Verlag Wissenschaft und Politik, Köln 1987, S. 433–448.
Kölb, Jürgen
›Aufstand des Gewissens, Willi Graf und die Weiße Rose. Das kurze Leben des Saarbrücker Widerstandskämpfers‹, in: ›Saarbrücker Bergmannskalender 1986‹, S. 226–237.
Krings, Hermann
›Gedenkrede für Willi Graf‹, in: ›Geschichte in Wissenschaft und Unterricht‹, Stuttgart, Jg. 1964, H. 5, S. 274–278.

Landeszentrale für Heimatdienst (Hrsg.)
›Willi Graf, gest. 12. Oktober 1943‹, Gedenkblätter zum 15. Jahrestag seiner Hinrichtung, Saarbrücken 1958.

Müller, Franz Joseph
›Der Mut zu leben‹, in: ›Kürbiskern‹, München, Jg. 1981, H. 1, S. 142–151.

Pielow, Manfred
›Kategorischer Imperativ‹, Rede zum Gedächtnis von Willi Graf, in: ›Neue Sammlung‹, Göttingen, Jg. 1966, H. 5, S. 515–526.

Schuh, Horst/Seegers, Ekkehardt
›Willi Graf und die Weiße Rose‹, in ›Informationen für die Truppe‹, Bonn, Jg. 1983, H. 7, S. 29–33 und S. 36–38.
Städt. Willi-Graf-Gymnasium, München (Hrsg.)
›Willi Graf zum Gedächtnis‹, in: ›Jahresbericht‹, München 1983/84, S. 3–14.

Vielhaber, Klaus
›Willi Graf – von den Wurzeln der Weißen Rose‹, in: ›Hirschberg. Monatsschrift des Bundes Neudeutschland‹, Frankfurt/M., Jg. 1983, H. 10, S. 390–402.

Vieregg, Hildegard/Schätzler, Josef (Hrsg.)
›Willi Grafs Jugend im Nationalsozialismus im Spiegel von Briefen‹, Gruppe Willi Graf im Bund Neudeutschland, München 1982.

3. Die ›Weiße Rose‹ in Rundfunk- und Fernsehsendungen, Opern, Filmen und Ausstellungen

Adlon, Percy
›Fünf letzte Tage‹, Film 1982.

Knoop-Graf, Anneliese
›Willi Grafs Weg in den Widerstand‹, Sendereihe: ›Der Rede wert‹, Südfunk Stuttgart, 19. 7. 1985.

Riedschy, Gaby
›»Manchmal glaube ich es sicher . . .« Willi Grafs Weg in den Widerstand‹, Saarländischer Rundfunk, 7. 3. 1983.
›»Auch gegenüber meinen Freunden sollst Du bestimmt sein . . .«‹, Saarländischer Rundfunk, 18. 11. 1984.

Stratenschulte, Werner
›Dem Bösen widersagt. Willi Grafs Weg in die Todeszelle‹, Katholisches Filmwerk, Frankfurt/M., Dokumentarfilm auf Video, 1982.
Hierzu: Guckenbiehl, Thomas, ›Dem Bösen widersagt‹, Arbeitsanregung.
›Der Geist lebt. Erinnerungen an Christoph Probst und die Weiße Rose‹, Katholisches Filmwerk, Frankfurt/M., Dokumentarfilm auf Video, 1982.
Hierzu: Guckenbiehl, Thomas, ›Der Geist lebt‹, Arbeitsanregung.

Verhoeven, Michael/Krebs, Mario
›Die Weiße Rose‹, Film 1982.
›Der Film »Die Weiße Rose«. Das Drehbuch‹, von Loeper Verlag, Karlsruhe 1982.
Hierzu: Markmann, Hans-Jochen, ›Der Streit um den Filmnachspann »Die Weiße Rose«‹, in: Derselbe, ›Der deutsche Widerstand gegen den Nationalsozialismus 1933–1945, Modelle für den Unterricht‹, Hase & Köhler Verlag, Mainz 1984, S. 248–254.
›Ein Film zeigt Folgen. Protokoll einer justizpolitischen Vergangenheitsbewältigung (»Die Weiße Rose«)‹ in: ›ARD-Fernsehspiel‹, Köln, Juli/August/September 1985, S. 38–45.

Zimmermann, Udo
›Weiße Rose‹, Szenen nach den Texten von Wolfgang Willaschek für zwei Sänger und 15 Instrumentalisten, Uraufführung: Hamburg 24. 2. 1986.
Hierzu: Hamburger Staatsoper/Bayerische Vereinsbank: Ausstellung zur Oper »Weiße Rose«, 34 Tafeln.

Bund Neudeutschland, Gruppe Willi Graf, München
›Willi Graf und die »Weiße Rose«. Bündische Jugend und studentischer Widerstand‹, 58 Tafeln, Wanderausstellung, München 2, Schrammerstr. 3.

Universitätsbibliothek München
›Die »Weiße Rose«. Studentischer Widerstand im Dritten Reich 1943‹. Gedenkausstellung der Universitätsbibliothek München 1983, 50 Dokumente und Bilder. Hierzu: Schott, Gerhard: ›Begleitschrift zur Gedenkausstellung »Die Weiße Rose«‹, Universitätsbibliothek München 1983.

Willi-Graf-Haus Neuss
›Gewissen gegen Gewalt – Die »Weiße Rose«‹, Wanderausstellung, 18 Doppeltafeln, Neuss, Venloer Str. 68.

Anmerkungen

Tagebuch

13. 6. 1942

1 *Hans Scholl:* Hans Scholl, der gemeinsam mit Alexander Schmorell als Initiator der ›Weißen Rose‹ gilt, wurde am 22. 9. 1918 in Ingersheim/Württemberg geboren. Er wuchs mit vier Geschwistern in Ulm auf, wo sich der Vater, der von 1916 bis 1930 Bürgermeister in Ingersheim und Forchtenberg gewesen war, als Steuer- und Wirtschaftsberater niedergelassen hatte.

Trotz der offenen Mißbilligung ihres Vaters – eines entschiedenen Gegners des NS-Regimes, der dann auch 1942 wegen abfälliger Äußerungen über Hitler eine viermonatige Gefängnisstrafe abbüßen mußte –, traten die Scholl-Kinder 1933 der Hitlerjugend bei. Nach etwa zwei Jahren gab Hans seine Führer-Tätigkeit auf und schloß sich mit einigen Freunden zu einer Jugendgruppe nach dem Vorbild der verbotenen Bündischen Jungenschaft ›d.j.1.11‹ zusammen. Im Zuge von Aktionen gegen Angehörige und Sympathisanten illegaler Jugendgruppen, von denen auch WG betroffen war, wurde Hans Scholl im Winter 1937/38 für mehrere Wochen in Untersuchungshaft festgehalten.

Nach Absolvierung von Arbeits- und Wehrdienst begann Hans Scholl im Sommersemester 1939 in München mit dem Studium der Medizin. Ab März 1940 wurde er der 2. Studentenkompanie in der Bergmannschule zugeteilt und war von Mai bis September 1940 bei den Kämpfen in Frankreich als Sanitäter eingesetzt. Als er im Herbst 1940 sein Studium in München wieder aufnahm, schloß er Freundschaft mit Alexander Schmorell (s. TB 10. 7. 1942, Anm. 4), der derselben Studentenkompanie angehörte. Auf einem Leseabend im Hause Schmorell trafen Hans Scholl und Christoph Probst (s. TB 29. 11. 1942, Anm. 3), wahrscheinlich Ende Mai 1941, zum ersten Mal zusammen. Durch die Vermittlung seines Ulmer Freundes Otl Aicher (geb. 1922) lernte Hans Scholl im Herbst 1941 Carl Muth (1867–1944), den Herausgeber der damals schon verbotenen Zeitschrift ›Hochland‹, kennen, der fortan neben Theodor Haecker (s. TB 10. 7. 1942, Anm. 1) zu seinem wichtigsten Mentor werden sollte und ihn zweifellos in seinem Willen zum Widerstand bestärkte. Von Juni 1942 bis zur Abkommandierung nach Rußland, Ende Juli, verfaßten und verteilten Hans Scholl und Alexander Schmorell – zunehmend unterstützt von Christoph Probst und der seit Mai 1942 in München studierenden Sophie Scholl (geb. 9. 5. 1921) – Flugblätter, die unter dem Symbol der ›Weißen Rose‹ mit einer bis dahin ungekannten Schärfe die Verbrechen des Regimes anprangerten und den Aufstand gegen die – wie es hieß – »Diktatur des Bösen« zur sittlichen Pflicht aller Deutschen erklärten. Der Name ›Weiße Rose‹ war, wie Hans Scholl später beim Gestapoverhör angab, nach dem gleichnamigen, 1931 in Berlin erschienenen Roman des deutschen Schriftstellers Bruno Traven gewählt worden.

Im Sommersemester 1942 begegnete Scholl WG, der seit April 1942 in derselben Studentenkompanie Dienst tat. Sie erkannten sich rasch in ihrer oppositionellen Haltung gegen das Regime; WG wurde schon bald nach diesem Gespräch zu den Lese- und Diskussionsabenden des ›Weiße-Rose‹-Kreises eingeladen. Vom 23. 7. bis 1. 11. 1942 mußten Scholl, Schmorell und Graf eine Frontfamulatur in Rußland absolvieren. Die Erlebnisse im Osten bestärkten sie in ihrem Vorsatz, Widerstand gegen den Nationalsozialismus zu leisten. Mit Hilfe seiner Schwester Sophie konnte Hans Scholl nach seiner Rückkehr den Widerstandskreis erweitern und auch in anderen Städten Verbündete finden. Im Dezember 1942 gelang es, Professor Kurt Huber (s. TB 3. 12. 1942, Anm. 1) für die Aktion zu gewinnen; Alexander Schmorells Bekannter Falk Harnack (s. TB 8. 2. 1943, Anm. 1) stellte die Verbindung zur Gruppe Bonhoeffer-Dohnanyi her. In München nahmen die Studenten – nun gestützt durch ihre neuen Freunde – zu Beginn des Jahres 1943 ihre Flugblattarbeit wieder auf und unterstrichen ihre Agitation, indem sie in nächtlichen Aktionen antifaschistische Mauer-Parolen im Universitätsviertel anbrachten.
Am 18. Februar 1943 wurde Hans Scholl zusammen mit seiner Schwester Sophie in der Münchener Universität verhaftet, nachdem die letzten der etwa 1700 Exemplare des vor Hörsälen ausgelegten 6. Flugblatts in den Lichthof gefallen waren. Der ›Volksgerichtshof‹ unter Roland Freisler verurteilte die Geschwister Scholl und den gemeinsamen Freund Christoph Probst am 22. 2. 1943 zum Tode und ließ das Urteil am Nachmittag desselben Tages im Gefängnis München-Stadelheim vollstrecken.
Es ist wahrscheinlich, daß WG und Hans Scholl einander schon vor dem im TB vermerkten Gespräch kannten. Wie Zeugen berichten, war es innerhalb der Studentenkompanie vergleichsweise leicht, Gesinnungsfreunde zu finden, da die studierenden Soldaten sich einerseits in ihrem Privatleben ziemlich frei bewegen, sich andererseits aber, als Wehrmachtsangehörige, vor dem Zugriff der Gestapo relativ sicher fühlen konnten.

2 *Siegfriedstraße:* Die genaue Anschrift lautete: Siegfriedstraße 18/III li. bei Frau Hechtl, einer Wirtin, mit der die Studenten auch politisch offen reden konnten. Hermann Krings (s. TB 12. 12. 1942, Anm. 1) wohnte dort seit 1936 in Untermiete; Fritz Leist (s. TB 14. 11. 1942, Anm. 2) zog 1938 dazu.
»Hermann Krings und Fritz Leist, das war die Siegfriedstraße. Es war in dieser unruhigen Zeit [. . .] ein ruhender Punkt, wo man Menschen traf, mit denen man sprechen konnte. Es war eine geistige Heimat [. . .] Ohne die Siegfriedstraße wären wir nicht in dem Maße immun gegen den Geist der Zeit gewesen, gegen den man sich abschirmen mußte.« Und »In den Gesprächsrunden [der Siegfriedstraße] wurde der Einzelne nach sokratischer Art dazu gebracht, seine eigene Situation zu erkennen, Vorurteile und einfach Übernommenes zu durchschauen, aus sicher scheinenden Reserven herauszutreten, auch in der Kirche nicht fraglos die Autorität der Amtskirche hinzunehmen, Wesentliches von Randerscheinungen unterscheiden zu lernen, ausgetretene Wege der Frömmigkeit nicht allein deshalb für richtig zu halten, weil sie Tradition geworden waren; es gehörte auch dazu, sich Sonntag für Sonntag gemeinsam auf die Liturgie vorzubereiten. Aus dieser Selbständigkeit und inneren Freiheit erwuchs von selbst jene Sensibilität, Unrecht wahrzunehmen, wo immer es geschah; so entstand eine Solidarität auch mit den Opfern, die nicht zum ›eigenen Stall‹ zählten.« (Walter Kastner an Anneliese Knoop-Graf, 4. 12. 1984 u. 18. 5. 1986.)
Die Bewohner der ›Siegfriedstraße‹ und ihre Besucher waren vornehmlich Freunde aus der katholischen Jugendbewegung; einige gehörten seit 1934 dem ›Grauen Orden‹ oder der Gruppe ›SW‹ [Südwest] an, deren Initiator Fritz Leist

gewesen war. Aus diesem Grunde wird die ›Siegfriedstraße‹ in einigen Publikationen – so bei Verhoeven/Krebs, Drobisch, Gebel – irrtümlicherweise als ein »Treffpunkt«, eine »Zentrale« oder gar als die »größte der im Untergrund weiterarbeitenden Gruppen« des ›Grauen Ordens‹ bezeichnet. In Wahrheit waren zwar einige der Freunde, die zum Kreis der ›Siegfriedstraße‹ gehörten, 1938 vor einem Sondergericht in Mannheim angeklagt und mehrere Wochen lang inhaftiert, doch kann aus dieser Tatsache allein nicht gefolgert werden, daß es sich bei der ›Siegfriedstraße‹ um einen Ort gehandelt habe, wo Formen Bündischen Lebens wieder aufgenommen oder gar politische Aktionen geplant wurden. Außer WG war nie ein Mitglied der ›Weißen Rose‹ in der ›Siegfriedstraße‹. Allerdings habe man, wie der damalige Mitbewohner Emil Martin (s. TB 8. 12. 1942, Anm. 8) rückblickend in einem Brief vom 13. 6. 1984 an Anneliese Knoop-Graf berichtet, dort gewußt, daß WG aktiv in einer Widerstandsgruppe arbeitete; auch hätten die Freunde von ihm Aufrufe der ›Weißen Rose‹ erhalten, ohne jedoch sicher zu sein, ob er selbst unmittelbar an der Herstellung der Flugblätter beteiligt war. Fritz Leist habe WG mehrfach beschworen, ihn und die ›Siegfriedstraße‹ nicht in diese Flugblatt-Aktionen hineinzuziehen – eine Bitte, die WG berücksichtigte, indem er den Mitbewohnern gegenüber keine Einzelheiten seines Tuns erwähnte. Er konnte darauf verzichten, weil er wußte, daß sich die Freunde aus der ›Siegfriedstraße‹ in der radikalen Ablehnung Hitlers einig waren, auch wenn die Ansichten über Sinn und Chancen aktiven Widerstands auseinandergingen.
In den Vernehmungsprotokollen der Gestapo taucht die ›Siegfriedstraße‹ nur am Rande auf. Keiner der Freunde wurde im Zusammenhang mit der ›Weißen Rose‹ verhaftet oder verhört. An dieser Stelle sei vermerkt, daß die bei Klönne, ›Jugend im Dritten Reich‹ a.a.O., S. 207, veröffentlichte Darstellung Fritz Leists, WG sei bei ihm in der ›Siegfriedstraße‹ »gefaßt« worden, nicht zutrifft.

3 *Sonette von R. Schneider:* Die vielfach in illegalen Kopien kursierenden Sonette des katholischen Schriftstellers Reinhold Schneider (1903–1958), in denen er schon in der zweiten Hälfte der 30er Jahre zur klaren Absage an das Nazi-Regime aufrief, fanden in oppositionellen Zirkeln eine starke Resonanz. Sie wurden (neben Erzählungen und Betrachtungen) vor allem während der Kriegszeit zu Hause und an der Front abgeschrieben und in unzähligen Exemplaren verbreitet.
Reinhold Schneider galt seit 1940 als ›unerwünschter Autor‹, dem die Papierzuteilung für seine Publikationen verweigert wurde; mit Hilfe von Freunden konnten seine Erzählungen und Sonette jedoch heimlich erscheinen. Eine solche als ›Privatdruck‹ getarnte und offiziell nur zu ›seelsorgerlichen Zwecken‹ bestimmte (in Wahrheit jedoch 20000fach verbreitete) Sammlung ›Das Gottesreich in der Zeit‹ (1943) war Anlaß für eine vom damaligen Leiter der Parteikanzlei, Martin Bormann, im April 1945 erhobene Anklage wegen »Vorbereitung zum Hochverrat«. Der Haftbefehl wurde jedoch aufgeschoben, weil Reinhold Schneider, der sich zu dieser Zeit in einem Freiburger Spital befand, von dem behandelnden Arzt, Dr. Paal, für transportunfähig erklärt worden war; inzwischen wurde Freiburg von den Franzosen besetzt.
Reinhold Schneider hatte für WG – wie ein Brief vom 2. 2. 1943 an Marita Herfeldt (s. S. 182) zeigt – eine »überragende Bedeutung«; seine Dichtung war zweifellos mitentscheidend für WGs Motivation zum Widerstand.

4 *Schneiderhan:* Der österr. Geiger Wolfgang Schneiderhan (geb. 1915).

14. 6. 1942

1 *Sigi:* Der Architekturstudent Siegfried Östreicher (geb. 1919) gehörte

ehemals dem 1919 vom Kölner Kardinal von Hartmann für katholische Gymnasiasten gegründeten ›Bund Neudeutschland‹ (ND) an und war Führer der Jugendgruppe München-Nord, die noch nach dem 1936 ergangenen Verbot der Bündischen Jugendorganisationen besonders die Verbindung mit Gruppen in Berlin und Aachen pflegte. Östreicher gehörte zum Freundeskreis der ›Siegfriedstraße‹ und traf dort während seines Urlaubs von der Ostfront mit WG zusammen; er erinnert sich, mit ihm darüber gesprochen zu haben, »ob man in dieser Wehrmacht Offizier werden solle«. (Östreicher an Anneliese Knoop-Graf, 12. 12. 1985.) Als Architekt arbeitete Siegfried Östreicher vornehmlich auf dem Gebiet des Kirchenbaus; er lebt in München.

2 *Ein Aufsatz von Guardini:* Vermutlich ein in der von Ludwig A. Winterswyl herausgegebenen Reihe ›Christliche Besinnung‹ (1.–5. Folge, Mainz, 1939–1940) erschienener Aufsatz. Die 40 Hefte dieser Reihe, die häufig Abhandlungen von Guardini enthielten, waren für WG – wie er am 20. 6. 1942 an Mariana Gölden schrieb – »wertvolle Begleiter«.

Der katholische Theologe und Religionsphilosoph Romano Guardini (1885 bis 1968) wurde in den zwanziger Jahren als geistiger Führer der katholischen Jugendbewegung ›Quickborn‹ sowie der deutschen ›Liturgischen Bewegung‹ bekannt. Er war Verfechter einer kirchlichen Erneuerung, bei der es um die Besinnung auf den Ursprung und die Quellen des christlichen Glaubens ging.

Guardini war seit 1923 Professor in Breslau mit Lehrauftrag in Berlin und wurde 1939 zwangsemeritiert; nach 1945 lehrte er zunächst in Tübingen, ab 1948 in München.

Eine indirekte persönliche Verbindung zu Guardini fand WG durch den 1938 gemeinsam mit ihm vor dem Sondergericht Mannheim angeklagten Freund aus dem ›Grauen Orden‹, Hans Eckert (1914 bis 1941), der 1939/1940 Assistent Guardinis bei der katholischen Studentengemeinde Berlin war und WG über Diskussionen in diesem Kreis berichtete.

Freunde bezeugen, daß WGs geistiges und religiöses Weltverständnis durch Guardinis Schriften, vor allem seine Auslegung christlicher und weltlicher Texte, stark beeinflußt wurde. (s. an Otto Vieth, 1. 12. 1942, S. 174.)

Guardini gedachte in seiner Rede anläßlich der ersten Münchener Feier zu Ehren der ›Weißen Rose‹ am 4. 11. 1945 der Motive der Hingerichteten: »Für die Menschen, derer wir gedenken, war die Unterscheidung der wesentlichen Dinge ein wichtiges Anliegen. Sie waren bemüht, die grenzenlose Verworrenheit der Begriffe, die furchtbare Entstellung und Verschmutzung der geistigen Werte, wie sie überall eingerissen war, zu überwinden, die Wesenheiten in ihrer blanken Wahrheit herauszuheben und die Ordnungen des Daseins so aufzurichten, wie sie wirklich sind.« (Guardini, a.a.O., S. 21/22.)

15. 6. 1942

1 *Kaserne:* Im Westen Münchens in der Bergmannschule, einer 1942 für die Wehrmacht umgebauten Volksschule, Bergmannstraße 36, wo die zum Studium beurlaubten Medizinstudenten des Heeres, zu einer sogenannten Studentenkompanie zusammengefaßt, kaserniert waren.

Bei seiner Vernehmung vom 4. 3. 1943 gab WG vor der Gestapo an, er habe im Sommer 1942 etwa vier bis sechs Wochen in der Bergmannschule gewohnt. Tatsache ist demgegenüber, daß er nur vom 6. bis 16. Mai ganz kaserniert war. Tagebucheintragungen und Briefe aus dieser Zeit lassen erkennen, wie sehr ihm dieser »blöde Umstand: Kasernierung« (TB 6. 5. 1942) zusetzte: »Mich hat ein ziemliches Mißgeschick getroffen: Offiziell muß ich nämlich in der Kaserne wohnen. [. . .] Ich bin ernstlich erschüttert, denn nun ist auch das bißchen Selbständigkeit, was ich mir noch retten konnte, sehr stark gefährdet. [. . .] In der Kaserne, Buden mit acht Mann belegt, kann man nicht arbeiten. Es ist klar, daß ich mein Zimmer [Georgenstr. 15] behalte und möglichst oft hier sitze und auch nächtige, bis ich mal auffalle. Aber das ist mir schon fast gleichgültig, dann werde ich eben bestraft.« (an die Schwester Anneliese, 7. 5. 1942; s. auch an Marita Herfeldt, 28. 5. 1942, S. 158.) Doch bereits zehn Tage später lautet ein TB-Eintrag: »Die Lösung: Ausgang bis zum Wecken [...] Ich bin so frei, als sei etwas Großartiges geschehen, obwohl es nur eine Kleinigkeit ist.« (16. 5. 1942)

16. 6. 1942

1 *Fechten:* Im Mai 1942 war WG einem privaten, von Fechtmeister Knapen geleiteten Fechtclub beigetreten, dem Christoph Probst und Alexander Schmorell seit 1940 angehörten. Das TB vom 12. 5. 1942 vermerkt: »Erste Fechtstunde, es macht Spaß, ist dafür auch teuer. Bewegung und Anstrengung.«
WG hatte bereits 1937 in Bonn mit dem im Kreis der Bündischen beliebten Sportfechten begonnen und gemeinsam mit seinem Freund Karl Bisa (s. TB, 17. 11. 1942, Anm. 2) an Fechtturnieren teilgenommen. Der Fechtboden in Bonn, eine dem Institut für Leibesübungen angeschlossene Einrichtung der Universität, galt als ›Plattform‹, wo regimekritische Studenten verschiedener Hochschulen sich jederzeit unauffällig treffen und [1938] Kontakte mit ausländischen Freunden unterhalten konnten. (Karl Bisa an Anneliese Knoop-Graf, 4. 9. 1984; s. auch Petry, a.a.O., S. 36.)
2 *Bachverein:* WG hatte sich auf Anregung von Hubert Furtwängler (s. TB 1. 9. 1942, Anm. 1) Anfang Mai 1942 dem Münchener Bach-Verein-Chor angeschlossen: »In einem Gesangs-Verein bin ich auch, ganz ausgezeichnet, muß ich schon nach dem ersten Abend sagen.« (an die Schwester Anneliese, 5. 5. 1942.)
Entgegen anderslautenden Darstellungen sang außer WG kein anderes aktives Mitglied der ›Weißen Rose‹ im Bach-Chor.

18. 6. 1942

1 *Vorlesungen:* Im Studienbuch WGs sind für das Sommerhalbjahr 1942 elf medizinische Lehrveranstaltungen sowie eine zweistündige Vorlesung von Prof. Huber eingetragen. Am 27. 4. 1942 berichtete WG der Schwester Anneliese: »In der Universität sind einige gute Vorlesungen, die für mich aber ungünstig liegen. So komme ich wohl nur dazu, eine Vorlesung bei Huber über Musikpsychologie [›Ton- und Musikpsychologie‹] und eine Übung bei Pauli, betitelt: Seelenwissenschaftliche Übungen zu hören. Vielleicht auch ein psychologisches Seminar bei Pauli. Interessiert hätte mich noch eine Vorlesung bei Huber über Leibniz [›Leibniz und seine Zeit‹], aber dann fallen mir wichtige Stunden aus.«
Die Wiederaufnahme des Studiums im 6. Fach- und 2. klinischen Semester fiel WG nach mehr als zweijähriger Pause offensichtlich schwer: »Anstrengend sind mir noch die Vorlesungen; denn es erfordert augenblicklich sehr viel Aufmerksamkeit, z. B. einige Vorlesungsstunden hintereinander zu hören. Aber diese Übung werde ich schon wieder bekommen. [...] Anfangs schien mir manches zu unwahrscheinlich, fast ein wenig fremd. Immer wieder mußte ich an die Tage des Winters in Rußland zurückdenken und damit vergleichen.« (an Marita Herfeldt, 1. 5. 1942.)
»Nun galt es ja auch wieder, systematisch etwas zu arbeiten, Vorlesungen zu hören und Übungen zu machen. Das war zunächst eine große Mühe, denn mehr als zwei Jahre verbrachte ich – man kann das schon sagen – auf ziemlich harmlose und in gewissem Sinn auch sorglose Art. Zu arbeiten gab es doch nur selten etwas, wenigstens auf konzentrierte, geistige Weise. Und das mußte alles so zunächst wieder gelernt werden.

Inzwischen habe ich mich darin wieder zurecht gefunden und sehe schon etwas klarer. In der Praxis draußen, wenn man anderen Menschen helfen konnte und auch tatsächlich geholfen hat, glaubte man, doch einiges Wissen zu haben. Hier aber, an den Quellen der Wissenschaft sieht man dann erst, welch unheimliches Gebirge doch vor einem liegt, und man kommt sich so unscheinbar vor. Allmählich aber übersieht man wenigstens das Ganze, erkennt Zusammenhänge und Vorsprünge, auf denen man in die Höhe klettern kann.« (an Mariana Gölden, 20. 6. 1942.)

2 *Zwischen Himmel und Erde:* Deutscher, nach dem gleichnamigen Roman von Otto Ludwig gedrehter Film von Harald Braun, 1942.

19. 6. 1942

1 *Hannes:* Hannes Schlögel, vermutlich ein Kriegskamerad.

2 *Walter Bauer: Die zweite Mutter:* Erzählung, Leipzig 1942.

Der Lyriker und Erzähler Walter Bauer (1904–1976) war ein im Bonner Freundeskreis sehr geschätzter Autor. (s. WG an Marita Herfeldt, 14. 11. 1941, S. 132.)

20. 6. 1942

1 *U. v. D.:* U[nteroffizier]v[om]D[ienst].

2 *Hans Friedmann:* Der Sohn einer befreundeten Familie aus Saarbrücken, den WG häufig im Lazarett besuchte.

3 *Adalbert:* Adalbert Grundel. WG hatte den Medizinstudenten Adalbert Grundel 1940 in Calmbach-Neuenbürg bei Bad Wildbad kennengelernt, wo beide der 2. Studentenkompanie einer Krankentransport-Abteilung angehörten. WG und Grundel waren dort Initiatoren eines Literaturzirkels regimekritischer Mediziner, Theologen und anderer Studenten, die sich hauptsächlich mit dem Thema ›Immunität gegen die Nazis‹ befaßten, eine Tätigkeit, die Grundel den Spitznamen ›Revolutionär‹ eintrug. (Mitt. Josef Geißdörfer, 12. 4. 1984, und Hanns Schmidramsl, 10. 5. 1984.) Siehe hierzu WG an Gustel Sahm, 6. 5. 1940: »In der letzten Woche gelang es mir zum ersten Mal mit noch einem andern Soldaten einen Abend zu machen, an dem gelesen wurde und an dem sich anschließend ein Gespräch entwickelte, das ich aber nicht mit einigen Worten beschreiben kann. Der Abend war ein Betasten gegenseitiger Auffassungen, allerdings mit dem Ergebnis, daß wir öfter zusammen kommen wollen. Es war und ist nur ein Versuch gewesen, aber vielleicht entwickelt sich daraus die Möglichkeit vernünftiger Diskussionen, die ja in einer solch trostlosen Lage ziemlich wichtig sind.« Wie aus einem Brief WGs an Hanns Schmidramsl vom 18. 12. 1940 hervorgeht, fanden diese Abende auch noch nach WGs Versetzung statt.

21. 6. 1942

1 *nach Pasing:* In Pasing, Exterstraße 19, wohnten Martin (1890–1963) und Mathilde (1903–1975) Luible, geb. Gypkens – WGs Cousine – mit ihren Kindern. Dr. Martin Luible, Herausgeber der von den Nationalsozialisten verbotenen ›Akademischen Monatsblätter‹, war während des Krieges Betreuungsoffizier im Heereslazarett München. Luibles waren streng gläubige Katholiken und entschiedene Gegner des Nationalsozialismus. Sie gehörten zu den Verwandten, mit denen WG »vernünftige« Gespräche führen konnte, ein Terminus, den er gerne benutzte, wenn, vor allem in politischen Fragen, Konsens bestand. (vgl. z. B. TB 9. 12. 1942 und 10. 1. 1943.)

WG, der häufig in Pasing war, verbrachte dort auch den Abend des 18. 2. 1943. (vgl. das Vernehmungsprotokoll vom 26. 2. 1943.) Mathilde Luible erzählt, er habe an diesem Abend zum ersten Mal von seiner Zugehörigkeit zu einer Widerstandsgruppe gesprochen und Martin Luible, der im ›Akademischen Verband‹

führend tätig war, um Anschriften von »unbedingt zuverlässigen Studenten« gebeten, ohne jedoch die Flugblattverteilung in der Universität zu erwähnen. Daß WG – wie die Vernehmungsprotokolle ausweisen – zu diesem Zeitpunkt schon durch Alexander Schmorell von der Verhaftung seiner Freunde gewußt habe, wollte Mathilde Luible nicht glauben: »Sonst hätte er sich nicht mit dieser Ruhe einer Ausweitung der Aktion widmen können.« (Brief Mathilde Luible an Barry Pree, 20. 1., o. J.; vermutlich 1973.) Mathilde Luible, die, ebenso wie ihr Mann, nicht von der Gestapo vernommen wurde, fuhr am 1. 3. 1943 nach Saarbrücken, um die Familie Graf über die Münchener Geschehnisse zu informieren, und versorgte später von Pasing aus Willi und Anneliese Graf (s. TB 6. 7. 1942, Anm. 1) im Gefängnis mit Lebensmitteln. Laut Brief aus dem Gerichtsgefängnis Neudeck vom 11. 4. 1943 (s. S. 185) hat WG an Luibles »wegen eines Rechtsanwalts« geschrieben. Es ist nicht mehr festzustellen, welche Schritte Luibles unternahmen, weil beide inzwischen verstorben sind. Zu dem Prozeß am 19. 4. 1943 war nur ein Pflichtverteidiger, Rechtsanwalt Hugo Diepold, München, Residenzstr. 13, geladen.
Bei diesem Prozeß waren Mathilde und Martin Luible im Gerichtssaal und benachrichtigten die Familie vom Todesurteil, später – nachdem der Gefängniswärter, Meinrad Schneider, ihnen heimlich diese Nachricht überbracht hatte – von der bevorstehenden Vollstreckung. Da jedoch die Weitergabe solcher Meldungen streng untersagt und eine Telefonüberwachung zu befürchten war, bat Mathilde Luible den Stadtdechanten von St. Johann-Saarbrücken, Dr. Philipp Kremer, WGs Vater zu sagen, er möge sofort nach München kommen, damit er seinen Sohn vielleicht noch einmal sehen könne. Aber er kam zu spät.
WG selbst war rechtzeitig benachrichtigt worden: Als Meinrad Schneider (1904 bis 1982) am Tag vor der Hinrichtung wortlos die Zelle durchquerte, das Fenster öffnete und wenige Sekunden später wieder schloß, erfüllte er mit diesem verabredeten Zeichen einen ausdrücklichen Wunsch WGs.

22. 6. 1942

1 *Huber:* Ein Restaurant in Schwabing.

23. 6. 1942

1 *Asal:* Alfred Asal, vermutlich ein Kriegskamerad; eine Visitenkarte Asals fand sich in WGs Tagebuch.
2 *die Fotos:* nicht ermittelt.

24. 6. 1942

1 *Eichendorff: Erlebtes:* Joseph Freiherr von Eichendorff (1788–1857), ›Erlebtes. Aus dem literarischen Nachlasse‹, Paderborn 1866.
2 *Eichendorff: Ahnung und Gegenwart:* Der 1815 erschienene Roman.

25. 6. 1942

1 *Josef Gieles:* Der 1918 geborene Medizinstudent gehörte ebenfalls der 2. Studentenkompanie an, war Mitglied des Bach-Chors und stand mit dem Kreis um die ›Weiße Rose‹ in freundschaftlicher Verbindung.
Wie seine Schwester berichtet, wurde bei Josef Gieles – damals Arzt an der Ostfront – im Frühjahr 1943 von der Gestapo nach Briefen ›staatsfeindlichen‹ Inhalts gesucht. Gieles starb im Januar 1945 an den Folgen einer in Rußland erlittenen schweren Verwundung. (Agnes Kanz-Gieles an Anneliese Knoop-Graf, 31. 7. 1985.)

26. 6. 1942

1 *Kleine Residenz:* Deutscher Film von Hans H. Zerlett, 1942.

27. 6. 1942

1 *trotz allem der liebste Platz:* Die hier anklingenden Emotionen sind bereits in WGs Briefen (z. B. an Gustel Sahm, 2. 5. 1940, S. 113/114) und Tagebuchnotizen seit 1940 erkennbar. (vgl. Vorwort, S. 32.)

28. 6. 1942

1 *Regensburger Domspatzen:* Berühmter Kinderchor des Regensburger Doms.

30. 6. 1942

1 *Shakespeare: Wie es euch gefällt:* William Shakespeares Komödie ›As You Like It‹, 1599.
2 *Shakespeare: Was ihr wollt:* Die Komödie ›What You Will‹, 1600.

1. 7. 1942

1 *Bertel:* Vielleicht Adalbert Grundel.
2 *Sewastopol:* Hafenstadt am Schwarzen Meer.

2. 7. 1942

1 *Robert:* Robert Bur (1917–1962), gebürtiger Saarländer, damals, 1942, stud. ing., gehörte von 1929–1932 dem ND, später dem Kreis des ›Grauen Ordens‹ an. Er wurde im Zusammenhang mit Aktionen gegen verbotene Jugendbünde im Januar 1938 in München verhaftet, zusammen mit WG und 16 weiteren Mitgliedern dieser Gruppe am 21. 4. 1938 vor dem Sondergericht Mannheim angeklagt und, wie diese, aufgrund eines nach dem ›Anschluß‹ Österreichs erlassenen Gesetzes am 17. 5. 1938 amnestiert.

3. 7. 1942

1 *Minna von Barnhelm:* Gotthold Ephraim Lessings (1729–1781) 1767 geschriebenes Lustspiel.

4. 7. 1942

1 *Shakespeare: Viel Lärm um nichts:* William Shakespeares Komödie ›Much Ado About Nothing‹, 1598.
2 *Rhaban Liertz: Psychoneurosen:* Rhaban Liertz, ›Psychoneurosen. Fragmente einer verstehenden Erziehungskunde‹, München 1928.
Der Privatgelehrte Dr. med. Rhaban Liertz (1885–1965) hielt im Winter 1938 in seiner Kölner Wohnung Privatvorlesungen über Psychotherapie, zu deren Hörern WG, Walter Kastner (s. TB 27. 11. 1942, Anm. 2) und Karl Bisa zählten. (Walter Kastner an Anneliese Knoop-Graf, 4. 12. 1984.)

6. 7. 1942

1 *Anneliese:* WGs jüngere Schwester, geb. 1921, begann 1940 mit dem Studium der Germanistik, Anglistik und Romanistik. Als ihr Ratgeber und Mentor ging WG – vor allem in seinen Briefen – nachdrücklich auf ihre religiösen und persönlichen Probleme ein. In dem hier erwähnten Brief äußerte er seinen Wunsch nach einem gemeinsamen Studienaufenthalt: »Mein Plan, der mir sehr zusagen würde, ist der: Wir müßten zusammen in einem Haus je ein – also zwei Zimmer finden, um gewissermaßen einen Haushalt führen zu können [. . .]. Sicher käme auch manches Vernünftige dabei heraus, wenn man sich bei jeder Gelegenheit sprechen könnte und nicht auf seltene Zusammentreffen angewiesen ist.« (s. hierzu auch die Briefe v. 15. 6. 1941, S. 124, 6. 3. 1942, S. 156, 6. 6. 1942, S. 163, 25. 6. 1942, S. 164.)
Der Bitte ihres Bruders folgend, entschloß sich Anneliese, mit Beginn des

Wintersemesters 1942/43 ihr Studium in München fortzusetzen. Die Geschwister arbeiteten über Philosophie und Glaubensfragen (s. TB 29. 11. 1942 u. 11. 2. 1943), besuchten Konzerte, Lese-Abende im ›Atelier‹ (s. TB 22. 7.1942, Anm. 1) und hörten gemeinsam Vorlesungen, vor allem bei Prof. Kurt Huber. Bevor Anneliese Graf am 18. 12. 1942 zu ihrem Bruder in die Mandlstraße 1/I übersiedelte, wohnte sie einige Tage bei den Geschwistern Scholl in der Franz-Joseph-Straße 13. Anders als Drobisch, Kirchberger und Landersdorfer schreiben, gehörte sie jedoch nicht dem engeren Kreis der ›Weißen Rose‹ an. Auch hat WG ihr gegenüber nie etwas Konkretes von seiner Beteiligung an den Aktionen verlauten lassen. »Als aber«, so berichtet Anneliese Knoop-Graf rückblikkend, »am 18. Februar die Flugblätter in der Universität verteilt wurden, erinnerte ich mich an die vielen unverhohlenen Äußerungen von der Notwendigkeit, aktiven Widerstand zu leisten, und ich ahnte sogleich, wer die Urheber dieser Flugblätter waren.« (Knoop-Graf, ›Jugendwiderstand im Dritten Reich am Beispiel der ‹Weißen Rose›‹, a.a.O., S. 12.)
Am 18. Februar 1943 gegen 24.00 Uhr wurde Anneliese Graf zusammen mit ihrem Bruder festgenommen: »Begleitet von zwei Gestapo-Beamten, im Fond eines Polizeiautos sitzend, hielten wir uns schweigend fest an der Hand. Das bedeutete uns mehr als Worte, die doch nichts mehr genützt hätten, wir waren ja bewacht. Einige Tage lang waren wir im Gestapo-Untersuchungsgefängnis in der Briennerstraße; wir steckten uns mit Hilfe eines Wärters Zettelchen und Zigaretten zu; wir sahen uns hin und wieder auch für Sekunden, einmal für Minuten, als wir beide [zur Ermittlung] fotografiert wurden. Da sah er mich mit seinen klaren, blauen Augen so ermutigend an, daß ich gestärkt den Raum verließ.« (Vielhaber u. a., a.a.O., S. 32/33.) Anneliese Graf wurde beschuldigt, »an dem hochverräterischen Treiben der Geschwister Scholl u. a.« beteiligt gewesen zu sein oder Kenntnis davon gehabt zu haben. (Zentrales Parteiarchiv [ZPA], NJ 108 72, Az. 8 J 37/43.)
Mit einer kurzen Unterbrechung vom 24.–27. 2. 1943 blieb sie bis zum 13. 6. 1943 in Haft (Gestapo-Untersuchungsgefängnis Wittelsbacher Palais). Während dieser Zeit, in der sie am 30. 4. 1943 ihren Bruder, wenn auch unter Gestapo-Aufsicht, im Strafgefängnis Stadelheim besuchen konnte, teilte sie mehrere Wochen lang die Zelle mit Christoph Probsts Schwester Angelika (1918–1976), die am 26. 2. 1943 ebenfalls wegen des Verdachts der Mitwisserschaft verhaftet worden war. Beiden war die Überweisung in ein Konzentrationslager angedroht. Es gelang ihnen jedoch, der Gestapo glaubhaft zu versichern, sie hätten keine Kenntnis von den Aktionen der ›Weißen Rose‹ gehabt, und Anneliese Graf konnte, obwohl das Verfahren gegen sie erst am 25. 1. 1945 eingestellt wurde (ZPA, NJ 108 72 und 8 J 37/43), im Herbst 1943 ihr Studium in Freiburg fortsetzen. Ihre Karte aus der Studentenkartei der Universität München enthält in der Rubrik ›Strafen‹ zwei Vermerke: Am 4. 3. 1943: »Disziplinar-Untersuchg. (Beteiligung an staatsfeindl. Kundgebung)« und, 11. 8. 1943, Nr. 3398: »Gegen die Ausstellg. des Abg.-Zeugn. bestehen seitens der Geh. Staatspolizei keine Bedenken.«
Anneliese Knoop-Graf, seit 1946 mit Bernhard Knoop verheiratet, leitete von 1946–1969 gemeinsam mit ihrem Mann das Landeserziehungsheim Marienau bei Lüneburg. Sie lebt heute in Bühl/Baden.

7. 7. 1942

1 *»Das gute Leben« von Pepping:* ›Das gute Leben‹, vierstimmige Chorsätze (1936) des deutschen Komponisten Ernst Pepping (1901–1981).

10. 7. 1942

1 *Häcker liest:* Der Schriftsteller, Philosoph, Privatgelehrte und Mitarbeiter verschiedener Zeitschriften Theodor Haecker (1897–1945) konvertierte 1921 – unter dem Einfluß der Schriften des Kardinals John Henry Newman (1809–1890) – zum Katholizismus. Er galt innerhalb der Bündischen Jugend als geistige Autorität.

WG hatte sich – angeregt durch den mit ihm befreundeten ›Gauführer der Sturmschar an der Saar‹, dem seit 1933 mit Haecker zusammenarbeitenden Studenten der Philosophie und Theologie Aloys Goergen (geb. 1911, später Professor für Philosophie der Ästhetik an der Münchener Akademie der Bildenden Künste und Professor für Liturgiewissenschaft an der Universität Bamberg) – bereits in den dreißiger Jahren mit Haeckers Schriften beschäftigt, insbesondere mit seinem Werk ›Vergil, Vater des Abendlandes‹, München, 1931. Im Kreis der ›Weißen Rose‹ las Haecker, der seit 1938 auch mit dem Verbot selbständiger Publikationen belegt war, zwei- oder dreimal aus seinen Werken vor. (s. auch TB 4. 2. 1943, Anm. 3.)

Die Flugblätter der ›Weißen Rose‹ lassen in Argumentationsweise, Diktion und Gehalt sowie durch die Vielzahl apokalyptischer Bilder den geistigen Einfluß von Theodor Haecker erkennen. Haekkers Lehre, »daß die Idee ihren vollen Sinn und Gehalt erst in der Verwirklichung durch die Tat erfahre«, entsprach der Auffassung der Studenten. Dies bestätigt Jürgen Wittenstein (geb. 1919, heute Professor für Herz-Thorax-Gefäß-Chirurgie an der Universität von Kalifornien in Los Angeles), der – mit Christoph Probst und Alexander Schmorell sowie mit Hans Scholl eng befreundet – zwei Flugblätter der ›Weißen Rose‹ redigierte und weitergab. (Wittenstein, a.a.O., Blatt 216.)

Von Theodor Haeckers Verbindung zum ›Weiße-Rose‹-Kreis und seinen wiederholten Lesungen vor den Studenten hatte auch die Gestapo erfahren: Am Nachmittag des 18. 2. 1943 wurde er nach einer vierstündigen Hausdurchsuchung verhaftet, im Wittelsbacher Palais vernommen und erst nachts wieder entlassen. Dank der Geistesgegenwart seiner Tochter entging das Manuskript seiner Tagebuchaufzeichnungen – erschienen postum 1947 in München unter dem Titel ›Tag- und Nachtbücher 1939–1945‹ – der Entdeckung. Wenngleich Haecker nach dem 18. 2. 1943 nicht mehr vernommen wurde, verfügte die Gestapo am 1. 3. 1943, gegen ihn ein neues Verfahren wegen Vorbereitung zum Hochverrat einzuleiten, das jedoch eingestellt wurde. (ZPA, NJ 108 72, Az. 8 J 37/43.)

2 *Der Christ und die Geschichte:* Theodor Haecker, ›Der Christ und die Geschichte‹, München 1935.

3 *Noch lange sind wir zusammen:* Diese Notiz gibt Petry und Landersdorfer Anlaß zu der Vermutung, daß WG von da an im engeren Sinne zur Gruppe ›Weiße Rose‹ gerechnet werden könne. Konkrete Anhaltspunkte hierfür finden sich in WGs Aufzeichnungen jedoch nicht.

4 *Alex:* Alexander Schmorell, in der Familie und von Freunden meist Schurik genannt, war am 3. 9. 1917 als Kind eines reichsdeutschen Arztes und einer Russin in Orenburg (Rußland) geboren, griechisch orthodox getauft und nach dem frühen Tod der Mutter im Kreise der neuen Familie des Vaters in München aufgewachsen – besonders betreut von einem russischen Kindermädchen, das Vater und Sohn 1921 vom Ural nach Bayern begleitet und in der emotionalen Entwicklung des Kindes die Stelle der kaum gekannten Mutter eingenommen hatte. Da sie fast kein Deutsch sprach, wuchs Alexander zweisprachig auf – seine eigentliche Muttersprache blieb aber das Russische, seine geistige Heimat die russische Kultur. Trotzdem mußte er als deutscher Staatsangehöriger nach dem Abitur die Arbeits- und Wehrdienstpflicht ableisten. Er meldete sich zur Kavallerie und wurde mit seiner Einheit beim Einmarsch der deutschen Truppen

in Österreich und im Sudetenland eingesetzt. Als er jedoch den Eid auf Adolf Hitler leisten sollte, bat er um Dispens und Entlassung aus dem Heer. Die Weigerung, seiner Bitte zu entsprechen, machte ihn, einen künstlerisch hochbegabten, sensiblen Menschen mit einem extremen Freiheits- und Unabhängigkeitsbedürfnis, der sich nicht in den Drill und die Uniformität des militärischen Daseins fügen konnte, zum offenen Feind des NS-Regimes. Exzessives Musizieren, Übersetzen russischer Dichtung, Zeichnen und Bildhauern wurden zum Ausdruck seiner Verweigerung und Opposition; das Medizinstudium setzte er nur noch den Eltern zuliebe fort.
Alexander Schmorell war seit Herbst 1940 Angehöriger der Studentenkompanie und traf hier Hans Scholl, den er später, etwa ab Anfang 1941, mehrfach in sein Elternhaus in München-Harlaching, Benediktenwandstraße 12, zu Leseabenden einlud, bei denen sich regelmäßig Gleichgesinnte versammelten, um gemeinsam – aus Gründen der ›seelischen Erholung‹, wie es Alexander einmal nannte – theologische, philosophische und literarische Werke zu lesen. Unter den Gästen des Hauses Schmorell befand sich auch Christoph Probst, ein enger Freund Schuriks aus der Münchener Gymnasialzeit.
Als die Freunde aus dem Umkreis der ›Weißen Rose‹ zur Feldfamulatur in den Osten abkommandiert wurden, bedeutete dieser Einsatz für Alexander, der bis zu seinem Tode von einer beinahe mystisch zu nennenden Sehnsucht nach seiner alten Heimat erfüllt war, Heimkehr; ein Erlebnis, an dem er, wie Tagebuchaufzeichnungen und Briefe WGs belegen, auch die Freunde teilnehmen ließ.
Alexander Schmorell, den WG erst nach Abschluß der ersten Flugblattaktionen näher kennenlernte, war an allen Unternehmungen des ›Weiße-Rose‹-Kreises auslösend und maßgeblich beteiligt. Dem späteren Bericht der mit ihm befreundeten Malerin Lilo Berndl-Ramdohr (geb. 1913) zufolge hatten Alexander und Willi eine gemeinsame Flucht verabredet, die aber durch WGs Ausbleiben nicht zustande kam. Mehrere Anzeichen deuten indes darauf hin, daß bereits vor den Aktionen im Februar 1943 im Kreis der Freunde konkrete Fluchtpläne vorbereitet worden waren. Im Verhör vom 26. 2. 1943 sagte WG, er und Schmorell hätten sich nach der Festnahme der Geschwister Scholl am 18. 2. 1943 getroffen und erwogen, sich zunächst zu verstecken. (ZPA, NJ 1704; s. auch Scholl a.a.O., 181 ff.)
Alexander wollte mit Hilfe eines gefälschten Passes, den er von einem russischen Emigranten aus Bulgarien bekommen hatte, wobei Lilo Berndl-Ramdohr bei den notwendigen Änderungen des Paßbildes entscheidend mitwirkte, in einem Lager für russische Gefangene in der Nähe von Innsbruck untertauchen. (Mitteilung Erich Schmorell an Anneliese Knoop-Graf, 24. 3. 1985.) Eine Verkettung unglücklicher Umstände vereitelte den Plan. Der inzwischen steckbrieflich Gesuchte kehrte nach München zurück, flüchtete am 24. 2. 1943 während eines Fliegeralarms in das Haus einer Studienkollegin, wurde im Luftschutzkeller erkannt und festgenommen. Knapp zwei Monate später verurteilte ihn der ›Volksgerichtshof‹ unter Roland Freisler gemeinsam mit WG und Kurt Huber zum Tode. Er starb am 13. Juli 1943 im Gefängnis München-Stadelheim durch das Fallbeil.

5 *F. Jammes:* Der französische Schriftsteller Francis Jammes (1868–1938) war Anhänger des Renouveau Catholique, der zu Ende des 19. Jahrhunderts entstandenen philosophischen, sozialkritischen und literarischen Bewegung, die eine Erneuerung des französischen Geistes durch die Rückbesinnung auf die christlich katholische Überlieferung anstrebte.

6 *Der Roman der drei Mädchen:* ›Pomme d'amis‹, 1904; deutsche Übersetzung von Jakob Hegner: ›Roman der drei Mädchen‹, Hellerau 1920.

7 *Shakespeare: Die lustigen Weiber v. Windsor:* William Shakespeares Komödie ›The Merry Wives Of Windsor‹, 1598.

11. 7. 1942

1 *Der Thron zwischen Erdteilen:* Hanns Gobsch (1883–1958), ›Der Thron zwischen den Erdteilen‹, 1937; Teil 2 der ›Tragödie Rußlands‹, als Bühnenmanuskript vervielfältigt.

13. 7. 1942

1 *Frau Thurmair:* Die Mutter des Schriftstellers Georg Thurmair (1909 bis 1984). Thurmair war bis 1937 in Redaktionen einiger Bündischer Periodica tätig und wurde nach deren Verbot Hauptschriftleiter der Zeitschrift ›Deutscher Kulturwart‹ (1933–1941). Thurmair und WG hatten sich wahrscheinlich über Otto Vieth (s. TB 7. 2. 1943, Anm. 2) vor dem Krieg kennengelernt.

14. 7. 1942

1 *Berberich:* Nicht ermittelt.
2 *Alois Schreiner:* Vermutlich ein Kriegskamerad. Näheres nicht ermittelt.
3 *M.:* Marianne Thoeren, eine Studentin der Zahnmedizin, die WG im Wintersemester 1938 in Bonn kennengelernt hatte und die ihm viel bedeutete. Willi und Marianne begegneten sich während kurzer Urlaubstage und sprachen sich zuletzt am 19. und 20. 11. 1942 in Köln und Bonn.
Als WG am 21. 1. 1943 nach Bonn kam, um Sympathisanten für die Aktionen der ›Weißen Rose‹ zu gewinnen, versuchte er auch – wie sich Karl Bisa erinnert – Marianne zu treffen, so daß Bisa später gegenüber der Gestapo verabredungsgemäß erklären konnte, daß WGs Reise nach Bonn neben der Vorbereitung des Fechtturniers auch der Wiederaufnahme des Kontaktes mit der Freundin gegolten habe. (Karl Bisa an Anneliese Knoop-Graf, 18. 12. 1984.)

16. 7. 1942

1 *Perkussionskurs:* WG nahm im Sommersemester 1942 an einem Kurs der Perkussion und Auskultation bei Dr. Franke teil.
2 *Wir:* Das »Wir« steht hier für den Freundeskreis, der sich seit Anfang 1942 um Hans Scholl, Alexander Schmorell und Christoph Probst gebildet hatte und sich in unregelmäßigen Abständen zu gemeinsamen Lese- und Diskussionsabenden traf.
»Die Abende waren« – wie eine Teilnehmerin, die Medizinstudentin Traute Lafrenz (s. TB 16. 1. 1943, Anm. 1) 1946 berichtete – »durchweg literarisch, ohne feste Zielsetzung, vielleicht mit einem betonten Geschichtsinteresse. Nur zum Schluß wurden meistens kurz die politische Lage, die Ausweglosigkeit und Trostlosigkeit, mit der alles dem Untergang blind entgegen trieb, sowie evtl. Nachrichten über den Rückzug der Wehrmacht besprochen.« (vgl. Scholl, a.a.O., S. 169/170.) Eine weitere Zeitzeugin, Katharina Schüddekopf (geb. 1916), erinnert sich, daß diese Abende »nie gelöst [waren] von ihrem gesellschaftlichen Rahmen mit seinem geistigen und ästhetischen Fluidum.« (vgl. Vielhaber u. a., a.a.O., S. 102.)
Insgesamt umfaßte der Kreis etwa 10–15 Medizinstudenten und einige Mädchen – Studentinnen der Medizin, der Philosophie und der Sprachen – sowie ältere Freunde: Wissenschaftler, Schriftsteller, Journalisten, Buchhändler, Architekten, Maler. Zu ihnen gehörten u. a. Carl Muth, Theodor Haecker, Kurt Huber, Alfred von Martin (1882–1979), Werner Bergengruen (1892–1964), Sigismund von Radecki (1891–1970), Josef Furtmeier, Josef Söhngen (1894–1970), Heinrich Ellermann (geb. 1905), Harald Dohrn (1885–1945), Manfred Eickemeyer (vgl.

TB 11. 1. 1943, Anm. 2), Wilhelm Geyer (vgl. TB 16. 12. 1942, Anm. 4.)
3 *Claudels: Seidenschuh:* Paul Claudels ›Spanische Handlung in vier Tagen: ›Le soulier de satin‹ (1919–1924); deutsche Übersetzung von H. U. von Balthasar: ›Der seidene Schuh oder das Schlimmste trifft nicht immer ein‹, Salzburg 1939.
Der französische Schriftsteller und Diplomat Paul Claudel (1868–1955) war der geistige Führer der Bewegung des ›Renouveau Catholique‹, die eine Erneuerung der Dichtung aus dem Glauben anstrebte. Sein Werk ›Der seidene Schuh‹, das WG bereits am 1. 12. 1940 in einem Brief an Günther Schmich erwähnte (s. S. 116), beschäftigte – wie aus Briefen von Christoph Probst und Sophie Scholl hervorgeht – den Lesekreis über einen längeren Zeitraum; Hans Scholl hielt das Drama »für das größte Ereignis der modernen europäischen Literatur«. (Hans Scholl an die Schwester Elisabeth, 10. 2. 1942; Briefe, a.a.O., S. 78.)

17. 7. 1942

1 *Anuschka:* Deutscher Film von Harald Braun, 1941.

18. 7. 1942

1 *Gerd Oberhoffer:* Ein Angehöriger des Bonner Freundeskreises.
2 *Mathilde:* WGs ältere Schwester, verh. Baez, geb. 1915, die einzige Familienangehörige, die nicht verhaftet wurde, da sie im 7. Monat schwanger war. Sie mußte sich aber zu Verhören durch die Gestapo zur Verfügung halten und war angewiesen, strengstes Stillschweigen zu bewahren.
Mathilde Baez hat Ende September 1943 als letzte der Angehörigen ihren Bruder im Gefängnis besucht. (vgl. WG an die Familie, 26. 9. 1943, S. 197.) Der Gefängniswärter Meinrad Schneider ermöglichte ihr ein unüberwachtes Gespräch von 1½ Stunden. WG »erkundigte sich nach seinen Freunden, nannte Namen und wollte wissen, ob sie noch in Freiheit seien. Er war erleichtert, von mir zu erfahren, daß uns von seiten der Gestapo kein Leid zugefügt worden war, man hatte ihm nämlich bei Verhören gedroht, daß die ganze Familie ins ›KZ‹ käme, wenn er keine weiteren Namen von Mitwissern und Sympathisanten nenne.« Beim Abschied bat er die Schwester: »Sage unserem Vater, daß es kein dummer Jungenstreich war, er wird einmal stolz auf mich sein können!« (Baez-Graf, a.a.O., S. 24.)
Mathilde Baez-Graf lebt in Saarbrükken.

19. 7. 1942

1 *Ossy:* Oskar Baez (geb. 1913), späterer Ehemann der Schwester Mathilde. Oskar Baez konnte WG Ende Juni 1943 zusammen mit WGs Mutter und der Schwester Anneliese im Gefängnis besuchen. (s. Brief an die Familie 2. 7. 1943, S. 190.)
2 *Benz: Lösung und Bindung:* Richard Benz (1884–1966), ›Lösung und Bindung. Probleme der Kulturen‹, Hamburg 1939.

20. 7. 1942

1 *Adalbert:* Adalbert Grundel.

22. 7. 1942

1 *Im Atelier:* In dem isoliert im Garten eines Grundstücks in der Leopoldstraße 38a gelegenen Atelier des Architekten und Malers Manfred Eickemeyer fanden seit Frühjahr 1942 Lese- und Diskussionsveranstaltungen des ›Weiße-Rose‹-Kreises statt. Im Keller des Ateliers druckten die Freunde im Winter 1942/43 ihre Flugblätter. Vgl. das Urteil im dritten ›Weiße-Rose‹-Prozeß gegen Eickemeyer und andere vor dem Sonderge-

richt 2 beim Landgericht München I, 13. 7. 1943: »Als Scholl in den Besitz des Schlüssels gelangt war, benutzten er und Schmorell den Keller des Ateliers zur Aufbewahrung der Schreibmaschine und des Vervielfältigungsapparates, mit denen die Flugblätter hergestellt wurden, sowie der Schablonen, die für die Schmierparolen verwendet wurden. Zu letzterem Zweck eigneten sie sich ferner einige Dosen grüne Lackfarbe und mehrere Pinsel an, die als Eigentum des Eikemeyer in der Kammer des Ateliers sich befanden.« (ZPA, NJ 534)

2 *Was sollen wir tun:* Der Verlauf dieser Zusammenkunft am Vorabend des Transports der Studenten in den Osten läßt sich aus Berichten von Teilnehmern und aus Vernehmungen der Angeklagten rekonstruieren. Danach waren etwa 12–15 Personen versammelt, unter ihnen mit Sicherheit Hans und Sophie Scholl, Alexander Schmorell, Willi Graf, Christoph Probst, Prof. Kurt Huber, Traute Lafrenz, Katharina Schüddekopf, Hans Hirzel und Manfred Eickemeyer; weitere Namen sind nicht mehr zu ermitteln. Die in einigen Publikationen wie Petry, Landersdorfer, Drobisch verbreitete Behauptung, daß sich auch Hans Scholls Freundin Gisela Schertling (geb. 1922) unter den Anwesenden befunden habe, ist unrichtig. Gisela Schertling ist nach eigenen Angaben erst Ende November nach München gekommen.

Die Darstellungen der Befragten ergeben, daß sich die zunächst literarisch und künstlerisch orientierten Gespräche im Laufe des Abends zu einer heftigen Diskussion über Mittel und Wege des passiven Widerstandes entwickelten; eine Auseinandersetzung, an der sich Alexander Schmorell, Hans Scholl, Manfred Eickemeyer und vor allem Prof. Kurt Huber mit leidenschaftlichem Engagement beteiligten. Es ist nach den vorliegenden Berichten jedoch unwahrscheinlich, daß sich Hans Scholl und Alexander Schmorell vor diesem größeren Kreis als die Verfasser der vier ›Flugblätter der Weißen Rose‹ zu erkennen gegeben und hierbei konkrete Pläne für das weitere Vorgehen der Gruppe erörtert haben.

Folgt man dem Vernehmungsprotokoll Kurt Hubers vom 28. 2. 1943, so hätten »die jungen Leute« über ihren Einsatz an der Front gesprochen. Schmorell hätte dabei besonders hervorgehoben, »daß er sich ganz passiv verhalten wolle« – eine Auffassung – so Huber –, der die übrigen Anwesenden widersprochen hätten. (ZPA, NJ 1704)

Das Urteil des dritten ›Weiße-Rose‹-Prozesses faßt die Ergebnisse der einzelnen Vernehmungen zusammen: »Nach Annahme der Anklage kam es damals zu politischen Aussprachen, wobei sich Schmorell offen zur Theorie des passiven Widerstandes bekannte und Eickemeyer von seinen angeblichen Erlebnissen in Krakau erzählte, wo die SS durch Erschießungen von Polen und Russen das Ansehen der Wehrmacht beeinträchtigt habe.« (ZPA, NJ 534)

3 *Bis in die Nacht hinein:* Da – wie Kurt Huber am 28. 2. 1943 zu Protokoll gab – die »Abschiedsfeier« etwa zwei Stunden gedauert und Huber, gemeinsam mit Probst, Schüddekopf und Lafrenz, das Atelier verlassen hat (ZPA, NJ 1704), ist WGs Notiz zu entnehmen, daß die Gespräche im Kreis der Zurückgebliebenen, unter denen sich außer ihm vermutlich die Geschwister Scholl und Alexander Schmorell befanden, weitergeführt wurden. Ob WG im Laufe dieses Abends in die Aktivitäten eingeweiht wurde oder als bereits Eingeweihter mit den Freunden Einzelheiten der künftigen Widerstandstätigkeiten besprochen hat (so Drobisch, a.a.O., S. 27 und Kirchberger, a.a.O., S. 17), muß offenbleiben.

23. 7. 1942

1 *Wir können reden:* Ein späterer Bericht von Hubert Furtwängler bestätigt, daß die Freunde während der Fahrt offen über die Flugblätter gesprochen haben. (Hubert Furtwängler an Anneliese Knoop-Graf, 13. 10. 1984.) Dem entspricht auch die Schilderung Hans Scholls vom 27. 7. 1942: »Die Fahrt war angenehm. Mit meinen Freunden hatte ich ein ganzes Abteil belegt; und wenn wir nicht schliefen, verbrachten wir die Zeit mit vernünftigen Gesprächen oder Spielen.« (Hans Scholl an die Eltern; Briefe, a.a.O., S. 83.)

25. 7. 1942

1 *Lissa:* Polnisch: Leszno; südlich von Posen, nördlich von Breslau gelegen.
2 *Wieder umfängt mich:* Eine Erinnerung der während des ersten Einsatzes im Osten, Mitte März 1941 bis Anfang April 1942, gewonnenen Eindrücke (s. WG an Marita Herfeldt, 12. 6. 1941 und 14. 11. 1941, S. 123 und S. 134, sowie an die Schwester Anneliese, 30. 12. 1941, S. 139). Wie ähnlich die Freunde die Schönheit östlicher Landschaft empfanden, bezeugt ein Brief von Hans Scholl: »Die endlose Weite des Ostens zog uns in ihren Bann. Zwei Dinge sind hier von hervorragender Bedeutung: Die Bäume und der Himmel.« (Hans Scholl an die Eltern, 27. 7. 1942; vgl. Briefe, a.a.O., S. 83.)

26. 7. 1942

1 *Das Elend sieht uns an:* S. auch TB 27. 7. 1942, Anm. 1.
Eine Parallele zu diesen Eintragungen findet sich in WGs Tagebuch unter dem 6. 6. 1941: »Am Mittag nach Warschau – Schrecken«, sowie in dem Brief an Marita Herfeldt vom 12. 6. 1941 (s. S. 123). In einem gemeinsam mit den Freunden verfaßten Gruß an Prof. Kurt Huber berichtet Hans Scholl am 18. 8. 1942: »Die Stadt [Warschau], das Ghetto und alles Drum und Dran hatte auf alle einen sehr entscheidenden Eindruck gemacht.« (Briefe, a.a.O., S. 85.)

27. 7. 1942

1 *Unter diesen Vorzeichen und Bedingungen:* Gemeint ist die Räumung des jüdischen Ghettos durch die SS und die Deportation der Juden. S. dazu Verhoeven/Krebs, a.a.O., S. 134/135: »Am 23. Juli 1942 verlassen Hans, Alex, Willi und Hubert mit einem Truppentransport München. Drei Tage später sind sie in Warschau, machen Zwischenstation. Sie gehen durch die Stadt und kommen zum Jüdischen Ghetto. Das Elend dort ist noch größer, als es Willi ein Jahr zuvor erlebt hat. Seit ungefähr drei Wochen ist die SS dabei, das Ghetto zu räumen. Ein langer Zug verhungerter Männer, Frauen und Kinder bewegt sich durch die Stadt zum Bahnhof. [...] Ende September sind von ehemals 350 000 Bewohnern des Jüdischen Ghettos nur noch 60 000 übrig.«

29. 7. 1942

1 *Kowno:* Litauisch: Kaunas; östlich von Königsberg.
2 *Wilna:* Litauisch: Vilnius; 95 km östlich von Kowno.
3 *Dünaburg:* Lettisch: Daugavpils; nördlich von Wilna.
4 *Wilder: Die Brücke von San Luis Rey:* Der 1927 erschienene Roman des amerikanischen Schriftstellers Thornton Wilder (1897–1975) ›The Bridge of San Luis Rey‹; deutsche Übersetzung Wien 1929.

30. 7. 1942

1 *Partisanen:* Vgl. Hans Scholl an seine Eltern, 7. 8. 1942: »Die Partisanen arbeiten ungeheuer. Sie sind für unseren Nachschub eine ernste Gefahr. Neulich habe ich mich mit einem Fahrdienstleiter unterhalten. In seinem Bereich [...] haben sie innerhalb acht Tagen 48 Züge gesprengt. Die Lokomotiven sind jedes Mal völlig zerstört gewesen. Im ganzen besetzten Gebiet wird des Nachts syste-

matisch die ganze männliche Jugend von den Partisanen eingezogen, und Tag für Tag und Nacht für Nacht landen hinter der Front Fallschirmtruppen.« (Briefe, a.a.O., S. 84/85.)

2 *Polozk:* Stadt in Weißrußland, östlich von Dünaburg gelegen.

31. 7. 1942

1 *Witebsk:* Weißrussische Stadt an der Duna, nordwestlich von Smolensk.

2 *Smolensk:* 350 km südwestlich von Moskau gelegene Stadt mit damals 180000 Einwohnern. Von hier führten eine Bahnlinie und eine Autobahn (eine von der Wehrmacht ›Rollbahn‹ genannte Sandpiste) über Wjasma, Gshatsk und Moshaik nach Moskau.

1. 8. 1942

1 *Wjasma:* In der Kesselschlacht im Raum der 190 km nordöstlich von Smolensk gelegenen Stadt Wjasma mit ca. 30000 Einwohnern kapitulierten Anfang Oktober 1941 die sowjetischen Verbände. WG war zu dieser Zeit in der Umgebung von Wjasma als Sanitäter eingesetzt.

2 *Zu fünft:* WG, Hans Scholl, Alexander Schmorell, Hubert Furtwängler und – wie dieser in seinem Tagebuch am 23. 7. 1943 festgehalten hat – Raimund Samüller, ein Freund von Alex und Hans, der später in Rußland fiel. (Hubert Furtwängler und Jürgen Wittenstein an Anneliese Knoop-Graf, 30. 10. 1984 und 28. 1. 1985.)

3 *Ede Blau:* Vermutlich ein Kamerad von der alten Truppe.

2. 8. 1942

1 *bleiben wir zwei Stunden:* Hans Scholl hat diesen Kirchenbesuch beschrieben: »Man betritt eine geräumige Halle. Die gewölbte Decke ist von Ruß geschwärzt, der Fußboden ist aus Holz gezimmert, warmes Halbdunkel erfüllt den Raum, und nur die Kerzen unter dem Altar und den Ikonen überschütten mit Gold die heiligen Bilder. Die Menschen stehen ungeordnet in Gruppen beisammen, bärtige Männer mit gütigen Gesichtern, bekleidet mit dem schönsten Sarafan, Frauen mit bunten Kopftüchern um das Haar geschlungen verbeugen sich immer wieder, indem sie mit großartiger Gebärde das Andreas-Kreuz schlagen. Manche neigen ihr Haupt tief zur Erde und küssen den Boden. Das fließende Gold der Kerzen färbt ihre Gesichter rot, die Augen glänzen, und während das Gemurmel allmählich verstummt, erhebt der Pope seine Stimme und beginnt laut zu singen. Ein Chor antwortet ihm in prächtigen Akkorden.« (Briefe, a.a.O., S. 92.)

2 *alte Bekannte:* Die 252. Division, der WG bereits im Winter 1941 bis zum April 1942 angehörte, befand sich unverändert im selben Frontabschnitt. (s. auch an Marita Herfeldt, 29. 8. 1942, S. 167.)

3 *Gschatsk:* Die russische Stadt Gshatsk, im damaligen Mittelabschnitt der deutschen Ostfront, nordöstlich von Smolensk und etwa 130 km westlich von Moskau gelegen; ca. 30000 Einwohner.

»Wir liegen in Gschatsk. Die Front verläuft 10 km von hier. Gschatsk selber ist fast völlig zerstört, und die Russen beschießen es immer noch, bald am Tag, bald in der Nacht. Aber unser Lager ist im Wald und ist völlig ungefährlich.« (Alexander Schmorell an seine Eltern, 5. 8. 1942.)

WG hatte Anfang Januar 1942 den Rückzug der 4. Panzerarmee aus dem Raum Moskau in Richtung Gshatsk mitgemacht und wurde hier zum ersten Mal mit der Totalität dieses Krieges konfrontiert. (s. Brief an die Schwester Anneliese, 1. 2. 1942, S. 147/8.)

3. 8. 1942

1 *damals:* Am 3. 4. 1942 war WG vom Feldflughafen Gshatsk zum Studium nach München abgeflogen.

2 *Enttäuschung:* Nicht in »rückwärtigen Kriegslazaretten« famulieren zu können; s. hierzu WG an Walter Kastner, 8. 11. 1942, S. 171. Offensichtlich waren Hans und Alex ebenfalls unzufrieden mit der am Hauptverbandsplatz vorgefundenen Situation: »Hans und Schurik abends bei Div. Arzt wegen Versetzung.« (Tagebuchnotiz Hubert Furtwängler, 4. 8. 1942.)
3 *H. V.-Platz:* D. i. H[aupt]-V[erbands]-P[latz]; auf dem Hauptverbandsplatz ›Plankenhorn‹ hat WG vom 3. 8. bis 1. 9. 1942 seine ›Pflichtfamulatur‹ abgeleistet.

4. 8. 1942

1 *wie früher:* WG war bereits von Januar bis März 1942 an derselben Stelle auf der Fleckfieberstation tätig gewesen.

5. 8. 1942

1 *überflüssig:* Diese und weitere Notizen (z. B. vom 6. 8., 8. 8., 20. 8., 28. 8., 3. 10., 6. 10., 22. 10. 1942) lassen darauf schließen, daß die Studenten während ihrer Ostfamulatur über viel freie Zeit verfügten. Dies findet sich bestätigt in Mitteilungen von Hubert Furtwängler (bei Petry, a.a.O., S. 71) sowie in Briefen von Hans Scholl, z. B. an seine Eltern: »Ich selbst bin hier vorläufig recht überflüssig« und an Professor Huber: »Hier verbringen wir unsere Tage mit Nichtstun«. (Briefe, a.a.O., S. 84 und S. 85.) Auch Alexander Schmorell schrieb an seine Eltern: »Es geht mir gut. Bin am Leben, gesund und satt. Jeden zweiten Tag habe ich frei und dann gehe ich gewöhnlich spazieren (die Umgebung ist hier, wie überall in Rußland, sehr schön) oder ich gehe in die Stadt, wo ich schon sehr viele Bekannte gewonnen habe. Meine Freizeit verbringe ich so aufs Allerbeste.« (28. 8. 1942)
2 *740:* Im Abteilungsrevier der schweren Artillerie-Abteilung (mot.) 740 war WG vom 8. 11. 1940 bis zum 1. 4. 1942 als Famulus ausgebildet worden; er kam also »in die alte Gegend«.

7. 8. 1942

1 *Ali:* Alois Mauer (geb. 1920, gefallen 1943 in Rußland), ein Freund aus der Saarbrücker ND-Gruppe, gehörte seit 1935 dem Kreis des ›Grauen Ordens‹ an und nahm an den Zusammenkünften der alten Freunde während des Weihnachtsurlaubs 1942 teil. (s. TB 23., 27. und 28. 12. 1942.)
Der Zufall wollte es, daß WG an der Ostfront mehrmals mit Mauer (Ali) zusammentraf, so z. B. in der Nähe von Gshatsk am 18. 1. 1942: »Ganz kurz treffe ich Ali, der mit seinem Troß vorbeizieht. Wir sehen uns eine Zigarettenlänge, dann müssen wir uns leider trennen.« Über die am 7. 8. 1942 im TB erwähnte Begegnung schrieb WG am 20. 8. 1942 an Günther Schmich: »Wir freuten uns, als wir uns so unverhofft sahen und waren dann einen Abend zusammen. Ich erzählte ihm von den Geschehnissen in Deutschland, denn Ali steht manchen Dingen fremd gegenüber, weil er schon zu lange in diesem Betrieb herumläuft. Dieses Gleichmaß ist erdrükkend, weil primitive Sorgen immer wieder im Vordergrund stehen.«

8. 8. 1942

1 *Bombardierung Saarbrückens:* Der erste schwere Luftangriff auf Saarbrükken am 29. 7. 1942.
2 *Eltern:* Gerhard Graf (1885–1951) und Anna, geborene Gölden (1885–1954); vgl. den von WG auf Verlangen der Gestapo verfaßten Lebenslauf: »Meine Jugendzeit verlebte ich im Kreis der Eltern und meiner beiden Schwestern. Von der Sorge und Not um das körperliche Wohlergehen bekam ich nichts zu spüren, denn unsere Familie lebte in einigermaßen guten, wenn auch sparsamen Verhältnissen. Die Erziehung war ganz vom

Geiste des religiösen Lebens und der Achtung gegenüber Eltern und Vorgesetzten getragen. Mein Vater war korrekt und ehrlich in seinem Berufs- und Privatleben und hielt auch seine Kinder zu gleichem Benehmen an und griff mit Strenge durch, wenn ich mir irgendwie einen Fehler zuschulden kommen ließ. Das Verhältnis zu meiner Mutter war immer das allerherzlichste, denn sie umsorgte uns Kinder mit aller erdenklichen Liebe und versuchte immer wieder, uns eine Freude zu machen, etwa an Weihnachten oder am Namenstag und auch sonst zu irgendwelchen Anlässen. Wir Kinder vergalten diese Liebe mit kleinen Erweisen der Gegenliebe, wir halfen früh bei den Arbeiten im Haushalt und versuchten, dankbare Kinder zu sein. Früh wurde ich mit den Gebräuchen und dem Leben der katholischen Kirche vertraut gemacht und die einzelnen Jahreszeiten waren erfüllt vom Geiste religiöser Vorstellungen, und auch das tägliche Leben richtete sich [nach] den Gebräuchen der Kirche: Gebet, Kirchgang usw. Die ersten Lebensjahre verbrachte ich in der Hut einer guten und liebevollen Familie.« (ZPA, NJ 1704)
Beide Eltern wurden am 28.2.1943 im Zuge der Sippenhaft in Saarbrücken festgenommen und waren bis unmittelbar nach dem zweiten ›Weiße-Rose‹-Prozeß (19.4.1943) im Gefängnis. Während man die Mutter über den Grund ihrer Verhaftung im unklaren ließ, teilte die Gestapo dem Vater mit, sein Sohn sei des Hochverrats verdächtigt.
Am 29.4.1943 konnten die Eltern das einzige Mal gemeinsam ihren Sohn im Gefängnis besuchen. (s. WG an die Familie, 8.5.1943, S. 187.)

9.8.1942

1 *Nachsommer:* Der 1857 erschienene Roman von Adalbert Stifter (1805 bis 1868) ›Der Nachsommer‹.
2 *Bruder:* Werner Scholl (geb. 1922, seit Sommer 1944 in Rußland vermißt), lag zu dieser Zeit im selben Frontabschnitt. Wie aus Briefen Hans Scholls an die Eltern hervorgeht, hat er den ein paar Kilometer westlich von ihm stationierten Bruder häufig besucht.

10.8.1942

1 *Rheschewh:* Um die etwa 30 km vom Hauptverbandsplatz entfernte, an der Wolga gelegene Stadt Rschew wurde hart gekämpft, wobei es – wie sich Hubert Furtwängler erinnert – viele Schwerverwundete gab. (vgl. hierzu WG an Walter Kastner, 8.11.1942, S. 171.)

14.8.1942

1 *zur Truppe:* Auf dem Truppenverbandsplatz.
2 *gründlich zu arbeiten:* Näheres hierüber führt WG in einem Brief an Günther Schmich vom 20.8.1942 aus: »Viel zu lernen und ernstlich zu arbeiten gibt es begreiflicherweise nicht, denn in der Nähe tun sich heftige Kämpfe. [...] Es ist immer das gleiche, was an sich nicht mit vernünftiger Famulatur zu verbinden ist.« (s. auch an Walter Kastner, 8.11.1942, S. 171.)

16.8.1942

1 *Sprüche gemacht:* Auch Hans Scholl gedenkt dieses Abends in seinem Rußlandtagebuch: »Aus purem Übermut habe ich mich gestern Abend mit Schnaps betrunken, [...] um besser singen zu können und den Witz zu lockern. Frech und unüberlegt habe ich eine Analogie vertreten, die da bestehe zwischen dem Wein und den Menschen.« (Briefe, a.a.O., S. 95.)

18.8.1942

1 *Im Banne von Stifter:* Hans Scholl und Hubert Furtwängler lasen ebenfalls zu dieser Zeit den ›Nachsommer‹, und WG formuliert am selben Tag seine Empfindungen in einem Brief an die Schwester Anneliese: »Dieser Gegensatz: russische Front – die Welt Stifters.« (s. auch an Marita Herfeldt, 17. 2. 1943, S. 184.)

22. 8. 1942

1 *Die Mädchen singen:* Vgl. Hans Scholl an seine Eltern, 2. 9. 1942: »Außerdem habe ich hier im Lager mit Kriegsgefangenen und einigen russischen Mädchen einen Chor zusammengestellt.« (Briefe, a.a.O., S. 88.)

26. 8. 1942

1 *Hölderlin:* Auf Friedrich Hölderlin (1770–1834) war WG durch die älteren Freunde in der Bündischen Jugend und speziell durch Romano Guardinis christlich existentielle Auslegung (Romano Guardini, ›Hölderlin. Weltbild und Frömmigkeit‹, München 1939) hingewiesen worden. Wie eingehend sich WG mit Hölderlin beschäftigte, zeigt ein Brief an die Schwester Anneliese, 20. 10. 1940: »Wahrscheinlich interessiere ich mich dann [wenn ich Germanistik studierte] am meisten für Friedrich Hölderlin, in dessen Gedichten ich auch hier draußen öfters lese.« Noch in die Todeszelle erbat er sich Hölderlin-Verse. (1. 8. 1943, S. 192.)

28. 8. 1942

1 *Klaus Erich Boerner: Gefährtin meines Sommers:* Der 1938 in Berlin erschienene Roman von Klaus Erich Boerner (1915–1943).

29. 8. 1942

1 *zum Fischen:* S. hierzu Briefe von Alexander Schmorell und Hans Scholl: »Morgen gehe ich mit einem alten Fischer den ganzen Tag auf Fischfang. Auch Krebse gibt es hier, so viel es beliebt.« (Alexander Schmorell an die Eltern, 28. 8. 1942.) Und: »Ich kenne einen alten ergrauten Fischer, diesen habe ich zum Freund. Oft sitzen wir vom frühen Morgen bis zum Sonnenuntergang am Ufer eines Flusses und fischen wie Petrus zu Christi Zeiten.« (Hans Scholl, 2. 9. 1942; Briefe, a.a.O., S. 87/88.)

30. 8. 1942

1 *Gitarre und Balalaika:* Ähnlich Alexander Schmorell an seine Eltern (am 28. 8. 1942): »Das russische Volk hat in diesen 20 Jahren Bolschewismus nicht verlernt, zu singen und zu tanzen, und überall wohin du kommst, kannst du russische Lieder hören. Gesungen werden alte wie neue Lieder, gespielt wird auf Balalaika und Gitarre und dabei so schön.«
2 *Vera:* Eine Russin, die im Lager des Hauptverbandsplatzes arbeitete.

31. 8. 1942

1 *mit den drei Leuten:* Hans Scholl, Alexander Schmorell, Hubert Furtwängler.
2 *für die nächste Zeit seine Bedeutung hat:* Auf diesen Eintrag, der als Hinweis auf Überlegungen zu konkreten Widerstandsplänen verstanden wurde, gründen Jahnke, Verhoeven/Krebs, Heinrichs, Scholl, Vielhaber u. a. ihre Behauptung, die Aktionen vom Dezember 1942 bis Februar 1943 seien weitgehend während der Ostfamulatur konzipiert worden. Da diese Annahme jedoch durch kein einziges Indiz und keinen Bericht aus WGs Freundeskreis bestätigt wird, ist es nicht erwiesen, daß WG bereits in Rußland endgültig entschlossen war, sich aktiv an den Vorhaben der ›Weißen Rose‹ zu beteiligen. (s. auch TB 30. 9. 1942.)
Die an dieser Stelle »den drei Leuten« zugemessene Bedeutung könnte sich

ebensogut auf die im Osten gewachsene und gerade im Gegensatz zu der Einsamkeit während der Rußlandaufenthalte 1940/41 dankbar empfundene Gemeinsamkeit mit den Freunden beziehen. Dem entspricht ein Brief an die Schwester Anneliese, 19. 8. 1942: »Zum Glück bin ich mit den Kameraden zusammen, die schon in München beschlossen hatten, am gleichen Platz zu bleiben. Das ist günstig und für die kommenden Wochen wichtig.« (vgl. auch TB 31. 10. 1942 sowie die Briefe an Marita Herfeldt, 29. 8. 1942, S. 167, und Walter Kastner, 8. 11. 1942, S. 172.)

1. 9. 1942

1 *Hubert:* Hubert Furtwängler. WG hatte den 1918 geborenen Furtwängler 1940 bei einer Krankentransportabteilung in Neuenbürg/Schwarzwald kennengelernt. »Willi Graf entdeckt«, notierte Furtwängler am 15. 5. 1940 in sein Tagebuch.

Im April 1942 trafen sich die beiden in der Münchener Studentenkompanie wieder. Sie wurden Freunde, sangen miteinander im Bach-Chor und hörten zusammen Vorlesungen und Konzerte. Vermutlich hat Hubert Furtwängler WG mit Hans Scholl und Alexander Schmorell bekannt gemacht, mit denen er selbst bereits seit 1941 befreundet war. Die gemeinsame Ostfamulatur im Sommer 1942 festigte das Band.

Wie aus Briefen sowie aus der Aufzeichnung eines Gesprächs Hubert Furtwänglers mit Hellmuth Auerbach vom Institut für Zeitgeschichte, München, 7. 8. 1964, hervorgeht, gehörte Furtwängler zum engeren Kreis der ›Weißen Rose‹, nahm 1942/43 an den Leseabenden teil, wußte, daß seine Freunde Flugblätter abfaßten, beteiligte sich aber selbst weder an deren Formulierung und Verbreitung noch an Plänen zu weiteren Aktionen, sondern war – nach eigener Darstellung – eher der Warnende, der die Freunde zur Vorsicht mahnte. Am 19. 2. und 17. 4. 1943 wurde Furtwängler von der Gestapo eingehend verhört, blieb aber ebenso wie die der Mitwisserschaft Verdächtigten Wolf Jaeger und Jürgen Wittenstein, der ein halbes Jahr später vom Kriegsgericht vernommen wurde, durch das energische Eintreten des Abteilungs-Chefs der Studentenkompanie, Oberstabsarzt Dr. Paul Buhl, von weiteren Strafverfolgungen verschont. (vgl. Bericht Furtwängler, 7. 8. 1964, Archiv des Instituts für Zeitgeschichte, München (IfZ), Fa 215/2, S. 147, sowie Brief Wittenstein an das IfZ, 7. 9. 1964, Fa 215/3, Blatt 207.) Darüber hinaus hatte Furtwängler, wie er selbst schreibt, es verstanden, den »harmlosen, literatur- und musikbegeisterten Schwärmer« zu spielen. (Hubert Furtwängler an Anneliese Knoop-Graf, 13. 10. 1984.)

Hubert Furtwängler ist Kinderarzt in München.

2 *I. R. 461:* Das Infanterieregiment 461.

3 *Alex krank:* »Alex ist seit einigen Tagen sehr krank. Über Nacht wurde er von einer Diphtherie befallen. Nun liegt er im Bett mit hohem Fieber.« (Hans Scholl, 2. 9. 1942, Briefe, a.a.O., S. 87.)

2. 9. 1942

1 *Blume des Ostens:* Eine Russin, die im Lager des Hauptverbandsplatzes arbeitete.

3. 9. 1942

1 *Saroje:* Kleiner Weiler, 10 km östlich von Gshatsk, nördlich der Bahnlinie.

2 *Baryschewo:* Ein 4 km südöstlich von Gshatsk gelegenes Dorf, das WG schon am 25. 1. 1942 in seinem Tagebuch erwähnte.

4. 9. 1942

1 *mitten im Wald:* »Ich [. . .] liege in einem Bunker vorn beim Schützengraben. Die Stellung ist sehr einsam, irgendwo mitten im Wald. [...] Nachts knallt es ganz mächtig, denn zur anderen Frontseite sind es nur ein paar Meter, zur Sicherheit zieht sich allerdings ein Stacheldraht quer durch das Gelände.« (an die Schwester Anneliese, 22. 9. 1942; s. auch an Marita Herfeldt, 24. 9. 1942, S. 169.)

5. 9. 1942

1 *Schuld und Sühne:* Fjodor Michailowitsch Dostojewski (1821–1881), ›Schuld und Sühne‹, 1866.
Zur Dostojewski-Lektüre siehe auch Hans Scholl: »Nur einer öffnet die Augen und sieht die Welt der Menschen, er sieht, daß alle Kreatur Erbarmen und Erlösung sucht. Dieser aber ist der größte Dichter Rußlands. Aber ich begreife hier Dostojewsky.« (30. 7. 1942, Briefe, a.a.O., S. 95; s. außerdem WG an Marita Herfeldt, 24. 9. 1942, S. 169.)

12. 9. 1942

1 *Assi:* Assistenzarzt.

18. 9. 1942

1 *russische Sprachübungen:* Wie Hubert Furtwängler mitteilt, konnten die Freunde durch Alexander Schmorell und einige russische Mädchen »etwas radebrechen und zwei bis drei damals gängige russische Lieder singen«. Außerdem hat WG versucht, sich anhand eines Lehrbuches die russische Sprache anzueignen.

23. 9. 1942

1 *Was mag ... mit uns werden:* Zum 1. 10. 1942 wurden WG und Hubert Furtwängler wieder zum Hauptverbandsplatz bei Gshatsk zurückversetzt und dem Feldlazarett 252 (mot.) zugeteilt. (vgl. TB 2. 10. 1942.)

27. 9. 1942

1 *Afanassjewka:* 7 km südö Kolesniki, in unmittelbarer Frontlinie.

29. 9. 1942

1 *Kolesniki:* 10 km östlich von G

30. 9. 1942

1 *mit Anneliese zusammen sein kö* »Ich hätte mich auf das Zusammei mit Dir [in München] sehr gefreut habe in diesen letzten Wochen oft da gedacht [...] Wenn ich ja wechs könnte und mir eine Stadt suchen dürf würde ich mich nach Dir richten, aber i kann dies nun einmal nicht.« (an d Schwester Anneliese, 22. 9. 1942.) Noc eindeutiger zeigt ein Brief vom 24. 9 1942 an Marita Herfeldt (s. S. 170), daß WG es bedauert, wegen des Studiums in München bleiben zu müssen – woraus zu schließen ist, daß er zu diesem Zeitpunkt noch nicht entschieden war, sich an Aktionen der ›Weißen Rose‹ zu beteiligen.

1. 10. 1942

1 *Granert:* nicht ermittelt.

2. 10. 1942

1 *Dr. Schnitzler:* Wahrscheinlich der Oberarzt und Kompaniechef.
2 *Petrozowa:* 3 km südöstlich von Baryschewo, südlich der Bahnlinie.
3 *Hans schon weg:* Vgl. hierzu Hans Scholls Brief an seine Eltern, 3. 10. 1942: »Ich hatte ja in meinem Bunker so gute Freunde gefunden. Aber Abschiednehmen ist hier etwas so Alltägliches, selbst das Abschiednehmen vom hiesigen Leben, daß ich ohne viele Worte meine Sa-

4. 11. 1942

1 *Brest:* Brest-Litowsk, am Bug gelegene weißrussische Grenzstadt mit etwa 85 000 Einwohnern.

5. 11. 1942

1 *Warschau-Praga:* Östlicher Stadtteil Warschaus.
2 *»Blaue Ente«:* In dem Warschauer Lokal ›Blaue Ente‹ waren die Studenten bereits am 27. 7. 1942 eingekehrt. Nach Darstellungen von Hubert Furtwängler und dem im Warschauer Seuchenlazarett tätigen Medizinstudenten Jörn Weitz war die ›Blaue Ente‹ ein »konventionelles« Restaurant mit Garderobenabgabe und »Stimmungskapelle«. Jörn Weitz erinnert sich: »Wir saßen am ersten Tisch links vom Eingang. Hans Scholl konnte den ganzen Raum überblicken. Die Musiker befanden sich auf der rechten Seite – etwa in der Mitte. Mehrere Tische waren schon besetzt, als wir kamen. Erst später – in schon etwas ausgelassen-angeregter Verfassung – baten wir die Kapelle, ein bestimmtes russisches Lied zu spielen, um mitzusingen. Die Musiker schüttelten den Kopf, und die Diskussion über das Thema wurde lebhafter. Hauptgrund der Ablehnung waren fraglos zwei ›Goldfasane‹ [uniformierte NS-Amtswalter]. Hans Scholl spielte daraufhin – nicht direkt zielend, aber so an uns vorbei – mit seiner Pistole herum, die er vor sich auf die Tischkante gelegt hatte. Das wurde den anderen Gästen – vorwiegend Zivilisten – schließlich zu ungemütlich, und sie verließen nacheinander das Lokal. Dann spielte die Kapelle endlich auch das erwünschte Lied, in das die Gruppe einstimmte.« (Jörn Weitz an Anneliese Knoop-Graf, Ende April 1986.) Hubert Furtwängler charakterisiert die damalige Situation mit der Feststellung: »Wir waren voller Übermut und Unvorsichtigkeit.« (an Anneliese Knoop-Graf, 15. 3. 1984.)
3 *der Aufbruch:* Hubert Furtwängler und Jörn Weitz berichten, die Studenten hätten vor der Abfahrt u. a. auch ›God save the king‹ gesungen.

7. 11. 1942

1 *Kriminalpolizei:* Näheres hierüber war nicht zu ermitteln.
2 *Schottenhaml:* Renommiertes Münchener Restaurant.
3 *Gogol: Die Nase:* Nicolai Gogol (1809 bis 1852), ›Die Nase‹, Novelle, 1836.
4 *Hans:* vermutlich Hans Scholl.
5 *Adalbert:* Adalbert Grundel.

9. 11. 1942

1 *Die beiden Hanse:* Hans Scholl und Hans Goltermann.
2 *Humpelmayr:* eines der besten Münchener Restaurants, das die Studenten sich mit ihrem Feldwebel-Sold »in der Zeit der Eintöpfe gelegentlich leisteten«, wie Hubert Furtwängler am 13. 10. 1984 auf Befragen mitteilte.
3 *Mandlstraße:* Mandlstraße 1/I, wo Sophie Scholl, ehe sie mit ihrem Bruder in die Franz-Joseph-Straße 13 übersiedelte, von Ende Mai bis Ende November 1942 wohnte und wo Willi und Anneliese Graf im Wintersemester 1942/43 zwei Zimmer bezogen.
4 *Sibelius: Finlandia:* Jan Sibelius (1865 bis 1957), Symphonie ›Finlandia‹, opus 26, 1899.
5 *Cello-Konzert von Höller:* Karl Höller (geb. 1907), Cello-Konzert opus 26, 1940.
6 *Beethovens Dritte:* Ludwig van Beethoven, 3. Symphonie, Es-Dur, opus 55, ›Eroica‹, 1803.
7 *Josef:* Josef Gieles.
8 *Leygraf:* Der Pianist und Klavierpädagoge Hans Leygraf (geb. 1920), ein Schwede deutscher Abstammung, der damals an der Münchener Hochschule Klavier, Komposition und Dirigieren studierte. WG kannte ihn als Mitglied des Bach-Chores. Hans Leygraf lebt in Österreich.

9 *Regine:* Die aus Hamburg stammende Musikstudentin Regine Renner, später verh. Degkwitz (geb. 1922), gehörte zum Freundeskreis um die ›Weiße Rose‹ und sang mit WG im Bach-Chor. Regine Degkwitz-Renner lebt in Freiburg.

10. 11. 1942

1 *Wirtin:* Frau Maria Lösch-Berrsche (1898–1959), die Witwe des Münchener Rechtsanwalts und Musikkritikers Dr. Alexander Berrsche, Hauptmieterin in der Mandlstraße 1/I.
Frau Lösch-Berrsche war eine entschiedene Gegnerin des NS-Systems und suchte häufig politische Gespräche mit den Geschwistern Graf. Sie war Zeugin der Verhaftung von Anneliese und Willi Graf und hat beide im Gefängnis mit Lebensmitteln versorgt.

11. 11. 1942

1 *in der Familie:* Vgl. TB 21. 4. 1942: »Der Abend stand im Familienkreis. Reden fliegen hin und her. Aber so ist das bei uns immer schon gewesen. Lange hielte ich es so nicht aus, ich müßte denn eine Beschäftigung haben.« (s. auch WG an die Schwester Anneliese, 8. 5. 1941, S. 118 und 6. 3. 1942, S. 155.)

12. 11. 1942

1 *Jean Düro:* Ein Kamerad, mit dem WG im Dezember 1941 in Rußland war. Näheres nicht ermittelt.

13. 11. 1942

1 *Frau Schwarz:* Die Mutter von Karl Schwarz (geb. 1919). Schwarz, der laut Anklageschrift des Sondergerichts Mannheim (21. 4. 1938) über WG zum ›Grauen Orden‹ gekommen und wegen seiner »führenden Rolle« dort vom 19. 1.–6. 2. 1938 in Untersuchungshaft war, fiel als Infanteriehauptmann in Rußland.
2 *Familie Mauer:* Eine Saarbrücker Familie, mit deren Söhnen Ludwig (s. TB 5. 1. 1943, Anm. 3), Alois (s. TB 7. 8. 1942, Anm. 1), Josef (geb. 1922, in Rußland vermißt), Wilhelm (1916–1953) und Franz (geb. 1918) WG von der Schule her und durch die ND-Gruppe bekannt war.
Josef (Jupp) und Alois (Ali) gehörten zum Kreis des ›Grauen Ordens‹. WG suchte Mauers auch während des Weihnachtsurlaubs und Ende Januar auf, um sie in die Widerstandsaktion einzubeziehen. (s. TB 28. 12. 1942 und 22. 1. 1943, Anm. 3.)
3 *Architekt Weiß:* Ein Bekannter der Familie Graf.

14. 11. 1942

1 *Rudi Alt:* Den 1915 geborenen Saarländer hatte WG etwa 1932 kennengelernt, zu einer Zeit, da Rudi Alt als Führer einer ND-Gruppe Ziele der autonomen Jungenschaft zu verwirklichen suchte. Aus der Bewunderung des Jüngeren für die Ideen des Älteren entstand eine dauerhafte Freundschaft. Rudi Alt stand später dem Kreis des ›Grauen Ordens‹ nahe, studierte katholische Theologie in Trier und wurde 1941 als Soldat in Rußland schwer verwundet. Als Schwerbehinderter begann er im Wintersemester 1942/43 in Freiburg Geschichte, Germanistik und Latein zu studieren. Über die im TB vermerkte Begegnung s. den Brief an Günther Schmich, 21. 12. 1942, S. 178.
Während des Weihnachtsurlaubs weihte WG Rudi Alt in die Widerstandspläne ein. (vergl. TB 30. 12. 1942.) Alt erklärte sich zur Mitarbeit bereit; da er als Schwerstbeschädigter ›Ehrenbürger der Nation‹ war, glaubte er sich in einer »privilegierten Position«. (Rudi Alt an Anneliese Knoop-Graf, 29. 5. 1985.) Trotzdem wurde er im Zusammenhang mit dem zweiten ›Weiße-Rose‹-Prozeß am

9. 3. 1943 wegen Verdachts der »Mitwisserschaft und Nichterstattung einer Anzeige (§ 139 StGB)« in Freiburg verhaftet, jedoch am 17. 3. 1943 nach Erteilung verschiedener Auflagen »in Berücksichtigung seiner schweren Kriegsverletzung« wieder entlassen. (ZPA, NJ 1704) Er lebt heute im Saarland.

2 *Fritz:* Der Saarländer Fritz Leist (1913–1973) kam aus der ›Quickborn‹-Jungenschaft und trat 1930 zum ersten Mal als ›Gaugraf der Saar‹ an die Öffentlichkeit.

1934 gründete er mit Freunden aus verschiedenen, inzwischen aber aufgelösten, meist südwestdeutschen Bünden die Gemeinschaft ›Grauer Orden‹, hinter der die Gestapo schon bald eine die HJ zersetzende Geheimorganisation witterte. Die Gemeinschaft ›Grauer Orden‹ war indessen, wie Günther Schmich (s. Brief 11. 10. 1940, Anm. 1) später berichtet, »keine Organisation«: Es gab keinen Führer, kein Ritual, keine nachweisbare Mitgliedschaft. »Wir kannten uns. Wir vertrauten einander. Wir besuchten uns. Wir waren in Verbindung, und wir wußten, daß wir zusammen gehörten. Wieviele wir waren, ist schwer zu sagen. Vielleicht 150.« (Schmich, a.a.O., S. 14.) Doch ob Organisation oder nicht: Der Gestapo blieb der ›Graue Orden‹ suspekt. Bereits im Winter 1934 wurden Fritz Leist und einige Mitglieder seiner Gruppe zum ersten Mal verhaftet.

WG lernte Fritz Leist 1934 durch Rudi Alt in Dudweiler/Saar kennen. Aus dieser Begegnung entwickelte sich eine für beide wichtige Freundschaft.

Die Probleme, die sich für WG nach seiner Rückkehr von der Ostfront mit der ›Siegfriedstraße‹ ergaben, hingen auch mit Schwierigkeiten dieser persönlichen Beziehung zusammen. Dennoch war die Freundschaft stärker als manche Enttäuschung: »Wenn ich Fr. [Fritz Leist] anschaue, ist alles so einfach, und ich kann kein hartes Wort sagen.« (TB 11. 6. 1942) Fritz Leist bestätigte diese Freundschaft in einem Brief an Anneliese Knoop-Graf vom 15. 10. 1952: »Ich habe Nurmi [WG] wohl von allen Freunden am besten gekannt. [. . .] Er gehörte in einer entscheidenden Epoche meines Lebens zu meinem Weg und ich wohl zu dem seinen. Freundschaft war damals für uns etwas, was man nicht mit allen, sondern nur mit wenigen, wenn nicht gar einem einzigen haben konnte.«

Nachdem WG sich 1934 dem ›Grauen Orden‹ angeschlossen hatte, nahm er an mehreren von Fritz Leist geleiteten illegalen Fahrten und Lagern teil und wurde im Zuge der Verhaftungen im Winter 1937/38 gemeinsam mit 17 weiteren Bündischen festgenommen. Auch Fritz Leist wurde damals in München verhaftet und blieb insgesamt ein halbes Jahr im Gefängnis. Der ›Anschluß‹ Österreichs ans Deutsche Reich bescherte allen Angeklagten am 27. 5. 1938 eine Amnestie, und Fritz Leist konnte ungehindert das Studium der Theologie, später auch der Philosophie und Tiefenpsychologie beenden.

Obwohl WG und Fritz Leist im Winter 1942/43 häufig in München zusammentrafen, hat sich der ältere Freund von dem Kreis der ›Weißen Rose‹ ganz bewußt ferngehalten. (vgl. dazu auch Leist, a.a.O., S. 194/195 u. S. 203–207; Petry, a.a.O., S. 102 u. S. 149.) Der Freund Emil Martin berichtet: »Fritz hielt das Unternehmen ›Weiße Rose‹ für politisch unreif, aussichtslos, für ein Stoßtruppunternehmen ohne jede Chance. Jedenfalls für etwas, das er für seine Person und jene, für die er sich verantwortlich fühlte (und zu diesen gehörte ich auch), als ›sinnlos‹ ansah. [. . .] Fritz wußte natürlich auch, daß auf einer anderen Ebene als der des politischen Erfolges die Frage nach dem Sinn neu und anders gestellt wird. Aber das war für ihn eine Ebene, über die man nicht verfügen konnte. Er hielt es für sich und seine Gruppe für politisch ›sinnvoller‹, das Chaos zu überleben und dann für einen neuen Anfang geistig gerüstet zu sein.« (an Anneliese Knoop-Graf, 13. 6. 1984; s. TB 4. 12. 1942, Anm. 1.) Wie sehr WG unter dieser Einstellung gelitten hat, zeigt ein

Brief seines Freundes Walter Kastner an Anneliese Knoop-Graf: »Die freie Entscheidung entsprach in jedem Fall der gemeinsamen Haltung. [...] Aber gerade dieses unterschiedliche Ergebnis der Entscheidung war für Willi eine schwere Last. Für ihn war ja diese Entscheidung nicht aus einer plötzlichen Emotion entsprungen, sie lag seit langem in der Luft, umso schmerzlicher aber dann für ihn die Erfahrung, die Entscheidung in ihrer vollen Tragweite wirklich ganz allein, zurückgeworfen auf die einsame Stimme des Gewissens, ohne schützende Refugien tragen zu müssen.« (18. 5. 1986)
Fritz Leist war während der sechs letzten Kriegsmonate gemeinsam mit Emil Martin in einer Alpenhütte bei Lenggries untergetaucht. (s. TB 8. 12. 1942, Anm. 5.) Von 1952 bis zu seinem Tode lebte er als Professor für Philosophie und Religionsphilosophie in München.

3 *Willi Schwarz:* Vermutlich ein Freund aus der Saarbrücker ND-Gruppe; Näheres nicht ermittelt.

4 *Jüngers »Gärten und Straßen«:* Ernst Jünger (geb. 1895), ›Gärten und Straßen‹, Berlin 1942. (s. auch TB 17. 11. 1942.) WG war, wie vor allem aus Briefen des Jahres 1941 hervorgeht, von Jüngers Schriften stark beeindruckt: »In Jüngers ›Abenteuerlichem Herz‹ [›Das abenteuerliche Herz; Figuren und Capriccios‹, Hamburg 1938] las ich manch beachtliche Dinge. Ich will Dir das Buch mal schicken, wenn ich es hier nicht mehr gebrauchen kann. Du wirst wohl inzwischen die ›Marmorklippen‹ [›Auf den Marmorklippen‹, Hamburg 1939] gelesen haben, ein ganz tolles Buch, wie selten etwas.« (an Marita Herfeldt, 25. 3. 1941), und: »Ich las fast alles von Ernst Jünger, soweit es hier [in Polen] zu erreichen war«. (an Günther Schmich, 29. 5. 1941.)

16. 11. 1942

1 *Hein:* Der aus dem Saargebiet stammende Freund Hein Jacobs (geb. 1917, 1944 in Rußland vermißt), war einer der nächsten und wichtigsten Freunde WGs. Sie kannten sich vom Schülerorchester und der ND-Gruppe her und studierten von 1937 bis zum Ausbruch des Krieges zusammen in Bonn. Hein Jacobs war zum Zeitpunkt des Wiedersehens mit WG als Soldat der Luftwaffe zur Weiterführung seines Medizinstudiums nach Bonn abkommandiert. Bei späteren Begegnungen versuchte WG vergeblich, den Freund für die Widerstandsaktionen zu gewinnen. (s. TB 23. 12. 1942, Text und Anm. 2, TB 3. 1. 1943, TB 21. 1. 1943, Text und Anm. 2.) Heins Ablehnung minderte jedoch die Freundschaft nicht, die WG für ihn empfand. Im Abschiedsbrief (s. S. 200) ließ er neben Fritz Leist auch Hein Jacobs ausdrücklich grüßen.

2 *am Botanischen Garten:* In Bonn, Am Botanischen Garten 2, hatte WG zu Beginn seines Studiums, vom November 1937 bis Ende September 1939, bei den Geschwistern seiner Mutter, Franz (1875–1961) und Mathilde Gölden (1870 bis 1957) gewohnt. Dort war er dann auch am 22. 11. 1938 durch die Gestapo verhaftet worden.

3 *Marita:* Marita Herfeldt, später verh. Jacobs (geb. 1915), studierte 1938 in Bonn Slawistik und Kunstgeschichte und lernte hier – in einem Kreis ehemaliger Bündischer – WG und dessen Freund Hein Jacobs, ihren späteren Mann, kennen. WG und Marita Herfeldt standen in intensivem Briefwechsel und sahen sich zuletzt am 21. 1. 1943, als WG nach Bonn kam, um dort Verbündete für die Flugblattaktionen zu gewinnen; Marita wurde in diese Überlegungen jedoch nicht eingeweiht. (s. TB 21. 1. 1943, Anm. 4.) Marita Jacobs-Herfeldt lebt in Andernach.

17. 11. 1942

1 *die alte Bonner Zeit:* Die Studienzeit von November 1937 bis Ende September 1939.

2 *Kabi:* Bündischer Name für den 1917 geborenen Karl Bisa, der zunächst dem ›Quickborn‹, dann ›Neudeutschland‹, der ›Sturmschar‹ und später dem ›Grauen Orden‹ angehörte. Die seit 1935 bestehende Freundschaft zwischen WG und Karl Bisa vertiefte sich während der gemeinsamen Studienzeit in Bonn.
In Bisas Bonner Wohnung, Luisenstraße 9, versammelten sich regelmäßig versprengte Bündische, die neben literarischen und religiösen Fragen auch die Notwendigkeit des politischen Widerstandes erörterten. Als ›Plattform‹ für konspirative Begegnungen bot sich neben dem Bonner Fechtboden auch die Madrigalvereinigung sowie der Verband des DRK an, dessen Einsatzleiter Kabi war und dem WG seit Herbst 1938 angehörte. Getarnt durch die Rote-Kreuz-Uniform, fuhr Bisa gemeinsam mit WG verschiedentlich zu illegalen bündischen Treffs. Diese und ähnliche Aktivitäten brachten Bisa später den Verdacht subversiver staatsfeindlicher Betätigungen sowie mehrere Verwarnungen und Gestapo-Verhöre ein. (Karl Bisa an Anneliese Knoop-Graf, 4.9. und 15.11. 1984.)
Von 1939 an war Karl Bisa Soldat und wurde zwischendurch zum Weiterstudium beurlaubt. Anläßlich seiner Reise ins Rheinland suchte WG am 21.1.1943 den Freund in Bonn in der Absicht auf, ihn in die geplanten Aktionen einzubeziehen. (s. TB 21.1.1943, Anm. 5.)
Karl Bisa ist Facharzt für innere Krankheiten; er lebt in Schmallenberg/Hochsauerland.
3 *Gypkens:* Karl (1876–1951) und Gertrud (1872–1945) Gypkens, geborene Gölden; Verwandte mütterlicherseits.
4 *Ikone:* Eine aus Rußland mitgebrachte ›Kasanskaja‹. (s. WG an Marita Herfeldt, 2.2.1943, S. 182.)

18.11.1942

1 *Clemens-August-Straße:* Dort, im Elternhaus der Mutter, wohnte WGs Vetter Karl Gypkens (geb. 1911) mit seiner Familie; Karl Heinz war das mittlere seiner drei Kinder.

19.11.1942

1 *Ehrenfeld:* Stadtteil von Köln.
2 *Gogols liturgische Betrachtungen:* Nikolai Gogol (1809–1852), ›Betrachtungen über die göttliche Liturgie‹ in: ›Ausgewählte Stellen aus dem Briefwechsel mit Freunden‹, deutsche Ausgabe 1867.
3 *Ruinen:* Die schweren Luftangriffe seit dem 31.5.1942 hatten die Kölner Innenstadt in ein Trümmerfeld verwandelt.
4 *Adolf Lossen:* Der Mediziner Adolf Lossen (geb. 1917) gehörte zu dem Bonner Freundes- und Fechtkreis. WG erklärte im Verhör vom 2.3.1943, während seines Aufenthalts in Bonn am 21.1.1943 kurz mit Dr. Adolf Lossen über »persönliche Dinge« gesprochen zu haben. Hinweise auf diese Begegnung finden sich im Tagebuch jedoch nicht. Möglicherweise wurde WG durch einen bei der Haussuchung am 19.2.1943 beschlagnahmten Brief Adolf Lossens zu dieser Aussage bewogen. Näheres hierzu war nicht zu ermitteln, da Adolf Lossen – lt. Mitt. Marita Jacobs-Herfeldt – vermutlich ausgewandert ist.

21.11.1942

1 *Tante Elisabeth:* Elisabeth Gölden (1907–1971), die Schwägerin der Mutter.

22.11.1942

1 *Werner Detemple:* Jugendfreund aus Saarbrücken.

24.11.1942

1 *Heinz:* Der 1920 geborene Heinz Ernst gehörte zunächst zu WGs ND-

Fähnlein und schloß sich 1934 auf seine Veranlassung hin dem ›Grauen Orden‹ an, als dessen Mitglied er 1938 vor dem Sondergericht Mannheim angeklagt wurde. Heinz Ernst fiel in Rußland.

2 *Fr.:* Fritz Leist.

3 *was nun werden wird:* Wenngleich diese Stelle ein Indiz für gemeinsames politisches Planen sein könnte, muß sie – nach übereinstimmender Meinung von Zeitzeugen – eher im Zusammenhang mit Leists persönlicher Situation gesehen werden: Leist, der nach seiner Grundausbildung bei der Wehrmacht infolge eines psychischen Zusammenbruchs im April 1942 als wehruntauglich entlassen und im Juni 1942 a.v. (arbeitsverwendungsfähig) geschrieben worden war, befand sich in gesundheitlich schlechter Verfassung. (Hermann Krings an Anneliese Knoop-Graf, 24. 5. 1983.)

4 *über das Gebet:* Dem entsprechen WGs Ausführungen in seinem am 8. 3. 1943 auf Verlangen der Gestapo geschriebenen Lebenslauf, wonach sich sein Interesse für »religiöse und literarische Fragen [. . .] im Kreise gleichgesinnter Kameraden noch vertiefte«.

25. 11. 1942

1 *Willi Reiter:* Der 1917 geborene Freund aus der Saarbrücker ND-Gruppe hat später über den Verlauf dieses Gesprächs berichtet: »Ich kannte Willi als ruhigen, zurückhaltenden Freund; deshalb war ich sehr erstaunt und erschreckt über die Offenheit, mit welcher er den Krieg, das sinnlose Sterben und die damaligen Machthaber verurteilte. Er meinte, daß endlich etwas dagegen getan werden müßte und sprach von gleichgesinnten Freunden mit eben diesen Zielen. Da ich mir der Gefahr bewußt war, in der er stand, riet ich ihm eindringlich zur Vorsicht.« (an Anneliese Knoop-Graf, 2. 10. 1984.)

2 *Walter:* Walter Gombert, zeitweise ›Gaugraf‹ im ND, war WGs Gruppenführer gewesen.

3 *Hans Regel:* ein Freund aus dem Saarbrücker ND-Fähnlein, etwa 1920 geboren.

Über eine Begegnung mit Hans Regel notierte WG am 20. 4. 1942: »Nach Mittag kommt Hans wieder, wir machen einen Spaziergang, kommen langsam ins Gespräch. In der Sonne sitzen wir am Kaninchenberg [bei Saarbrücken]. Unklarheit überall, viel läßt sich wieder nicht sagen. Vielleicht aber einige Hinweise.«

Näheres über Hans Regel und seine Beziehung zu WG ließ sich nicht ermitteln.

4 *Brink: Don Quichotte:* Michael Brink (1914–1947), alias Emil Piepke, war Jugendführer beim Bund ›Neudeutschland‹ und seit 1937 als Schriftsteller tätig. Sein 1942 in Heidelberg erschienenes Buch: ›Don Quichotte, Bild und Wirklichkeit‹ wurde in oppositionellen Kreisen der jungen Generation viel gelesen und diskutiert. Sein ›Ruf zum Glauben‹ – wie Brink selber sein Buch charakterisierte – galt als Aufruf, dem herrschenden Regime aktiv entgegenzutreten: »Laßt uns Hand ans Werk legen, denn Zaudern bringt Gefahr. [. . .] Es ist mein Amt und Beruf, in der Welt umherzuziehen und alles Krumme gerade und jegliches Unrecht wieder gutzumachen. [. . .] Das Angreifen hat seine Zeit und das Zurückweichen, manchmal muß man sich für eine bessere Gelegenheit aufsparen. Doch jetzt gilt es zu bekennen oder zu sterben, tertium non datur.« (S. 59–60)

WG war 1938 mit Michael Brink anläßlich einer Dichterlesung in der Wohnung Karl Bisas zusammengetroffen. Es bestand damals – so Bisa 1984 – Übereinstimmung, »Aktivitäten gegen das Regime zu entfachen«.

Brink hatte – wie er später berichtete – um 1942 Kontakte zu dem ebenfalls ›Neudeutschland‹ angehörenden Pater Alfred Delp S. J. (1907–1945) sowie zu anderen Mitgliedern des ›Kreisauer Kreises‹. Er bemühte sich, ein Treffen zwi-

schen Alfred Delp und Kurt Huber zu arrangieren: »Unvergeßlich wird mir die letzte Begegnung mit Professor Huber bleiben, das mehrfach wiederholte Wort, daß dennoch ein Zeichen gegeben werden müsse. Er gab dieses Zeichen und gab es wenige Monate später noch einmal mit seinem mannhaften Tode. Durch die verhängnisvolle Verzögerung einer Begegnung von Prof. Huber mit Alfred Delp wurde die Aktion zu einem Zeitpunkt ausgelöst, in dem sie ohne größere politische Auswirkung bleiben und in so blutiger Weise enden mußte.« (Michael Brink, ›Revolutio Humana‹, Heidelberg 1946, S. 79.) Ob Brink über Kurt Huber von den Aktivitäten der ›Weißen Rose‹ erfahren hat, bleibt ungewiß.
Brink kam 1944 in das Konzentrationslager Ravensbrück, später nach Sachsenhausen; er überlebte das Kriegsende, starb aber 1947 an den Folgen von Kriegs- und Haftschäden.

26. 11. 1942

1 *Ernst Scheib:* Der 1918 geborene Schulkamerad WGs gehörte in den 30er Jahren einer den Ordensrittern nacheifernden evangelischen Bündischen Jugendgruppe, den ›Kolonialpfadfindern‹ an. Wie er am 1. 4. 1987 berichtete, traf er als Medizinstudent WG in der Münchener Studentenkompanie wieder und wurde mit ihm im Sommer 1942 zur Ostfamulatur abkommandiert, jedoch einem anderen Feldlazarett zugeteilt.
Ernst Scheib ist Nervenarzt und lebt heute in Füssen.

27. 11. 1942

1 *die Bekannten:* Wahrscheinlich sind Hans Scholl, Alexander Schmorell und Hubert Furtwängler gemeint.
2 *Walter:* Der 1917 geborene Walter Kastner, mit dem zusammen WG 1938 in Bonn studierte, kam aus einer Münchener ND-Gruppe und gehörte bereits seit 1936 zum Freundeskreis um die ›Siegfriedstraße‹.
Soweit sich heute feststellen läßt, war Walter Kastner der einzige aus dieser Gruppe, der direkte Kontakte zu mehreren Mitgliedern der ›Weißen Rose‹ hatte: Er war zeitweise Klassenkamerad von Alexander Schmorell, gehörte der Studentenkompanie an, lernte durch WG die Geschwister Scholl kennen und nahm an einer Zusammenkunft im Eikkemeyerschen Atelier teil. (vgl. TB 8. 1. 1942, Anm. 3.)
Walter Kastner, der in München mit WG fast täglich zusammentraf, jedoch nicht in die Widerstandsaktionen eingeweiht war, hat Erinnerungen aus dieser Zeit festgehalten: »Ende 1942 in der Straßenbahn, also in aller Öffentlichkeit, ein paar russische Frauen, Zwangsarbeiterinnen, unverkennbar an ihren Kopftüchern und den Filzstiefeln, steigen zu. Willi fängt sofort an, sich auf russisch mit ihnen zu unterhalten. Es war nicht ungewöhnlich, diesen Menschen heimlich ein Stück Brot oder einen freundlichen Blick zu geben. Aber daß ein deutscher Soldat in Uniform auf russisch sich mit ihnen unterhielt, dazu gehörte schon Mut.« (Walter Kastner an Anneliese Knoop-Graf, 4. 12. 1984.)
Walter Kastner ist Kinderarzt und lebt in Sonthofen.

28. 11. 1942

1 *wird es wohnlich:* »Das Zimmer, in dem ich wohne, gefällt mir ganz ausgezeichnet. Ich erzählte wohl schon, daß es gleich an den Englischen Garten anschließt. Wenn ich morgens aus dem Fenster schaue, kann ich mitten in ihn hineinblicken und sehe den Schnee auf dem weiten Rasen, die Bäume voller Reif und gefrorenen Schneekristallen. Völlig ungestört kann ich hier sitzen. Ein kleiner Junge von zweieinhalb Jahren ist in der Wohnung, und mit Peterle [Berrsche] spiele ich oft, wir raufen uns, er läßt sich fangen und bestaunt meine Stiefel, wenn ich Uniform trage. Hier kann ich es aushalten und mich wohlfühlen!« (WG an Marita Herfeldt, 4. 12. 1942.)

29. 11. 1942

1 *Alfred Korzilius:* ein durch Kriegseinwirkung querschnittgelähmter Freund aus WGs ND-Gruppe.
2 *Jaspers-Vorlesung:* Die in der Sammlung Göschen als Nr. 1000 (de Gruyter, Berlin 1931) erschienene Vorlesung ›Die geistige Situation der Zeit‹ des 1937 mit Lehrverbot belegten Heidelberger Professors Karl Jaspers (1883–1969) wurde – wie sich Günther Schmich erinnert – im Kreise der illegalen katholischen Jugendgruppen gelesen und diskutiert.
3 *Christl:* Christoph Probst. Christl wurde am 6. 11. 1919 als Sohn eines Sanskritforschers und Privatgelehrten in Murnau geboren. Da die zweite Frau seines Vaters, in dessen Haus Christoph und seine 1½ Jahre ältere Schwester Angelika nach der frühen Scheidung der Eltern zeitweise lebten, Jüdin war, erfuhren die Heranwachsenden den Nationalsozialismus vom Tag der Hitlerschen Machtergreifung an als sehr konkrete Bedrohung; eine Erfahrung, die sich durch die Erziehung in privaten – Lietzschen Ideen verpflichteten – Landerziehungsheimen (Christoph war von 1933–1935 als Externer in Marquartstein, 1936/37 als Internatsschüler in Schondorf) zu grundsätzlicher Ablehnung des Regimes vertiefte. Seine Lehrer in Schondorf, wo er 1937 die Reifeprüfung ablegte, charakterisierten den Abiturienten als ungewöhnlich reifen, vornehmen, geistig lebendigen und kritisch urteilenden Schüler, dessen besondere Liebe und Begabung neben der Literatur vor allem den Naturwissenschaften, speziell der Astronomie, gegolten habe. Trotzdem – vielleicht aus dem immer wieder bezeugten Bedürfnis, zu helfen und zu heilen – begann Christoph, nachdem er den vorgeschriebenen Reichsarbeits- und Wehrdienst abgeleistet hatte, im Sommersemester 1939 Medizin zu studieren. Er konnte, als Angehöriger einer Studentenkompanie der Luftwaffe, dieses Studium auch nach Kriegsausbruch zunächst in München, später in Straßburg und Innsbruck fortsetzen. Mit einundzwanzig Jahren heiratete er Herta Dohrn, die Tochter Harald Dohrns, eines regimekritisch eingestellten Privatgelehrten, den die Nationalsozialisten wegen seiner Mitwirkung bei der ›Freiheitsaktion Bayern‹ am 25. 4. 1945 im Perlacher Forst zusammen mit seinem Schwager, Hans Quecke, erschossen.
Wann sich WG und Christoph Probst zum ersten Mal begegnet sind, geht aus dem Tagebuch nicht hervor. Es finden sich auch keine Hinweise darauf, daß sie, wie in einigen Publikationen – z. B. bei Verhoeven/Krebs und Jens – dargestellt, durch gemeinsames Fechten miteinander bekannt wurden. Wahrscheinlich war WG – seine Angaben vor der Gestapo am 26. 2. 1943 könnten stimmen – Christoph Probst im Juni oder Juli 1942 »gelegentlich eines Konzert- oder Theaterbesuchs durch Hans Scholl vorgestellt« worden. In der Folgezeit sind – wie WG im selben Verhör aussagte und wie er es auch in seinem Tagebuch verzeichnete – die beiden Angehörigen der ›Weißen Rose‹ wohl nur viermal im Beisein von Hans Scholl zusammengekommen. (ZPA, NJ 1704)
Daß über Christoph Probsts Anteil an den Flugblattaktionen so wenig bekannt und belegbar ist, dürfte vor allem auf das Bestreben der Freunde zurückzuführen sein, den Familienvater – Christoph Probst hatte drei Kinder – soweit wie irgend möglich aus den gefährlichen Aktionen herauszuhalten. Überdies war Probst im Dezember 1942 zu einer Innsbrucker Studenten-Kompanie versetzt worden und konnte nur noch besuchsweise nach München kommen. Doch hat er sich zweifellos an Entwürfen und Formulierungen der Texte beteiligt und hierbei »eine wichtige Rolle gespielt«. (s. Scholl, a.a.O., S. 34.)

Aktenkundig ist, daß die Gestapo bei Hans Scholl nach seiner Festnahme ein in unzählige kleine Schnitzel zerrissenes Textblatt fand. Es erwies sich, zusammengesetzt, als ein Manuskript von Christoph Probst, das, wie es in der Begründung des Todesurteils durch Roland Freisler hieß, »den Heldenkampf in Stalingrad zum Anlaß nimmt, den Führer als militärischen Hochstapler zu beschimpfen, in feigem Defaitismus zu machen, und das dann, in Aufrufform übergehend, zum Handeln im Sinne einer, wie er [Probst] vorgibt, ehrenvollen Kapitulation unter Stellungnahme gegen den Nationalsozialismus auffordert«. (ZPA, NJ 1704) Diesen Aufruf mußte Christoph Probst mit seinem Leben bezahlen. Er wurde am 19. 2. 1943 festgenommen, als er sich den Urlaubsschein für einen Besuch bei seiner mit Kindbettfieber zu Hause liegenden Frau abholen wollte. Im Angesicht des Todes ließ er – dessen späte Briefe von einer mehr und mehr dominierenden christlichen Gläubigkeit zeugen – sich katholisch taufen. Er starb gemeinsam mit Hans und Sophie Scholl am 22. 2. 1943 in München-Stadelheim.

30. 11. 1942

1 *für das Weihnachtssingen:* Zum Konzert des Bach-Vereins-Chors am 20. 12. 1942 im Bayerischen Hof. (s. auch an Marita Herfeldt, 8. 12. 1942, S. 177.)

2.12.1942

1 *Gespräche über den Aufbau:* Diese Eintragung ist von besonderem Gewicht, da WG sich hier zum ersten Mal eindeutig über seine Teilnahme an den Vorbereitungen der Widerstandsaktivitäten äußert. (vgl. Vorwort, S. 29.)
Mit hoher Wahrscheinlichkeit wurden bei diesem Gespräch, an dem vermutlich auch Sophie Scholl und Alexander Schmorell teilgenommen haben, die Widerstandspläne zusammenhängend beraten und weiter entwickelt – bis hin zu dem gemeinsamen Entschluß, den Kreis der potentiellen Helfer zu erweitern. Dies läßt sich aus dem Verlauf der Aktivitäten folgern und findet sich bestätigt durch die Bemerkung Hans Scholls in einem Brief vom 6. 12. 1942 an Otl Aicher: »[...] wenn nicht gegenwärtig dringendere Aufgaben vor der Tür stünden.« (Briefe, a.a.O., S. 110) und die Äußerung Alexander Schmorells vom 9. 12. 1942 in einem Brief an die in Gshatsk gewonnene russische Freundin Nelly: »Ich würde es hier nicht mehr aushalten, hätte ich hier nicht einige Verpflichtungen. Nur diese geben mir das moralische Recht, hier zu bleiben.« Auch in WGs Brief vom 21. 12. 1942 an Günther Schmich findet sich eine Anspielung auf »wichtigere Dinge«. (s. S.179)
Bei seiner Vernehmung vom 26. 2. 1943 sagte WG – im Zusammenhang mit der Frage nach seiner Bekanntschaft mit Christoph Probst – aus, nur an diesem – von ihm auf Mitte Dezember datierten – Abend länger mit Probst »in der Wohnung Scholl« zusammen gewesen zu sein, sich jedoch an das »Unterhaltungsthema« nicht mehr erinnern zu können. (ZPA, NJ 1704)

3. 12. 1942

1 *Huber:* Dr. phil. habil. Kurt Huber, geboren am 24. 10. 1893 in Chur (Schweiz), außerordentlicher Professor an der Universität München, Lehrbeauftragter für experimentelle und angewandte Psychologie sowie für Ton- und Musikpsychologie und Volksliedkunde. Huber las im Sommersemester 1942: ›Leibniz und seine Zeit‹, ›Ton- und Musikpsychologie‹, ›Heidegger: Vom Wesen des Grundes‹ und ›Das deutsche Volkslied‹; im Wintersemester 1942/43: ›Systematische Einführung in die Philosophie‹, ›Psychologisches Praktikum: Sprache und Charakter‹, ›Übungen zur Logistik‹ und ›Die deutsche Volksballade‹. In Hubers Vorlesungen und Lehrveranstaltungen trafen sich vor allem regimekritische Studenten aller Fakultäten, so auch WGs Freunde aus dem Kreis der ›Siegfriedstraße‹, die schon seit Beginn ihrer Studienzeit Hubers Kollegs besuchten und persönlichen Kontakt zu ihm hatten.

Viele Hörer bezeugen noch heute die Faszination dieser – trotz einer Sprechbehinderung des Vortragenden ungemein witzig und spannend dargebotenen – Kollegs, deren Reiz durch Hubers schier unbegrenzte Einfälle subversiver Anspielungen und Pointen noch erhöht wurde.

Kurt Huber traf mit den Geschwistern Scholl und einigen ihrer Freunde zum ersten Mal am 3.6.1942 – anläßlich eines von Otmar Hammerstein (TB 7.12. 1942, Anm. 3) arrangierten Leseabends des Schriftstellers Sigismund von Radecki – im Hause von Frau Gertrud Mertens (TB 19.12.1942, Anm. 2) zusammen, einer Veranstaltung, »zu der eine Anzahl (etwa 20) junge Mediziner und Studentinnen und einige Ältere aus ihrem Bekanntenkreis« geladen waren. (Petry, a.a.O., S. 184) Unter den Anwesenden befanden sich auch Christoph Probst, Alexander Schmorell, Hubert Furtwängler und Wolf Jaeger (geb. 1917, später – bis 1986 – Ophthalmologe an der Universität Heidelberg) sowie der Verleger Dr. Heinrich Ellermann und ein Freund Professor Hubers, der Musikwissenschaftler Thrasybulos Georgiades (1907–1970) mit seiner Frau, der Cembalistin Anna Barbara Speckner (geb. 1902). Zeitzeugen berichten, daß es im Anschluß an die Lesung zu einer heftigen Diskussion über grundsätzliche Fragen des Widerstandes gekommen sei, wobei Kurt Huber mit »ungewöhnlich exaltiert klingender Stimme« gesagt habe: »Man muß etwas tun, und zwar heute noch.« (Mitt. Wolf Jaeger in: Petry, a.a.O., S. 42.) Im Gegensatz hierzu hatte Kurt Huber im Verhör vom 4.3.1943 ausgesagt, »politische Themen [seien] an diesem Abend nicht berührt [worden].« (ZPA, NJ 1704)

WG, der an der Veranstaltung nicht teilnahm, hat Kurt Huber wahrscheinlich erst im Zusammenhang mit den Aktivitäten der ›Weißen Rose‹ näher kennengelernt.

Bis zur Abreise der Studentenkompanie nach Rußland intensivierten sich die Beziehungen, Huber wurde zum älteren Freund und Mentor des Kreises, dem er – vor allem durch seine emphatische Kompromißlosigkeit bei Diskussionen um Glanz und Elend der deutschen Nation – Denkanstöße gab, ohne jedoch in die gleichzeitig laufenden Flugblattaktionen der ›Weißen Rose‹ eingeweiht zu sein; erst im Dezember 1942 dürfte er erfahren haben, wer die Verfasser waren. In dieser Zeit begann auch die Diskussion um Sinn und Ziel der Aktionen, in deren Verlauf der Professor den Studenten seine Unterstützung zusagte. Für WG waren diese im TB festgehaltenen Begegnungen von großer Bedeutung.

Huber korrigierte den 5. Aufruf ›An alle Deutschen‹ im Entwurf; das letzte Flugblatt ›Kommilitoninnen, Kommilitonen!‹ wurde – unter dem Eindruck der Katastrophe von Stalingrad und beleidigender Parteimaßnahmen gegenüber Angehörigen der Universität – von ihm allein verfaßt. Hans Scholl strich vor der Vervielfältigung lediglich einen Absatz, der die Studenten zur »vollkommenen Unterstellung« unter die deutsche Wehrmacht aufrief, deren »großartige Leistungen« durch Hitler und die Partei in unverantwortlicher Weise mißbraucht worden seien. Diese, Hubers politische Einstellung – nach seinen eigenen Worten – »besonders kennzeichnenden Stellen« stießen bei den Studenten auf entschiedenen Widerspruch.

Kurt Huber wurde neun Tage nach der Verteilung des von ihm verantworteten Flugblatts, am 27.2.1943, verhaftet, in der Verhandlung vor dem ›Volksgerichtshof‹ am 19.4.1943 zum Tode verurteilt und am 13.7.1943, gemeinsam mit Alexander Schmorell, hingerichtet.

2 *Wendling-Quartett:* Das 1911 von dem

Konzertmeister der Stuttgarter Oper Carl Wendling (1875–1962) gegründete und bis 1945 bestehende Streichquartett.
3 *Haydn-Streichquartett Nr. 2, C-Dur:* Nicht mehr feststellbar. Denkbar wären: op. 3, No 2; op. 20, No 2; op. 50, No 2; op. 54, No 2.
4 *Reger-Quartett: a-Moll:* Max Reger (1873–1916), Klavierquartett a-Moll, op. 133.
5 *Dvorak-Quartett As-Dur:* Antonin Dvořák (1814–1904), Quartett As-Dur, opus 105.

4. 12. 1942

1 *einige wichtige Dinge:* Mit großer Wahrscheinlichkeit hat WG in dieser Unterredung Fritz Leist die zwei Tage zuvor gefaßten Pläne der ›Weißen Rose‹ anvertraut. Ob er ihn jedoch expressis verbis zur Mitarbeit aufforderte, ist nicht zu klären. Immerhin kann Leists Nachruf auf WG entnommen werden, daß er eingeweiht war, wie anders wäre sonst der Passus zu erklären, sein eigenes und das Überleben mancher Freunde sei Willi Grafs Schweigen zu verdanken. (›Zum Gedenken‹, a.a.O., S. 1.)
Eine ähnliche Aussage enthält der Brief Fritz Leists an den späteren Oberforstrat Hans Jörg Oeschger (geb. 1908): »[...] Hätte ich nicht die Erfahrungen der Stapo hinter mir gehabt, so wäre mir auch das gleiche Schicksal beschieden gewesen, das Nurmi [d. i. WG] erlitten hat. [...] Ich habe nicht gewußt, daß Nurmi in diese studentischen Versuche verwickelt war, die Professor Huber leitete. Ich kannte Huber sehr gut. Und dann brach unerwartet über Nurmi die Katastrophe herein. Ich weiß heute, daß es nicht einfach politische Torheit war, die ihn dazu getrieben hat. Er wollte mit den andern ein Zeichen setzen, und er wußte schon lange vorher, daß sein Leben verwirkt war. Obwohl ich wenig mehr wußte als andere, die jahrelang ins Zuchthaus gingen, so wäre mir wohl ein ähnliches Schicksal beschieden gewesen, hätte das Schweigen von Nurmi mich nicht davor bewahrt.« (20. 1. 1946)
WGs Freund Emil Martin hat diese Darstellung 40 Jahre später auf Befragen konkretisiert: »Ich glaube kaum, daß Willi im Gespräch mit Fritz zuerst den ganzen Plan offen auf den Tisch legte und Fritz dann erklärte, warum er dabei nicht mitmachen könne oder wolle. So lief das damals auch unter guten Freunden nicht ohne weiteres. Meine Vermutung geht eher dahin, daß Willi das Thema langsam deutlicher werdend umkreiste, aber schon bald erkennen mußte, daß Fritz generell ablehnend war und sich auf die Sache nicht einlassen wollte. Diese Gesprächsform war kein Ausdruck von Angst oder mangelndem Vertrauen, sondern war eine gegenseitige Schutzmaßnahme. Je weniger Kenntnisse der Partner im Detail hatte, um so weniger konnte er im Falle eines Verhörs aus sich herauspressen lassen. Willis Schweigen, dem Fritz nach eigener Aussage sein und mancher Freunde Leben verdankt, muß kein Verschweigen der Mitwisserschaft und Konspiration gewesen sein. Es genügte schon, den Namen Fritz Leist zu nennen, um ihn und andere in die Verhörmühle zu ziehen, denn bei der Stapo gab es über Fritz Leist einen einschlägigen Akt; er galt immer noch als führender Kopf einer antinazistischen Gruppe.« (15. 10. 1986)

5. 12. 1942

1 *Dostojewsky: Helle Nächte:* Fjodor Michailowitsch Dostojewski: ›Helle Nächte. Ein empfindsamer Roman. Aus den Erinnerungen eines Träumers‹, 1848.
2 *es paßt eben alles zusammen:* Dieser Eintrag bestätigt, daß WG vorhatte, während des Urlaubs Freunde aus der Bündischen Jugend für die Flugblattaktionen zu gewinnen. (s. Vorwort, S. 33.)
3 *ob man es verantworten könne:* Neben Andeutungen vom 30. 12. 1942, 2. 1. und 5. 1. 1943 ist dies die einzige Stelle, die

Aufschluß gibt über Gesprächsinhalte zu Grundsatzfragen des Widerstandes.

6. 12. 1942

1 *Messias-Aufführung:* Georg Friedrich Händels (1685–1759) Oratorium ›Messias‹ (1742) hinterließ bei WG einen nachhaltigen Eindruck: Es »paßte gut in den Geist dieser Tage, und das Erlebnis dieses Kunstwerkes, welches wirklich ein christliches Bekenntnis ist, nehme ich nun mit hinüber in die Weihnachtstage, die ich mit der Familie verleben darf«. (an Mariana Gölden, 21. 12. 1942. Vgl. an Marita Herfeldt, 8. 12. 1942, S. 177 und an Günther Schmich, 21. 12. 1942, S. 179). Noch in seinem letzten Brief am 12. 10. 1943 verwies WG seine Schwester Anneliese auf die tragende Arie dieses Oratoriums: »Ich weiß, daß mein Erlöser lebt.« (s. S. 200)
2 *Es ist sehr interessant mit diesen Bekannten:* Auch Hans Scholl berichtet am selben Tag von diesem gemeinsamen Konzertbesuch, an dem, nach Erinnerung Anneliese Knoop-Grafs, sie selber, WG, die Geschwister Scholl, Alexander Schmorell, Hubert Furtwängler und Regine Renner teilnahmen: »Ich habe hier einen Kreis Menschen um mich, an denen Du Deine Freude hättest.« (Briefe, a.a.O., S. 110.)
3 *Besemfelder:* Oscar Besemfelder (1893 bis 1965), ein vor allem in München bekannter Lautensänger, der alte Volkslieder neu interpretierte.
4 *Bayer. Hof:* Das Münchener Hotel ›Bayerischer Hof‹ besaß einen Konzertsaal, in dem vorwiegend Kammermusikveranstaltungen stattfanden.

7. 12. 1942

1 *Dostojewsky: Christbaum und Hochzeit:* Fjodor Michailowitsch Dostojewskis Novelle von 1848: ›Weihnacht und Hochzeit. Aus den Aufzeichnungen eines Unbekannten‹.
2 *Dostojewsky: Der ehrliche Dieb:* Fjodor Michailowitsch Dostojewskis Novelle von 1848: ›Ein ehrlicher Dieb. Aus den Aufzeichnungen eines Unbekannten‹.
3 *Stifter: Die 3 Schmiede ihres Schicksals:* ›Die drei Schmiede ihres Schicksals‹, Erzählung, 1844.
4 *Schütz-Motette:* Eine der 1648 komponierten fünf- bis siebenstimmigen Motetten von Heinrich Schütz (1585–1672).
5 *Otmar:* Der 1917 geborene Otmar Hammerstein, 1942 Medizinstudent in der Studentenkompanie der Luftwaffe, kam aus der Jugendbewegung (›Quickborn‹). Er gehörte dem Bach-Chor an, lernte durch Hubert Furtwängler, mit dem er in einem Streichquartett spielte, den Freundeskreis der ›Weißen Rose‹ kennen, nahm an einigen der im TB erwähnten Leseabenden (z. B. am 16. 7. 1942, 11. 1. und 4. 2. 1943) teil und wußte, daß Hans Scholl und Alexander Schmorell die Verfasser und Verbreiter der auch ihm bekannten Flugblätter waren. Da – wahrscheinlich aufgrund einer Notiz in Hans Scholls Adreßbuch – Hammersteins Verbindung zur ›Weißen Rose‹ bekannt geworden war, mußte er nach den Ereignissen des 18. 2. 1943 mit seiner Verhaftung rechnen. Er sprach Ende Februar andeutungsweise hierüber mit seinem Vorgesetzten, dem Chef der Inneren Abteilung des Luftwaffenlazaretts, der ihn unmittelbar darauf nach Amsterdam versetzte. Dort nahm Hammerstein Kontakt mit dem Widerstandskreis um den Bildhauer Gerrit van der Veen (geb. 1902, hingerichtet am 10. 6. 1944) auf, dem Mitbegründer der ›Persoonsbewijzencentrale‹ (PBC), einer Organisation, die sich auf die Beschaffung falscher Papiere für Untergetauchte und Widerstandskämpfer konzentrierte.
Im Mai 1943 wurde Hammerstein auf Veranlassung der Staatspolizei-Leitstelle München von der Gestapo Amsterdam vernommen, konnte sich aber – da ihm durch Hubert Furtwängler übermittelt worden war, was dieser und andere bei ihren Verhören zugegeben hatten – in

seinen Aussagen auf das beschränken, was die Gestapo inzwischen ohnehin wußte, so z. B. seine Teilnahme an Zusammenkünften im Atelier Eickemeyer. Im September 1944 ging Hammerstein in Amsterdam in den Untergrund. (Otmar Hammerstein an Anneliese Knoop-Graf, 23. 4., 30. 5. und 13. 6. 1986.)
Otmar Hammerstein lebt heute als Psychotherapeut in Amsterdam.

8. 12. 1942

1 *Vorlesung bei Bumke:* Das Studienbuch weist ›Psychiatrische u. Nervenklinik‹ aus. Prof. Dr. med. Oswald Bumke (1877–1950) war Ordinarius für Psychiatrie und Neurologie an der Universität München. WG schätzte ihn und nahm seine Schwester Anneliese gelegentlich mit in die Vorlesungen, die wegen ihrer brillanten Rhetorik auch Studenten anderer Fakultäten anzogen.
2 *zum pathologischen Kurs:* W. Scholz: ›Pathologische Anatomie und Histologie der Erkrankungen des Nervensystems, einstündig‹. (Vorlesungsverzeichnis der Universität München für das Wintersemester 1942/43.)
3 *Edwin Fischer:* Der Schweizer Pianist Edwin Fischer (1886–1960) mit seinem Kammerorchester.
4 *Bachs Tripel-Konzert (a-Moll):* Johann Sebastian Bach, Tripel-Konzert a-Moll, BWV 1044.
5 *Pergolese: Concertino f-Moll:* Giovanni Battista Pergolesi (1710–1736), Concertino f-Moll, gedruckt 1740.
6 *Mozart: Klavierkonzert Es-Dur:* Ob KV 271, 449 oder 482, ist nicht mehr festzustellen.
7 *Haydn: Sinfonie Nr. 7 C-Dur:* Joseph Haydn, Symphonie Nr. 7, C-Dur, 1761.
8 *Emil:* Der 1923 geborene Emil Martin kam aus dem ND, wohnte von Anfang 1942 bis zum Herbst 1944 in der ›Siegfriedstraße‹ und tauchte während der letzten Kriegsmonate 1945 gemeinsam mit Fritz Leist in der ›Drei-Burschen-Hütte‹ (s. TB 13. 2. 1943, Anm. 1) unter. (vgl. Emil Martin: ›Ein Text, der mir zu denken gibt. Erinnerungen an Wegscheid‹; in: ›Katechetische Blätter‹ Jg. 1978, H. 11, S. 874/875.)
WG hatte Martin 1939 durch Fritz Leist kennengelernt und traf ihn im April 1942 als Münchener Student der Philosophie, Psychologie und Geschichte wieder.
Emil Martin war von 1956–1986 Lektor eines Münchener Verlages. Er lebt heute in Weßling/Oberbayern.

9. 12. 1942

1 *seelenwissenschaftliche Übungen:* Die ›seelenwissenschaftlichen Übungsversuche‹ bei Professor Richard Pauli hatte WG bereits im Sommersemester 1942 belegt.
2 *Freimann:* Stadtteil im Norden Münchens.
3 *Martin:* Dr. Martin Luible.
4 *Mathilde:* Mathilde Luible, WGs Cousine.
5 *Rede des Abtes von Schäftlarn:* Da weder in dem schriftlichen Nachlaß von Dr. Sigisbert Mitterer (1891–1968), Abt von Schäftlarn 1929–1963, noch in der von ihm verfaßten Abtei-Chronik ein Hinweis auf die von WG erwähnte Rede zu finden ist, könnte es sich um den Nachdruck eines Artikels ›Alte Dogmen und neue Menschen‹ gehandelt haben, der in jener Nummer der ›Katholischen Münchner Kirchenzeitung‹ (Nr. 48, 1. 12. 1935) erschienen war, die die Münchener Polizeidirektion wegen »gehässiger Ausfälle gegen Staat und Bewegung« beschlagnahmt hatte.

11. 12. 1942

1 *Stifter: Der Waldsteg:* Adalbert Stifters 1845 in erster, 1850 in zweiter Fassung erschienene Erzählung ›Der Waldsteig‹.
2 *Tolstoi: Der Gefangene im Kaukasus:* Leo Tolstoi (1828–1910), Novelle aus den ›Sewastopoler Erzählungen‹, 1855/56, von Leo Tolstoi (1828–1910).

12. 12. 1942

1 *Hermann:* Der 1913 geborene Hermann Krings spielte als ›Gaugraf des Kaiser-Karl-Gaues‹ seiner Heimatstadt Aachen innerhalb des ND eine führende Rolle. WG lernte ihn im Winter 1936/37 bei einem Treffen auf der Breuburg im Odenwald kennen.
Krings studierte Philosophie, Geschichte und Moraltheologie und war – ehe er 1942 eingezogen wurde – am Philosophischen Seminar der Universität München als wissenschaftliche Hilfskraft tätig.
Wie Krings nach dem Kriege berichtete, hätten er und Leist bei einem Gespräch Ende Januar 1943 WG von Flugblattaktionen abgeraten: »Die meisten unseres Kreises hatten ihre Erfahrungen mit der Gestapo gemacht, und es schien uns, daß die Aktion der Flugblätter und Anschläge so gefährlich war, daß sie in keinem Verhältnis zu der möglichen Wirkung stand. Wir sprachen mit Willi darüber, und er blieb merkwürdig unbewegt. Es wurde uns nicht klar: Sah Willi die Gefahr nicht, oder unterschätzte er sie, oder wollte er davon nichts wissen. Daß unser Gespräch, soweit es als Warnung gedacht war, völlig erfolglos geblieben war, war uns ziemlich bewußt. Wir glaubten, so sprechen zu müssen, da wir den Freund in großer Gefahr sahen. [...] Ich will nun nicht sagen, daß Willi zur Zeit unseres Gespräches schon zu dem entschlossen gewesen war, was dann später eingetreten ist. Aber es ist zweifellos so, daß unsere Argumente für ihn keine ausschlaggebende Bedeutung mehr gehabt haben.« (Vielhaber u. a., a.a.O., S. 30.)
Hermann Krings, der im März 1943 vorübergehend Anneliese Grafs Zimmer in der Mandlstraße bezog, entdeckte unter ihrem Bett einen Vervielfältigungsapparat mitsamt der Matrize eines Flugblattes. Er nahm ihn nachts mit Freunden auseinander, verbrannte die Holzteile und warf den Rest in die Isar. Möglicherweise handelte es sich dabei um jenes Kopiergerät, nach dessen Verbleib die Behörden – wie der Anklageschrift zu entnehmen ist – vergeblich fahndeten. Auf Befragen berichtete Hermann Krings, WG hätte ihn zwar über seine Verbindung zu den Flugblattherstellern informiert, ihn jedoch weder in die Aktionen eingeweiht noch versucht, ihn zur Mitwirkung zu bewegen; diesbezügliche Feststellungen bei Verhoeven/Krebs, a.a.O., S. 49 und Landersdorfer, a.a.O., S. 871, träfen also nicht zu. Hermann Krings entging insistierenden Nachforschungen der Gestapo; auch WG wurde bei seiner Vernehmung am 27. 2. 1943 nur kurz über ihn befragt.
Hermann Krings, der später als Professor der Philosophie an den Universitäten Saarbrücken (1960–1968) und München (1968–1980) lehrte, lebt als Emeritus in München.

16. 12. 1942

1 *zwei psychologische Seminare:* Wahrscheinlich die schon am 9. 12. 1942 vermerkten ›Seelenwissenschaftlichen Übungsversuche‹ und das am gleichen Tag stattfindende ›Seelenwissenschaftliche Seminar für Fortgeschrittene‹ bei Prof. Dr. Richard Pauli. Möglich ist auch, daß WG an dem ›Psychologischen Praktikum für Fortgeschrittene: Sprache und Charakter‹ von Prof. Kurt Huber teilgenommen hat.
2 *Bruckners 6. Symph.:* Anton Bruckner (1824–1896), 6. Symphonie, 1879 bis 1881.
3 *Leygraf, Concertino für Klavier und Orchester:* Hans Leygraf, Concertino für Klavier und Orchester, 1939/40.
4 *Strauß, Till Eulenspiegel:* Richard Strauss (1864–1949), ›Till Eulenspiegels lustige Streiche. Nach alter Schelmenweise in Rondoform‹, opus 28, 1895.
5 *Geyer:* Der Ulmer Maler Wilhelm Geyer (1900–1986), ein Freund der Familie Scholl. Geyer wohnte während seiner Arbeit an einem Porträt Carl Muths im Januar 1943 häufig in Eickemeyers Atelier. (s. TB 11. 1. 1943, Anm. 1.) Er

wurde im dritten ›Weiße-Rose‹-Prozeß »wegen Verbrechens nach § 139 StGB« [Nichtanzeige von Straftaten] angeklagt, jedoch aus Mangel an Beweisen freigesprochen.

17. 12. 1942

1 *grausige Art:* Ob es nur die den Zuhörer verletzende »grausige Art« der Darstellung oder aber inhaltlich disqualifizierende Äußerungen über Homosexuelle waren, die sich während des Nationalsozialismus lebensbedrohenden Sanktionen ausgesetzt sahen, ist nicht mehr festzustellen.
2 *Frau Heller:* Wirtin von WGs früherer Wohnung in der Georgenstraße 15.
3 *Sehr interessantes Gespräch mit Huber:* Mit großer Wahrscheinlichkeit wurden bei diesem Gespräch die Konzeption der Flugblätter und Kurt Hubers Beitrag zu ihnen diskutiert. Diese Annahme erhärtet ein späterer Bericht Heinz Bollingers, demzufolge WG ihm Ende Dezember als einzigen Namen der Münchener Gruppe Kurt Huber genannt habe, dessen Kant-Vorlesung Bollinger im Wintersemester 1939 besucht hatte. (Vgl. Vielhaber u. a., a.a.O., S. 29.)
Hubers Aussagen im Verhör vom 28. 2. 1943 stimmen mit WGs Notizen insofern nicht überein, als der Professor der Gestapo gegenüber angab, Hans Scholl habe ihm »kurz vor Weihnachten« gelegentlich einer Zusammenkunft in der Universität erzählt, »daß er der Verfasser und Verbreiter der Hetzschrift ›Die Weiße Rose‹« sei; erst nach einer weiteren »Besprechung« in seinem Gräfelfinger Haus (s. auch TB 9. 1. 1943, Anm. 1) habe er seinerseits Scholl in der Franz-Joseph-Straße besucht. Bei dieser »Aussprache«, die von Huber also auf einen Termin nach dem 9. 1. 1943 verlegt wird, hätten sie über »die Normen für den Aufbau einer neuen Staatsform« diskutiert. Er – Huber – sei »mit der Ausgabe von Flugblättern [. . .] prinzipiell einverstanden« gewesen, da er gefunden habe, »daß man sich nur auf diese Weise durchsetzen und Gehör verschaffen könne«; an der »technischen Durchführung« der Flugblattaktionen sollte er jedoch »grundsätzlich nicht beteiligt werden«. (ZPA, NJ 1704) WGs Namen wird in diesem Zusammenhang nicht genannt. Doch ist zu vermuten, daß der von Kurt Huber auf Januar 1943 datierte Besuch in der Schollschen Wohnung mit dem hier im TB erwähnten identisch ist, auch wenn WG im Verhör vom 27. 2. 1943 den Inhalt des Gesprächs wesentlich harmloser darstellte: »Ich kann mich erinnern, daß Prof. Huber im Dezember 1942 an einem Nachmittag von Scholl und seiner Schwester zum Tee eingeladen war. [. . .] Meiner Schätzung nach hielt sich Prof. Huber 1½ bis 2 Stunden bei den Geschwistern Scholl auf. Wer außerdem noch anwesend war, weiß ich nicht mehr. Ich kann mich erinnern, daß er (Huber) von seinen Kindern erzählt hat. Welche andern Gebiete bei dieser Unterhaltung berührt wurden, vermag ich heute nicht mehr anzugeben, insbesondere weiß ich auch nicht mehr, ob über politische Themen gesprochen wurde.« (ZPA, NJ 1704) Ob Kurt Huber – wie Petry (a.a.O., S. 88) aus WGs Notiz folgert – sich schon bei dieser Zusammenkunft bereit erklärt hat, »an der Herausgabe von Flugblättern mitzuwirken«, bleibt offen.

18. 12. 1942

1 *Tolstoi: Die beiden Alten:* Die 1885 publizierte Erzählung von Leo Tolstoi (1828–1910).

19. 12. 1942

1 *Probe im Bayer. Hof:* für das am nächsten Tag stattfindende Konzert des Bach-Chors.
2 *Im Hause Dr. Mertens:* Im Hause des Schriftleiters der ›Münchener Medizinischen Wochenschrift‹, Prof. Dr. med. Viktor Emmanuel Mertens (1875–1974),

Schönfeldstraße, veranstaltete seine als Pianistin und Sängerin ausgebildete Frau Gertrud (1883–1973) häufig Hauskonzerte und literarisch-gesellschaftliche Zusammenkünfte, an denen Ärzte, Musiker, Schauspieler, Gelehrte und Schriftsteller teilnahmen. Frau Mertens stand dem Kreis um Theodor Haecker und Carl Muth nahe; Professor Mertens galt als dezidierter Gegner des Hitlerregimes.
Otmar Hammerstein, der in engem Kontakt mit dem Hause Mertens stand, hatte seine Freunde und einige ältere Bekannte wie Konrad Lechner (vgl. TB 18. 1. 1943, Anm. 2) und Dr. Heinrich Ellermann, der Christoph Probsts Lehrer im Landerziehungsheim Marquartstein gewesen war, mehrfach zu diesen Abenden eingeladen.
WG wurde im Verhör vom 1. 3. 1943 gefragt, »in welchem Verhältnis« er zu Prof. Mertens gestanden habe. Seine Antwort lautete – vermutlich wahrheitsgemäß –: »Persönlich kam ich mit diesem Mann nie in Berührung. Auch ist mir nicht bekannt, daß die Geschwister Scholl mit Dr. Mertens Umgang pflegten.« (ZPA, NJ 1704)

20. 12. 1942

1 *Corelli, das Weihnachtskonzert:* Arcangelo Corelli (1653–1713), ›Concerto fatto per la notte di natala‹; Concerto grosso opus 6, Nr. 8.
2 *Bach-Oratorium »Die Kindheit Jesu«:* Das von Johann Christoph Friedrich Bach (1732–1795) 1773 nach Texten von Johann Gottfried Herder (1744–1803) komponierte Oratorium.
3 *reden und planen:* Es ist ziemlich sicher, daß bei dieser Gelegenheit auch über die Aufgabenverteilung bei der Herstellung weiterer Kontakte gesprochen wurde. Jedenfalls begab WG sich am darauffolgenden Tag nach Saarbrükken, während Traute Lafrenz versuchte, in Wien einen Vervielfältigungsapparat zu besorgen (s. Scholl, a.a.O., S. 172) und Hans und Sophie Scholl nach Ulm fuhren (vgl. Vinke, a.a.O., S. 125). Wie aus WGs weiteren Notizen sowie den späteren Darstellungen von Traute Lafrenz und Inge Scholl hervorgeht, hatten die Freunde sich vorgenommen, »die Weihnachtsfeiertage zu nutzen, um im Freundes- und Bekanntenkreis weitere Helfer und Mitstreiter für den Widerstand zu gewinnen«. (Vinke, a.a.O., S. 124.)
4 *das Buch ihres Mannes:* Alexander Berrsche (1883–1940), ›Trösterin Musica‹, Aufsätze und Kritiken, hrsg. von H. Rupé und H. Rinn, München 1940.

21. 12. 1942

1 *Fr. und Emil:* Fritz Leist und Emil Martin.

22. 12. 1942

1 *Willi:* Der hier, am 29. und 30. 12. 1942 sowie am 5. 1. 1943 erwähnte Willi ist trotz eingehender Nachforschungen nicht eindeutig zu identifizieren. Die Vermutung, es könne Willi Reiter gewesen sein, wird von ihm selber nicht bestätigt.

23. 12. 1942

1 *Ala:* Der Mitschüler und Freund aus dem ND Alois Kirn, Theologiestudent in Trier, fiel in Rußland.
2 *meine Pläne:* Vermutlich hat WG hier die gleichen Vorstellungen entwickelt, die er am 27. 12. 1942 den Gebrüdern Bollinger unterbreitete. (s. dazu TB. 27. 12. 1942, Anm. 1.)

24. 12. 1942

1 *Mette:* Christmette, der kath. Gottesdienst am Abend oder in der Nacht vor dem Weihnachtstag. Siehe hierzu WG an Mariana Gölden, 21. 12. 1942: »In den letzten Jahren gelang es mir ja nicht, die Advents- und Weihnachtszeit in liturgischen Formen zu feiern, immer war ich draußen gewesen und spürte äußerlich recht wenig vom Geiste Seiner Ankunft und Erscheinung. Das machte mir dieses Jahr besonders wertvoll und bedeutend, und ich erwarte Sein Geburtsfest mit großer Freude. Es gehört dazu doch ein gewisser Rahmen, der einem den Geist des kommenden Geheimnisses näher bringen kann.«

2 *Ernst Sonnet:* Der saarländische Landschaftsmaler Ernst Sonnet (1906–1975), in dessen Atelier die Jungen des ›Grauen Ordens‹ – wie sich Werner Reinert (1922–1987) erinnerte – über Farbsymbolik, Ausdrucksformen der Kunst, Stilrichtungen, Künstler und Bildmeditation diskutierten.

3 *Pieper: Über das christliche Menschenbild:* Josef Piepers (geb. 1904) 1936 in München erschienene Abhandlung.
Josef Pieper lebte, da er sich aus politischen Gründen nicht habilitieren konnte, von 1933 bis 1945 als freier Schriftsteller und lehrte nach dem Krieg Philosophische Anthropologie in Münster.

25. 12. 1942

1 *zwölf Mann:* Teilnehmer der von Ludwig Mauer zelebrierten Weihnachtsmesse waren einige zufällig anwesende Freunde WGs aus dem ND. Die meisten von ihnen waren Fronturlauber. Bei dem sich an die Messe anschließenden Gespräch über die politische und militärische Lage war – wie Heinz Bollinger sich erinnert – »die gängige Auffassung [...] die, daß zuerst der Krieg gewonnen werden müsse und dann erst etwas gegen das 3. Reich unternommen werden könne«. (vgl. Vielhaber u. a., a.a.O., S. 28/29.)

2 *im Lokal:* Das Restaurant des katholischen Vereinshauses ›Johannishof AG.‹, das WGs Vater zu dieser Zeit leitete.

3 *Spaziergang mit Vater:* WGs Schwester Mathilde berichtet, daß der Vater ihr nach seiner Haftentlassung am 20. 4. 1943 Einzelheiten über dieses Gespräch mitgeteilt habe: Willi bat, im Anschluß an sein Medizinstudium auch noch ein Philologiestudium absolvieren zu dürfen; dann sei er auf die politische Lage zu sprechen gekommen und habe die Notwendigkeit, Widerstand zu leisten, betont. Der Vater beschwor den Sohn, sich herauszuhalten, auch er, der Ältere, müsse Kompromisse schließen. Doch Willi habe entgegnet: »Es muß doch etwas getan werden, auch wenn es den Kopf kosten sollte.«
Dieses Gespräch habe, wie sich Mathilde Baez-Graf erinnert, den Vater so nachhaltig beeindruckt, daß er, als er durch eine Zeitungsnotiz von den Münchener Ereignissen des 18. 2. 1943 erfuhr, wußte: »Da war sicher Willi dabei.«

26. 12. 1942

1 *Marie-Luise:* Marie-Luise Hahn, eine Schulfreundin von Anneliese.

27. 12. 1942

1 *Familie Bollinger:* Die Brüder Heinz und Willi Bollinger waren Freunde aus der Saarbrücker ND-Gruppe; WG kannte sie seit 1932.
Heinz Bollinger (geb. 1916), Assistent für Philosophie an der Universität Freiburg, und sein Bruder Willi (geb. 1919), Sanitätsobergefreiter in einem Saarbrükker Reservelazarett, stimmten mit WG sowohl in der Zielsetzung als auch in den Methoden des studentischen Widerstandes überein und waren zur Übernahme bestimmter Aufgaben – Bildung örtlicher Widerstandszellen und Verteilung von Flugblättern – entschlossen. Heinz Bollinger nannte WG Kontaktpersonen in Köln und Münster. (s. TB 20. 1. 1943, Anm. 3.) Am 24. 1. 1943 trafen sich beide in Ulm zu einem Gespräch über das weitere Vorgehen. (vgl. TB 24. 1. 1943, Anm. 2.)
Heinz Bollinger wurde am 5. 3. 1943 in

seiner Freiburger Wohnung verhaftet, acht Tage später in das Gestapo-Untersuchungsgefängnis Wittelsbacher Palais transportiert, täglich acht Stunden vernommen und im zweiten ›Weiße-Rose‹-Prozeß am 19. 4. 1943 wegen »Kenntnis von hochverräterischen Umtrieben« und Anhören »fremder Rundfunknachrichten« zu sieben Jahren Zuchthaus verurteilt; bei Annäherung der Amerikaner wurde er am 12. 4. 1945 unter dem Vorwand »bedingte Haftaussetzung« aus dem Zuchthaus Ludwigsburg entlassen.

Willi Bollinger, der in der Schreibstube eines Saarbrücker Lazaretts Dienst tat, besorgte Waffen, die er den eingelieferten Soldaten abnahm; außerdem fälschte er für WG und die Münchener Gruppe Urlaubs- und Militärfahrscheine. Ende Januar 1942 suchte WG Willi Bollinger wiederum auf, um die mit ihm abgesprochenen Pläne der Flugblattverteilung zu realisieren. (vgl. TB. 22. 1. 1943, Anm. 2.) Willi Bollinger wurde wenige Tage nach seinem Bruder in Saarbrücken verhaftet; er stand (lt. Bericht der Gestapo München, 23. 3. 1943, ZPA, NJ 1704) zunächst nur im Verdacht, gegen § 139 StGB gehandelt zu haben und erhielt am 3. 4. 1944 vom Landgericht Saarbrücken wegen »Nichtanzeige eines hochverräterischen Unternehmens« eine Gefängnisstrafe von drei Monaten. Aus der Urteilsbegründung: »Kein besonders schwerer Fall im Sinne § 139 [. . .]. Hierzu kommt, daß er die Anzeige unterließ, um einen Jugendkameraden und nicht etwa einen beliebigen Dritten zu schonen.« (Prozeß gegen Willi Bollinger, 3. 4. 1944, 3 KMs 3/44.) Nach Absolvierung dieser Strafe wurde Willi Bollinger an die Front abkommandiert.

Heinz Bollinger, der später Professor an mehreren pädagogischen Hochschulen war, lebt in Freiburg; Willi Bollinger war Dipl. Chemiker in der Industrie; er starb 1973.

2 *Freiburger Verhältnisse:* Sie betreffen einen von Heinz Bollinger seit 1941 in Freiburg aufgebauten Freundeskreis, der grundsätzlich zu Widerstandsaktivitäten bereit war, jedoch – wegen ständiger Einberufungen zur Wehrmacht – nicht zu einer aktionsfähigen Gruppe werden konnte. Zu diesem Kreis gehörten neben Bollingers Freunden Helmut Bauer (vgl. TB 23. 1. 1943, Anm. 5) und Rudi Alt auch Dr. Josef Epp, geb. 1916, (später Ministerialdirigent für Jugend und Sport im Stuttgarter Kultusministerium) sowie der damalige Direktor des Freiburger Caritasverbandes, Monsignore Dr. Alois Eckert (1887–1976), der Heinz Bollinger ein Vervielfältigungsgerät und Geld für Papier und Porto zur Verfügung stellte. (Mitt. Heinz Bollinger, 15. 6. 1984.)

3 *sind uns ganz einig:* Einigkeit bestand darin, daß »aktiver und passiver Widerstand« zu leisten sei, auch entgegen der Auffassung der Kirchen, »untertan sein zu müssen gegenüber der obrigkeitlichen Gewalt, auch wenn sie böse ist; daß wir die Waffen, die wir uns beschafften, auch gebrauchen wollten und daß unser Hauptziel die Tötung Hitlers sei«. (vgl. Vielhaber u. a., a.a.O., S. 29.) Ob es sich bei diesen Erwägungen lediglich um »abstrakte Erörterungen« handelte, wie Bretschneider, a.a.O., S. 189 vermutet, oder ob Petrys Folgerung zutrifft, daß »die Studenten sich in den Zielen und Methoden des Widerstands, den sie planten, keine Beschränkung auferlegten« (a.a.O., S. 91), läßt sich, so allgemein formuliert, heute nicht mehr entscheiden. Aus Heinz Bollingers Sicht trifft eher Petrys Darstellung zu.

WG – so berichtet Heinz Bollinger – habe damals, im Winter 1942/43, die Vorstellungen der Münchener Gruppe über Organisation und Strategie des Vorhabens umrissen und auch von Verbindungen gesprochen, die zur Generalität, zum Berliner Polizeipräsidenten Wolf Heinrich Graf Helldorf (1896–1944) und über Ulrich von Hassell (1881–1944) zu den Engländern bestünden (s. Vielhaber u. a., a.a.O., S. 28 ff.), Darlegungen, die Bollinger später insofern differenzierte, als er – aus dem Abstand heraus – glaubte, WGs Berichte über einen breit angelegten Verschwörerkreis sowie über die Er-

folgs-Chancen der Widerstandsaktion seien wohl eher »Wunschvorstellungen« als Tatsache gewesen; um Mithelfer anzuwerben, habe WG offensichtlich »die Pläne der Gruppe als Wirklichkeit deklariert«. (Mitt. Heinz Bollingers an Anneliese Knoop-Graf, 18. 6. 1984.) Auch WGs Äußerungen über die Begegnung mit Bollinger im Verhör vom 2. 3. 1943 verweisen darauf, daß er Bollinger mit seiner Andeutung über die Beteiligung einflußreicher Kreise hat »beeindrukken« wollen. (ZPA, NJ 1704)
4 *Gespräch über die Schaffung einer deutschen Liturgie:* Diese Überlegungen gehen zurück auf die liturgischen Bemühungen der ›Quickborn‹-Jungenschaft, jener Gruppierung, die »wohl am weitesten und tiefsten auf eine neue Gestalt der katholischen Kirche hingewirkt [hat], auf eine Kirche in der Welt im Bereich von Gesellschaft, Dichtung, Kunst, ohne den so oft markierten spiritualistischen Vorbehalt«. (Schmich, a.a.O., S. 12.)
WG begegnete diesen liturgischen Reformbestrebungen besonders während der Zeit seiner Zugehörigkeit zum ›Grauen Orden‹.

28. 12. 1942

1 *Vetter:* Spitzname des Freundes aus der Saarbrücker ND-Gruppe Rudolf Simon (geb. 1915).

29. 12. 1942

1 *Dudweiler:* Vorort von Saarbrücken.
2 *Willi B:* Willi Bollinger.

30. 12. 1942

1 *Merchingen:* Dorf im nördlichen Saarland, heute zu Merzig gehörend.
2 *Kirche des Dominikus Böhm:* Die 1930 eingeweihte, von WG und seinen Freunden häufig aufgesuchte Merchinger Kirche wurde nicht von Dominikus Böhm, sondern von dem vorwiegend in Salzburg wirkenden Architekten Clemens Holzmeister (1886–1983) erbaut. Als Symbol einer Synthese zwischen den Ideen der neuen Baukunst und der in der ›liturgischen Bewegung‹ manifestierten modernen Glaubenshaltung löste sie einen heftigen Meinungsstreit aus: Der ›Osservatore Romano‹ nannte die – in einer 1932 veröffentlichten Foto-Ausstellung – abgebildete Merchinger Kirche »ein großes Bauernhaus mit Scheune« und die ausgestellten Werke insgesamt »Gotteslästerungen im Bild«. (vgl. ›Die Merchinger Kirche‹, ›Neue Saarheimat‹, Jg. 1981, H. 9, S. 236–238.)

31. 12. 1942

1 *wichtigen Besuch:* Wegen der absichtlich so verschlüsselten Andeutungen konnte die Identität dieses Gesprächspartners nicht festgestellt werden.
2 *Elversberg:* Fritz Leists saarländischer Heimatort, wo eine Zusammenkunft einiger Freunde aus der Bündischen Jugend stattfand; von den Plänen der ›Weißen Rose‹ war – einem Bericht von Ernst Müller (geb. 1913) an Anneliese Knoop-Graf vom 20. 7. 1987 zufolge – nicht die Rede.
Fritz Leist berichtete später: »... die Stunden waren von uneingestandener Traurigkeit überschattet, als hätten wir das Kommende geahnt.« (Leist, ›Zum Gedenken‹, a.a.O., S. 1.)
3 *Aufsätze Reinhold Schneiders:* Reinhold Schneider, ›Macht und Gnade; Gestalten, Bilder und Werte in der Geschichte‹, Leipzig 1940, eine Sammlung von 47 Essays mit historischer, religiöser, literatur- und kunstgeschichtlicher Thematik.
WG empfing aus diesen Aufsätzen, wie er Marita Herfeldt am 2. 2. 1943 (S. 182) berichtete, »viele und zusammenhängende Anregungen«.
4 *Puschkin: Der Schneesturm ... Der Schuß:* Erzählungen aus den 1830 erschienenen ›Geschichten des verstorbe-

nen Iwan Petrowitsch Belkin‹ von Alexander Puschkin (1799–1837).

1. 1. 1943

1 *zu einem guten Gespräch:* Vermutlich die im Verhör vom 16. 3. 1943 auf den 3. 1. 1943 datierte »Aussprache« über die Frage, »was für den Fall einer militärischen und politischen Niederlage [...] geschehen müsse, um eine Bolschewisierung Deutschlands und damit Europas zu vermeiden«. (ZPA, NJ 1704) Heinz Bollinger erinnert sich jedoch, daß eine solche Thematik niemals erörtert worden sei, und nimmt daher an, daß WG diese Aussage erfunden habe, um sich und den Freund zu entlasten.
Folgt man dem Gestapo-Protokoll, so hätte WG Heinz Bollinger über seine Verbindung mit einem Münchener Personenkreis und dessen Plan, durch Flugblattaktionen »die breite Masse aufzuklären«, unterrichtet. Heinz Bollinger habe – so WG weiter – »die Verbreitung von Flugblättern verworfen«; WG bestritt jedoch, Bollinger aufgefordert zu haben, sich an solchen Aktionen zu beteiligen, zumal »diese Frage um die angegebene Zeit noch nicht geklärt und spruchreif« gewesen sei. (ZPA, NJ 1704)
2 *Alfred Reuther:* Ein Schulkamerad, den WG aus familiären Gründen aufsuchte.
3 *die Erwarteten:* Gäste, die wahrscheinlich in Zusammenhang mit WGs konspirativem Vorhaben standen; Näheres ist nicht ermittelt.
4 *Zunächst bin ich überrascht:* Der Grund für die in dieser und in den folgenden Eintragungen zutage tretende Dissonanz zwischen WG und Hein Jacobs ist nicht eindeutig zu klären. Sie könnte ebenso auf Unstimmigkeiten innerhalb der Freundschaftsbeziehungen beruhen wie auch auf grundsätzlichen Meinungsverschiedenheiten über die Widerstandspläne, von denen sich Hein Jacobs nach anfänglicher Zustimmung nunmehr distanzierte. (vgl. TB 21. 1. 1943, Anm. 2.)

2. 1. 1943

1 *Karo:* Spitzname für Karl-Heinz Scheer (1918–1979), den WG durch Schule, ND und Arbeitsdienstzeit kannte.
Einem Bericht Heinz Bollingers vom 14. 6. 1984 zufolge kam Karl-Heinz Scheer trotz seiner interessanten Position im Führerhauptquartier, wo er mit der Ausarbeitung von Fahrplänen für die Ostfront betraut war, für eine Teilnahme an Widerstandsaktionen nicht in Betracht, da er sich solchen Ideen gegenüber stets ablehnend verhalten habe. Entsprechendes geht auch aus WGs Verhör vom 23. 3. 1943 hervor, wonach er bei diesem Gespräch über die militärische, politische und wirtschaftliche Lage erkannt habe, daß Scheer »eine absolut positive Haltung« einnahm, weshalb er – WG – davon absah, mit Scheer »auch nur andeutungsweise [...] von der Absicht, gegen den heutigen Staat gerichtete Flugblätter zu verbreiten«, zu sprechen. (ZPA, NJ 1704)
2 *Sinn der Dinge und Mächte:* Wie Heinz Bollinger später auf Befragen erklärte, ging es um moraltheologische Aspekte des Widerstands gegen die Staatsgewalt sowie um die philosophische Betrachtung der nationalsozialistischen Ideologie als einer Manifestation des ›Willen zur Macht‹.

3. 1. 1943

1 *Metaphysik des Lebens unserer Zeit:* Auch hierüber hat Heinz Bollinger aus der Erinnerung berichtet: »Wir waren überzeugt, wir kommen nicht davon, unsere Generation hat keine Chance in dieser Zeit, diesem Krieg und diesem Regime. Falls das Regime den Krieg gewonnen hätte, hätten wir sowieso nicht weiterleben können, denn irgendwann hätten sie uns entdeckt. Es wäre eine unerträgliche Qual gewesen, nach einem gewonnenen Krieg in einem Hitlerdeutschland weiterzuleben.« (Bollinger: Interview, a.a.O., S. 20.)

4. 1. 1943

1 *Puschkin: Der Posthalter:* Alexander Puschkin, ›Der Postmeister‹, Erzählung, 1831.
2 *Puschkin: Der Sargmacher:* Alexander Puschkin, ›Der Sargschreiner‹, Erzählung, 1831.

5. 1. 1943

1 *zum Brennenden Berg:* ›Der Brennende Berg‹ bei Dudweiler/Saar, noch heute beliebtes Ausflugsziel, ist ein bewaldeter Hügel, aus dessen Bruchspalten Hitze unterirdisch brennender Kohlenflöze entweicht. Goethe beschreibt den Ort sehr genau in ›Dichtung und Wahrheit‹, 2. Teil, 10. Buch.
2 *nichts Wesentlichem:* D. h., daß – wie Marita Jacobs-Herfeldt bestätigt – in ihrer Anwesenheit über die Widerstandspläne nicht gesprochen wurde.
3 *Ludwig M.:* Der 1911 geborene, später in Rußland vermißte katholische Priester Ludwig Mauer war für die Angehörigen des ›Grauen Ordens‹ eine »theologische und moralische Autorität«. (Mitt. Werner Reinert, 4. 4. 1983.)
4 *Der letzte Abend:* Wie sich die Schwester Anneliese erinnert, zeigte sich WG während dieses Weihnachtsurlaubs so gesprächig und mitteilsam wie selten. An jenem ›letzten Abend‹ schilderte er seinen beiden Schwestern bis in die frühen Morgenstunden die Greueltaten der Deutschen in Rußland; er steigerte sich zu heftigen Wutausbrüchen gegen Hitler und seine mörderische Tyrannei und stieß dabei mehrfach seinen Kopf an den Türrahmen mit dem Ausruf: »Ihr werdet sehen – es wird etwas geschehen.«
Nach einem Bericht von Inge Aicher-Scholl (geb. 1917) machte auch Hans Scholl während des Weihnachtsurlaubs 1942 seinen Schwestern gegenüber erstmals Andeutungen von dem Vorhaben, einen sichtbaren Protest gegen das Regime zu wagen. (s. Vinke, a.a.O., S. 125.)

6. 1. 1943

1 *Die Anstrengung war groß:* Die zahlreichen Gespräche und Begegnungen, die das TB für die Zeit des Weihnachtsurlaubs registrierte, lassen die auch von Heinz Bollinger bestätigte Intention erkennen, den Widerstand zu organisieren. Im Gegensatz zu diesen Absichtserklärungen steht jedoch der Brief an Karl Bisa vom 24. 12. 1942: »Zu Weihnachten sind eine Menge alter Bekannter hier in Saarbrücken. Wir werden in der Frühe des ersten Feiertages eine Gemeinschaftsmesse feiern, das wird wohl das einzigste Gemeinsame für die Tage sein. Ich möchte schließlich diese Zeit in Ruhe verbringen.« Es ist anzunehmen, daß diese Formulierungen der Tarnung des wirklichen Vorhabens dienen sollten.
Während der Gestapoverhöre, die sich mit WGs Aufenthalt in Saarbrücken zwischen dem 23. 12. 1942 und 6. 1. 1943 befaßten, kamen lediglich die Kontakte mit Heinz Bollinger, Rudi Alt und Karl-Heinz Scheer zur Sprache, obwohl WG am 16. 3. 1943 erklärt hatte, daß er während dieser Zeit »mit zahlreichen Freunden und Bekannten in Berührung kam«. Er bemerkte ergänzend hierzu: »In keinem Fall wurde diesen Freunden gegenüber von der Möglichkeit eines verlorenen Krieges, die Erwägung von Aufklärungsmaßnahmen (Herstellung und Verbreitung von Flugblättern) gesprochen, wie auch von der Errichtung einer sogenannten ›Abwehrfront‹ keine Rede war.« (ZPA, NJ 1704)

7. 1. 1943

1 *Hans:* Hans Scholl.
2 *Gustel:* August Sahm, geb. 1919, ein 1935 durch Vermittlung von Fritz Leist gewonnener Freund, war seit 1928 im ND, stand später dem ›Grauen Orden‹ nahe und gehörte zum Kreis der ›Siegfriedstraße‹. Vom Frontdienst zum Weiterstudium der Philosophie und Psychologie nach München beurlaubt, kam er

ab Januar 1943 häufig mit WG zusammen, der ihn alsbald über seine Verbindung zum Kreis der ›Weißen Rose‹ verständigte. Dies bezeugt ein Brief Sahms an Anneliese Knoop-Graf vom 19. 6. 1984, in dem es außerdem heißt, Fritz Leist habe ihm »ausdrücklich verboten, sich an Willis Aktivitäten zu beteiligen«.
Über ein von WG Ende Januar 1943 arrangiertes Treffen zwischen ihm, Sahm und Prof. Huber berichtet Gustel Sahm, Kurt Huber, den er aus Vorlesungen und Seminaren gekannt habe, hätte von ihm wissen wollen, was er »als erfahrener Frontkämpfer« von der Idee halte, das Gestapo-Hauptquartier zu stürmen, um damit ein Signal für einen allgemeinen Aufstand zu setzen; ein Unternehmen, von dem er – Sahm – sich jedoch »nicht den geringsten Erfolg« versprochen hätte. (an Anneliese Knoop-Graf, 9. 7. 1984.)
Da WG zum Zeitpunkt seiner Verhaftung zufällig Sahms Studienbuch und andere wichtige Ausweise bei sich trug, begab sich Sahm am 25. 2. 1943 zur Polizeistelle der Gestapo, um die Aushändigung seiner Papiere zu erbitten. Er wurde über Kontakte zur ›Weißen Rose‹ und Kenntnis der Flugblätter nicht befragt und auch später in dieser Sache nicht vernommen. WG hat im Verhör vom 27. 2. 1943 über Sahm nur belanglose Auskünfte gegeben.
August Sahm war später u. a. Professor für Führungspsychologie und Pädagogik an der Technischen Universität in München, wo er heute als Emeritus lebt.

8. 1. 1943

1 *Klavierkonzert c-Moll von Beethoven:* Ludwig van Beethoven, Klavierkonzert Nr. 3, opus 37.
2 *1. Symphonie von Brahms [. . .] der vierte Teil:* Johannes Brahms (1833 bis 1897), Symphonie Nr. I, c-Moll, opus 68; 4. Satz: Adagio-Più andante-Allegro non troppo, ma con brio.
3 *reden viel:* Der hierbei anwesende Freund Walter Kastner erinnert sich, Eikemeyer habe fast den ganzen Abend von den Vernichtungslagern und der Vergasung von Menschen berichtet. Über die bevorstehenden Flugblatt- und Wandparolen-Aktionen sei jedoch nicht gesprochen worden. (Walter Kastner an Anneliese Knoop-Graf, 4. 12. 1984.) WG wurde bei seinen Vernehmungen über diese Zusammenkunft und über die darauf folgenden Atelierabende nicht befragt.

9. 1. 1943

1 *in Gräfelfing:* Bei Professor Kurt Huber.
2 *Das Gespräch ist lebendig und grundsätzlich:* Folgt man den Protokollen der Vernehmungen Kurt Hubers am 28. 2. 1943 und WGs am 1. 3. 1943 (ZPA, NJ 1704), so ist über Inhalt, Sinn und Zweckmäßigkeit der Flugblätter sowie über organisatorische Fragen hinsichtlich ihrer Herstellung und Verbreitung gesprochen worden. Im Verlauf der Unterredung soll – so Kurt Huber – WG »Kunde davon gegeben [haben], daß er hinsichtlich der Verbreitung von Flugblättern gute Beziehungen zum Rheinland habe.« (vgl. TB 20. 1. 1943, Anm. 3.) Professor Hubers Bemerkung an einer anderen Stelle des Verhörs, »ob und in welcher Weise WG an der Herstellung und Verbreitung von Flugschriften beteiligt ist, weiß ich nicht. Graf selbst hat sehr wenig gesprochen, ich bin aber der Anschauung, daß er mit Scholl einig ist«, bezieht sich wahrscheinlich auf diese Zusammenkunft im Hause Huber.
Während WG aussagte, Kurt Huber habe sich »zunächst gegen eine Flugblattaktion ausgesprochen«, seine Einwände begründet und schließlich eingeräumt, »er wolle sich die Sache nochmals überlegen und dann seine Meinung äußern«, geht aus Kurt Hubers Darlegungen hervor, er habe nach Klärung der politischen Auffassungen Hans Scholl geraten, »die Ak-

tion durchzuführen«. Wie Kurt Hubers Witwe, Clara Huber (geb. 1908), später sowohl Anneliese Knoop-Graf als auch Christian Petry mitteilte, sei die zwölfjährige Tochter Birgit unfreiwillige Zeugin dieses Gesprächs gewesen und habe ihr berichtet: »Eben hat der Vadder gesagt, ohne Blutvergießen geht es nicht.« (Petry – a.a.O., S. 88 – hat diese Begegnung irrtümlicherweise auf den 17. 12. 1942 datiert.)

3 *Hermann:* Hermann Krings.

10. 1. 1943

1 *Firmpate:* Firmling war Gerhard Pohl, das zwölfjährige Mündel von Dr. Martin Luible. Da bei der am 10. 6. 1943 stattfindenden Feier WGs Freund Adalbert Grundel die Aufgabe des Firmpaten übernommen hatte, muß WG ihn vom Gefängnis aus damit betraut haben; auf welchem Wege, ist nicht mehr feststellbar. Auch ist nicht bekannt, ob bereits vor WGs Festnahme Kontakte zwischen Adalbert Grundel und den Angehörigen des Firmlings bestanden haben. (Gerhard Pohl an Anneliese Knoop-Graf, 2. 5. 1986.)

11. 1. 1943

1 *Gäste im Atelier:* Wahrscheinlich die im Urteil des dritten ›Weiße-Rose‹-Prozesses erwähnte Zusammenkunft, die von Manfred Eickemeyer auf die Zeit zwischen dem 8. und 12. Januar 1943 datiert wurde. Eickemeyers Aussage zufolge waren Hans und Sophie Scholl, Harald Dohrn, Wilhelm Geyer sowie »mehrere Studentinnen« anwesend, wobei Dohrn in weitschweifiger Weise aus seinem Leben und Wirken erzählt und die Belange der katholischen Kirche »fanatisch« vertreten habe; staatsfeindliche Äußerungen seien nicht gefallen. (ZPA, NJ 534)
WGs Name wurde in diesem Zusammenhang nicht genannt; doch ist aufgrund der weiteren TB-Notizen anzunehmen, daß das von Eickemeyer beschriebene und bei WG vermerkte Treffen identisch sind.

2 *des Gastgebers:* Des Architekten Manfred Eickemeyer (1903–1978). Eickemeyer, der seit 1940 in das sogenannte Generalgouvernement abkommandiert war und sich nur gelegentlich in München aufhielt, hatte laut eigener Aussage Hans Scholl im März oder April 1942 »durch einen gemeinsamen Bekannten« kennengelernt und den Studenten sein Atelier zur Verfügung gestellt. (ZPA, NJ 534.)
Von Eickemeyer erfuhren die Freunde Authentisches über die Ausrottungspolitik der Nationalsozialisten im Osten. Gegenüber Petry äußerte Eickemeyer später, er habe mehrfach zu Fragen der Widerstandsaktionen Stellung genommen, so z. B. mit Hans Scholl über das zweite Flugblatt diskutiert, das ihm – hinsichtlich der Darstellung von der Ermordung polnischer Juden – »zu akademisch« erschienen sei, da es zu wenig »konkrete Dinge« enthalte. (Petry, a.a.O., S. 61.)
Manfred Eickemeyer wurde am 6. 4. 1943 festgenommen und im dritten ›Weiße-Rose‹-Prozeß am 13. 7. 1943 aus Mangel an Beweisen freigesprochen. (ZPA, NJ 534)

12. 1. 1943

1 *Puschkin: D. Fräulein als Bäuerin:* Alexander Puschkin, ›Fräulein Bäuerin‹, Novelle, 1831.

13. 1. 1943

1 *Besuch bei Hans:* Wenngleich die Vernehmungsprotokolle von WG (26. 2. und 16. 3. 1943), Kurt Huber (28. 2. 1943) und Traute Lafrenz (15. 3. 1943) unterschiedliche Aussagen und Datierungen aufweisen, ergibt sich übereinstimmend, daß der hier von WG notierte Besuch jene Zusammenkunft »Mitte Januar« bezeichnet, bei der Hans Scholl Kurt Huber seinen Flugblattentwurf ›Aufruf an alle Deutsche‹ vorlegte. Auch Alexander Schmorell hat – Vernehmungsprotokoll Prof. Huber vom 2. 3. 1943 und Anklageschrift vom 8. 4. 1943 – bei dieser Gelegenheit Kurt Huber seinen eigenen Aufruf-Text gezeigt. (ZPA, NJ 1704) Über den Verlauf des Besuches gab WG, der am 26. 2. 1943 lediglich erwähnte, daß Hans Scholl ihm einen Flugblattentwurf gezeigt habe, in dem »von der Errichtung eines sogenannten föderalistischen Staates« die Rede gewesen sei, nach eingehender wiederholter Befragung am 16. 3. 1943 zu Protokoll: »Im Zimmer des Hans Scholl haben wir uns zuerst und zwar Scholl, Huber und ich, etwa ¼ Stunde lang über die Flugblattangelegenheit unterhalten. Hans Scholl hat einen handgeschriebenen Flugblattentwurf [jenen der ›Widerstandsbewegung in Deutschland‹ bzw. ›Aufruf an alle Deutsche‹] vorgelesen, jedenfalls um die Meinung oder Stellungnahme des Huber zu hören. Beim Vorlesen des Entwurfs hat Huber lediglich stilistische Verbesserungsvorschläge gemacht, die von Scholl zum Teil insofern berücksichtigt wurden, daß er den Text entsprechend änderte. An dem Inhalt des Entwurfs hatte Huber nichts auszusetzen. Soweit ich mich erinnere, war der Entwurf zu diesem Flugblatt um diese Zeit noch nicht fertig. Es handelte sich vielmehr um die erste Seite des Flugblatts. Ich selbst wurde zu einer Stellungnahme nicht aufgefordert, und weil ich auch keine Verbesserungsvorschläge machen konnte, war ich lediglich stiller Zuhörer.« (ZPA, NJ 1704)

2 *der Stein kommt ins Rollen:* Zweifellos eine Umschreibung für die Herstellung des 5. Flugblatts. Es ist anzunehmen, daß die Gruppe bereits an diesem Abend mit der Vervielfältigung der Flugblätter begann und den Verteilungsmodus festlegte.

Der Verbreitung des Flugblatts und Ausweitung des Aktionsradius galten auch die im Gestapo-Protokoll vom 26. 2. 1943 erwähnte Reise WGs sowie die Kurierfahrten Jürgen Wittensteins nach Berlin, bei denen er Hellmut Hartert (geb. 1918) – einem Freund Hans Scholls – »Mitte Januar« Flugblätter überbrachte. (vgl. Scholl, a.a.O., S. 68; Brief Hellmut Hartert an Inge Scholl, 26. 2. 1946, und Brief Jürgen Wittenstein an IfZ, 7. 9. 1964, Fa 215/3, Blatt 204 ff.)

Die Mitglieder des Münchener Kreises, unterstützt von den Ulmer Freunden Hans (geb. 1924) und Susanne (geb. 1921) Hirzel und Franz Joseph Müller (geb. 1924) verbreiteten bald darauf mehrere tausend Abzüge des ›Aufrufs an alle Deutsche‹ in verschiedenen Städten Süddeutschlands und Österreichs. Einen Hinweis auf den genauen Zeitpunkt dieser Flugblatt-Kampagne, über den sich in der Literatur unterschiedliche Angaben befinden, enthält möglicherweise das Vernehmungsprotokoll WGs, der am 26. 2. 1943 erklärte, die »Propagandabriefe«, für deren Versand er »etwa 40–60 Briefumschläge mit Papier besorgt« habe, seien während seines Aufenthaltes in Bonn (21.–24. 1. 1943) »für die Städte Salzburg, Linz, Wien, Augsburg, Stuttgart und Frankfurt/Main in der Wohnung Scholl vorbereitet worden«. (ZPA, NJ 1704)

Aus einem Schreiben der Staatspolizeileitstelle Stuttgart vom 25. 2. 1943 geht hervor, daß die »Flugblätter der Widerstandsbewegung in Deutschland« am 27. und 28. 1. 1943 in München, Augsburg, Wien, Salzburg, Linz, Frankfurt/M. und Stuttgart durch Postversand »zur Verbreitung gelangten«. (ZPA, NJ 1704)

3 *Studentenkundgebung im Deutschen Museum:* »In einer Pflichtversammlung aller Studenten im Deutschen Museum [anläßlich der Feierlichkeiten zum 470jährigen Bestehen der Universität München] hatte der Gauleiter Giesler in rüder Weise die Ehre der Studentinnen angegriffen, deren Arbeit er nur als Drückebergerei vor dem Kriegseinsatz und als Versuche, sich einen Mann zu angeln, charakterisierte. Es wurde gescharrt und gepfiffen. Studentinnen erhoben sich und verließen demonstrativ

den Saal. Als durch ein eiligst herbeigerufenes Polizeiaufgebot der Bau abgeriegelt wurde und einige Studentinnen verhaftet wurden, erhoben sich die Studenten und griffen ein. Es gelang ihnen, allen voran ein Leutnant mit hohen Auszeichnungen, den Studentenführer vom Podium zu reißen und ihn, nachdem sie ihn weidlich durchgeprügelt hatten, als Geisel zu behalten, bis die Studentinnen freigegeben würden. Der Tumult war unbeschreiblich. Umzüge auf den Straßen schlossen sich an. Die ganze Stadt hielt den Atem an.« (Wittenstein, a.a.O., Blatt 225.)

Obwohl unter Androhung von Sanktionen Erscheinungspflicht bestand, hatte WG an der NS-Feier nicht teilgenommen. Er erfuhr von seiner Schwester Anneliese Einzelheiten über Gieslers Diffamierungen, die darin gipfelten, daß dieser die Studentinnen aufforderte, lieber dem Führer jedes Jahr ein Kind zu schenken als zu studieren und sich überdies anbot, jenen, die nicht hübsch genug seien, um einen Mann zu finden, einen seiner Adjutanten zuzuweisen.

Folgt man Prof. Hubers Aussage im Verhör vom 28. 2. 1943, so hätten die Ereignisse im Deutschen Museum den entscheidenden Anstoß »zu einer völligen Änderung« seiner Einstellung gegeben (ZPA, NJ 1704), die das letzte Flugblatt der Münchener Widerstandsbewegung ›Kommilitoninnen, Kommilitonen‹ dokumentiert: »Frontkämpfer werden von Studentenführern und Gauleiteraspiranten wie Schulbuben gemaßregelt, Gauleiter greifen mit geilen Späßen den Studentinnen an die Ehre. Deutsche Studentinnen haben an der Münchner Hochschule auf die Besudelung ihrer Ehre eine würdige Antwort gegeben, deutsche Studenten haben sich für ihre Kameradinnen eingesetzt und standgehalten. [...] Das ist ein Anfang zur Erkämpfung unserer freien Selbstbestimmung, ohne die geistige Werte nicht geschaffen werden können.«

Hans Leipelt (geb. 18. 7. 1921, hingerichtet am 29. 1. 1945), der von Hamburg an das Chemische Institut des Nobelpreisträgers Prof. Heinrich Wieland (1877–1957), eines entschiedenen Regimegegners, nach München wechselte, da er dort auch als ›Mischling‹ sein Studium fortführen konnte, hat die Rede des Gauleiters in vollem Wortlaut mit allen Zwischenrufen mitstenografiert, kommentiert, anschließend mit seiner Freundin Marie-Luise Jahn (geb. 1918) als Typoskript vervielfältigt und – zusammen mit einigen Exemplaren des 6. Flugblatts der ›Weißen Rose‹ – an seine Freunde in München und Hamburg weitergegeben. (Marie-Luise Schultze-Jahn an IfZ, 13. 9. 1964, Fa 215/3, Blatt 148 ff.) Dieser Tatbestand wurde Hans Leipelt, den man am 8. 10. 1943 verhaftete, weil er u. a. bei Gleichgesinnten Geld zugunsten der Familie Kurt Hubers gesammelt hatte, in der Anklageschrift vom 22. 7. 1944 zur Last gelegt. Leipelts Niederschrift über die Studentenkundgebung im Deutschen Museum hätte – so hieß es – »in ihren Randbemerkungen seine staatsfeindliche Einstellung eindeutig« erkennen lassen. (ZPA, NJ 10487) Am 13. 10. 1944 wurden vor dem 2. Senat des ›Volksgerichtshofs‹ in Donauwörth Hans Leipelt »wegen Wehrkraftzersetzung und Feindbegünstigung« zum Tode und Marie-Luise Jahn »wegen Beihilfe zu den Verbrechen des Leipelt« zu 12 Jahren Zuchthaus verurteilt.

14. 1. 1943

1 *diese Unruhe:* Ähnlich Alexander Schmorell in einem Brief vom 9. 12. 1942 an die russische Freundin Nelly in Gshatsk: »Unruhe, furchtbare Unruhe – ist der Hauptzug in meinem hiesigen Leben.«

2 *Plan:* Code-Wort für das Konzept der Widerstandsaktionen.

3 *Ob es der richtige Weg ist:* Diese Stelle ist – neben Andeutungen vom 2. 2. und 10. 2. 1943 – die einzige, in der WG Bedenken und Zögern zum Ausdruck bringt.

15. 1. 1943

1 *Stifter: Der beschriebene Tännling:* Adalbert Stifters 1845 erschienene Erzählung.

16. 1. 1943

1 *Traude:* Die Hamburger Medizinstudentin Traute Lafrenz (geb. 1919) kam durch Alexander Schmorell, den sie im Sommer 1939 beim Ernteeinsatz in Pommern kennengelernt hatte, zum Kreis um die ›Weiße Rose‹. Nachdem sie im Mai 1941 nach München übergesiedelt war, machte Schmorell sie mit Christoph Probst und Hans Scholl bekannt, dessen Freundin sie wenig später wurde.
Im November 1942 brachte Traute Lafrenz ihren ehemaligen Mitschülern aus der ›Lichtwarkschule‹, Heinz Kucharski (geb. 1919) und Margarete Rothe (1919–1945), zwei Flugblätter der ›Weißen Rose‹ mit, die diese weiterverbreiteten, und stellte somit die Verbindung zwischen den Münchener und Hamburger Aktivitäten her. Heinz Kucharski und Margarete Rothe schlossen sich später mit anderen Regimegegnern – Albert Suhr (geb. 1920), Reinhold Meyer (1920–1944) und zeitweise auch Hans Leipelt – enger zusammen, um ihre Widerstandstätigkeiten voranzutreiben.
Traute Lafrenz wurde am 15. 3. 1943 festgenommen, im zweiten ›Weiße-Rose‹-Prozeß wegen Vergehens gegen § 139 StGB zu 12 Monaten Haft verurteilt und kurz nach ihrer Entlassung im Zusammenhang mit der Zerschlagung des Hamburger Widerstandskreises (später ›Hamburger Zweig der Weißen Rose‹ genannt) wieder inhaftiert; das Kriegsende erlebte sie in einem Bayreuther Gefängnis. (vgl. Scholl, a.a.O., S. 169–180.)
Traute Page-Lafrenz lebt heute als Ärztin in den USA.
2 *mit den anderen:* Gemeint sind die Freunde aus der ›Siegfriedstraße‹.

17. 1. 1943

1 *Walter:* Walter Kastner.
2 *Schneiderhan-Quartett:* Das 1938 von Wolfgang Schneiderhan gegründete und bis 1951 bestehende Streichquartett.
3 *Schubert g-Moll:* Franz Schubert, Streichquartett g-Moll, D 173.
4 *Mozart d-Moll:* Wolfgang Amadeus Mozart, Streichquartett d-Moll, KV 421.
5 *Dvorak, F-Dur:* Antonin Dvořák, Streichquartett F-Dur, opus 96.

18. 1. 1943

1 *Besuch bei Hans:* Diese Andeutung könnte sich auf die Vervielfältigung des 5. Flugblatts beziehen.
2 *Lechner:* Der Dirigent, Cellist und Komponist Konrad Lechner (geb. 1911) war von 1939 bis 1944 Leiter des Münchener Bach-Chors. Er war 1946 Mitbegründer der Bamberger Symphoniker, lehrte ab 1948 an den Musikhochschulen in Darmstadt und Freiburg und lebt heute in Kirchzarten im Breisgau.
3 *gibt er sich Mühe es auszudrücken:* Nach einer möglichen Erklärung für diese Äußerung befragt, teilte Regine Degkwitz-Renner am 3. 11. 1984 aus der Erinnerung mit, Lechner – dem Musik »Lebensvollzug und Bekenntnis« bedeutete – habe häufig in »rätselhaften Monologen« versucht, den Chormitgliedern seine Gedanken hierüber zu vermitteln.

20. 1. 1943

1 *allein von der Kolonne:* Hubert Furtwängler berichtet, daß WG – als jüngeres Semester – einer anderen Kompanie zugeteilt wurde.
2 *Bayer-Filme:* Medizinische Lehrfilme der pharmazeutischen Firma Bayer-Leverkusen.
3 *Vorbereitung der Reise:* Die in der Anklageschrift und im Urteil als »Informations- und Propagandafahrt« bezeichnete Reise ins Rheinland, nach Saarbrücken,

Freiburg und Ulm. Außer seinen Freunden aus der Bündischen Jugend wollte WG auch die ihm von Heinz Bollinger benannten Kontaktpersonen aufsuchen: den Kaplan Dr. Franz Tack in Köln (s. TB 21. 1. 1943, Anm. 1) sowie den in Münster als Soldat stationierten Jura-Studenten Ernst Majonica, den er jedoch nicht erreichen konnte.
WG gab während seiner Vernehmung am 2. 3. 1943 zu Protokoll, Hans Scholl habe ihn zu dieser Fahrt aufgefordert; diese Version wurde auch in der Anklageschrift vom 8. 4. 1943 formuliert. Zutreffender dürften indessen Kurt Hubers Auskünfte sein, nach denen WG bei den gemeinsamen Überlegungen zur Ausweitung der Aktionen »sich selbst erboten«. habe, seine »Beziehungen zum Rheinland etc. dazu auszunutzen, die in Frage stehenden Flugblätter zu verbreiten«. Mit Bezug auf diese Angaben wurde Kurt Huber nach Personen befragt, die WG bei seiner Reise aufgesucht hatte: Helmut Bauer, Rudi Alt, Heinz Bollinger und Max Müller. (s. TB 24. 1. 1943, Anm. 3.) Natürlich konnte Huber hierzu keine Angaben machen. (Vernehmungsprotokolle Kurt Hubers vom 28. 2., 1. 3. und 10. 3. 1943, ZPA, NJ 1704.)

21. 1. 1943

1 *ein interessanter Besuch:* Die Visite galt dem Kaplan Dr. Franz Tack (1908 bis 1981). Tack war Subsidiar-Pfarrer an St. Georg in Köln und Studentenseelsorger der Musikhochschule Köln. Den Kontakt zu ihm hatte Heinz Bollinger vermittelt, der die regimefeindliche Einstellung des Kaplans kannte und ihn für fähig hielt, im Raum Köln eine Widerstandsgruppe zu organisieren. Die Formulierung des TB-Eintrags läßt auf Franz Tacks Bereitschaft schließen, sich den geplanten Unternehmungen zur Verfügung zu stellen. Im Verhör vom 7. 3. 1943 schilderte WG diese Begegnung allerdings anders: Bei Kaplan Tack, dem er Grüße von Heinz Bollinger bestellen wollte, habe er sich am Vormittag etwa eine halbe Stunde aufgehalten, wobei Tack von einem größeren Fliegerangriff auf Köln, dem Brand seiner Pfarrkirche und von seiner Studentenseelsorge erzählt habe. WG versicherte, Tack gegenüber von der »Propaganda-Aktion mit keinem Wort gesprochen« zu haben. (ZPA, NJ 1704)
So war Tack – auf Veranlassung von Heinz Bollinger durch Werner Reinert rechtzeitig gewarnt – bei seiner Vernehmung nicht nachzuweisen, daß er von WG über die Aktionen unterrichtet worden sei. (Brief Werner Reinert, 5. 9. 1985.)
Franz Tack, der neben seiner Tätigkeit als Seelsorger auch als Wissenschaftler, Publizist und Dirigent wirkte, war zuletzt Künstlerpfarrer im Erzbistum Köln und Direktor des Erzbischöflichen Archivs für Kirchenmusikforschung.
2 *hier doch schwieriger:* WG hatte gehofft, Hein Jacobs für die Verteilung der Flugblätter zu gewinnen. Der jedoch hielt – wie Marita Jacobs-Herfeldt später berichtete – diese Aktionen für verfrüht und zu riskant, zumal es an wirklich zuverlässigen Mitstreitern fehle. (Marita Jacobs-Herfeldt an Anneliese Knoop-Graf, 9. 2. 1983.)
Ob WG dem Freund eines der mitgebrachten Flugblätter vorgelegt hat, wissen wir nicht. Im Verhör am 1. 3. 1943 versicherte er, den Bonner Bekannten gegenüber die »Flugblattpropaganda« nicht erwähnt zu haben, weil er es »nicht fertig brachte, diese Menschen mit dieser Angelegenheit zu belasten«. (ZPA, NJ 1704)
Vermutlich hat Hein Jacobs Anfang März 1943 vor der Gestapo Entsprechendes ausgesagt; jedenfalls wurde ein gegen ihn vorliegender Haftbefehl wieder zurückgezogen. (Mitt. Marita Jacobs-Herfeldt, 7. 9. 1984.)
3 *Besuch auf dem Fechtboden:* Wie aus Briefen hervorgeht, planten WG und Karl Bisa ein Fechtturnier zwischen einer Bonner und einer Münchener Mannschaft, das im Februar 1943 in München

stattfinden und – nach einem Bericht Karl Bisas – eine Begegnung zwischen dem Bonner und Münchener Freundeskreis ermöglichen sollte. (vgl. Brief WG an Karl Bisa, 15. 1. 1943, S. 180.) In den Verhören vom 26. 2. und 1. 3. 1943 erklärte WG, ein Grund seiner Reise nach Bonn sei die Vorbereitung eines Fechtturniers in München gewesen; diese Aussage wurde von Karl Bisa bei seiner Vernehmung bestätigt. (Karl Bisa an Anneliese Knoop-Graf, 18. 12. 1984.)

4 *Einige Stunden mit Marita und Hein:* Marita Jacobs-Herfeldt hat über dieses Zusammensein ausführlich berichtet. Demnach ist in ihrer Anwesenheit nicht über die Widerstandsaktionen gesprochen worden; Thema sei die Frage gewesen, was man ›danach‹ mit den Nazis machen würde. WG habe – wie Hein Jacobs ihr später erklärte – außer Sophie Scholl keine Frauen einbeziehen wollen. Ähnliches geht aus dem Vernehmungsprotokoll WGs vom 2. 3. 1943 hervor: Er habe »die Mitarbeit von Fräulein Herfeldt schon gar nicht in Erwägung gezogen«, weil er sie »als Frau für ungeeignet hielt«. (ZPA, NJ 1704)

Marita Jacobs-Herfeldt erinnert sich außerdem, daß WG seine Uniform mit Hein Jacobs' Zivilkleidung vertauscht und einen schweren eckigen Koffer mit sich geschleppt habe. Nach ihrer Vernehmung Anfang März habe sie erfahren, daß dies die Hektographiermaschine gewesen sei, auf der in Bonn die Flugblätter vervielfältigt werden sollten. (Marita Jacobs-Herfeldt an Anneliese Knoop-Graf, 9. 2. 1983 und 1. 9. 1984.)

In den Verhören vom 1. und 2. 3. 1943 hat WG das Zusammentreffen mit den Freunden eingestanden, jedoch darauf verwiesen, daß Marita Herfeldt um diese Zeit »damit beschäftigt war, ihre Doktorarbeit zu machen«, und Hein Jacobs sich im medizinischen Staatsexamen befunden habe. (ZPA, NJ 1704) Marita Herfeldt konnte bei ihrer Vernehmung wahrheitsgemäß versichern, von WGs Tätigkeiten nichts gewußt zu haben.

5 *ein paar vernünftige Sätze:* Diese knappe Notiz, die entweder zur Tarnung diente oder Ausdruck von WGs Enttäuschung über Kabis Vorbehalte sein könnte, wird durch Berichte Karl Bisas ergänzt, der rückblickend schrieb, daß er WG von einer Flugblattaktion in Bonn entschieden abgeraten habe. Da sowohl nach »Auffassung seiner Kontaktleute« wie auch nach seiner eigenen Kenntnis der Lage zu dieser Zeit »propagandistisch kein Boden für eine Resonanz vorbereitet« gewesen sei, hätte eine derartige Aktion eine »Selbstaufgabe« bedeutet. Das Gespräch über Für und Wider habe »wohl die ganze Nacht gedauert«, und schließlich seien beide übereingekommen, einen günstigeren Zeitpunkt abzuwarten – eine Auffassung, die WG seinen Münchener Freunden weitergeben wollte. (Karl Bisa, 15. 11. und 18. 12. 1984.) Im Verhör vom 1. 3. 1943 gab WG auf Nachfragen hin zu, während seines Bonner Aufenthaltes bei Bisa gewohnt zu haben, ergänzte aber am folgenden Tag, er hätte zwar bei seinem Vorhaben, im Rheinland »Personen für unsere Sache zu gewinnen«, zuerst an Karl Bisa und seine Freunde gedacht, obwohl er sich »über die politische Einstellung des Bisa nicht im Klaren« gewesen sei, doch habe er bald nach Ankunft feststellen müssen, daß auch Bisa durch Vorbereitungen auf das Staatsexamen stark in Anspruch genommen war und er außerdem »die politischen und militärischen Verhältnisse« günstiger beurteilte als er selbst. Aus diesem Grunde sei er von seinem ursprünglichen Gedanken abgekommen, »ihn (Bisa) irgendwie mit der Sache zu befassen«. (ZPA, NJ 1704)

Tatsächlich war Bisa bei seinen Vernehmungen im März 1943 eine Kenntnis der Widerstandspläne nicht nachzuweisen. Er wurde nach wenigen Tagen aus der Haft entlassen und zu »harter und gefährlicher Verwendung« abkommandiert. (Karl Bisa an Anneliese Knoop-Graf, 4. 9. 1984.)

Drobischs Annahme (a.a.O., S. 34), WG hätte im Januar 1943 bei Karl Bisa, Heinrich Jacobs und bei dem Studenten Eckrath – mit dem WG lt. Verhör vom 1. 3. 1943 ebenfalls in Bonn zusammentraf – »Bereitschaft und Zustimmung« gefunden, trifft also nicht zu.

22. 1. 1943

1 *mich so zu benehmen:* D. h. die Angehörigen nicht aufzusuchen. Im Zusammenhang mit dem Verfahren gegen Willi Bollinger sagte WG beim Verhör am 31. 5. 1943, er habe seine Eltern bei dieser Gelegenheit nicht besucht, weil sie »von dieser Reise nichts wissen sollten«. (ZPA, NJ 1704)

2 *bei Willi:* Bei Willi Bollinger, den WG im Reserve-Lazarett Heilig-Geist, Saarbrücken, aufsuchte, um ihm ein Abziehgerät nebst einem Exemplar des 5. Flugblattes zu überbringen und mit ihm die Ziele der Münchener Gruppe sowie ein gemeinsames Vorgehen zu erörtern.

Über diese Gespräche liegt ein Bericht Bollingers aus dem Jahre 1963 vor, in dem es am Schluß heißt: »Wir waren uns durchaus bewußt, daß das, was getan werden mußte, äußerst gefährlich war und daß jeder Einzelne mit sich selbst zu Rate gehen mußte, ob er bereit sei, für dieses Tun sein Leben zu opfern. [...] Das, was wir an jenem Abend zu tun beschlossen, erschien uns von der gleichen logischen Konsequenz wie das Essen und Trinken. Die geistige Verpflichtung dazu war so bindend, daß es davon kein Entrinnen mehr gab. An diesem Abend wurden die Chancen, ob diese geistige Revolution Erfolg haben könnte oder nicht, so nüchtern berechnet wie in einer Mathematikstunde. Da wir aber als Christen die Überwindung des Bösen durch den Tod kannten, erschien uns der primäre Erfolg gar nicht einmal so wichtig, sondern wir glaubten, daß es Zeit sei, diesen geistigen Protest zu beginnen, weil unser Gewissen uns dazu verpflichtete. Am Morgen, bevor wir uns trennten, erzählte ich Willi noch einen Traum, den ich in der Nacht hatte, in welchem der Tod wie in einem Holbein-Gemälde versuchte, uns umzumähen, und wir trennten uns so, als ob es für immer wäre.« (Vielhaber u. a., a.a.O., S. 99.)

Wie aus diesem Bericht weiter hervorgeht, hat Willi Bollinger kurz darauf das Flugblatt verschiedenen Offizieren des Saarbrücker Reserve-Lazaretts gezeigt, dann vervielfältigt und in 200 Exemplaren an ihm bekannte Personen verschickt. Nachdem er durch den Mittelsmann Werner Reinert von der Verhaftung seines Bruders Heinz am 5. 3. 1943 in Freiburg unterrichtet worden war, versenkte er neben den restlichen Waffen und Flugblättern auch das im Dienstzimmer des Lazaretts versteckte Abziehgerät sowie die beim Drucken benutzten Gummihandschuhe in der Saar. (Mitt. Werner Reinert an Anneliese Knoop-Graf, 5. 9. 1985.) WG wurde erst am 31. 5. 1943 im Strafgefängnis München-Stadelheim über diese »bisher verschwiegene« Reise nach Saarbrücken vernommen. Er sagte aus, am 21. 1. 1943 etwa 1 bis 1½ Stunden mit Willi Bollinger zusammen gewesen zu sein, ihn über die Flugblatt-Aktionen informiert und ihm den Aufruf ›An alle Deutsche‹ übergeben zu haben. Willi Bollinger habe hierzu bemerkt, »daß er sich mit einer solchen Art von Propaganda gegen den heutigen Staat nicht einverstanden erklären könne« und es aus grundsätzlichen Erwägungen ablehne, »irgendwie an der Verbreitung der Flugblätter mitzuwirken«. WG konnte sich – laut Vernehmungsprotokoll – nicht mehr erinnern, ob er Bollinger das Flugblatt überlassen oder es wieder an sich genommen habe. Über die Zusammenkünfte mit Willi Bollinger während des Weihnachtsurlaubs und die dabei getroffenen Vereinbarungen ließ WG nichts verlauten; er gab lediglich zu Protokoll, daß Willi Bollinger vermutlich durch seinen Bruder Heinz von »den Bestrebungen« der Münchener unterrichtet worden sei. (Aktenauszug aus dem Prozeß gegen Willi Bollinger vom 3. 4. 1944.)

Im Zentralen Staatsarchiv Potsdam befindet sich ein Schreiben des Oberstaatsanwalts beim Volksgerichtshof Berlin –

Geschäftszeichen 6 J 24/43g – an das Reichsministerium der Justiz, Berlin, vom 5. 6. 1943, aus dem hervorgeht, daß die Staatspolizeileitstelle München gebeten hat, »hinsichtlich des Verurteilten Graf die Urteilsvollstreckung bis zur restlosen Klärung des Verfahrens gegen Bollinger aufzuschieben«. Dem entspricht ein Brief des Gefängnispfarrers Ferdinand Brinkmann an Clara Huber vom 4. 8. 1945, demzufolge man WG »durch Androhung eines besonders schweren Sterbens noch Geheimnisse um die Mitverschworenen entreißen wollte.« (vgl. Huber, a.a.O., S. 63.)

3 *Winterberg, Hohe Wacht, Ehrental, Deutschmühlenweiher:* Ausflugsziele am Stadtrand von Saarbrücken.

4 *bei Mauers:* Vgl. TB 13. 11. 1942, Anm. 2.

Es ist nicht mit letzter Sicherheit zu ermitteln, welcher von den Brüdern Mauer anwesend war. Daß WG diesmal nicht die am 28. 12. 1942 und 5. 1. 1943 im TB vermerkte positive Resonanz fand, ist – wie der Brief von Franz Mauer an Anneliese Knoop-Graf vom 14. 8. 1984 vermerkt – wahrscheinlich darauf zurückzuführen, daß in der Familie Mauer inzwischen die Bedenken gewachsen waren, ob solche Flugblattaktionen, wie die ›Weiße Rose‹ sie plane, nicht verfrüht und somit aussichtslos, ja »selbstmörderisch« seien.

Bei den Gestapo-Verhören blieb auch diese Begegnung unerwähnt.

23. 1. 1943

1 *fahre ich ab:* Im Verhör am 1. 3. 1943 gab WG an, am 23. 1. 1943 von Bonn direkt nach Freiburg gefahren zu sein. (ZPA, NJ 1704) Da er diese Aussage bei seiner Vernehmung am 31. 5. 1943 nicht mehr halten konnte, gestand er den Aufenthalt in Saarbrücken ein, datierte seine Abreise allerdings auf den Abend des 22. 1. 1943, um seine längere Anwesenheit bei Willi Bollinger zu tarnen. (ZPA, NJ 1704)

2 *Wiedersehen mit Freiburg nach langen Jahren:* Mitte der 30er Jahre war WG häufig in Freiburg gewesen, wo Fritz Leist im Wintersemester 1933/34 mit dem Theologiestudium begonnen hatte. Hier traf er auch mehrfach mit Freunden aus dem ›Grauen Orden‹ zusammen, z. B. 1936 vor dem Osterlager in St. Peter/ Schwarzwald.

3 *treffe [. . .] noch niemand an:* D. h. keinen der zur Mitarbeit entschlossenen Freunde, weder Rudi Alt noch Heinz Bollinger, dem WG, wie aus dem Vernehmungsprotokoll vom 7. 3. 1943 hervorgeht, seinen Besuch durch eine Postkarte angekündigt hatte. (ZPA, NJ 1704)

4 *Wirtin von Heinz:* Anna Kistner, Schwarzwaldstraße 98. Im Verhör vom 1. 3. 1943 gab WG diese Anschrift als Alibi für seine Übernachtung an. (ZPA, NJ 1704)

5 *Helmut B.:* Helmut Bauer: Der 1918 geborene Medizinstudent war mit WG durch die Saarbrücker ND-Gruppe befreundet. Er hatte in Freiburg engen Kontakt mit Heinz Bollinger, der ihn über die Pläne der Münchener Widerstandsaktionen informierte. Da Helmut Bauer – wie aus einem Bericht Heinz Bollingers vom 14. 6. 1984 hervorgeht – entschlossen war, sich an der Verbreitung der Flugblätter zu beteiligen, suchte WG ihn auf, um sich mit ihm über das Vorhaben zu verständigen, nicht aber – wie es irrtümlicherweise bei Verhoeven/ Krebs, a.a.O., S. 155, heißt –, um ihm Flugblattexemplare zu übergeben. Helmut Bauer erhielt erst durch Heinz Bollinger Kenntnis vom Inhalt des 5. Aufrufs.

Im Verhör am 1. 3. 1943 erwähnte WG den Besuch bei Helmut Bauer, bestritt jedoch am 7. 3. 1943, diesen in die »Pläne und Absichten« des Münchener Kreises eingeweiht zu haben: »Ein solcher Gedanke lag mir [. . .] vollkommen fern [. . .] schließlich war mir bekannt, daß Bauer nicht besonders gesund ist und bei jeder außergewöhnlichen Aufregung nervös und kopflos wird.« (ZPA, NJ 1704)

Helmut Bauer wurde am 5. 3. 1943 verhaftet und wegen »Kenntnis von hochverräterischen Umtrieben und Abhören fremder Rundfunknachrichten« im zweiten ›Weiße-Rose‹-Prozeß am 19. 4. 1943 zu sieben Jahren Zuchthaus verurteilt. Während dieser Zeit mußte er als Medizinalgehilfe in der ›Tuberkulosen-Station der deutschen Zuchthäuser‹ auf dem Hohen Asperg unter unzureichenden hygienischen Verhältnisse seine Kranken betreuen und starb am 11. 2. 1952 an den Folgen einer Infektion, die er sich bei seiner Arbeit zugezogen hatte. (vgl. Bollinger, a.a.O., S. 37.)

24. 1. 1943

1 *die Klippe einer Kontrolle:* Eine der zahlreichen, von Streifen der Wehrmacht, der Gestapo oder der Polizei durchgeführten Zug- und Gepäckkontrollen. Wehrmachtsangehörigen war es verboten, sich ohne bestimmte Ausweise und Papiere weiter als 50 km von ihrem Standort fortzubewegen. Da WG wahrscheinlich mit einem gefälschten Urlaubsschein unterwegs war und außerdem einige Flugblätter bei sich trug, mußte er jeder Kontrolle ausweichen.

2 *treffe Heinz:* Heinz Bollinger. Vor der Gestapo erklärte WG am 2. 3. 1943, er habe von vornherein die Absicht gehabt, Heinz Bollinger »als Mitarbeiter bzw. Verbreiter der Flugblätter« zu gewinnen, ließ allerdings zunächst nichts darüber verlauten, daß er deswegen bereits während der Weihnachtsferien Kontakte mit Bollinger aufgenommen hatte. Dieses Zusammentreffen gab er erst »auf Vorhalt« im Verhör am 16. 3. 1943 zu. (ZPA, NJ 1704)

3 *seinem Bekannten:* Dem 1906 geborenen Max Müller, einem alten ›Quickborner‹ und Mitglied des ›ND-Älterenbundes‹. Nach seiner Habilitation in Freiburg wurde Müller 1938 aus weltanschaulich-politischen Gründen von der Universität entfernt und lehrte ab 1939 als Dozent für Philosophie am Freiburger ›Collegium Borromaeum‹, wo zeitweilig Heinz Bollinger sein Schüler war.
Während der letzten Kriegsjahre war Müller als Abteilungsleiter ans Ulmer Arbeitsamt dienstverpflichtet und hatte somit Einblick in die wirtschaftliche Situation Schwabens. Heinz Bollinger war am 23. 1. 1943 nach Ulm gekommen, um, wie er später berichtete, Müller über das Funktionieren der Rüstungsindustrie zu befragen, ihn über die Absichten des Münchener Kreises zu informieren und für die Widerstandsaktivitäten zu werben. Müller habe jedoch seine Mitwirkung abgelehnt, von illegaler Tätigkeit abgeraten und weitere Diskussionen hierüber nicht gewünscht. (Mitt. Heinz Bollinger an Anneliese Knoop-Graf, 14. 6. 1984.)
Max Müller wurde am 12. 3. 1943 von Kriminalobersekretär Robert Mohr, dem Vernehmungsbeamten der Geschwister Scholl und Graf sowie anderer Beteiligter des ›Weiße-Rose‹-Kreises, über diese Zusammenkunft vernommen; engere Kontakte zur ›Weißen Rose‹ und Kenntnis von ihren Aktionen waren ihm nicht nachzuweisen. (Vgl. Müller, in: ›Löscht den Geist nicht aus‹, a.a.O., S. 80/81.) Nach 1945 war Max Müller Ordinarius für Philosophie in Freiburg und München und lehrte noch als Emeritus an der Theologischen Fakultät in Freiburg, wo er heute lebt.

4 *Interessante Gespräche, die viele Dinge neu beleuchten:* WG sagte im Verhör vom 2. 3. 1943 aus, er habe versucht, »das Gespräch auf politische, wirtschaftliche und militärische Fragen« zu lenken, dabei jedoch feststellen müssen, »daß die Gesprächspartner die Verhältnisse von einer günstigeren Seite aus sahen« als er selbst, wodurch ihm klar geworden sei, daß Bollinger und Müller für seine Pläne »nicht in Frage kommen würden«. (ZPA, NJ 1704)
Die späteren Darstellungen der Beteiligten geben den Verlauf dieses Zusammenseins unterschiedlich wieder: Während Heinz Bollinger sagte, es seien im Beisein von WG weder politische Themen disku-

tiert noch die Verteilung der Flugblätter erwähnt worden, vielmehr habe er erst auf dem Weg zum Bahnhof mit WG über Müllers Auffassung gesprochen (Mitt. Heinz Bollinger an Anneliese Knoop-Graf vom 14. 6. 1984), berichtete Max Müller von offenen politischen Aussprachen über das Vorhaben des Münchener Kreises. Er habe WG vor den »allzu gewagten Unternehmungen«, zu denen er auch die Flugblattaktionen rechnete, gewarnt, mit der Begründung, »es sei noch zu früh, um mit Handeln etwas zu erreichen«. (Aufzeichnung eines Gesprächs mit Dr. Max Müller, Institut für Zeitgeschichte, 14. 9. 1964; Fa 215/3, Blatt 79.)
Die in Müllers Buch ›Symbolos‹ (a.a.O., S. 20) festgehaltene Erinnerung, WG habe anläßlich seines Besuches bei ihm »gewohnt«, beruht auf einem Irrtum.
5 *Spät in der Nacht fahre ich los:* WG wurde von Heinz Bollinger zum Ulmer Bahnhof begleitet; auf dem Weg dorthin tauschten sie Gedanken zu den Widerstandsaktivitäten aus. Folgt man dem Vernehmungsprotokoll vom 2. 3. 1943, so hätte WG Heinz Bollinger davon in Kenntnis gesetzt, daß »in Süddeutschland Strömungen im Gange seien«, um der »breiten Masse« Mißstände, wie z. B. das Verdrängen des religiösen Lebens aus den Schulen, klarzulegen; er selbst sei an dieser Aufklärungsarbeit mittels Flugblatt-Aktionen beteiligt und habe auch Heinz Bollinger dazu aufgefordert, »damit gerade in Freiburg, wie in vielen anderen süddeutschen Städten, jemand vorhanden« sei, der als Kontaktperson fungieren könne. Dieses Ansinnen habe Bollinger mit den Worten: »Für so etwas gebe ich mich nicht her« zurückgewiesen und erklärt, »eine Flugblattpropaganda sei nicht der richtige Weg, die vorher aufgezeigten Schwierigkeiten zu beheben, das bringe die Zeit mit sich. Außerdem müsse man eine Änderung oder Klärung den dazu berufenen Leuten überlassen.« (ZPA, NJ 1704)
Während WG bei diesem Verhör noch bestritt, Heinz Bollinger ein Flugblatt gezeigt zu haben, mußte er am 7. 3. 1943 gestehen, daß er Bollinger »kurz vor Abgang des Zuges« den ›Aufruf an alle Deutsche‹ übergab; er verschwieg jedoch, daß dies in der Absicht geschah, Bollinger solle ihn – wie im Dezember 1942 verabredet – in Freiburg verbreiten.
Rückblickende Darstellungen Bollingers (›Interview‹, a.a.O., S. 19) bestätigen WGs Aussagen im Grundsätzlichen. Heinz Bollinger hatte in der Tat Bedenken geäußert, gerade zu diesem Zeitpunkt in Freiburg Flugblätter zu verteilen. Der Termin sei verfrüht; es müßten erst noch mehr Bomben fallen, »ehe dieses blöde Volk etwas kapiere«. Trotz dieser negativen Einschätzung der Chancen zeigte Heinz Bollinger, nach Freiburg zurückgekehrt, den Text des Flugblattes Rudi Alt und Helmut Bauer.

25. 1. 1943

1 *Besuch bei Hans:* Im Verhör vom 2. 3. 1943 sagte WG vor der Gestapo aus, er habe Hans Scholl berichtet, daß seine Suche nach Mitarbeitern erfolglos gewesen sei. (ZPA, NJ 1704)

27. 1. 1943

1 *reden lange und manchmal sehr wesentlich:* Nach den Aussagen Wilhelm Geyers und Harald Dohrns ging die heftig und kontrovers geführte Diskussion um die Rolle der katholischen Kirche im nationalsozialistischen Deutschland. »Scholl kam« – so die Akten des dritten ›Weiße-Rose‹-Prozesses – »auf die Härte und Grausamkeit des Krieges sowie auf das Judenproblem zu sprechen und richtete dann an Dohrn die Frage, ob die Kirche nicht gegen diese Zustände auftreten müsse.« Sowohl Dohrn wie Geyer hätten daraufhin erklärt, »das sei nicht Sache der Kirche, sondern es sei Gewissenssache jedes Einzelnen, wie er sich dazu stelle [...]; die Kirche verlange Einsatz des Lebens nur im persönlichen Glaubensbekenntnis.« (ZPA, NJ 534)

Aus dem Urteil des dritten ›Weiße-Rose‹-Prozesses läßt sich schließen, daß an diesem Abend neben Wilhelm Geyer und Harald Dohrn sowie einigen unverdächtigen »weiteren Personen« die Geschwister Scholl, Christoph Probst, Willi Graf, Gisela Schertling und der Bildhauer Rieber anwesend waren. (ZPA, NJ 534)

2 *für Fr. sind diese Tage wieder sehr dumm und aufregend:* Der damals mit Fritz Leist zusammenwohnende Emil Martin glaubt, Fritz Leist habe eine Nachmusterung zur Wehrmacht befürchtet. (Emil Martin, 17. 10. 1984.)

28. 1. 1943

1 *arbeiten wir einige Stunden angestrengt:* Die Arbeit war mit großer Wahrscheinlichkeit die weitere Vervielfältigung des 5. Flugblatts ›Aufruf an alle Deutsche‹.

Am 26. 2. 1943 schilderte WG dem Vernehmungsbeamten diese – gemeinsam mit den Geschwistern Scholl und Alexander Schmorell – durchgeführte Aktion: »Bei meinem Eintreffen, vielleicht gegen 17.00 Uhr, war Scholl Hans gerade damit beschäftigt, die erforderlichen Wachsmatrizen zu schreiben. Bei der nachfolgenden Vervielfältigung haben wir uns gegenseitig unterstützt, d. h. wir haben uns beim Abziehen (Durchdrehen) gegenseitig abgelöst. Manchmal habe ich selbst den Vervielfältigungsapparat bedient oder ich habe mich mit dem Ordnen der durchgedrehten Flugblätter beschäftigt. Als ich an jenem Abend die Schollsche Wohnung etwa um 20 Uhr verließ, waren etwa 2000–2500 Flugblätter fertiggestellt. Soviel ich weiß, haben die Geschwister Scholl und Schmorell nach meinem Weggehen weiter gearbeitet, bzw. noch weitere Flugblätter hergestellt, wieviel insgesamt, vermag ich nicht anzugeben. Ich mußte an diesem Abend vorzeitig weggehen, weil meine Schwester Anneliese, die von dieser Sache keine Ahnung hatte, mich erwartete und ich schließlich durch mein Fernbleiben keinen Verdacht erwecken wollte.« (ZPA, NJ 1704)

Das Verhör enthält allerdings hinsichtlich des Termins widersprüchliche Aussagen. Während WG zunächst den Nachmittag des 20. oder 21. Januar angab – wofür das TB keinen direkten Hinweis enthält –, sagte er später im selben Verhör aus, »die besprochenen Vervielfältigungen« seien am Abend des 27. Januar im Hause Scholl hergestellt worden. (ZPA, NJ 1704)

2 *Mainardi:* Der Cellist und Komponist Enrico Mainardi (1897–1976).

3 *5. und 6. Bach-Suite:* Johann Sebastian Bach: Suiten für Cello, Nr. 5, BWV 1011; Nr. 6, BWV 1012.

4 *Die Nacht sieht mich spät im Bett:* Dieser Eintrag, der sich mit Sicherheit auf die Verteilung der Flugblätter im Stadtkern Münchens bezieht, deckt sich mit WGs Zeitangabe im Verhör am 26. 2. 1943, bei dem er angesichts der Beweislast seinen Anteil an der ›Streu-Aktion‹ genau beschreibt: »Nachdem mir nun ein Stadtplan vorgezeigt wurde, auf welchem die gesamte Streuaktion mit verschiedenfarbigen Nadeln festgehalten ist, gebe ich zu, das Stadtgebiet vom Sendlingertorplatz aus in südlicher bzw. südöstlicher Richtung in jener Nacht bestreut zu haben. Ich erinnere mich auch, verschiedentlich Flugblätter in größerer Zahl auf sogenannte Splitterschutzsockel und Briefkästen gelegt zu haben. Während der ganzen Dauer meiner Streutätigkeit fühlte ich mich unbeobachtet. [...] An der Franz-Joseph-/Ludwigstraße bestieg ich eine Straßenbahn der Linie 3 oder 23, fuhr bis zum Odeonsplatz, ging über den Marienplatz zum Sendlingertorplatz. Die ersten Flugblätter habe ich in der Müllerstraße Richtung Isar abgelegt bzw. ausgestreut. Ungefähr um 1 Uhr hatte ich alle mitgeführten Flugblätter ausgestreut und begab ich mich anschließend zu Fuß zur Wohnung Scholl.« (ZPA, NJ 1704)

Auch die Meldung des Oberstaatsanwalts München I an den Reichsjustizminister vom 5. 2. 1943: »In den letzten Tagen wurden etwa 1300 Flugblätter antinationalsozialistischen Inhalts mit demokratisch-föderalistischer Tendenz auf den Straßen der Stadt gefunden«, verweist eindeutig auf diese Aktion. (AZ: 1 JS-SO 166/43; Zentrales Staatsarchiv Potsdam.)

29. 1. 1943

1 *Kabasta:* Der österreichische Dirigent Oswalt Kabasta (1896–1946).
2 *Mozart Symphonie D-Dur:* Es ist nicht mehr feststellbar, welche der 12 D-Dur-Symphonien gemeint ist.
3 *Bartok-Musik:* Zu WGs Verhältnis zu dem ungarischen Komponisten Béla Bartok (1881–1945) s. auch an Marita Herfeldt, 2. 2. 1943, S. 182.
4 *Beethoven Symphonie Nr. 8, F-Dur:* Ludwig van Beethovens Symphonie, opus 93.
5 *Leonoren-Ouvertüre Nr. 2:* Ludwig van Beethovens Ouvertüre ›Leonore‹, Nr. 2, C-Dur, opus 72a, 1805.

30. 1. 1943

1 *Der Sturm auf dem Meer:* Matthäus 8, 23–27.
2 *Hilde O.:* Annelieses Schulfreundin Hilde Orschel.

31. 1. 1943

1 *Seehaus:* Restaurant im Englischen Garten.
2 *Bach: Konzert im italienischen Stil:* Johann Sebastian Bach, ›Concert im italiänischen Gusto‹ (1735), das sogenannte ›Italienische Konzert‹, BWV 971.
3 *H. von Heiseler: Wawas Ende:* Henry von Heiseler (1875–1928), ›Wawas Ende‹, München 1933.
4 *Bustabo:* Die 1919 geborene amerikanische Geigerin Guila Bustabo.
5 *Tartini:* Der italienische Geiger und Komponist Giuseppe Tartini (1692-1770).
6 *4. Kapitels aus der Apostelgeschichte:* Petrus und Johannes vor dem Hohen Rat.
7 *Christel ist zu Besuch:* Christoph Probst befand sich Ende Januar für einige Tage in München. Es ist denkbar, daß an diesem Abend jener Flugblatt-Text diskutiert wurde, den Christoph Probst im Hinblick auf die Niederlage von Stalingrad verfaßt hatte, über die er – wie das Volksgerichtshof-Urteil des ersten ›Weiße-Rose‹-Prozesses bestätigt – bereits zu diesem Zeitpunkt durch »Abhören englischer Sender« informiert war. (ZPA, NJ 1704)
In der Urteilsbegründung heißt es weiter, Scholl habe seinen Freund Probst aufgefordert, »ihm ein Manuskript zu liefern, das dem deutschen Volk die Augen öffne! [. . .] Einen Flugblattentwurf, wie gewünscht, lieferte Probst dem Scholl auch tatsächlich Ende Januar.« (ZPA, NJ 1704)

1. 2. 1943

1 *für Friedrich:* Der Student Friedrich Falk (geb. 1923) kam über Hermann Krings und eine ND-Gruppe zum Freundeskreis der ›Siegfriedstraße‹ und nahm gelegentlich an den Zusammenkünften teil. Von den Widerstandsaktivitäten WGs hat er – wie Hermann Krings am 19. 12. 1984 mitteilte – mit Sicherheit nichts gewußt.
Über die hier vermerkte »Aktion« gab WG am 27. 2. 1943 zu Protokoll, er habe beim Wehrbezirkskommando München darum ersucht, Falk nicht zu einem Panzerregiment nach Augsburg, sondern aus »gesundheitlichen Gründen« zu einem Münchener Ersatz-Truppenteil einzuberufen – eine Aussage, die Hermann Krings später bestätigte.
Darüber hinaus gab WG – wie sich Anneliese Knoop-Graf erinnert – Fritz Falk Medikamente, damit er die Notwendigkeit ärztlicher Betreuung simulieren konnte.
Unklar bleibt, was die Gestapo veranlaßt

hat, sowohl WG als auch Hans Scholl nach Friedrich Falk zu befragen. Letzterer war mit Falk höchstwahrscheinlich gar nicht bekannt, so daß WGs Aussage, er halte es »für vollkommen ausgeschlossen, daß sich Scholl beim Wehrbezirkskommando für Falk verwendet« habe (ZPA, NJ 1704), wohl der Wahrheit entspricht.

3. 2. 1943

1 *in Deutschland wird bekannt:* Die offizielle Meldung von der bereits am 31. 1. 1943 erfolgten Kapitulation der 6. Armee. Siehe dazu den ›Geheimbericht der SS‹ vom 4. 2. 1943: »... Allgemein ist die Überzeugung vorhanden, daß Stalingrad einen Wendepunkt des Krieges bedeutet. Während die kämpferischen Naturen Stalingrad als Verpflichtung zum letzten Einsatz aller Kräfte an der Front und in der Heimat empfinden, von diesem Einsatz aber auch den Sieg erhoffen, sind die labileren Volksgenossen geneigt, im Fall von Stalingrad den Anfang vom Ende zu sehen. Manche Volksgenossen, die verantwortliche Stellungen bekleiden, aufgrund deren sie über die Lage auf einem bestimmten Sektor tiefere Einblicke haben, sprechen ziemlich ungehemmt über die Schwierigkeiten und tragen durch ihre bedenkenvollen Äußerungen zur Lage dazu bei, andere Volksgenossen mit ihrem Pessimismus anzustecken.« (Heinz Boberach, Hrsg., ›Meldungen aus dem Reich. Die geheimen Lageberichte des Sicherheitsdienstes der SS, 1938–1945‹; Band 12, S. 4751.)
Kurt Huber zitiert diese Stimmung wenige Tage später im letzten Flugblatt, das mit den Worten anfängt: »Erschüttert steht unser Volk vor dem Untergang von Stalingrad.« Clara Huber (a.a.O., S. 37) datiert den Entwurf dieses Flugblatts auf den 8./9. 2. 1943, während Petry (a.a.O., S. 107) irrtümlicherweise den 14. 2. 1943 angibt.

4. 2. 1943

1 *Am Vormittag Vorlesungen:* Darunter auch die von Prof. Kurt Huber, die mit der Bemerkung begann: »Wir gedenken heute der Opfer von Stalingrad; die Zeit der Phrasen ist vorbei.«
Elisabeth Hartnagel-Scholl (geb. 1920), die Anfang Februar für ein paar Tage in München war und diese Huber-Vorlesung besuchte, erinnert sich, daß ihr Bruder, Alex Schmorell und Willi Graf sich danach von ihr und Sophie getrennt hätten, »um Prof. Huber aufzusuchen«. (vgl. Scholl, a.a.O., S. 219.) Das ist um so plausibler, als die Studenten unter dem Eindruck der Nachricht vom Fall Stalingrads in der Nacht vom 3./4. 2. 1943 am Eingang der Universität und an anderen öffentlichen Gebäuden Münchens Freiheitsparolen angebracht hatten; eine Tat, über die der Oberstaatsanwalt München am 5. 2. 1943 Meldung an den Reichsminister der Justiz in Berlin erstattete: »In der Nacht vom 3. auf 4. Februar 1943 wurden an mindestens 20 Stellen der Stadt München mit Blechschablone und Teerfarbe Inschriften angebracht, die lauten ›Freiheit‹ oder ›Nieder mit Hitler‹; daneben ist ein durchstrichenes Hakenkreuz angebracht. Inschriften dieser Art wurden festgestellt an Anschlagsäulen in der Ludwigstraße, an der Universität, in der Amalienstraße, in der Gegend der Salvatorstraße und am Altheimereck. Die Täter sind unbekannt. Die Hauseigentümer wurden angewiesen, die Inschriften zu entfernen.« (Zentrales Staatsarchiv Potsdam.)
Jürgen Wittenstein berichtete später über die Wirkung dieser Aktion: »Wie ein Lauffeuer ging die Neuigkeit durch die Stadt, wo die Spuren der schlecht entfernten Inschriften noch zu sehen waren. Überall standen flüsternde Gruppen umher. Posten forderten zum Weitergehen auf. Polizeiaufgebote durchstreiften die Stadt.« (Wittenstein, a.a.O., Blatt 225.)
2 *Walter:* Walter Kastner, der das Treffen in einem Brief an Anneliese Knoop-Graf geschildert hat: »München, Anfang

Februar 1943, durch die Ludwigstraße – Willi und ich. Wir redeten nicht viel, da werde ich plötzlich von ihm geschubst, unübersehbar an der Hauswand gegenüber mit schwarzer Farbe, groß: Nieder mit Hitler! Sein Blick verriet mehr als er sagte. [...] Ich brachte kein Wort heraus. Plötzlich war nur noch Angst, wahnsinnige Angst in mir; es war mehr als nur eine Ahnung, daß er nachts auch dabei war.« (4. 12. 1984)

3 *Häcker liest:* Bei der im Eickemeyerschen Atelier stattfindenden Lesung des 1. Teils von Theodor Haeckers Buch ›Schöpfer und Schöpfung‹, Leipzig, Jakob Hegner 1934, waren etwa 25 Freunde und Bekannte anwesend, darunter mit Sicherheit Hans, Sophie und Elisabeth Scholl, Willi und Anneliese Graf, Hubert Furtwängler, Otmar Hammerstein, Harald Dohrn, Josef Söhngen, Wilhelm Geyer und Gisela Schertling.

Sophie Scholl schilderte diese Zusammenkunft in einem Brief an ihren Freund Fritz Hartnagel (geb. 1917): »Seine [Haeckers] Worte fallen langsam wie Tropfen, die man schon vorher sich ansammeln sieht, und die in diese Erwartung hinein mit ganz besonderem Gewicht fallen.« (Briefe, a.a.O., S. 234/235.) Aus Elisabeth Hartnagel-Scholls späterer Darstellung geht hervor, daß nicht über die Flugblatt-Aktionen gesprochen, sondern nur allgemeine Kritik am Regime geäußert wurde, die man »unter Gleichgesinnten wagen konnte«. (Scholl, a.a.O., S. 219.)

5. 2. 1943

1 *Ria:* Maria Vieth (geb. 1919), die Frau von WGs altem Freund Otto Vieth (vgl. TB 7. 2. 1943, Anm. 2), war mit ihrer zweijährigen Tochter Hildegard für einige Monate in Pfronten/Allgäu.

2 *Gespräch:* Aus der Erinnerung berichtet Maria Vieth, WG habe mit ihr über seine Widerstandsaktivitäten gesprochen; sie vermutet, daß er vor allem daran interessiert gewesen sei, die Einstellung ihres Mannes zu erfahren. (an Anneliese Knoop-Graf, 25. 8. 1984.)

6. 2. 1943

1 *Rias Schwester und Hermann:* Hildegard und Hermann Meyer.

7. 2. 1943

1 *Telegramm:* Die Nachricht, daß Otto Vieth nach seiner Verwundung bei Stalingrad im Lazarett in Lengerich sei, veranlaßte Maria, früher als geplant abzureisen. Sie machte mit WG ein Treffen am Münchener Bahnhof aus, entschloß sich dann aber, unter Umgehung Münchens, über Ulm zu fahren. (vgl. TB 15. 2. 1943.)

2 *Otto:* Otto Vieth (1911–1987) mit WG seit 1936 befreundet, hatte der ›Sturmschar‹ angehört, war viele Jahre in Verlagen Bündischer Zeitschriften leitend tätig gewesen und gab nach dem Verbot der ›Jungen Front‹ (1932–1935) und des ›Michael‹ (1935–1936) den ›Deutschen Kulturwart‹ heraus. WG und Otto Vieth standen in ständigem Briefkontakt, hatten sich aber seit einer gemeinsamen sechswöchigen Trampfahrt nach Ostpreußen im Sommer 1938 nicht wieder gesehen. Im August 1941 wurde Otto Vieth zur Wehrmacht eingezogen.

Er gründete in den 50er Jahren den Urban-Verlag in Hamburg, wo er bis zu seinem Tode lebte.

8. 2. 1943

1 *Besuch bei Hans:* Am 8. 2. 1943 fand in der Wohnung von Hans Scholl die in der Literatur häufig kommentierte erste Begegnung zwischen Falk Harnack, Hans Scholl, Alexander Schmorell und WG statt. Scholl und Schmorell hatten Harnack bereits im November 1942 in Chemnitz aufgesucht und ihn um Rat und konkrete Hilfe für die Widerstandsaktio-

nen des Winters 1942/43 gebeten. Falk Harnack begegnete WG hier zum ersten Mal: »Sein klares und ernstes Gesicht beeindruckte mich, und da er mir von Hans und Alex vorgestellt wurde, konnte sogleich das grundsätzliche Gespräch beginnen: Wie schreitet man in der Widerstandsarbeit am besten voran?« (Falk Harnack an Anneliese Knoop-Graf, 31. 3. 1983.)
Einem Auszug aus dem Vernehmungsprotokoll Alexander Schmorells vom 11. 3. 1943 ist zu entnehmen, daß die Studenten Falk Harnack »im Laufe der Unterhaltung« das Flugblatt ›Aufruf an alle Deutsche‹ zeigten, dessen Inhalt dieser für »gut befunden« habe. (ZPA, NJ 1704)
Die Verbindung zu dem 1913 in Stuttgart geborenen Drehbuchautor und Regisseur Dr. Falk Harnack, s. Z. Soldat in Chemnitz, hatte eine gemeinsame Freundin von Schmorell und Harnack, die in München lebende Malerin Lilo Berndl-Ramdohr, die bei der Begegnung im Hause Scholl kurz anwesend war (vgl. Scholl, a.a.O., S. 186), im November 1942 hergestellt.
Falk Harnack war der Bruder des 12 Jahre älteren Arvid Harnack, des am 22. 12. 1942 in Berlin-Plötzensee hingerichteten Leiters der – später von der Gestapo als ›Rote Kapelle‹ bezeichneten – Widerstandsgruppe Harnack-Schulze-Boysen.
Über den Besuch in der Schollschen Wohnung existiert ein ausführlicher Bericht Falk Harnacks von 1947, aus dem hervorgeht, daß er seinen Vettern Dietrich Bonhoeffer (1906–1945), Pfarrer der Bekennenden Kirche, und Klaus Bonhoeffer (1901–1945), Syndikus der Deutschen Lufthansa, die der Widerstandsgruppe um Generalmajor Oster (1888–1945), Abwehr OKW, angehörten, von den Aktivitäten der ›Weißen Rose‹ erzählt hatte und den Studenten bei seinem Besuch sowohl die Nachricht von dem grundsätzlichen Kooperationsinteresse der Bonhoeffers als auch den neuesten militärischen Lagebericht übermitteln und sie über den wachsenden Widerstand in der Heeresführung informieren konnte. Auch Ort und Datum für eine erste Begegnung zwischen Scholl, Schmorell und Mitgliedern des Bonhoeffer-Dohnanyi-Kreises waren festgelegt: 25. 2. 1943, Berlin, Gedächtniskirche, 18.00 Uhr, Ersatzzeit 19.00 Uhr. Die Ereignisse des 18. Februar verhinderten einen Kontakt, der möglicherweise die Aktivitäten der ›Weißen Rose‹ in völlig neue Bahnen gelenkt hätte.
Falk Harnack wurde am 6. 3. 1943 verhaftet, jedoch im zweiten ›Weiße-Rose‹-Prozeß überraschend freigesprochen. Aber der Freispruch blieb de facto wirkungslos. Im Dezember 1943 erhielt Harnacks inzwischen nach Athen versetzte Kompanie den von Himmler persönlich unterzeichneten Geheimbefehl, ihn in ein SS-Arbeitslager zu bringen. Auf dem Athener Flughafen gelang es Harnack, zu flüchten. Er tauchte unter, schloß sich der griechischen Partisanenorganisation ›ELAS‹ an und beteiligte sich am Aufbau des ›Antifaschistischen Komitees Deutscher Soldaten Freies Deutschland‹ (AKFD) in Griechenland und später in Jugoslawien. 1945 kehrte er nach Deutschland zurück. Er lebt heute in West-Berlin.
Das bereits erwähnte Erinnerungsprotokoll verzeichnet – neben den Diskussionen mit den Studenten, dem Ablauf des Volksgerichtshof-Prozesses am 19. 4. 1943 und der Begegnung mit den Verurteilten – auch Harnacks letzte Gespräche mit WG: »Wir kamen in die ›Aufnahme‹ herein, die Justizbeamten hatten schon unsere kleinen Pakete zurecht gestellt und hatten uns sogar das Abendessen, obwohl es nun schon 12.00 Uhr nachts war, aufgehoben. Graf und ich waren ausgehungert. Wir versuchten zu essen, es gelang uns nicht. Langsam begann ein Gespräch zwischen uns. Da ich nun meine ›Habe‹ in der Hand hatte, in der sich auch Zigaretten befanden, holte ich Zigaretten heraus. Der Wachtmeister wollte eigentlich Einspruch erheben. Wir sahen ihn an und Graf sagte zu ihm: ›Nun

ist's genug.‹ Da ließ er uns ruhig rauchen. Willi fragte mich: ›Falk, Du weißt ja von Deinem Bruder Bescheid. Wie lange dauert es denn nun bis zur Hinrichtung? Hoffentlich recht bald, denn das Warten ist entsetzlich.‹ Ich antwortete ihm: ›Gib noch nicht alle Hoffnung auf, da Du ja nicht der Initiator dieser Aktion bist, besteht doch die Möglichkeit, daß ein Gnadengesuch für Dich Erfolg hat. Im übrigen glaube ich, daß die Wartezeit, da dieser Prozeß so viel Aufsehen im In- und Auslande erregt hat, nicht lang sein wird.‹ [...] Der Justizbeamte trieb uns zur Eile, wir packten unsere Sachen zusammen, gingen die steile Treppe hinunter in den Gefängnishof und stiegen zu den Freunden in den Wagen.« (Scholl, a.a.O., S. 195–216; s. auch Petry, a.a.O., S. 105; Drobisch, a.a.O., S. 124–126; Jahnke, a.a.O., S. 37; Bretschneider, a.a.O., S. 190–193; Verhoeven/Krebs, a.a.O., S. 163–166.)

2 *Die Arbeit:* Das Anbringen von Freiheitsparolen an Gebäuden in der Münchener Innenstadt während der Nacht vom 8./9. Februar. WG bestritt im Verhör vom 26. 2. 1943, bei dieser Aktion mitgemacht zu haben. Aufgrund »vorhandener Anhaltspunkte« mußte er aber am 2. 3. 1943 seine Teilnahme eingestehen: »Scholl war mit einem Farbkübel und Pinsel ausgestattet, welche Gegenstände er, in ein Papier eingewickelt, in der Hand hatte. Wir gingen von der Wohnung Scholl aus durch die Franz-Joseph-Straße – Leopoldstraße zur Universität, wo Scholl sofort begann, am Eingang (Ludwigsstraße) die bekannten Aufschriften anzuschmieren. Meines Wissens hat er vier oder fünf Mal mit sehr großen Buchstaben das Wort ›Freiheit‹ angeschrieben. Während der Tätigkeit des Scholl ging ich vor dem Brunnen bzw. der Anlage vor dem Universitäts-Eingang auf und ab, um Scholl vor einer etwaigen Überraschung zu schützen. Es war an jenem Abend ziemlich dunkel, habe aber trotzdem die von Scholl angeschmierten Aufschriften gesehen, denn ich ging ab und zu an den Eingang zur Universität hinüber, um mich von dem Stand der Dinge zu überzeugen. Daß Scholl bei der gleichen Gelegenheit, unter Verwendung einer Schablone, auch die Worte ›Nieder mit Hitler‹ am Eingang zur Universität angeschrieben hat, habe ich nicht wahrgenommen. Auch die Schablone habe ich an diesem Tag nicht gesehen.« (ZPA, NJ 1704) Auch zur letzten, in WGs Tagebuch nicht mehr aufgeführten Aktion vom 15. 2. 1943 liegt ein ausführliches Verhörsprotokoll, aufgenommen am 26. 2. 1943, vor: »Vom Hauptbahnhof aus begaben wir uns über den Stachus, über Lenbachplatz, Ritter-v.-Epp-Platz zur Buchhandlung Hugendubel, wo Scholl und Schmorell verschiedene Aufschriften anschmierten, während ich auf der Straße auf und ab ging. Verabredet war es nicht, doch wenn jemand des Weges gekommen wäre, hätte ich Scholl und Schmorell zuvor verwarnt, bevor man sie beim Anschmieren überrascht hätte. Von der Buchhandlung Hugendubel aus gingen wir über den Wittelsbacherplatz an dem Kino ›Wittelsbacher Lichtspiele‹ vorbei, hinüber zur Amalienstraße. In dem Durchgang zur Amalienstraße haben Scholl und Schmorell verschiedene Hetzparolen angeschrieben. Ob sie dabei eine Schablone benützten, weiß ich nicht, da ich langsam voraus ging und dies nicht gesehen habe. Bei Hugendubel wurde jedenfalls keine Schablone verwendet, das weiß ich bestimmt. Es könnte möglich sein, daß Scholl und Schmorell auf dem weiteren Weg zur Wohnung Scholl auch noch an anderen Stellen angeschmiert haben, ohne daß ich dies sah, denn ich ging mit dem Köfferchen und den zwei Mappen [mit Flugblättern] in der Hand immer ein kleines Stückchen voraus.« (ZPA, NJ 1704) Die Anklageschrift wird am 8. 4. 1943 zusammenfassend feststellen, daß WG bei den Aktionen am 8. 2. 1943 und 15. 2. 1943 den »Aufpasser« gespielt bzw. das »Unternehmen gesichert« habe. Ob WG bei den – in der Meldung des Oberstaatsanwaltes München am 5. 2. 1943 erwähnten – »Umtrieben« in

der Nacht vom 3./4. 2. 1943 ebenfalls assistierte, ist nicht mehr zu rekonstruieren; weder das Tagebuch noch die Gestapo-Akten enthalten einen Hinweis darauf. Ein Indiz für die Teilnahme WGs an der ersten Aktion könnte lediglich die TB 4. 2. 1943, Anm. 2, erwähnte Schilderung Walter Kastners sein. Daß dennoch die meisten bisherigen Publikationen übereinstimmend behaupten, alle diese Aktionen seien zu dritt ausgeführt worden, ist vermutlich auf die Berichte von Elisabeth Hartnagel-Scholl und Inge Aicher-Scholl zurückzuführen, die drei Freunde hätten in der Schollschen Wohnung von dem »kühnen Streich der Nacht« (3. 2. 1943) erzählt. (Scholl, a.a.O., S. 68 und 218.)
Wahrscheinlich war WG, der als Feldwebel über eine Pistole verfügte, ebenso wie Hans Scholl bei den Aktionen bewaffnet, auch wenn er das im Verhör vom 27. 2. 1943 leugnete. Hubert Furtwängler hält es für durchaus möglich, daß WG – wie auch Scholl und Schmorell – im Ernstfall von der Waffe Gebrauch gemacht hätten. (vgl. Aufzeichnung eines Gesprächs mit Furtwängler, IfZ., 7. 8. 1964; Fa 215/2, Blatt 146, sowie Furtwängler an Anneliese Knoop-Graf, 16. 6. 1985.)

11. 2. 1943

1 *Gespräch:* Höchstwahrscheinlich bezieht sich dieser Vermerk auf die zweite Beratung mit Harnack, an der außer Hans Scholl auch Kurt Huber und Alexander Schmorell teilnahmen und die – nach Aussage von Huber und Harnack – am 9. 2. (nicht am 11. 2. 1943) stattfand. Demgegenüber blieb WG jedoch auch im Verhör am 1. 3. 1943 bei der Datierung 11. 2. 1943. (s. hierzu das S. 24 wiedergegebene Zitat.)
Diese Aussage deckt sich mit Harnacks Darlegung in dem TB 8. 2. 1943, Anm. 1, erwähnten Erinnerungsprotokoll. Hauptpunkte des Gesprächs waren die Mitteilung »von dem Einverständnis Berlins (Brüder Bonhoeffer) zur Herstellung einer überparteilichen und antifaschistischen Front«, die praktisch anstehenden Aufgaben des Widerstandes, erste Schritte nach einem erfolgreichen Putsch sowie eine kontrovers geführte Aussprache über die künftige politische und wirtschaftliche Struktur Deutschlands. Für die abweichenden Datierungen dieses Gesprächs bei Harnack und WG gibt es keine schlüssige Erklärung.
2 *wieder hinüber:* WG ging wahrscheinlich noch einmal in die Schollsche Wohnung – eine Deutung, die sinnvoll erscheint, wenn man die im TB unter dem 11. 2. 1943 erwähnten Ereignisse mit dem von Harnack berichteten Treffen am 9. 2. 1943 gleichsetzt. Ob diese Vermutung den Tatsachen entspricht, oder ob am 11. 2. 1943 noch ein anderes Gespräch in der Franz-Joseph-Straße stattgefunden hat, für das es allerdings keinen Anhaltspunkt gibt, ist nicht zu ermitteln.

12. 2. 1943

1 *einige Stunden bei Hans:* Wie das Protokoll von WGs Vernehmung am 26. 2. 1943 ausweist, arbeiteten er, Hans Scholl und Alexander Schmorell an der Vervielfältigung des von Kurt Huber entworfenen Flugblatts ›Studentinnen Studenten‹ bzw. »Kommilitoninnen Kommilitonen«: »Mit der Herstellung von Abzügen [. . .] klappte [es] aber zuerst nicht richtig und schließlich mußte ich weg, weil ich mich zur Abfahrt nach Gaissach richten mußte.« (ZPA, NJ 1704) In der Anklageschrift vom 8. 4. 1943 hieß es dann später, daß »eine zweite Auflage mit geänderter Überschrift infolge Reißens der Matrize nötig wurde«. (ZPA, NJ 1704)
Eine Anzahl dieser Flugblätter wurde am 15. 2. 1943 versandfertig gemacht und an verschiedenen Postämtern Münchens eingesteckt. (s. hierzu das auf S. 21 angeführte Zitat aus WGs Verhör vom 26. 2. 1943.)

2 *mit Walter [...] nach Gaißach:* Zu Walter Kastners Mutter. WG erwähnte diesen Aufenthalt beim Verhör am 26. 2. 1943; die Gestapo stellte jedoch keine weiteren Nachforschungen an.

13. 2. 1943

1 *Hütte:* Die ›Hütte‹ (›Drei-Burschen-Hütte‹) – an der Nordseite des Brauneck gelegen und 45 Gehminuten von Wegscheid entfernt – war, wie Emil Martin am 17. 10. 1984 berichtete, »ein ähnlich fester Begriff wie die ›Siegfriedstraße‹. Wir waren im Sommer und Winter an vielen Wochenenden dort, in den Ferien oft über mehrere Wochen.«
Emil Martin und Fritz Leist hatten sich mit WG und Walter Kastner in der Hütte verabredet. Da Fritz und Emil sich verspäteten, standen Willi und Walter vor verschlossenen Türen und kehrten um. Emil Martin erinnert sich nicht, eine Nachricht der beiden vorgefunden zu haben. In Fritz Leists Nachruf auf WG heißt es hingegen: »Vor der Hütte fand ich einen kleinen Brief von Dir, das letzte Zeichen, das Du mir mit eigener Hand geschrieben hast.« (Fritz Leist, ›Zum Gedenken‹, a.a.O., S. 1.)
2 *Otto Gmelin: Die Gralsburg:* Otto Gmelin (1886–1940), ›Die Gralsburg‹, Erzählung, Leipzig 1935. WG hatte im September 1939 einen Besuch bei dem in Bensberg bei Köln lebenden Schriftsteller geplant, der jedoch – wohl infolge des Kriegsausbruchs – nicht zustande kam.
3 *Besuch bei Maaßen:* Johannes Maaßen (1902–1949), der lange Zeit dem Bund ›Neudeutschland‹ angehörte, war als Journalist zunächst in der Redaktion der Berliner Zentrumszeitung ›Germania‹ (1871–1938) tätig. 1932 wurde er Hauptschriftleiter der im Jugendhaus Düsseldorf erscheinenden katholischen Wochenzeitung ›Junge Front‹ (später ›Michael‹), die wegen ihrer konzessionslosen Haltung gegenüber dem Nationalsozialismus vor allem in regimekritischen Kreisen – so auch im Hause Scholl – große Beachtung fand. Nach dem Verbot des Blattes (1936) übernahm Maaßen die Leitung der Monatsschrift für Kunst und Kultur ›Neue Saat‹ (1938–1941) und wurde gleichzeitig Lektor beim Karl Alber-Verlag, Freiburg. Von 1948 bis zu seinem Tode redigierte er die durch seine Initiative neugegründete Zeitschrift ›Michael‹.
Maaßen, den WG vermutlich über Otto Vieth kennengelernt hatte, gehörte zu den »entschiedensten und zugleich geschicktesten öffentlichen Kritikern des NS-Systems«. (Vielhaber u. a., a.a.O., S. 46.) Mitschriften von dreien seiner Ende 1936 gehaltenen Vorträge befinden sich unter den von WG gesammelten Texten aus den 30er Jahren. (s. Vielhaber u. a., a.a.O., S. 46 und 88.)
Walter Kastner, der Zeuge der Unterredung am 13. 2. 1943 war, teilte am 4. 12. 1984 mit, WG habe mit Maaßen nicht über die Widerstandsaktionen gesprochen, wohl aber existiere ein Brief Maaßens vom Juli 1945, aus dem hervorgehe, daß er zu den Empfängern der vier ›Weiße-Rose‹-Flugblätter des Sommers 1942 gehört und Hans Scholl ihn im Sommer 1942 in Lenggries aufgesucht habe.
Maaßen hatte Verbindung zu den im Zusammenhang mit dem 20. Juli 1944 hingerichteten Männern Pater Alfred Delp, Nikolaus Groß, Bernhard Letterhaus und Joseph Wirmer.

2. 5. 1940

1 *im Schwarzwald:* In Neuenbürg, wo WG – Mitte Januar 1940 in München zu einer Sanitätsersatzabteilung eingezogen – von Ende Februar an bei einer Krankentransporteinheit stationiert war, ehe er am 1. 6. 1940 für drei weitere Monate nach Bad Wildbad versetzt wurde. »Ich habe das Glück, einen ganz wundervollen Frühling erleben zu dürfen. Ich schrieb ja schon, daß ich in einer schönen Gegend liege, die jetzt natürlich ganz anders aussieht, als vor neun Wochen, da ich nach hier kam. Fast kann ich sagen, daß ich draußen, im Wald, an dem Flüßchen, an den Abhängen die herrlichsten Stunden erlebt habe. Noch nie hatte ich nämlich so viel Zeit wie hier, wo ich doch oft und rasch spazieren gehen kann. Es läßt sich gar nicht alles aufzählen, was ich schon gesehen habe, gerade in den letzten drei Wochen. Ständig wächst und überbietet sich der Frühling, bis er mir alle Schönheiten geboten hat. [. . . . .] Ich schaue nur zum Fenster hinaus und habe schon ein fabelhaftes Bild vor mir. An den Abenden sitze ich oft an der Enz, die mitten durch das Tal fließt, manchmal ist die Ruhe wohltuend, aber es ist nun so, daß es lange Zeit zu ruhig ist.« (an Günther Schmich, 3. 5. 1940.). Ähnlich an Mariana Gölden: »Zum Lesen [. . .] habe ich reichlich Gelegenheit und nütze meine freien Stunden dazu. Ich habe einige Bücher aus München mitgenommen und auch schon schicken lassen, wir tauschen diese untereinander aus, weil ja die Anzahl für jeden beschränkt ist. Die Kameraden, mit denen ich hier zusammen bin, sind recht nette Kerle. Du wirst wissen, daß zu den Sanitätsabteilungen vor allem auch Theologen und Kapläne kommen. Auch wir haben einige davon bei uns, mit denen ich mich ganz gut verstehe. Wir helfen [uns] eben gegenseitig, die Schwierigkeit unserer Lage zu erleichtern und wenigstens einigermaßen geistig lebendig und rege zu bleiben. Denn es ist klar, daß man leicht bei diesem gleichförmigen Leben stumpf und gleichgültig wird. Das kommt aber überhaupt nicht in Frage, wenigstens für einige der Bekannten und für mich nicht.« (21. 5. 1940)

2 *Hermann:* Hermann Krings; s. TB 12. 12. 1942, Anm. 1.

3 *Fritz:* Fritz Leist; s. TB 14. 11. 1942, Anm. 2.

4 *gemeinsamen Lebens:* Ähnliches in weiteren Briefen an Gustel Sahm: »Ich weiß, daß mir dieses Gemeinsame nicht einfach zufällt. Ich suche ja auch nur eine Möglichkeit, die mich stückweise weiterbringt. Die Kluft ist aber sehr groß, die so übersprungen werden muß.« (23. 11. 1939) »Es ist einfach so, daß das vergangene gemeinsame Tun die ganze Form des Lebenkönnens gebildet hat und das Wissen davon jeden Tag überstrahlt.« (22. 5. 1940)

5 *Nurmi:* WGs Bündischer Name in Anspielung auf das Sportidol der 20er Jahre, den zähen finnischen Weltrekordläufer, und neunfachen Olympiasieger im Langstreckenlauf, Paavo Nurmi (1897–1973).

11. 10. 1940

1 *Günther:* Der katholische Priester Günther Schmich (geb. 1913) war bis 1933 maßgebliches Mitglied einer Mannheimer ND-Gruppe und später – neben Fritz Leist – einer der Führer des ›Grauen Ordens‹, der ihm seinen Namen verdankt: Schmich hatte im Mai 1934 während einer kurzen Haft in einem Mannheimer Gefängnis die Legende ›Der Meister des Ordens‹ geschrieben, eine Erzählung »von dem unsichtbaren Band«, das alle Gleichgesinnten umschließe. Nach dem grauen Einband dieser Schrift nannte sich die Gemeinschaft ›Grauer Orden‹. (Schmich, a.a.O., S. 20.) Die 1935 bei einer Italienfahrt begon-

nene Freundschaft zwischen dem Theologiestudenten Schmich und WG setzte sich bei gemeinsamen Fahrten, häufigen Besuchen und in regem Briefwechsel fort. Während der Verfolgung Bündischer Aktivitäten, 1937/38, wurden beide wegen ihrer Zugehörigkeit zum ›Grauen Orden‹ verhaftet und später amnestiert. WG hat den als ›Mischling ersten Grades‹ verfolgten Freund von den Aktionen der ›Weißen Rose‹ bewußt ferngehalten. Im September 1943 gelang es Günther Schmich, durch Vermittlung des Gefängnispfarrers Ferdinand Brinkmann (1896 bis 1948) allein mit WG in der Todeszelle zu sprechen. Er berichtet: »Der Gefängnispfarrer von Stadelheim hatte es im September 1943 riskiert, mir, obwohl ihm gänzlich unbekannt, einen Besuch Willi Grafs zu ermöglichen. Unter dem Vorwand einer Führung durch das Gefängnis ließ er mich für zehn Minuten mit ihm allein in der Todeszelle. Willi Graf sagte, und das war sicher keine Flucht nach vorn: ›Es war richtig, was ich und meine Freunde getan haben‹«. (vgl. Knoop-Graf, ›Widerstand im Widerstreit‹, a.a.O., S. 7.)
Günther Schmich war von 1949 bis 1976 Religionslehrer in Ludwigshafen am Rhein; er lebt jetzt als Studiendirektor i. R. in Mannheim.
2 *sehr viel gefahren:* Nach einem 14tägigen Aufenthalt bei der Ersatzabteilung in München wurde WG Mitte September 1940 zur Front abgestellt und kam – lt. Brief vom 29. 11. 1940 an Hanns Schmidramsl – nach tagelanger Fahrt durch Nordfrankreich zu einer Pionierkompanie an die Kanalküste.
3 *Ali:* Alois Mauer, s. TB 7. 8. 1942, Anm. 1.
4 *meinen Büchern:* Alois Mauer bewohnte WGs früheres Zimmer in München.
5 *»das Tagebuch eines Landpfarrers«:* Georges Bernanos, ›Journal d'un curé de campagne‹, Paris 1936.
Auch Hans Scholl berichtete am 3. 6. 1940, er habe die französische Ausgabe dieses Buches gekauft (Briefe, a.a.O., S. 34), und Sophie Scholl schrieb am 13. 1. 1941 an Fritz Hartnagel: »Abends lasen wir zusammen, ein Buch von Bernanos. Wenn Du etwas von ihm bekommen könntest, dort wo Du bist. Er erscheint in Deutschland nimmer, da er ein lebender Franzose ist. Das Buch hieß: ›Tagebuch eines Landpfarrers‹. Wenn Du es nur irgendwie zum Lesen bekommen könntest. Ich jedenfalls möchte es einmal besitzen.« (Briefe, a.a.O., S. 168.)
6 *Bernanos:* Der französische Schriftsteller Georges Bernanos (1888–1948) war einer der Hauptwegbereiter des Renouveau Catholique und hatte zu Beginn des Zweiten Weltkriegs in der ›Lettre aux Anglais‹ heftige Angriffe gegen Hitlers usurpatorische Maßnahmen gerichtet.

1. 12. 1940

1 *zu einem anderen Verein:* WG wurde im November 1940 zu einer schweren Artillerieabteilung nach Belgien versetzt.
2 *Pallieter:* Die 1916 erschienene Erzählung des flämischen Dichters Felix Timmermans (1886–1947).
3 *Verlaine:* Der französische Lyriker Paul Verlaine (1844–1886).
Zu WGs Beschäftigung mit Verlaine vergleiche auch den Brief an die Schwester Anneliese: »Jetzt macht es mir Freude, französische Gedichte zu lesen, die ich früher schon in deutschen Übersetzungen gekannt habe. Mit Hilfe eines Wörterbuchs komme ich ganz gut zurecht.« (20. 10. 1940) Ähnlich an Günther Schmich: »Ich habe Dir heute die Verlaine-Gedichte besorgt. [...] Hoffentlich machen Dir die Gedichte Freude. Es sind herrliche Dinge dabei. Einige Male ließ ich mir gute Gedichte von Franzosen vorlesen.« (9. 1. 1941)
4 *Gide:* Der französische Schriftsteller André Gide (1869–1951) war nach der Niederlage Frankreichs 1940 in den unbesetzten Teil des Landes ausgewichen, wo er Mitarbeiter des Résistance-Verlags ›Les Editions de Minuit‹ wurde.

5 *seidenen Schuhen:* S. TB 16. 7. 1942, Anm. 3.

6 *Jaspers Psychopathologie:* Karl Jaspers, ›Allgemeine Psychopathologie‹, München 1913. Zu WGs Beschäftigung mit Jaspers s. auch TB 29. 11. 1942, Anm. 2.

8. 5. 1941

1 *Fabrikdienst:* Während der Semesterferien waren alle Studentinnen zur Arbeit in einem kriegswichtigen Betrieb dienstverpflichtet; Anneliese Graf arbeitete in einer Wäschefabrik.

2 *Straße:* Amalienstraße.

3 *mit südlicher Erde gereizt:* »Von Ende März bis Ende April steckte ich [...] im Südosten. Die Fahrt ging [...] über Wien nach Graz, und von dort während des Feldzugs weit nach Jugoslawien hinein.« (an Günther Schmich, 29. 5. 1941.)

21. 5. 1941

1 *polnischen Dorf:* »Seit Ende April liege ich nun in einem kleinen polnischen Dorf. [lt. Tagebuch 1941 in der Nähe von Lodz.] Eintönig und ungastlich war es, bis vor gut acht Tagen auch hier der Frühling und zugleich der Sommer begann, denn diese Jahreszeiten scheinen hier fast zusammenzufallen. Nun kann man es fast schon hier aushalten, denn es ist genügend Wasser zum Schwimmen in der Nähe, und die Sonne kommt auch fast an jedem Tag. Die Abende, und das ist für mich die Zeit zum Lesen und Schreiben, sind leider recht unübersichtlich und schlecht verteilt, weil immer wieder etwas Neues geschieht oder dazwischen kommt, sodaß oft tagelang jedes geordnete Tun unmöglich wird.« (an Günther Schmich, 29. 5. 1941.)

12. 6. 1941

1 *zum zweiten Mal in den Osten:* Vgl. hierzu WGs im Gefängnis geschriebenen Lebenslauf: »... die Einheit [...] kam im März nach Osten, nahm im April 1941 am Feldzug in Serbien teil. Im Mai ging es wieder in den Osten, die Einheit lag bis zum Ausbruch des Krieges gegen Rußland im Generalgouvernement.«

2 *Renoldi:* Verwandte von Marita Herfeldt.

3 *Isabel Hamer:* Die Schriftstellerin Isabel Hamer (geb. 1912).

4 *Perdita:* Isabel Hamers Roman, Tübingen 1938.

5 *Isolde Kurz:* Die Schriftstellerin Isolde Kurz (1853–1944).

6 *Wiechert:* Der Schriftsteller Ernst Wiechert (1887–1950) spielte schon für den Schüler WG eine wichtige Rolle: »Jetzt am Donnerstag liest Ernst Wiechert aus eigenen Werken. Ich freue mich darauf. Bin mal gespannt, wie er aussieht. Ich habe eine saubere Rede von ihm, die er Anfang des Jahres in München vor den Studenten gehalten hat. Ich muß sie Dir mal geben.« (an Hans Ekkert, 2. 11. 1936.) Diese Rede, von der WG dem Freund am 24. 1. 1937 einen – leider nicht mehr erhaltenen – Abzug schickte, ist aller Wahrscheinlichkeit nach mit Ernst Wiecherts am 16. 4. 1935 im Auditorium Maximum der Universität München gehaltenen Rede ›Der Dichter und die Zeit‹ identisch, die in oppositionellen Kreisen kursierte und von der auch im Hause Scholl ein Sonderdruck vorhanden war. (vgl. Briefe, a.a.O., S. 294.) In dieser Ansprache, mit der Wiechert erstmalig das Mißfallen der Regierenden erregte, heißt es u. a.: »Es gibt [...] Reiche genug, [...] wo nicht mehr gefragt wird, ob ein Gedicht, ein Roman oder ein Drama vor dem Forum der Kunst bestehe, sondern ob es vor dem Forum der politischen Meinung bestehe. [...] So bitte und beschwöre ich Sie heute: sich nicht verführen zu lassen, nur Glanz und Glück zu sehen, wo so viel Leid sich heimlich an uns wendet, und niemals, meine Freunde, niemals dahin zu kommen, zu dem Heer der Tausend und Abertausend zu gehören, von denen gesagt ist, daß sie Angst vor der Welt ha-

ben, weil nichts und nichts das Mark eines Mannes so zerfrißt wie die Feigheit.« (Ernst Wiechert, ›Der Dichter und die Zeit‹, Zürich 1945, S. 21 und 28.)
Wegen seiner Reden und öffentlichen Proteste, vor allem gegen die Verhaftung des Pastors Martin Niemöller (1892–1984), wurde Wiechert Anfang Mai 1938 festgenommen und im Juni 1938 für mehrere Wochen in das Konzentrationslager Buchenwald eingeliefert. Nach seiner Entlassung Ende August 1938 lebte er unter Gestapo-Aufsicht, wurde aber nicht mit Publikationsverbot belegt. In seinem Buch ›Der Totenwald‹, München 1946, hat Wiechert über diese Zeit berichtet.
WG beschäftigte sich auch später noch eingehend mit Wiecherts Werken; Briefe aus den Jahren 1940/41 berichten von der Lektüre der ›Majorin‹ und des ›Jedermann‹. Auch in dem 1939 in München erschienenen Roman ›Das einfache Leben‹ las er während des Vormarschs auf Moskau »immer wieder einige Seiten«: Sie »geben Richtung und Sinn«. (Tagebuch 3. 11. 1941; vgl. auch an Marita Herfeldt, 4. 3. 1942, S. 151.)
7 *Arbeit über Wiechert:* Möglicherweise handelt es sich um die 1937 in dem Bonner Verlag Röhrscheid erschienene Studie von Wolfgang von Stein ›Ein Dichter der Generationsprobleme.‹
8 *Bouvier:* Die Verlagsbuchhandlung H. Bouvier u. Co., Bonn.

15. 6. 1941

1 *Zeit wie die Heidelberger:* Anneliese Graf studierte im Winter 1940/41 in Heidelberg.

29. 6. 1941

1 *noch viel praktischer:* Marita Herfeldt studierte Slawistik.
2 *Frühe des vergangenen Sonntags:* Am 22. 6. 1941 begann der deutsche Angriff auf die UdSSR. WG vermerkte in seinem Tagebuch: »Um 3.15 Uhr geht der erste Schuß aus den Rohren. Es ist nicht mehr aufzuhalten. Der Tag vergeht ruhig. Luftkämpfe, schlafen.« (s. auch an Günther Schmich, 24. 7. 1941, S. 128.)

24. 7. 1941

1 *Guido-Stiftsplatz:* Günther Schmichs Wohnung in Speyer.

10. 8. 1941

1 *Hein:* Hein Jacobs, s. TB 16. 11. 1942, Anm. 1.

14. 11. 1941

1 *Dorf:* Puschkino, südöstlich von Moshaisk; s. Tagebuch 30. 10. 1941: »In Puschkino: Wir richten uns ein.«
2 *Tagebuchblätter von Walter Bauer:* Walter Bauer, ›Tagebuchblätter aus Frankreich‹, Dessau 1941.

18. 12. 1941

1 *Carossa:* Hans Carossa (1878–1956), dessen Autorenlesung WG am 5. 5. 1942 in München besuchte, fand bei WG und seinen Freunden große Resonanz.
2 *neues Buch:* Carossas 1941 in Leipzig erschienene Autobiographie ›Das Jahr der schönen Täuschungen‹. »Augenblicklich lese ich das neue Carossa-Buch, das ich ja noch auftreiben konnte. Es ist schon eine Ruhe und eine unvorstellbare vergangene Welt, die aus den Zeilen hervortreten. Eben Vergangenheit.« (an die Schwester Anneliese, 10. 6. 1942.) Zur Wertschätzung Carossas im Kreis um die ›Weiße Rose‹ vgl. auch Hans Scholl an seine Mutter: »Von Hans Carossa lese ich gegenwärtig sein neuestes Buch über seine Münchner Studentenzeit und entdecke manche Parallelen, obgleich er vor dem Weltkrieg studierte und wir Heutige durch mancherlei Ereignisse von oberflächlichen und unnützen Dingen nicht so

sehr in Anspruch genommen worden sind wie jene Generation.« (13. 8. 1941; Briefe, a.a.O., S. 62.)

3 *Gespräche am Abend:* Otto Gmelin, ›Gespräche am Abend. Aus dem Tagebuch des Andreas Thorstetten‹, Jena 1941.

4 *Rilkes Briefe:* Wahrscheinlich sind die 1929 in Leipzig erschienenen ›Briefe an einen jungen Dichter‹ aus dem Nachlaß von Rainer Maria Rilke (1875–1926) gemeint.

5 *Lermontoff:* Der russische Schriftsteller Michail Lermontow (1814–1841).

6 *Turgenjeff:* Der russische Schriftsteller Iwan Turgenjew (1818–1883).

7 *Dame:* ›Dame‹, eine Halbmonatszeitschrift ursprünglich des Ullstein-Verlages, weitergeführt im Deutschen Verlag, Berlin.

8 *Herz unter dem Schicksal:* Aus der 1941 in Jena erschienenen Gedichtsammlung ›Gestirn des Krieges‹ des Lyrikers Bodo Schütt (1906–1986).

9 *Bergengruen:* Der in regimekritischen Kreisen viel gelesene Autor Werner Bergengruen (s. TB 16. 7. 1942, Anm. 2) stand indirekt dem Kreis der ›Weißen Rose‹ nahe; Hans Scholl hatte Bergengruen im Herbst 1941 bei Carl Muth kennengelernt (s. Briefe, a.a.O., S. 278), während WG ihm nie persönlich begegnete.

Auf Bergengruens Roman ›Der Großtyrann und das Gericht‹, Hamburg 1935, hatte WG am 10. 11. 1936 in auffällig großen Lettern den Freund Hans Eckert aufmerksam gemacht, vermutlich weil dies Buch als verschlüsselter Angriff auf Hitler verstanden wurde. (s. auch an Marita Herfeldt, 24. 9. 1942, S. 170 und 8. 12. 1942, S. 178.)

16. 1. 1942

1 *könnte ich Dir manches erzählen:* WG hat die Erlebnisse, die er keinem Brief anvertrauen wollte, im Januar 1942 in sein Tagebuch notiert: »Das Dorf [Pestrikowa im Raum Moshaisk] muß von den Bewohnern geräumt werden. Es ist schwer, das arme Tun der Menschen ansehen zu müssen. Das Schicksal ist hart.« (3. 1. 1942) »Der Sonntag ist traurig. Schon am Morgen beginnen die Leute, sich fertig zu machen, und doch ist letzter Entschluß so schwer. Gegen Mittag Feldgendarmerie, Tränen überall. Man kann es kaum mitansehen. Es wird tatsächlich ein Abschied. Heftige Diskussionen im Anschluß, und das ist häßlich. Hier lassen sich keine Worte finden.« (4. 1. 1942) »Daß mir immer in meinen Gedanken das Schicksal dieser Menschen liegt? Bin ich tatsächlich wehleidig oder zu weich? Ich kümmere mich um die zurückgebliebenen Dinge: Katzen und Blumen.« (5. 1. 1942) »Ich habe mir die Balalaika mitgenommen, ein kleines armseliges Andenken. Jedenfalls ist es eine schwache Erinnerung an sie. Nun würde ich allerdings das Instrument gerne zurückgeben. Ob ich sie noch einmal sehen werde, die mir wie im Märchen, in der Unwirklichkeit vorkam. Daß sich ein solches Wesen in dieser Umgebung fand? Möge sie gut über diesen Krieg hinwegkommen. Auf Wiedersehen, Katja!« (10. 1. 1942) »Am Abend schießt die 1. Batterie von hier aus. Pestrikowa soll schon in Asche liegen. Und das berührt mich wieder ziemlich stark. Meine Gedanken sind bei den Menschen von dort, vor allem bei der einen, die so gar nicht in diese Welt dort paßte. Das Glück – ein so seltener Gast in diesem Land – sei ihr Freund!« (14. 1. 1942) »Meine Gedanken sind oft bei dem Mädchen des zerstörten Dorfes. Wenn es ihr nur gut geht und ihr kein Unheil zustößt. Möge Er sie behüten. Ich sehe das Schicksal Rußlands in diesem Menschen.« (23. 1. 1942)

2 *»Die Vermählung der Toten«:* Isolde Kurz, ›Die Vermählung der Toten‹, Novelle, Stuttgart 1925.

3 *Ein altes Weihnachtsspiel von Max Mell:* Max Mell (1882–1971), ›Ein altes deutsches Weihnachtsspiel‹, Wien 1924.

4 *Gunnarson:* WG las – wie der Tagebuch-Eintrag vom 6. 1. 1942 ausweist – die 1934 in München erschienene Über-

setzung der Erzählung ›Die goldene Gegenwart‹ des isländischen Schriftstellers Gunnar Gunnarson (1889–1975).
5 *Versuche von Hausmann:* Wahrscheinlich die 1940 in Recklinghausen unter dem Titel ›Einer muß wachen‹ erschienenen Essays von Manfred Hausmann (1898–1986).
6 *Pitt:* Der Theologe Peter Greif (geb. 1909), den WG durch Karl Bisa in Bonn kennengelernt hatte.

29. 1. 1942

1 *Schrift über Mörikes Gedichte:* Isabella Rüttenauer, ›Vom verborgenen Glauben in Eduard Mörikes Gedichten‹, Würzburg 1940. Offenbar die Ergänzung zu einem Gedichtband von Eduard Mörike (1806–1875), den – wie ein Dankesbrief vom 9. 1. 1942 zeigt – Günther Schmich zu Weihnachten geschickt hatte: »Deine Mörike-Gedichte haben mir da sehr viel Freude gemacht, denn ich begegnete in dem schmalen Bändchen ein paar alten Bekannten, die ich schon lange Zeit nicht mehr gelesen hatte. Eines davon ist das Eduard-Gedicht. Kennst Du es?« (Vermutlich handelt es sich um das Mörike-Sonett ›Eberhard Wächter‹, 1828.)
2 *anstrengend:* Vgl. hierzu die Tagebuchnotiz vom 29. 1. 1942: »Rußland setzt uns doch mehr zu, als man gedacht hat. Die Konsequenzen sind zu tragen. Kein Lichtblick ist zu sehen.«
3 *Heinz:* Heinz Ernst, s. TB 24. 11. 1942, Anm. 1.
4 *Otto:* Otto Vieth, s. TB 7. 2. 1943, Anm. 2.
5 *Helmut:* Der später in Rußland gefallene Freiburger Helmut Braun (geb. 1921) gehörte bis 1934 der ›Sturmschar‹, danach dem ›Grauen Orden‹ an und war deshalb ebenfalls 1938 vor dem Sondergericht Mannheim angeklagt.
6 *Fati:* Bündischer Name für Franz Hug (geb. 1920). Hug kam aus der Freiburger Gruppe um Fritz Leist und gehörte zum ›Grauen Orden‹.

1. 2. 1942

1 *ich wünschte, ich hätte dies nicht sehen müssen:* Ricarda Huch (1864–1947) hat diese Briefstelle 1947 interpretiert: »Das Erlebnis des Krieges wirkte auf sein Gemüt wie ein betäubender Schlag: Auf Blut, Wunden und schweres Sterben mußte er gefaßt sein, aber brutale Behandlung und planlose Ausrottung schuldloser Menschen, wie sie von der Partei, Männern des eigenen Volkes, skrupellos, triumphierend begangen wurden, das war eine die Sinne empörende Erfahrung, eine gefährliche Erschütterung der Seele.« (Ricarda Huch, ›Willi Graf‹, a.a.O, S. 13/14.) Das ist aber nur die eine Seite. Mario Krebs hat bei seinen Recherchen zu dem Film ›Die Weiße Rose‹ herausgefunden, daß WG »an beinahe allen großen ›Kesselschlachten‹ teilgenommen hat«, bei denen »jeweils mehrere 100000 sowjetische Soldaten auf einen Schlag in Kriegsgefangenschaft gerieten. [...] Man ließ sie in den notdürftig errichteten Sammel- und Durchgangslagern schlichtweg krepieren. [...] Von 3,3 Millionen sowjetischen Kriegsgefangenen, die zwischen Juli 1941 und Jan./ Febr. 1942 gemacht wurden, sind auf diese Weise 2 Millionen umgekommen: Willi Graf hat in diesen Monaten das Elend dieser Menschen erlebt.« (Mario Krebs an Anneliese Knoop-Graf, 21. 1. 1987.)
2 *Platen-Gedichte:* August Graf von Platen-Hallermünde (1796–1835), ›Gedichte‹, Tübingen 1828. Anneliese Graf hatte ihrem Bruder damals einige Gedichte aus dieser Sammlung abgeschrieben.

4. 3. 1942

1 *Löhndorffs abenteuerliche Reiseberichte:* Laut Tagebuchnotizen vom 15. 2. und 23. 2. 1942 hatte WG von Ernst Friedrich Löhndorff (1899–1976) zu dieser Zeit die Romane ›Amineh. Die 10000 Gesichter Indiens‹, Bremen 1932

und ›Bestie Ich in Mexiko‹, Stuttgart 1927, gelesen.
2 *C. F. Meyer:* Conrad Ferdinand Meyer (1825–1898).
3 *Dauthendey:* Max Dauthendey (1867 bis 1918).
4 *Lützeler:* Der Kunsthistoriker Heinrich Lützeler (geb. 1902) war seit 1930 Privatdozent an der Universität Bonn. 1940 wurde ihm wegen regimekritischer Bemerkungen die Lehrerlaubnis entzogen; 1942 erhielt er zusätzlich Rede- und Schreibverbot und zog sich von da an auf private Vorlesungen und die Herausgabe einer Kunstzeitschrift zurück. WG, der gemeinsam mit Freunden des Bonner Kreises, z. B. Marita Herfeldt, Karl Bisa, Walter Kastner, 1937–1939 Lützelers Vorlesungen und Seminare besuchte, berichtete am 26. 3. 1940 dem Freund Hans Eckert über die Suspendierung: »Seit Ende Februar ist Lützeler endgültig von der Bonner Universität verschwunden, weil ihm die Vorlesungsberechtigung entzogen wurde. Zum Abschluß hat er eine pfundige Rede gehalten.« Bald darauf übermittelte WG dem Freund einige Auszüge aus dieser Rede: »›Ich habe nun fast zehn Jahre an dieser Hochschule gelehrt, und wenn ich hinzufüge, daß ich es mehr als die Hälfte der Zeit, nämlich von 1934 bis heute, ohne Gehalt getan habe, so geschieht es deshalb, um zu betonen, daß ich hier nicht eine Stellung verlasse, sondern einen Beruf. Man kann Bücher schreiben und dadurch viele Freunde finden. Man kann Aufsätze verfassen und Vorträge halten. Demgegenüber hat die Universitätsarbeit, falls sie recht verstanden und geübt und nicht dahingeschustert wird, eine einzigartige Stellung. Hier vermag man ein Problem ganz und gelassen zu entfalten. Hier braucht man nicht abzukürzen und um der Volkstümlichkeit und Verständlichkeit willen eine Sache einfacher darzustellen, als sie ist. Hier kann man wirklich problemgerecht sein, und das gibt ein Gefühl der Sauberkeit und erfrischt wie ein Bad.‹ Der Titel der Rede lautet: ›Vom Beruf des Hochschullehrers‹. Ich bedaure es sehr, daß ich nun diesen Mann nicht mehr hören kann.«
Von 1946–1970 war Lützeler Ordinarius für Kunstgeschichte an der Universität Bonn und leitete das von ihm gegründete Seminar für Orientalische Kunstgeschichte. Er ist Mitherausgeber der ›Zeitschrift für Ästhetik und Allgemeine Kunstwissenschaft‹ und lebt in Bonn.

6. 3. 1942

1 *Morgenstern [. . .] Galgenlieder [. . .] Palmström:* Christian Morgensterns (1871–1914) Gedichtsammlungen ›Galgenlieder‹, Berlin 1905, und ›Palmström‹, Berlin 1910, hatten bereits den achtzehnjährigen WG begeistert: »Christian Morgenstern ist teilweise glänzend.« (an Günther Schmich, 15. 3. 1936.)
2 *nicht auf ein fest umrissenes Ziel:* WG hat in verschiedenen Briefen mit seiner Schwester über ihre Berufsvorstellungen diskutiert: »Meine Behauptung, daß Du keinen Beruf suchst, hast Du etwas falsch aufgefaßt. Ich verstehe darunter etwa, daß Du nicht so sehr einen Beruf ergreifst, wie etwa ein Junge, für den dies Lebensaufgabe ist, der später dann eine Familie dazu ernähren muß. Es könnte schon sein, daß Du für einige Jahre eine Beschäftigung finden mußt, aber ich bitte Dich, bleibe nicht ewig eine Jungfrau! Solltest Du heiraten, so wirst Du vernünftigerweise Deinen Beruf an den Nagel hängen, gleichgültig, ob Du Apothekerin, Lehrerin oder sonstwas Verrücktes bist. Oder denkst Du daran, auch dann noch beruflich zu arbeiten, vielleicht eine Berufsehe zu schließen? [. . .] Aber ich kann mir das bei Dir nicht vorstellen.« (20. 1. 1940)
3 *Arzt Gion:* Hans Carossa, ›Der Arzt Gion‹, Roman, Leipzig 1931.
4 *Verwandlungen einer Jugend:* Hans Carossas 1928 in Leipzig erschienene autobiographische Erzählung.

5 *Rumänisches Tagebuch:* Hans Carossa, ›Rumänisches Tagebuch‹, Leipzig 1924.
6 *Geheimnisse des reifen Lebens:* Hans Carossa, ›Geheimnisse des reifen Lebens‹, Leipzig 1936. Im Unterschied zu den anderen Carossa-Werken schätzte WG dieses Buch, das er bereits 1937 gelesen hatte, nicht sehr. Am 2. 6. 1941 schrieb er an die Schwester Anneliese: »›Geheimnisse des reifen Lebens‹ lassen [. . .] manches vermissen.«

28. 5. 1942

1 *Wechsel:* Wie einschneidend WG diesen Wechsel empfand, zeigen die Tagebucheintragungen aus Berlin und München unmittelbar nach der Rückkehr aus Rußland: »Ich komme mir vor wie im Traumland. Festlich mutet das Bild an, hübsche Menschen, nirgendwo Zeichen des Krieges. Ich nehme das Bild in mich auf, ich kann es kaum fassen. Ich denke an die Kameraden in Rußland und an alles, was dort ist und bleibt. Die ungeheuren Gegensätze, warum müssen sie sein.« (6. 4. 1942) Und drei Tage später: »Der Wechsel ist mir noch so ungewohnt, ich finde mich nur schwer zurecht, oft scheint es mir als geschehe alles im Traum. Vor allem, wenn ich dieses ungestörte Leben betrachte, die kleinen Sorgen der Leute. Vielleicht aber ist doch alles nur Fassade.« (9. 4. 1942)
2 *aus meinem ersten Brief:* WG hatte an Marita Herfeldt am 1. 5. 1942 geschrieben: »Ich brauchte schon etwas Zeit, um mich an diese Verhältnisse zu gewöhnen, schwer fiel es mir zu schreiben. [. . .] Die Verhältnisse bei der Studentenkompanie sind hier wesentlich straffer als sonstwo, deshalb wage ich es auch nicht, einfach als Zivilist zu kommen. Ich bin sehr viel allein hier, denn die Bekannten in München stecken ja zum größten Teil im grauen Rock und sind nicht mehr hier.« (s. hierzu auch TB 18. 6. 1942, Anm. 1.)
3 *einen gewissen Plan:* Wie sehr sich WG um eine sinnvolle Nutzung der stets als befristet empfundenen Studienzeit bemühte, zeigen die Tagebucheintragungen und Briefe aus den ersten Münchener Wochen: »Die Linien sind jetzt wenigstens klarer, und ich weiß, wo ich mit der Arbeit beginnen kann und wie die Arbeit aussieht. [. . .] Wichtig ist vor allem die theologische Arbeit. Die kleinen Hefte der ›Christlichen Besinnung‹ waren mir draußen wertvolle Begleiter, die ich besonders im Winter nicht mehr missen mochte. Doch nun will ich weiter ausholen und gründlicher arbeiten. Kannst Du Dir vorstellen, daß man richtig hungrig wird in einer solch langen Zeit, die oft doch richtig trostlos war? Man will die Wahrheit nach allen Seiten durchdringen. Deshalb bin ich ganz besonders froh, nun wieder weiterstudieren zu können, weil jetzt die Mittel wieder zur Hand sind. Augenblicklich werden in einer Münchner Kirche recht gute dogmatische Predigten gehalten, die viel Anregung bringen und die Arbeit fördern können. Es gilt ja in dieser Zeit nicht nur, die Ausbildung in beruflicher Richtung weiterzuführen. Wichtiger noch ist für mich die Ausbildung im Christlichen, um es einmal durch diese kurze Formel auszudrücken. Es ist viel nachzuholen und manches auch von Grund auf neuzubauen, und das fällt einem nicht ohne Mühe in den Schoß.« (an Mariana Gölden, 20. 6. 1942.)

6. 6. 1942

1 *kleine Arbeit von Guardini:* Romano Guardini, ›Glaubensgeschichte und Glaubenszweifel‹, ›Christliche Besinnung‹, Jg. 1939, H. 5. (vgl. TB 14. 6. 1942, Anm. 3.)
2 *Nachrichten aus Köln:* s. TB 19. 11. 1942, Anm. 4.

25. 6. 1942

1 *des Urlaubers:* Des Verlobten der Schwester Mathilde, Oskar Baez.

29. 8. 1942

1 *mit guten Bekannten aus München:* Mit Hans Scholl, Alexander Schmorell und Hubert Furtwängler; s. dazu TB 31. 8. 1942, Text und Anm. 1.
2 *Einer von uns:* Alexander Schmorell.
3 *sehr unruhig:* Infolge der im Herbst 1942 verstärkt einsetzenden Luftangriffe der Alliierten.

24. 9. 1942

1 *den »Raskolnikow«:* Die erste Übersetzung von Dostojewskis Roman ›Schuld und Sühne‹ war 1882 unter dem Titel ›Raskolnikow‹ in einer dreibändigen Ausgabe bei W. Henckel, Leipzig, erschienen.
2 *die einfachsten Menschen:* Vgl. hierzu Hans Scholls Tagebucheintragung vom 22. 8. 1942: »Wir Deutschen haben weder Dostojewsky noch Gogol, weder Puschkin noch Turgenjew. Aber Goethe, Schiller antwortet jemand. Wer sagt dies? Ein Gebildeter. Wann hast Du zuletzt Goethe gelesen? Ich weiß es nicht mehr, auf der Schule oder ich weiß nicht wo. Ich frage einen Russen. Welchen Dichter habt ihr? O, antwortet dieser, alle, alle haben wir, außer ihnen gibt es keinen mehr unter dem Himmel. Wer ist dieser Russe? Ein Bauer, eine Waschfrau, ein Briefträger.« (Briefe, a.a.O., S. 99.)
3 *Bergengruens »Am Himmel wie auf Erden«*: Werner Bergengruen, ›Am Himmel wie auf Erden‹, Hamburg 1940.
4 *Dr. Carion:* Der Astrologe Dr. Carion, eine der Hauptfiguren in Bergengruens Roman.
5 *Leonie:* Leonie Renoldi, eine Cousine von Marita Herfeldt.

8. 11. 1942

1 *Frau Hechtl:* Hauptmieterin der Wohnung Siegfriedstraße 18/III.
2 *Fahrt in Rußland:* ›Fahrt‹ im Sinne der Jugendbewegung. Dem entspricht eine Erinnerung Hubert Furtwänglers: »Unser Leben war nicht eigentlich soldatisch zu nennen. Wir lebten in einer Zeit davor. Landsknechte waren wir, idealistisch romantisch und jugendbewegt.« (zitiert nach Petry, a.a.O., S. 67.)
3 *meine Wünsche:* WG hatte bereits in einem Brief vom 30. 6. 1942 dem Freund mehrere Bücherwünsche mitgeteilt: »Ist es nicht möglich, die Hölderlin-Ausgabe aus dem Insel-Verlag anzuschaffen? Ich nenne nur noch einige Namen: Adalbert Stifter, Matthias Claudius, Eichendorff, Mörike, Brentano, Goethe, eine deutsche Plato-Ausgabe (Lambert Schneider-Verlag), Rilke-Briefe [. . .] Aber Du hast selbst eine Ahnung, was in Frage kommt. Dazu auch Kunstmappen (Le trésor de la peinture) usw.«

1. 12.1942

1 *Ria:* Maria Vieth (s. TB 5. 2. 1943, Anm. 1.)
2 *die medizinischen Dinge nicht so sehr interessieren:* Ähnliche Überlegungen äußerte WG auch seiner Familie gegenüber; s. TB 25. 12. 1942, Anm. 3, und den Brief an die Schwester Anneliese vom 20. 1. 1940: »Dieses [Philologie-] Studium steckt mir auch immer noch in der Nase. Ich möchte sehr gerne etwas Ähnliches tun. [. . .] Nimm Dir kein Beispiel an meinem Studium. Wahrscheinlich bist Du über meine ›Berufsauffassung‹ nicht sehr gut orientiert. [. . .] Jedenfalls weiß ich immer noch nicht, ob ich das tatsächlich Richtige für mich gefunden habe. [. . .] Allerdings nicht offiziell, in der Öffentlichkeit bin ich ein Mediziner.«
3 *Dogmatik von Schmaus:* Michael Schmaus, ›Katholische Dogmatik‹, 4 Bände, München 1937–1941. Die Schriften des katholischen Theologen Michael Schmaus (geb. 1897) wurden damals viel diskutiert, weil der Verfasser im Gegensatz zu der vorherrschenden, weithin abstrakten Theologie die Lebenswerte des Glaubens in den Mittelpunkt stellte.

Auch für WG scheint die existentielle Auslegung der biblischen Botschaft wichtiger als die Tatsache gewesen zu sein, daß sich Schmaus dem nationalsozialistischen Regime gegenüber nicht immer ablehnend verhielt und u. a. die Auffassung vertrat, katholische und nationalsozialistische Lehren seien – z. B. in der Frage des Autoritätsbewußtseins – durchaus miteinander vereinbar. (vgl. Michael Schmaus, ›Begegnungen zwischen katholischem Christentum und nationalsozialistischer Weltanschauung‹, München 1934.)
Günther Schmich berichtet, daß WG im Gefängnis den ersten Band der Schmausschen Dogmatik durchgearbeitet habe. Auch Prof. Kurt Huber beschäftigte sich nach seiner Verurteilung mit diesem Werk.
Prof. Michael Schmaus, der in Prag, Münster und München katholische Theologie lehrte, lebt in Gauting bei München.

8. 12. 1942

1 *trotz der Bitterkeit:* Vgl. TB 16. bis 20. 11. 1942.
2 *nicht daheim bleiben:* Diese und die im folgenden ausgeführten Pläne änderte WG wohl aufgrund der Begegnungen während des Weihnachtsurlaubs in Saarbrücken und der sich dabei abzeichnenden Möglichkeiten, den Kreis der Widerstandsgruppe zu erweitern. (s. TB 23. 12. 1942 – 5. 1. 1943.)
3 zu *Edwin Fischer, Mozart-Klavierkonzert Es-Dur, Haydn-Quartett C-Dur* und *Motette von Schütz,* vgl. TB 3.–8. 12. 1942.
4 *wieder gründlich üben:* WG hatte im Schulorchester zunächst Geige, dann Bratsche gespielt.
5 *Gottfried Keller:* Der Schweizer Schriftsteller Gottfried Keller (1819–1890).
6 *Leben des grünen Heinrich:* Gottfried Keller, ›Der grüne Heinrich‹, erste Fassung Braunschweig 1854/55; zweite Fassung Stuttgart 1879/80.

21. 12. 1942

1 *wichtigere Dinge:* Möglicherweise eine Andeutung der Widerstandsaktionen. (s. auch an Marita Herfeldt, 17. 2. 1943, S. 184.)
2 *Rudi A.:* Rudi Alt.
3 *Helmut:* Helmut Braun, s. Brief vom 29. 1. 1942, Anm. 5.

15. 1. 1943

1 *Fechtturnier:* S. TB 21. 1. 1943, Text und Anm. 3.
2 *Pitt:* Peter Greif, s. Brief vom 16. 1. 1942, Anm. 6.

2. 2. 1943

1 *Stifter-Ausgabe:* Vermutlich Adalbert Stifter, ›Gesammelte Werke‹, hrsg. von Max Stefl, 6 Bände, Insel-Verlag, Leipzig 1939–1942.
2 *das Hochland-Heft:* Ein Heft der Zeitschrift ›Hochland‹, der von Carl Muth (1867–1944) 1903 gegründeten und bis 1941 herausgegebenen – dem Dialog zwischen gläubigen Katholiken und Künstlern und Wissenschaftlern dienenden – Monatsschrift. ›Hochland‹ wurde zum maßgeblichen Forum für die Auseinandersetzung progressiver Katholiken mit aktuellen literarischen, philosophischen, sozialen, politischen und theologischen Fragen und deshalb im Juni 1941 durch die Nationalsozialisten verboten. Nach dem Krieg, 1946–1974, erschien die Zeitschrift zweimonatlich; von 1972–1974 unter dem Titel ›Neues Hochland‹; danach stellte sie ihr Erscheinen ein.
3 *Wilder:* Thornton Wilder, s. TB 27. 7. 1942, Anm. 4.
4 *mit seiner »Brücke«:* Im Zusammenhang mit Thornton Wilders Roman ›Die Brücke von San Luis Rey‹, s. TB 29. 7. 1942, Anm. 5.
5 *»Kabala«:* Thornton Wilders Roman ›The Cabala‹, 1926; deutsche Übersetzung: ›Die Cabala‹, Wien 1929.

17. 2. 1943

1 *in einer Dogmatik:* Mit großer Sicherheit ist die Dogmatik von Michael Schmaus – s. Brief an Otto Vieth, 1. 12. 1942, Anm. 3 – gemeint.

11. 4. 1943

1 *wie es den Eltern geht:* WG wußte nicht, daß auch die Eltern seit dem 28. 2. 1943 verhaftet waren. (s. TB 8. 8. 1942, Anm. 2.)

23. 5. 1943

1 *Joachim:* Der am 10. 5. 1943 geborene Neffe Joachim Baez lebt heute in Bonn.

4. 6. 1943

1 *Mathilde:* Mathilde Luible, s. TB 21. 6. 1942, Anm. 1.
2 *Tante Mariana:* Mariana Gölden (1880–1956), WGs Tante mütterlicherseits; Ordensfrau der Kongregation vom Armen Kinde Jesu.

17. 7. 1943

1 *unserm Bruder Willi:* Den im Juli 1916 im Alter von zwei Jahren an Meningitis verstorbenen ältesten Sohn der Familie kannte WG nur von Fotos.
2 *ernste Tage:* Kurt Huber und Alexander Schmorell waren am 13. 7. 1943 hingerichtet worden.

15. 8. 1943

1 *die Gedichte:* Darunter Friedrich Hölderlin, ›Lebenslauf‹.

12. 10. 1943

1 *Kaplan Heinrich Sperr:* Als Vertreter des erkrankten Gefängnisgeistlichen, Pfarrer Ferdinand Brinkmann, hat der Pfarrvikar in Grünwald, Heinrich Sperr (1909–1964), WG in den letzten Tagen beigestanden.
Zu Sperrs Haltung während der NS-Zeit vgl. Friedrich Frei, ›Nationalsozialistische Verfolgungen katholischer Geistlicher im Erzbistum München und Freising‹, in: Georg Schwaiger (Hrsg.), ›Das Erzbistum München und Freising in der Zeit der nationalsozialistischen Herrschaft‹, München/Zürich 1984, Bd. I, S. 471. Ab 1944 war der Geistliche Rat Heinrich Sperr Pfarrer der katholischen Kirchengemeinde St. Franziskus in München.
2 *Psalm 90:* Der Text wurde von WG und seinen Freunden in der Siegfriedstraße stets in Luthers Übersetzung gelesen. Auch Hans Scholl hat vor seiner Hinrichtung diesen Psalm gebetet:
»Herr Gott, Du bist unsre Zuflucht für und für.
Ehe denn die Berge wurden, und die Erde und die Welt geschaffen wurden, bist Du, Gott, von Ewigkeit zu Ewigkeit,
Der du die Menschen lässest sterben und sprichst: Kommt wieder, Menschenkinder!
Denn tausend Jahre sind vor dir wie der Tag, der gestern vergangen ist, und wie eine Nachtwache.
Du lässest sie dahinfahren wie einen Strom, und sind wie ein Schlaf; gleich wie ein Gras, das doch bald welk wird.
Das da frühe blühet, und bald welk wird, und des Abends abgehauen wird, und verdorret.
Das machet dein Zorn, daß wir so vergehen, und dein Grimm, daß wir so plötzlich dahin müssen.
Denn unsre Missetaten stellest du vor dich, unsre unerkannte Sünde ins Licht vor deinem Angesichte.
Darum fahren alle unsre Tage dahin durch deinen Zorn; wir bringen unsre Jahre zu wie ein Geschwätz.
Unser Leben währet siebenzig Jahre und wenn's hoch kommt, so sind's achtzig Jahre, und wenn's köstlich gewesen ist,

so ist's Mühe und Arbeit gewesen; denn es fähret schnell dahin, als flögen wir davon.
Wer glaubt's aber, daß du so sehr zürnest? und wer fürchtet sich vor solchem deinem Grimm?
Lehre uns bedenken, daß wir sterben müssen, auf daß wir klug werden.
Herr, kehre dich doch wieder zu uns, und sei deinen Knechten gnädig!
Fülle uns frühe mit deiner Gnade, so wollen wir rühmen, und fröhlich sein unser Leben lang.
Erfreue uns nun wieder, nachdem du uns so lange plagest, nachdem wir so lange Unglück leiden.
Zeige deinen Knechten deine Werke und deine Ehre ihren Kindern.
Und der Herr, unser Gott, sei uns freundlich, und fördere das Werk unsrer Hände bei uns; ja, das Werk unsrer Hände wolle er fördern!«

Register

Zusammengestellt von Christian Huther

Die *kursiv* gesetzten Ziffern verweisen auf den Anhang (Lebenstafel, Danksagung und Anmerkungen), die **halbfetten** Ziffern auf Briefe an die betreffende Person

Aicher-Scholl, Inge *s.* Scholl
Aicher, Otl (Otto) *263, 294*
›Akademische Monatsblätter‹, Beckum *268*
Alt, Rudi 34, 77, 81, 91, 92, 101, 161, 179, *247, 251, 287 f., 288, 303, 306, 312, 315, 317, 335*
Asal, Alfred 38, *269*
Auerbach, Hellmuth *252, 282*

Bach, Johann Christoph Friedrich
Die Kindheit Jesu 89, *301*
Bach, Johann Sebastian 31, 37, 39, 84, 86, 88, 89, 100, 101, 102, 103, 104, *267, 269, 282, 286, 287, 294, 297, 300, 311*
Italienisches Konzert F-Dur, BWV 971 103, *319*
Konzert für Flöte, Violine, Cembalo und Orchester a-Moll, BWV 1044 (Tripel-Konzert) 86, *298*
Suiten für Violoncello solo
Nr. 5 c-Moll, BWV 1011 102, *318*
Nr. 6 D-Dur, BWV 1012 102, *318*
Baez, Joachim (Sohn v. Oskar u. Mathilde B.) 90, 186, 187 f., 188, 188 f., 189, 190, 191, 191 f., 192, 193, 194, 197, 198, 199, 200, *336*
Baez-Graf, Mathilde *s.* Graf
Baez, Oskar (Ossy, Ehemann v. Mathilde B.) 43, 44, 90, 163, 166, 186, 190, 191, 192, 193, 194, 199, *275, 333*
Balthasar, Hans Urs von *275*
Balzac, Honoré de
Das unbekannte Meisterwerk 64, *284*
Bartok, Béla 103, 182, *319*
Bauer, Helmut 34, 91, 101, *247, 249, 303, 312, 315 f., 317*
Bauer, Walter *268*
Tagebuchblätter aus Frankreich 132, 133, *329*
Die zweite Mutter 37, *268*
Beck, Ludwig 10
Beethoven, Ludwig van 103
Konzert für Klavier und Orchester Nr. 3 c-Moll, op. 37 95, *307*
Leonore, Ouvertüre II C-Dur, op. 72 103, *319*
Sinfonien
Nr. 3 Es-Dur, op. 55 (Eroica) 75, *286*
Nr. 8 F-Dur, op. 93 103, *319*
Sonaten für Violine und Klavier 37
Benz, Richard
Lösung und Bindung. Probleme der Kulturen 43, *275*
Berberich (Bekannter v. WG) 42, 75, *274*
Bergengruen, Werner 29, 178, *274, 330*
Am Himmel wie auf Erden 170, *334*
Der Großtyrann und das Gericht *330*
Bernanos, Georges *327*
Journal d'un curé de campagne 115, *327*
Lettre aux Anglais *327*
Berndl-Ramdohr, Lieselotte (Lilo) *s.* Ramdohr
Berrsche, Alexander *287, 301*
Trösterin Musica. Gesammelte Aufsätze und Kritiken (Hrsg. Hermann Rinn u. Hans Rupé) 89, *301*
Berrsche, Maria 75, 76, 83, 84, 87, 88, 89, 95, 96, 104, 184, *287, 301*

Berrsche, Peter *292 f.*
Besemfelder, Oscar 85, *297*
Bibel 34, 165
Psalm 90 200, *336 f.*
Das Neue Testament 162, 165
Das Evangelium nach Matthäus 103, *319*
Die Apostelgeschichte 103 f., *319*
Bisa, Frau (Mutter v. Karl B.) 80, 81, 181
Bisa, Karl (Kabi) 25, 78, 79, 80, 81, 101, **180 f.**, *248, 251, 267, 270, 274, 290, 291, 306, 312 f., 313 f., 331, 332*
Bischof (Oberlandesgerichtsrat) 7
Bjørnson, Bjørnsterne
Arne 65, *284*
Blau, Ede 46, *278*
Boberach, Heinz *320*
Böhm, Dominikus 92, *304*
Boerner, Klaus Erich
Gefährtin meines Sommers 52, *281*
Bollinger, Heinz 11, 16, 25, 26, 34, 91, 93, 94, 101, 101 f., *247, 249, 251, 300, 301, 302, 302 f., 303, 303 f., 305, 306, 312, 314, 315, 316, 316 f., 317*
Bollinger, Wilhelm (Willi) 11, 16, 25, 26, 34, 91, 92, 94, 101, *247, 249, 301, 302 f., 304, 314 f., 315*
Bolvary, Geza von
Opernball (Filmregie) 66 f., *284*
Bonhoeffer, Dietrich *264, 322, 324*
Bonhoeffer, Klaus *264, 322, 324*
Bormann, Martin *265*
Bottin, Angela *252*
Brahms, Johannes
Sinfonie Nr. 1 c-Moll, op. 68 95, *307*
Sonaten für Violine und Klavier 37
Braun, Harald
Anuschka (Filmregie) 43, *275*
Zwischen Himmel und Erde (Filmregie) 37, *268*
Braun, Helmut 147, 179, *331, 335*
Brentano, Clemens *334*
Bretschneider, Heike *303*
Brink, Michael (alias Emil Piepke) *291 f.*
Don Quichotte. Bild und Wirklichkeit 82, *291*
Revolutio humana *292*
Brinkmann, Ferdinand *315, 327, 336*
Broszat, Martin *252*
Bruckner, Anton
Sinfonie Nr. 6 A-Dur 88, *299*
Buhl, Paul *28*
Bumke, Oswald 17, 86, 88, 100, *298*
Bund Neudeutschland *s.* Neudeutschland
Bur, Robert 40, *270*
Bustabo, Guila 103, *319*

Carossa, Hans 29, 137, *329 f.*
Der Arzt Gion 155, *332*
Geheimnisse des reifen Lebens 155, *333*
Das Jahr der schönen Täuschungen 137, 155, 163, *329 f.*
Rumänisches Tagebuch *155, 332*
Verwandlungen einer Jugend 155, *333*
›Christliche Besinnung‹, Mainz *266, 333*
Claudel, Paul *275*
Der seidene Schuh 42, 116, *275, 328*
Claudius, Matthias *334*
Clemens (Soldat) 62, *284*
Corelli, Arcangelo
Concerti grossi, op. 6
Nr. 8 g-Moll (fatto per la notte di natale) 89, *301*

›Die Dame‹, Berlin 137, *330*
Dauthendey, Max 150, *332*
Degkwitz-Renner, Regine *s.* Renner
Delp, Alfred *291 f., 325*
Detemple, Werner 81, *290*
›Deutscher Kulturwart‹, Cottbus *274, 321*
Diepold, Hugo 193, *269*
Dohnanyi, Hans von *264*
Dohrn, Harald 102, *274, 293, 308, 317, 318, 321*
Dohrn, Herta, verh. Probst *s.* Probst
Dostojewski, Fjodor Michailowitsch 10, 13, 137, 170, *334*
Ein ehrlicher Dieb. Aus den Aufzeichnungen eines Unbekannten 86, *297*
Helle Nächte. Ein empfindsamer Roman. Aus den Erinnerungen eines Träumers 85, *296*
Schuld und Sühne 54, 58, 169, 169 f., *283, 334*
Weihnacht und Hochzeit. Aus den Aufzeichnungen eines Unbekannten 86, *297*

Drobisch, Klaus
Wir schweigen nicht. Die Geschwister Scholl und ihre Freunde. Eine Dokumentation über den antifaschistischen Kampf Münchener Studenten 1942/43 *265, 271, 276*
Dvořák, Antonín
Streichquartette
Nr. 6 F-Dur, op. 96 (Amerikanisches Quartett) 100, *311*
Nr. 7 As-Dur, op. 105 84, *296*
Düro, Jean 76, *287*

Eckert, Alois 91, *303*
Eckert, Hans sen. *252, 266, 328, 330, 332*
Eckert, Hans jun. *251, 252*
Eckrath (Student) *313 f.*
Ehring, Elisabeth *251, 252*
Eichendorff, Joseph Freiherr von *334*
Ahnung und Gegenwart 38, *269*
Erlebtes. Aus dem literarischen Nachlasse 38, *269*
Eickemeyer, Manfred 17, 31, 44, 96, 102, 104, *274 f., 275 f., 276, 292, 298, 299, 307, 308, 321*
Ellermann, Heinrich *274, 295, 301*
Epp, Josef 91, *303*
Ernst, Frau (Mutter v. Heinz E.) 81
Ernst, Heinz 81, 147, *290, 291, 331*

Falk, Friedrich 104, *319 f.*
Fischer, Edwin 86, 95, 177, *298, 335*
Frank, Wilhelm *251*
Franke (Dozent) 42, *274*
Frei, Friedrich *336*
Freisler, Roland 26, *264, 273, 294*
Freund, J. Hellmut *252*
Friedmann, Hans 39, *268*
Fürst-Ramdohr, Lieselotte (Lilo) *s.* Ramdohr
Furtmeier, Josef *274*
Furtwängler, Hubert 46, 53, 54, 57, 59, 61, 62, 65, 66, 67, 68, 70, 75, 83, 85, 86, 87, 95, 100, 103, 167, 172, *248, 249, 251, 267, 276 f., 278, 279, 280, 280 f., 281, 281 f., 282, 283, 285, 286, 292, 295, 297, 311, 321, 324, 334*
Furtwängler-Knittel, Margaret *s.* Knittel

Gebel, Hans-Josef *265*
Geißdörfer, Josef *251, 268*
Geissler, Horst Wolfram
Der liebe Augustin 70, *285*
George, Stefan 10, 29
Georgiades, Thrasybulos *295*
›Germania‹, Berlin *325*
Geyer, Wilhelm 88, 96, 102, *275, 299 f., 308, 317, 318, 321*
Gide, André 116, *327*
Gieles, Agnes (später verh. Kanz) *251, 269*
Gieles, Josef 39, 75, 87, 99, *269, 286*
Giesler, Paul 16, 99, *309 f., 310*
Gmelin, Otto *325*
Gespräche am Abend. Aus dem Tagebuch des Andreas Thorstetten 137, *330*
Die Gralsburg 106, *325*
Gobsch, Hans
Tragödie Rußlands
Der Thron zwischen den Erdteilen 41, *274*
Gölden, Anna, verh. Graf *s.* Graf
Gölden, Elisabeth (Tante v. WG) 80, *290*
Gölden, Franz (Onkel v. WG) 78, 79, 80, *289*
Gölden, Gertrud, verh. Gypkens *s.* Gypkens
Gölden, Mariana (Tante v. WG) 189, *266, 267 f., 297, 301 f., 326, 333, 336*
Gölden, Mathilde (Tante v. WG) 78, 79, 80, *289*
Goergen, Aloys *272*
Göring, Hermann *247*
Goethe, Johann Wolfgang von 165, 170, *334*
Aus meinem Leben. Dichtung und Wahrheit *306*
Gogol, Nikolai Wassiljewitsch 137, *334*
Ausgewählte Stellen aus dem Briefwechsel mit Freunden
Betrachtungen über die göttliche Liturgie 79, 82, *290*
Die Nase 75, *286*
Goltermann, Hans 70, 72, 75, *285, 286*
Gombert, Frau (Mutter v. Walter G.) 82
Gombert, Walter 82, *291*

Graf, Anna, geb. Gölden (Mutter v. WG) 8, 9, 9 f., 26, 43, 48, 49, 50, 52, 58, 59, 69, 76, 77, 81, 82, 90, 91, 94, 101, 110, 116, 117, 118, 131, 138, 139, 140, 149, 155, 163, 166, 184, **185, 185 f., 187, 187 f., 188 f., 189 f., 190, 191, 191 f., 192 f., 193 f., 194, 197, 197 f., 198 f.,** 200, **200 f.,** *247, 269, 275, 279 f., 287, 289, 290, 314, 334, 336*
Graf, Anneliese (später verh. Knoop, Schwester v. WG) 8, 9, 18, 26, 27–34, 41, 52, 61, 64, 76, 77, 82, 83, 84, 86, 87, 87 f., 88, 89, 90, 91, 93, 96, 99, 99 f., 100, 102, 103, 106, 107, 110, **116 ff., 124–127, 137–140, 147 ff., 152–156, 161–164, 164 ff., 184 f.,** 186, 187, 188, 189, **189 f., 190, 191 f., 192 f., 193 f., 194, 197, 197 f., 198 f., 199 f.,** 200, *250, 251 f., 265, 266 f., 267, 269, 270 f., 275, 277, 278, 279 f., 281, 282, 282 f., 283, 284, 286, 287, 288, 297, 298, 299, 300, 306, 307, 308, 310, 318, 319, 320 f., 321, 322, 327, 328, 329, 331, 332, 333, 334*
(Knoop-)Graf, Anneliese/Hanisch, Hubert/Vielhaber, Klaus
Gewalt und Gewissen. Willi Graf und die »Weiße Rose« *271, 274, 299, 302, 303, 314*
Graf, Gerhard (Vater v. WG) 8, 9, 9 f., 26, 43, 48, 49, 50, 58, 59, 69, 76, 77, 81, 82, 90, 91, 94, 101, 110, 116, 118, 138, 139, 140, 149, 155, 163, 166, 184, **185, 185 f., 187, 187 f., 188 f., 189 f., 190, 191 f., 192 f., 193 f., 194, 197, 197 f., 198 f.,** 200, 200 f., *247, 269, 275, 279 f., 287, 302, 314, 334, 336*
Graf, Mathilde, verh. Baez (Schwester v. WG) 8, 9, 26, 43, 44, 51, 52, 82, 90, 92, 93, 94, 110, 138, 140, 149, 163, 166, 184, **185, 185 f., 187, 187 f., 188 f., 189 f., 190,** 191, **191 f., 192 f., 193 f., 194, 197, 197 f., 198 f.,** 200, *251, 275, 279 f., 287, 302, 306, 333*
Graf, Willi (älterer, verstorbener Bruder v. WG) 191, *336*
Granert (Soldat) 62, *283*
Grauer Orden 7, 8, 31, 33, *247, 248, 251, 264, 265, 266, 270, 279, 287, 288, 290, 291, 302, 304, 306, 315, 326, 331*
Greif, Peter (Pitt) 181, *251, 331, 335*
Gressung, Helmut *251*
Groß, Nikolaus *325*
Grundel, Frau (Mutter v. Adalbert G.) 43
Grundel, Adalbert 38, 40, 43, 53, 75, 83, 85, 100, 103, *268, 270, 275, 286, 308*
Guardini, Romano 10, 11, 13, 17, 18, 29, 37, 58, 78, 82, 129, 165, 172, 174, *266*
Glaubensgeschichte und Glaubenszweifel 162 f., *333*
Hölderlin. Weltbild und Frömmigkeit *281*
Die Waage des Daseins. Rede zum Gedächtnis von Sophie und Hans Scholl, Christoph Probst, Alexander Schmorell, Willi Graf und Prof. Dr. Huber *266*
Gunnarson, Gunnar *330 f.*
Die goldene Gegenwart 144, *330 f.*
Gypkens, Gertrud, geb. Gölden 78, *290*
Gypkens, Karl (Onkel v. WG) 78, *290*
Gypkens, Karl (Cousin v. WG) 78, 80, *290*
Gypkens, Karl Heinz 78, 80, *290*
Gypkens, Mathilde, verh. Luible *s.* Luible

Haecker, Irene *272*
Haecker, Theodor 11, 29, 41, 104, *263, 272, 274, 301, 321*
Der Christ und die Geschichte 29, 41, *272*
Schöpfer und Schöpfung 104, *321*
Tag- und Nachtbücher 1939–1945 *272*
Vergil, Vater des Abendlandes *272*
Händel, Georg Friedrich 103
Der Messias 17, 85, 89, 177, 179, 200, *297*
Hahn, Marie-Luise 91, *302*
Hamer, Isabel *328*
Perdita 124, *328*
Hammerstein, Otmar 86, 100, *251, 295, 297 f., 301, 321*
Hanisch, Hubert/Knoop-Graf, Anneliese/Vielhaber, Klaus

Gewalt und Gewissen. Willi Graf und die »Weiße Rose« *271, 274, 299, 302, 303, 314*
Harnack, Arvid *322, 323*
Harnack, Falk 16, 16 f., 23 f., 24, *249, 251, 264, 321 ff., 324*
Hartert, Hellmut *309*
Hartmann, Felix von (Kardinal) *266*
Hartnagel-Scholl, Elisabeth *s.* Scholl
Hartnagel, Fritz *321, 327*
Hassell, Ulrich von *303*
Hausmann, Manfred
Einer muß wachen 144, 151, *331*
Haydn, Joseph
Sinfonie Nr. 7 C-Dur (Le Midi) 86, 177, *298, 335*
Streichquartette 84, *296*
Hechtl, Frau (Vermieterin) 171, *264, 334*
Hegner, Jakob 115
Heidegger, Martin *294*
Heini (Soldat) 69, 70, *285*
Heiseler, Henry von
Wawas Ende 103, *319*
Helldorf, Wolf Heinrich Graf *303*
Heller, Frau (Vermieterin v. WG) 88, *300*
Hellfeld, Matthias von *252*
Henrich, Bernhard (Bem) 71, *285*
Herder, Johann Gottfried 89, *301*
Herfeldt, Marita (später verh. Jacobs) 25, 78, 79, 80, 80 f., 86, 95, 101, **121 f., 122 ff., 127 f., 129 ff., 132–135, 135 ff., 143 f., 149 ff., 156–161, 166 ff., 169 f., 177 f., 181 ff., 183 f.,** *248, 251, 265, 267, 268, 277, 278, 281, 282, 283, 289, 290, 292 f., 294, 297, 304, 306, 312, 313, 319, 328, 329, 330, 332, 333, 334, 335*
Hesse, Hermann 155
Heuberger, Richard
Der Opernball *284*
Himmler, Heinrich *322*
Hirzel, Hans 40, *251, 276, 309*
Hirzel, Susanne (später verh. Zeller) *309*
Hitler, Adolf 8, 10, 13, 14, 15, 19, *248, 265, 273, 288, 294, 301, 303, 305, 306, 310, 320, 321, 330*
›Hochland‹ (später ›Neues Hochland‹), München 182, 183, *263, 335*
Hölderlin, Friedrich 10, 13, 26, 51, 129, 192, *281, 334*
Gedichte
Lebenslauf 193, *281, 336*
Höller, Karl
Konzert für Violoncello und Orchester Nr. 1, op. 26 75, *286*
Holbein, Hans d. J. *314*
Holzmeister, Clemens *304*
Honecker, Erich *252*
Huber, Birgit (später verh. Weiß) *300, 308*
Huber, Clara geb. Schlickenrieder (Ehefrau von Kurt H.) *251, 308, 315, 320*
»Der Tod war nicht vergebens« *315, 320*
Huber, Kurt 8, 11, 16, 17, 21, 23, 23 f., 24, 31, 44, 84, 88, 96, 104, 191, *249, 250, 264, 267, 271, 274, 276, 277, 279, 292, 294 f., 296, 299, 300, 307, 307 f., 308 f., 310, 312, 315, 320, 324, 335, 336*
Huber, Wolfgang *300*
Huch, Ricarda *331*
Hug, Franz (»Fati«) 147, *331*

Jacobs, Heinrich (Hein) 15, 25, 78, 79 f., 80, 80 f., 90, 91, 92, 93, 94, 101, 131, 137, 168, 169, 177, 184, 200, *247, 248, 289, 305, 312, 313, 313 f., 329*
Jacobs-Herfeldt, Marita *s.* Herfeldt
Jaeger, Wolf *251, 282, 295*
Jahn, Marie-Luise (später verh. Schultze) *251, 310*
Jammes, Francis *273*
Roman der drei Mädchen 41, *273*
Jaspers, Karl *293*
Allgemeine Psychopathologie 116, *328*
Die geistige Situation der Zeit 83, *293*
Jens, Inge *252, 293*
Jens, Walter 7
Jünger, Ernst 78, 83, *289*
Das abenteuerliche Herz. Figuren und Capriccios *289*
Auf den Marmorklippen *289*
Gärten und Straßen *77*
›Junge Front‹ (später ›Michael‹), Düsseldorf *321, 325*

Kabasta, Oswalt 103, *319*
Kant, Immanuel *300*
Kanz-Gieles, Agnes *s.* Gieles
Kastner, Frau (Mutter v. Walter K.) 106, *325*
Kastner, Walter 83, 84, 96, 100, 104, 106 f., **171 ff.**, *248, 251, 264, 270, 279, 280, 282, 284, 289, 292, 307, 311, 320 f., 324, 325, 332*
›Katechetische Blätter‹, München und Kempten *298*
›Katholische Münchner Kirchenzeitung‹ *298*
Katja (russisches Mädchen) 14, *330*
Keller, Gottfried 178, *335*
Der grüne Heinrich 178, *335*
Kirchberger, Günther
Die »Weiße Rose«. Studentischer Widerstand gegen Hitler in München *271, 276*
Kirn, Alois (»Ala«) 90, 92, *301*
Kistner, Anna 101, *315*
Klönne, Arno *265*
Knapen (Fechtmeister) 180, *267*
Knittel, Margaret (später verh. Furtwängler) *251, 285*
Knoop, Angelika, geb. Probst *s.* Probst
Knoop-Graf, Anneliese *s.* Graf
Knoop, Bernhard *252, 271*
Kolonialpfadfinder *292*
Korzilius, Alfred 83, *293*
Krebs, Mario *251, 331*
Krebs, Mario/Verhoeven, Michael
Die Weiße Rose (Film) *331*
Die Weiße Rose. Informationen zum Film *265, 277, 293, 299, 315*
Kreisauer Kreis *291*
Kremer, Philipp *269*
Krings, Hermann 32, 87, 96, 113, *251, 264, 291, 299, 308, 319, 326*
Kucharski, Heinz *251, 311*
Kummer (Oberstaatsanwalt) 7, 8, 26
Kurz, Isolde 124, *328*
Die Vermählung der Toten 144, *330*

Lafrenz, Traute (später verh. Page) 44, 100, *274, 276, 301, 308 f., 311*
Landau, Edwin M. *252*
Landersdorfer, Anton *271, 272, 276, 299*
Lechner, Konrad 100, *251, 301, 311*
Leibniz, Gottfried Wilhelm *267*
Leipelt, Hans *310, 311*
Leist, Fritz 31, 32, 33, 77, 81 f., 84, 86, 87, 90, 91, 93, 102, 106, 113, 147, 181, 200, *247, 264, 264 f., 265, 288 f., 289, 291, 296, 298, 299, 301, 304, 306, 307, 315, 318, 325, 326, 331*
Lermontow, Michail Jurjewitsch 137, *330*
Lessing, Gotthold Ephraim
Minna von Barnhelm 40, *270*
Letterhaus, Bernhard *325*
Leygraf, Hans 75, *251, 286*
Concertino für Klavier und Orchester 88, *299*
Lichtwark, Alfred *311*
Liertz, Rhaban *270*
Psychoneurosen. Fragmente einer verstehenden Erziehungskunde 40, *270*
Lietz, Hermann *293*
Lieverscheidt, Hans 64, *284*
Liturgische Bewegung *266*
Löhndorff, Ernst F[riedrich]
Amineh. Die 10 000 Gesichter Indiens 150, *331*
Bestie Ich in Mexiko 150, *332*
Lösch-Berrsche, Maria *s.* Berrsche
Lossen, Alfred 79, *290*
Ludwig, Otto
Zwischen Himmel und Erde *268*
Lützeler, Heinrich 151, 182, *332*
Vom Beruf des Hochschullehrers *332*
Luible, Martin (Ehemann v. Mathilde L.) 22, 38, 40, 86, 96, 185, 187, 188, 189, 190, *268 f., 298, 308*
Luible, Mathilde, geb. Gypkens (Cousine v. WG) 22, 38, 40, 86, 96, 184, 185, 186, 187, 188, 189, 190, *268 f., 298, 336*
Luther, Martin *336*

Maaßen, Johannes 106, *325*
Mainardi, Enrico 102, *318*
Majonica, Ernst *312*
Martin, Alfred von *274*
Martin, Emil 86, 90, 106, *251, 265, 288, 289, 296, 298, 301, 318, 325*
Mauer, Alois (Ali) 15, 47, 77, 90, 91, 92, 101, 114, 146 f., *279, 287, 315, 327*

Mauer, Franz 15, 77, 92, 101, *251, 287, 315*
Mauer, Josef (Jupp) 15, 77, 92, 101, *287, 315*
Mauer, Ludwig 15, 77, 92, 95, 101, *287, 302, 306, 315*
Mauer, Wilhelm 15, 77, 92, 101, *287, 315*
Mell, Max
Ein altes deutsches Weihnachtsspiel 144, *330*
Mertens, Gertrud 89, *295, 301*
Mertens, Viktor Emmanuel 89, *300f.*
Meyer, Conrad Ferdinand 150, *332*
Meyer, Hermann 105, *321*
Meyer, Hildegard 105, *321*
Meyer, Reinhold *311*
›Michael‹ *s.* ›Junge Front‹
Mitterer, Sigisbert *298*
Alte Dogmen und neue Menschen 86, *298*
Möller, Klaus *252*
Mörike, Eduard *334*
Gedichte 145, *331*
Eberhard Wächter *331*
Mohr, Robert *316, 318*
Mohr, Willi *251*
Morgenstern, Christian 152
Galgenlieder 152, *332*
Palmström 152, *332*
Mozart, Wolfgang Amadeus 79
Konzerte für Klavier und Orchester
Nr. 9 Es-Dur, KV 271 (Jeunehomme-Konzert) 86, 177, *298, 335*
Nr. 14 Es-Dur, KV 449 86, 177, *298, 335*
Nr. 22 Es-Dur, KV 482 86, 177, *298, 335*
Sinfonien 103, *319*
Sonaten für Violine und Klavier 37
Streichquartett Nr. 15 d-Moll, KV 421 100, *311*
Müller, Ernst *251, 304*
Müller, Franz Joseph *251, 309*
Müller, Max 102, *312, 316, 317*
Symbolos. Versuch einer genetisch-objectiven Selbstdarstellung und Ortsbestimmung *317*
›Münchner Medizinische Wochenschrift‹ *300*
Muth, Carl 11, 22, *263, 274, 299, 301, 330, 335*

Natascha (Bekannte v. WG u. Alexander Schmorell) 63
Nelly (Freundin v. Alexander Schmorell) *294, 310*
Neudeutschland (ND) 7, 8, 10, 14, *247, 248, 266, 270, 279, 287, 289, 290, 291, 292, 293, 298, 299, 302, 304, 305, 306, 315, 316, 319, 326*
›Neue Saat‹, Freiburg *325*
Newman, John Henry *272*
Niemöller, Martin *329*
Nurmi, Paavo *326*

Oberhoffer, Familie 78
Oberhoffer, Gerd 43, *275*
Oeschger, Hans Jörg *251, 296*
Östreicher, Siegfried (Sigi) 37, 44, 90, *251, 265f.*
Orschel, Hilde 103, *319*
Oster, Hans *322*

Paal (Arzt) *265*
Page-Lafrenz, Traute *s.* Lafrenz
Pascal, Blaise 10
Pauli, Richard 86, 88, *267, 298, 299*
Pepping, Ernst *271*
Das gute Leben 41, *271*
Pergolesi, Giovanni Battista
Concertino armonico Nr. 4 f-Moll 86, *298*
Peters, Annelore *252*
Petry, Christian *308*
Studenten aufs Schafott. Die Weiße Rose und ihr Scheitern *272, 276, 295, 300, 303, 308, 320, 334*
Pieper, Josef *252, 302*
Über das christliche Menschenbild 91, *302*
Pikarski, Margot *252*
Platen-Hallermünde, August Graf von
Gedichte 148, *331*
Platon *334*
Pohl, Gerhard 96, *251, 308*
Pree, Barry *269*
Probst, Angelika (später verh. Knoop, Schwester v. Christoph P.) *271, 293*

Probst, Christoph (Christ[e]l) 8, 16, 17, 18, 20, 22, 30, 42, 44, 83, 102, 104, *249, 250, 263, 264, 267, 271, 272, 273, 274, 275, 276, 293 f., 294, 295, 301, 311, 318, 319*
Probst, Elise, geb. Rosenthal (zweite Ehefrau v. Hermann P.) *293*
Probst, Hermann (Vater v. Christoph u. Angelika P.) *293*
Probst, Herta, geb. Dohrn (Ehefrau v. Christoph P., später verh. Siebler)) *293, 294*
Probst, Karin, geb. von der Bank, später verh. Kleeblatt (Mutter v. Christoph u. Angelika P.) *293*
Probst, Katja (Tochter v. Christoph u. Herta P.) *293*
Probst, Michael (Sohn v. Christoph u. Herta P.) *293*
Probst, Vincent (Sohn v. Christoph u. Herta P.) *293*
Puschkin, Alexander Sergejewitsch *334*
Geschichten des verstorbenen Iwan Petrowitsch Belkin
Der Schneesturm 93, *304 f.*
Der Schuß 93, *304 f.*
Fräulein Bäuerin 99, *308*
Der Postmeister 94, *306*
Der Sargschreiner 94, *306*

Quecke, Hans *293*
Quickborn *266, 288, 290, 297, 304, 316*

Raabe, Felix *252*
Raabe, Wilhelm
Der Hungerpastor 67, *284*
Radecki, Sigismund von *274, 295*
Ramdohr, Lieselotte (Lilo; verh. Berndl, später verh. Fürst) *251, 273, 322*
Regel, Hans 82, *291*
Reger, Max
Klavierquartett Nr. 2 a-Moll, op. 133 84, *296*
Reinert, Werner *251, 302, 306, 312, 314*
Reiter, Willi 82, *251, 291, 301*
Renner, Regine (später verh. Degkwitz) 75, 84, 85, 86, 87, 100, *251, 287, 297, 311*
Renoldi, Frau (Tante v. Marita Herfeldt) 123, 170, *328*
Renoldi, Leonie 123, 170, *328, 334*
Reuther, Alfred 93, 95, *305*
Rieber (Bildhauer) 102, *318*
Rilke, Rainer Maria 13, 29, 93, 192, *334*
Briefe an einen jungen Dichter 137, *330*
Rinn, Hermann *301*
Röder, Werner *252*
Rommerskirchen, Josef *251*
Rosenthal, Elise, verh. Probst *s.* Probst
Rothe, Lya *252*
Rothe, Margarete *311*
Rüttenauer, Isabella
Vom verborgenen Glauben in Eduard Mörikes Gedichten 145, *331*
Rupé, Hans *301*

Sahm, August (Gustel) 95, 96, **113 f.**, 181, *251, 268, 270, 306 f., 326*
Samüller, Raimund 46, *278*
Scheer, Karl-Heinz (Karo) 93 f., *305, 306*
Scheib, Ernst 82, *251, 292*
Schellenberger, Barbara *252*
Schertling, Gisela 102, *251, 276, 318, 321*
Schiller, Friedrich von *334*
Schleiden, August *252*
Schlögel, Frau (Ehefrau v. Hannes Sch.) 37, 85
Schlögel, Hannes 37, 38, 40, 42, 43, 75, 85, 89, 106, *268*
Schmaus, Michael *334 f.*
Katholische Dogmatik 174, 184, *334 f., 336*
Schmich, Günther 31, **114 f., 115 f., 128 f., 145 ff., 178 f.,** *247, 251, 275, 279, 280, 287, 288, 289, 293, 294, 297, 304, 326, 326 f., 327, 328, 329, 331, 332, 335*
Der Meister des Ordens *326*
Schmidramsl, Hanns M. *251, 268, 327*
Schmorell, Alexander (Schurik) 8, 10, 14, 16, 20, 21, 21 f., 23, 23 f., 24, 29 f., 30, 41, 42, 43, 44, 46, 52, 53, 62, 63, 70, 71, 83, 85, 89, 95, 167,

Schmorell, Alexander *(Forts)*
169, 172, 191, *249, 250, 263, 264, 267, 269, 272, 272 f., 274, 276, 277, 278, 279, 281, 281 f., 282, 283, 285, 292, 294, 295, 297, 309, 310, 311, 318, 320, 321 f., 323 f., 324, 334, 336*
Schmorell, Elisabeth 30, 167, *272, 273, 278, 279, 281*
Schmorell, Erich *251, 273*
Schmorell, Hugo 167, *272, 273, 278, 279, 281*
Schneider, Meinrad *269, 275*
Schneider, Reinhold 17, 29, 103, 182, *265*
Das Gottesreich in der Zeit 265
Macht und Gnade. Gestalten, Bilder und Werte in der Geschichte 93, 182, *304*
Sonette 37, *265*
Schneiderhan, Wolfgang 37, 100, *265, 311*
Schnitzler (Sanitätsoffizier, Kompaniechef) 62, *283*
Scholl, Elisabeth (später verh. Hartnagel, Schwester v. Hans u. Sophie Sch.) *263, 275, 306, 320, 321, 324*
Scholl, Hans 8, 10, 11, 14, 16, 17, 18, 19 f., 20, 20 f., 22, 22 f., 23, 23 f., 26, 27, 28, 29 f., 31, 31 f., 37, 41, 42, 43, 44, 46, 47, 48, 50, 52, 53, 60, 62, 68, 69, 70, 75, 83, 84, 85, 86 f., 87, 88, 89, 95, 96, 99, 100, 102, 104, 106, 167, 172, *249, 250, 263 f., 271, 272, 273, 274, 275, 276, 277, 277 f., 278, 279, 280, 280 f., 281, 281 f., 282, 283, 283 f., 285, 286, 292, 293, 294, 295, 297, 300, 301, 306, 307, 307 f., 308, 308 f., 311, 312, 317, 318, 319, 320, 321, 321 f., 323 f., 324, 327, 329 f., 334, 336*
Scholl Hans/Scholl, Sophie
Briefe und Aufzeichnungen (Hrsg. Inge Jens) *275, 277, 277 f., 278, 279, 280, 281, 281 f., 282, 283, 283 f., 285, 294, 297, 321, 327, 329 f., 334*
Scholl, Inge (später verh. Aicher, Schwester v. Hans u. Sophie Sch.) *251, 263, 301, 306, 309, 324*
Scholl, Inge *(Forts.)*
Die Weiße Rose 273, 274, 293, 301, 320, 324
Scholl, Magdalene, geb. Müller (Mutter v. Hans u. Sophie) *263, 277, 277 f., 279, 280, 281, 283 f., 299, 329 f.*
Scholl, Robert (Vater v. Hans u. Sophie) *263, 277, 277 f., 279, 280, 281, 283 f., 299, 325*
Scholl, Sophie 8, 17, 18, 19 f., 20, 22, 23, 23 f., 27, 31, 44, 83, 84, 85, 87, 88, 89, 102, 106, *250, 263, 264, 271, 273, 275, 276, 286, 292, 294, 295, 297, 301, 308, 313, 318, 320, 321, 327*
Scholl, Sophie/Scholl, Hans
Briefe und Aufzeichnungen (Hrsg. Inge Jens) *275, 277, 277 f., 278, 279, 280, 281, 281 f., 282, 283, 283 f., 285, 294, 297, 321, 327, 329 f., 334*
Scholl, Werner (Bruder v. Hans u. Sophie Sch.) 48, 63, *263, 280*
Scholz, Willibald 86, *298*
Schott, Gerhard *252*
Schreiner, Alois 42, *274*
Schubert, Franz Peter
Streichquartett Nr. 9 g-Moll, D 173, op. posth. 100, *311*
Schüddekopf, Katharina *274, 276*
Schütt, Bodo 137
Gestirn des Krieges
Herz unter dem Schicksal 137, *330*
Schütz, Heinrich
Motetten 86, 177, *297, 335*
Schultze-Jahn, Marie-Luise *s.* Jahn
Schulze-Boysen, Harro *322*
Schurr, Mauritius *251*
Schwaiger, Georg *336*
Schwarz, Frau (Mutter v. Karl Sch.) 76 f., *287*
Schwarz, Karl 76 f., *287*
Schwarz, Willi 77, *289*
Shakespeare, William
Die lustigen Weiber von Windsor 41, *274*
Viel Lärm um nichts 40, 270
Was ihr wollt 39, *270*
Wie es euch gefällt 39, *270*
Sibelius, Jan
Finlandia, op. 26 75, *286*
Simon, Rudolf (Vetter) 92, *304*

Sina (russisches Mädchen) 64, 66, 67, 68, 69, 70, *284*
Söhngen, Josef *274, 321*
Solon 12
Sonnet, Ernst 90, 91, *302*
Speckner, Anna Barbara *295*
Sperr, Heinrich 26, 110, 199, *336*
Stauffenberg, Claus Graf Schenk von 10
Stefl, Max *335*
Stein, Wolfgang von
Ernst Wiechert, ein Dichter der Generationsprobleme 124, *329*
Stifter, Adalbert 17, 50, 75, 85, 86, 178, 181 f., 182, *334, 335*
Erzählungen aus dem Nachlaß
Die drei Schmiede ihres Schicksals *297*
Studien
Der beschriebene Tännling 100, *311*
Der Hochwald 65, *284*
Der Waldsteig 87, *298*
Der Nachsommer 48, 49, 50, 169, 172, *280, 280 f.*
Stocker (Soldat) 71
Strauss, Richard
Till Eulenspiegels lustige Streiche. Nach alter Schelmenart in Rondoform für großes Orchester, op. 28 88, *299*
Sturmschar *290, 321, 331*
Suhr, Albert *311*
SW (Südwest) *264*

Tack, Franz 101, *312*
Tartini, Giuseppe 103, *319*
Thierack, Otto Georg *314 f., 318 f., 320*
Thoeren, Marianne 42, 49, 58, 59, 69, 78 f., 80, 86, 87, 89, *274*
Thurmair, Frau (Mutter v. Georg T.) 42, *274*
Thurmair, Georg *274*
Tiefenbacher (Justizangestellte) 7
Timmermans, Felix
Pallieter 115, *327*
Tolstoi, Lew Nikolajewitsch, Graf
Sewastopoler Erzählungen
Der Gefangene im Kaukasus 87, *298*
Tolstoi, Lew *(Forts.)*
Volkserzählungen
Die beiden Alten 89, *300*
Trapp, Hedwig *252*
Traven, B. (Pseud. Ret Marut)
Die weiße Rose *263*
Tuchel, Anneliese *251*
Turgenjew, Iwan Sergejewitsch 137, *330, 334*

Veen, Gerrit van der *297*
Vera (russisches Mädchen) 52, *281*
Verhoeven, Michael/Krebs, Mario
Die Weiße Rose (Film) *331*
Die Weiße Rose. Informationen zum Film *265, 277, 293, 299, 315*
Verlaine, Paul 116, *327*
Vielhaber, Klaus *251*
Vielhaber, Klaus/Hanisch, Hubert/Knoop-Graf, Anneliese
Gewalt und Gewissen. Willi Graf und die »Weiße Rose« *271, 274, 299, 302, 303, 314*
Vieregg, Hildegard *251*
Vieth, Hildegard 105, 147, 173, *321*
Vieth, Maria (Ria) 105, 107, 147, 173, *251, 321, 334*
Vieth, Otto 105, 147, **173 f.,** *251, 266, 274, 321, 331, 336*
Vinke, Hermann
Das kurze Leben der Sophie Scholl *301, 306*
Voßke, Heinz *252*

Warning, Elke *252*
Weiß (Architekt) 77, *287*
Die Weiße Rose 8, 10, 11, 13, 15, 16, 16 f., 19, 27 f., 28, 29 ff., 32, 33, 84, 109, *249, 263, 264, 265, 266, 267, 269, 271, 272, 273, 274, 275 f., 276, 280, 281, 282, 283, 287, 287 f., 288, 292, 293, 294, 295, 296, 297, 300, 303, 304, 307, 308, 311, 315, 316, 317 f., 319, 325, 327, 329, 330*
Weitz, Jörn *251, 286*
Wendling, Carl 84, 177, *295 f.*
Wiechert, Ernst 29, 124, 151, 155, *328 f.*
Der Dichter und die Zeit *328 f.*
Das einfache Leben *329*
Jedermann *329*

Wiechert, Ernst *(Forts.)*
Die Majorin *329*
Der Totenwald *329*
Wieland, Heinrich *310*
Wilder, Thornton 182
Die Brücke von San Luis Rey 45, 182, 183, *277*, *335*
Die Cabala 182, 183, 184, *335*
Willi 90, 92, 94 f., *301*
Winhard, Wolfgang *252*
Winterswyl, Ludwig A. *266*
Wirmer, Joseph *325*
Wittenstein, Jürgen *251*, *272*, *278*, *282*, *285*, *309*, *309 f.*, *320*
Wüst, Walther 84, 102

Zerlett, Hans Hellmut
Kleine Residenz (Filmregie) 39, *269*